# ROLAND FAKLER

### FREIDENKER, HUMANIST, FAKLERIANER

---

# Falsches Denken >
# Falsches Handeln

---

Wie aus falschem Denken verhängnisvolles Handeln wurde

Eine Kulturgeschichte von der Jungsteinzeit bis heute

# Gewidmet:

allen nach Wissen, Erkenntnis und Verständnis Strebenden, die sich eine bessere Welt wünschen und die glauben, dass wir sie schaffen können, indem wir aus den Fehlern der Vergangenheit lernen; allen, die die freiheitlich-demokratische Ordnung für die beste der Welt halten, die sie verteidigen und rechtfertigen wollen.

Unsere Vorstellung von der Welt bestimmt unser Handeln in dieser Welt. Weil die Menschen früherer Zeiten nicht wussten, wie diese Welt wirklich funktioniert, weil sie völlig falsche Vorstellungen von ihr hatten, mussten sie auch falsch, d.h. vor allem unvernünftig, oft verhängnisvoll handeln, mit verheerenden Wirkungen für sie selbst oder ihr Gemeinwesen. Wissenschaft und Aufklärung haben einen entscheidenden Beitrag zu einem realistischen Weltbild geliefert und damit die Voraussetzung für vernünftiges Handeln geschaffen. Trotzdem herrschen in vielen Teilen der Welt noch Aberglaube und unvernünftige Traditionen. Sie sterben nicht von selbst aus, sondern müssen durch aktive Aufklärung überwunden werden.

# Meine Bücher

**Meine Bücher** auf: www.rolandfakler.de/
**Reusten und seine Geschichte**
2015 DINA5; 136 Seiten; 80 Bilder 26 Farbseiten;
Books on Demand ISBN-13: 978-3-8370-4383-9
**Rusto** 2007 Ein Historischer Roman 92 Seiten, DINA5 Books on Demand. ISBN: 9783837002713
**Cäsar** 2007 Ein Epos in Versen 308 Seiten DINA5 Books on Demand GmbH, Norderstedt ISBN 978-3-8370-1092-3
**Ammerbuch**: 2014 ISBN 9783732288823 DINA4, 64 Seiten; 17 farbige Seiten Herstellung Books on Demand GmbH, Norderstedt
**Von Verfolgern und Verfolgten** – Lehren aus der Weltgeschichte ISBN-13: 9783839138779 / 300 Seiten / © 2010 / 2015
**About Persecutors and Persecuted People** / English version of this book
ISBN-13:9783842382756 Herstellung Books on Demand
© 2012 348 Pages
**Malerei von Roland Fakler** Bilder aus vier Jahrzehnten 1975 – 2015 ISBN: 978-3-739207643 DINA 4    36 Seiten davon 25 in Farbe

## Quellen

Ich zitiere hier zwar vor allem aus Wikipedia, weil dies urheberrechtlich erlaubt ist. Ich überprüfe die Fakten aber immer an mehreren andern Quellen, die mir zuverlässig erscheinen: Z.B. Encarta; Lexika; BBC; Internet- Seiten von Universitäten; Zeitungen und Zeitschriften…

**Mein kreativer Beitrag zu diesem Buch, steht vor allem in den „Kommentaren".**

Ich habe mich redlich bemüht, ein wahrhaftes Buch zu schreiben, aber ich bin nicht unfehlbar und ich bin nicht allwissend!

Die Deutsche Nationalbibliothek verzeichnet diese Publikation in der Deutschen Nationalbibliografie; detaillierte bibliografische Daten sind im Internet über dnb.d-nb.de abrufbar.

Impressum:
Herstellung und Verlag:
BoD - Books on Demand, Norderstedt

ISBN- 9783743187672
© 2017 Roland Fakler

1. Auflage 2017

# Inhalt

Meine Bücher ........................................................................................ 2
Quellen ................................................................................................ 3
Inhalt ................................................................................................... 4
Einleitung .......................................................................................... 10
   Fantastische Mythen über den Anfang der Welt ............................. 12
   Blitz und Donner ........................................................................... 14
   Menschenopfer .............................................................................. 15
   Herrscher nehmen ihren Hofstaat mit ins Grab .............................. 20
   Grabbeigaben ................................................................................ 21
Unvernünftige Begräbnissitten ......................................................... 22
   Judentum ....................................................................................... 22
   Christentum ................................................................................... 24
   Islam .............................................................................................. 25
   Parsen ............................................................................................ 26
   Totenkult auf Madagaskar ............................................................. 27
Todeszeichen ..................................................................................... 28
Freitod ............................................................................................... 29
Genitalverstümmelung ...................................................................... 31
   Beschneidung bei Männern ........................................................... 31
   Weibliche Genitalverstümmelung ................................................. 35
Schächten von Tieren ........................................................................ 36
Kopfjäger ........................................................................................... 38
Abhärtung zum Mann ....................................................................... 38
Folgenschwere Fehlschlüsse antiker Philosophen ........................... 40
   Ptolemaios ..................................................................................... 40
   Pythagoras ..................................................................................... 41
   Körper und Seele ........................................................................... 41
   Reinkarnation = Seelenwanderung ................................................ 42
   Empedokles und Platon ................................................................. 43
   Gnosis ............................................................................................ 44
Gott und die Götter ........................................................................... 45
   Jungfrauengeburt – Gottessöhne – Wunder – Auferstehung – Himmelfahrten ...... 53
   Vom Ursprung der Normen und Gesetze ..................................... 54

Falsches Denken in den Religionen ... 55
  Terror im Namen Gottes ... 55
  Wer oder was ist Gott? ... 56
Auserwähltheitswahn bei verschiedenen Völkern ... 58
  Auserwähltheitswahn im Judentum ... 60
  Denkfehler im Judentum ... 62
  Gebote und Verbote im Judentum ... 63
  Auserwähltheitswahn im Christentum ... 64
Auserwähltheitswahn im Islam ... 64
  Mohammed und die Juden ... 65
  Merkmale des orthodoxen Islams ... 66
  Schiiten und Sunniten ... 68
  Selbstmordattentäter ... 69
  Gebote und Verbote im Islam ... 70
  Unwissenschaftliches Denken im Islam ... 74
  Gewalt gegen „Ungläubige" ... 76
  Ehrenmorde ... 77
  Blutrache ... 78
  Kinder- und Verwandtenehen ... 79
Falsches Denken aus dem Geist des Christentums ... 81
  Erbsünde ... 81
  Missionsbefehl ... 82
  Diktatus Papae – Diktat des Papstes ... 82
  Prädestination – Alles ist vorbestimmt ... 83
  Scholastik ... 84
  Das Gottesurteil - Ordal ... 85
  Reliquien ... 86
  Dogmen ... 87
  Antimodernisteneid ... 90
  Könige von Gottes Gnaden ... 91
  Märtyrer ... 93
  Kommt Unheil von Sünde und Unglaube? ... 93
  Leiden mit Jesus zur Entsündigung der Welt ... 95
  Mönchtum und Askese ... 96
  Jesuiten - Blinder Gehorsam als höchste Tugend! ... 101

Opus Dei ... 102
Piusbruderschaft ... 104
Die Hölle ... 106
Wie die Hölle entstand ... 109
Limbus ... 110
Ablass von Sündenstrafen ... 111
Der Teufel ... 112
Teufelsaustreibungen – Exorzismus ... 112
Engel - Schutzengel ... 114
Familienplanung - Empfängnisverhütung ... 115
Minderwertigkeit der Frau - Sexualfeindlichkeit ... 118
   Sexualfeindlichkeit des Christentums ... 122
   Die Skopzen ... 125
   Uneheliche Kinder ... 126
Religion gegen Wissenschaft ... 127
   Natur- und Menschenkatastrophen ... 130
   War Jesus unwissend? ... 131
   Kann Glaube Berge versetzen? ... 132
Wunderglaube ... 134
   Das Sonnenwunder von Fatima ... 135
   Lourdes und Fatima ... 135
Wahrsagen – Prophezeiungen – Orakel ... 138
   Hellsehen ... 142
   Nostradamus ... 142
Sklaverei ... 143
   Sklaverei im Christentum ... 143
   Sklaverei im Islam ... 146
Rassismus ... 147
Homosexualität ... 149
Die Inquisition ... 152
Der Hexenwahn ... 157
Krieg ... 161
   Rechtfertigungen für den Krieg ... 164

Kreuzzüge ..................................................................................................... 165
Kriegspredigten im Ersten Weltkrieg 1914 - 1918 ..................................... 166
Bischöfe für den Krieg 1939 - 1945 ........................................................... 168
Evangelikale Christen in Deutschland ........................................................ 169
   Ein Pastor nimmt die Bibel ernst ........................................................... 177
   Ein Pastor vollbringt Wunder ................................................................. 178
Falsches Denken im Hinduismus - Indien .................................................. 179
   Witwenverbrennung - Sati: Die Ehefrau folgt dem Mann in den Tod ..... 180
   Menstruation ........................................................................................... 181
   Heiraten .................................................................................................. 181
   Tempelprostitution ................................................................................. 182
   Kastenunwesen ....................................................................................... 183
   Heilige Kühe ........................................................................................... 184
   Moksha - Erleuchtung - Wiedergeburt ................................................... 184
   Hexenjagd in Indien ................................................................................ 185
   Morde im Namen der Göttin Kali ........................................................... 186
   Gandhi .................................................................................................... 186
Japan ............................................................................................................ 187
Afrika .......................................................................................................... 187
   Hexenglaube in Afrika ........................................................................... 187
   Maji-Maji-Aufstand ................................................................................ 188
   Joshua Blahy – Unmensch mit Ideologie ............................................... 190
   Voodoo ................................................................................................... 191
   Albinos .................................................................................................... 193
   Archaische Rituale ................................................................................. 194
Endzeiterwartungen .................................................................................... 194
   Jüdische Endzeiterwartung ..................................................................... 195
   Christlich Evangelikale Endzeiterwartungen .......................................... 197
   Islamische Endzeiterwartungen .............................................................. 199
Sektenwahn ................................................................................................. 200
   Verweigerung medizinischer Behandlung .............................................. 200
   Jesiden .................................................................................................... 201
   Amische .................................................................................................. 203
   Mormonen .............................................................................................. 204

Zeugen Jehovas ..........206
Church of Scientology ..........210
Heaven's Gate ..........212
Verschwörungstheorien ..........213
   Die jüdische Weltverschwörung ..........218
   Chemtrails ..........221
Kritik an Geschichtstheorien ..........221
   Kommunismus – Historischer Materialismus ..........221
   Sozialdarwinismus ..........222
   Faschismus ..........224
   Kapitalismus ..........225
   Dialektik der Aufklärung: Adorno und Horkheimer ..........226
Abwegige Theorien ..........228
   Reichsbürger ..........228
   Flat Earth Theorie ..........230
   Hohle Erde ..........231
   David Icke ..........231
   Neue Erkenntnisse über Jesus ..........235
Pseudowissenschaften ..........236
   Kreationismus ..........238
   Esoterik ..........239
   New Age ..........240
   Theosophie ..........241
   Anthroposophie ..........242
   Astralleib ..........249
   Wünschelruten ..........255
   Telepathie ..........256
Alternativmedizin ..........256
   Lebendiges Wasser ..........258
   Homöopathie ..........258
   Magnetfeldtherapie ..........260
   Quantenhealing ..........261
   Lichtfasten ..........261
   Miracle Mineral Supplement (MMS) ..........262

Heilsteine ..................................................................................................263
Edelsteintherapie - Lithotherapie .............................................................263
Amulett - Talisman - Glücksbringer .........................................................264

Modetorheiten ..........................................................................................265

Piercing .....................................................................................................266
Tatoos .......................................................................................................267
Magische Tätowierungen ..........................................................................268
Sunburnart .................................................................................................269
Augapfeltätowierung. ................................................................................269

Neuzeit ......................................................................................................270

Umweltzerstörung .....................................................................................270
Tierquälerei ...............................................................................................271
Steigende Waffenverkäufe und Militärausgaben. .....................................273
Waffenwahn in den USA ..........................................................................273

Die „Halb-Starken" sind das größte Problem ..........................................274

Denken statt glauben ................................................................................276
Ethikunterricht verbindet - Religionsunterricht spaltet! .........................276

Index .........................................................................................................279

# Einleitung

Wenn sich jemand „anmaßt", zu sagen, was „richtiges" und was „falsches" Denken ist, kann er das nur von einem bestimmten Standpunkt aus tun. Genau das ist meine Absicht, um meinen Standpunkt, den Standpunkt des aufgeklärten, weltlich und humanistisch denkenden Mitteleuropäers des 21. Jahrhunderts zu beschreiben. Dabei ist mir bewusst, dass ich nicht das Maß aller Dinge bin, - das wäre eine Anmaßung! Ich halte mich nicht für unfehlbar und beziehe meine Weisheiten nicht aus überirdischen Quellen, die unantastbar sind. Ich benutze Quellen, die jedem zugänglich sind und verarbeite sie mit meiner Vernunft. Es steht jedem frei, meine Ansichten zu kritisieren und vielleicht mit einem konstruktiven Beitrag zu korrigieren. Ich werde das dann dankbar in die nächste Auflage übernehmen. Kritik ist wichtig für jeden Fortschritt des Denkens.

Sinn und Zweck dieses Buches ist es, die Menschheit aufzuklären, sie von Aberglauben, falschem Denken, Fehlschlüssen und verhängnisvollen Traditionen zu befreien, damit die Welt und das Zusammenleben der Menschen sich verbessern. Unsägliches Unheil entsteht aus Unwissenheit darüber, wie die Welt funktioniert. Der Mensch wird von seinem Denken und Glauben gelenkt. Deswegen haben „falsche" d.h. für mich „unvernünftige" Denkweisen, wie sie vor allem in Religionen, Traditionen, Propaganda, Verschwörungstheorien und andern Formen irrationalen Glaubens heute noch weit verbreitet sind, sehr viel unnötiges Unheil verursacht. Sie haben den kulturellen und friedlichen Fortschritt auf dieser Welt verhindert. Letztlich müssen wir unser Denken und Verhalten an der realen Welt orientieren, deswegen ist die Erkenntnis dieser Wirklichkeit Voraussetzung für vernunftgemäßes Handeln. Natürlich geht das nicht ohne schmerzlichen Abschied von gewohnten Sichtweisen, ohne „**Ent**täuschungen", aber nur so werden wir uns von Täuschungen befreien, die unser Verhalten in die falsche Richtung lenken. Je besser wir den Menschen verstehen, desto besser können wir mit seinen problematischen Eigenschaften umgehen. Das Wissen um die menschliche Natur und die Kritik an unheilvollem Denken und Verhalten sind sehr wichtig, um Leid zu verhindern.

Ich kritisiere in diesem Buch nicht nur die „Torheiten" unserer Zeit, sondern ich beginne mit einem Rückblick auf „Torheiten" die bereits überwunden sind, auf die wir mit Schmunzeln und Überlegenheit schauen: *„Wie konnten die damals nur so dumm sein?"* Dabei erkennen wir, dass Fortschritt im Denken und Handeln durchaus möglich und wünschenswert sind. Aber wir erkennen auch, dass dieser Fortschritt zäh erkämpft werden musste, gegen die, die hartnäckig an unvernünftigen Traditionen festhalten wollten, sei es, um ihre Macht und ihren Einfluss zu erhalten, sei es, weil sie

sich vor Änderungen im Denken und Verhalten scheuten. Die Menschen sind nicht stetig vorwärts geschritten, sondern oftmals, meist unter dem Einfluss einer totalitären Weltanschauung, ... rückwärts.
Die abrahamitischen Religionen, Judentum, Christentum und Islam haben sich wie Faschismus und Kommunismus als unfähig erwiesen, die Menschheit in eine friedliche Zukunft zu führen, - vor allem wegen ihrer Intoleranz und ihrer Weigerung, die Wirklichkeit des Diesseits anzuerkennen.

**Kommentar: Durch den ständigen Rückgriff auf alte religiöse Texte wie Veden, Talmud, Bibel und Koran wird die Menschheit auf einer Kulturstufe festgehalten oder immer wieder auf sie zurückgeworfen, die sie längst überwunden hat.**
**Die Religionen mögen vielen Menschen Trost bieten, in einer Welt, die nicht so ist, wie man sie sich wünschen möchte - ein Rauschzustand kann durchaus ein angenehmes Gefühl sein - aber dieser Zustand macht uns unfähig, die Probleme der Wirklichkeit zu bewältigen, die nicht verschwinden, indem wir uns über sie hinweg träumen.**

*„Verzeiht! es ist ein groß Ergetzen,*
*Sich in den Geist der Zeiten zu versetzen;*
*Zu schauen, wie vor uns ein weiser Mann gedacht,*
*Und wie wir's dann zuletzt so herrlich weit gebracht."* [1] **Goethe Faust**

Die Menschen sind immer nur so „gescheit" wie die Kultur, in der sie leben. Auch über uns und unsere Vorurteile wird man eines Tages schmunzeln, vielleicht wie wir mit Tieren umgegangen sind oder mit unserer Umwelt.
Manche Kapitel und manche Sätze habe ich aus meinem Buch: **„Von Verfolgern und Verfolgten"** – Lehren aus der Weltgeschichte, übernommen. Es gibt eben Themen, die sich überschneiden und wenn ich etwas schon einmal richtig formuliert habe, ändere ich das ungern ab.

Ich verwende hier zur Datierung die neuen europäischen Normen.
Ein Minuszeichen - vor einer Jahreszahl bedeutet: vor unserer Zeitrechnung.

---

[1] Goethe Faust

# Fantastische Mythen über den Anfang der Welt

Von Anbeginn haben die Menschen Versuche gemacht, anders kann man es nicht bezeichnen, sich die Entstehung der Welt zu erklären und hinter dem Ganzen einen Sinn zu suchen. Warum sind wir da? Wie sind wir entstanden? Was sollen wir hier? Warum müssen wir sterben? Wo gehen wir nach dem Tod hin? Warum ist die Welt so, wie sie ist und nicht anders und besser? Warum gibt es sie und uns überhaupt? Ist alles nur Zufall oder steckt ein Sinn dahinter? Gibt es Gott und was ist das? Sind wir frei in dem, was wir tun oder ist alles vorherbestimmt? Was ist der Mensch und wer bin ich?

Das waren zentrale Fragen, die sie mit ihren Mythen beantworten wollten. Diese reichten von ziemlich abwegigen Erklärungsversuchen, bis zu erstaunlich anmutenden Annahmen, die der wissenschaftlichen Wahrheit schon sehr nahe kamen. Denken wir an die Erkenntnisse über den Sternenhimmel im Mesopotamien des - 3. Jahrtausends, die schon auf exakte Beobachtungen gründeten. Durch Beobachtung der Sterne und der Himmelskörper, die wie von „Geisterhand" bewegt, mechanisch abliefen, konnten bald exakte Vorhersagen über die Wiederkehr bestimmter Jahresereignisse gemacht werden. So muss man wohl annehmen, dass Bauten wie Stonehenge in England oder die Himmelsscheibe von Nebra erste Versuche waren, die Himmelsmechanik auf Erden abzubilden und festzuhalten.

Viel später, um -500, machten griechische Philosophen, wie Anaxagoras erste Versuche, die Welt jenseits der Mythen zu erklären. Man verehrte Götter und klagte die an, die es wagten, die Welt ohne sie zu erklären. Während der griechische Geschichtsschreiber Herodot immer noch glaubt, dass die Sonne eine Gottheit sei, die auf ihrem Weg Durst verspürt und das Wasser von Seen und Bächen trinkt, wussten einige Philosophen schon, dass das Wasser verdunstet. Leukippos, geboren um -500, und sein Schüler Demokrit, geboren um -460, erklärten die Welt mit dem Atommodell. Sie erkannten, dass sich alles aus kleinsten Bausteinen zusammensetzt.

Viele dieser Mythen waren zwar harmlos, aber auch nutzlos, weil sich die Natur damit nicht wirklich erklären ließ. Es waren einfach fantastische Vermutungen, die wenig mit der realen Welt zu tun hatten. Hinter jeder Bewegung, ob nun am Sternenhimmel oder hinter dem nächsten Blätterrauschen im Busch, suchten sie einen Beweger, eine Person, einen Geist, einen Gott. Sie personifizierten die Natur und entwickelten so eine reiche Götter- und Geisterwelt.

*„Die Schöpfungsgeschichte des Zarathustrismus [persische Religion] besagt, dass Ahura Mazda (Gott) in den ersten 3000 Jahren durch einen langherrschenden Windhauch zuerst den eiförmigen Himmel und daraufhin die Erde und die Pflanzen er-*

*schuf. Im zweiten Zyklus von 3000 Jahren entstanden die Urstiere und danach der Urmensch. Es erfolgte der Einbruch des Anramainyu (der „Teufel"), welcher den Urmenschen und den Urstier tötete und eine Periode des Kampfes eröffnete, die ihr Ende erst mit der Geburt des Zarathustra erreichte. Dieses Ereignis fiel in das 31. Jahr der Regierung des Königs Vistaspa. Und von da an werden wieder 3000 Jahre vergehen, bis der Heiland Saoschjant geboren wird, welcher die bösen Geister vernichten und eine neue, unvergängliche Welt herbeiführen wird; auch die Toten sollen dann auferstehen.*

*Statt des einen Messias werden an anderen Stellen drei genannt, wodurch sich also diese Lehre von der entsprechenden des Alten Testaments unterscheidet. Dagegen stimmt die Lehre von der Auferstehung sogar in Details mit der christlichen überein, so dass die Annahme einer Entlehnung der letzteren aus der Religion der den Hebräern benachbarten Zarathustrier eine gewisse Wahrscheinlichkeit für sich hat. Speziell die Begriffe Himmel und Hölle waren im alten Judentum nicht bekannt.*[2]

**Kommentar: Wer die Natur beherrschen will, muss wissen, wie sie wirklich funktioniert. Dazu muss er die Natur beobachten und erforschen.**

Weltentstehungsmodelle hatten natürlich ihre Auswirkungen auf das Verhalten der Menschen. Jedes Denken wirkt sich auf das Verhalten aus. Oft erklärten Kulturen die Welt so, dass sie und ihre Kultur im Mittelpunkt des Weltgeschehens einen besonderen Platz einnahmen; sie dachten ethnozentrisch, weil sie nicht viel von anderen Völkern wussten. Sie dachten, dass sie besonders wichtig seien, dass ihre Götter nur ihnen helfen. Dazu mussten sie sich ihren Göttern aber auch entsprechend dankbar erweisen und den Gesetzen dieser Götter treu gehorchen, seien sie noch so absurd. Über die Natur der Götter, ihre Gesetze und Wünsche wurden sie von ihren Priestern, Propheten und Schamanen unterrichtet, die einen besonderen Draht zum Himmel hatten, oder ihn vorgaukelten, denn dadurch erhielten sie enorme Macht über das Volk, sogar über die Führer des Volkes, die Könige und Pharaonen.

Ethnozentrisches Denken, eine gemeinsame Religion und gemeinsame Vorstellungen vom Anfang und Ende der Welt, verband eine Volksgruppe, erzeugte einerseits die Selbstüberschätzung der eigenen „Gruppe" und führte andererseits zur Abwertung der „Anderen". Daraus entstand der Zusammenhalt der Gruppe, aber auch sehr viel Unheil, weil auf die „anderen" nicht die gleichen moralischen Maßstäbe angewendet wurden wie auf die „eigenen".

---

[2] https://de.wikipedia.org/wiki/Teufel#Zarathustrismus

Dass die Menschen sich Götter als Schöpfer der Welt ausdachten ist naheliegend. Das hängt wohl mit einem angeborenen Denkmechanismus zusammen. Hinter allem, was geschieht, suchen wir einen Verursacher. Selbst wenn wir ihn nicht sehen können, suchen wir ihn zur Erklärung der Welt. So sahen die Menschen „wirkende Wesen" hinter all den Kräften, die sich in der Natur offenbarten, hinter dem „Erwachen" der Pflanzen im Frühling, hinter der Hitze des Sommers, hinter Blitz und Donner.

## Blitz und Donner

Die Entstehung von Blitz und Donner wollten sich die frühen Menschen so erklären, wie die Entstehung der Welt: Wenn etwas geschieht, dann muss „jemand" dahinter stecken, der dies „bewirkt". Die Naturkräfte wurden personalisiert. Es blitzt ja nicht „einfach" und es donnert nicht „einfach". Da muss jemand da sein, der es blitzen und donnern lässt. Da dies aber die Fähigkeiten eines Menschen übersteigen würde, verwundert es nicht, dass schon die alten Germanen und die Griechen zu der Überzeugung gelangten: Es muss Donar oder Zeus sein, der es donnern lässt und die Blitze schleudert. Er ist wütend. Wir müssen ihn besänftigen mit dem wertvollsten Opfer, das wir bringen können. So kam es, dass gläubige Menschen selbst ihre Kinder opferten, weil sie glaubten, dass Donar bzw. Zeus zornig sei über seine ungehorsamen Geschöpfe. Scheinbar hat er ganz gezielt das Haus eines Ungläubigen abgefackelt. Jedenfalls müssen seine Blitzattacken einen Grund gehabt haben, zumindest wurden sie als Demonstration seiner Macht empfunden. Und seine verängstigten Geschöpfe blickten wieder furchtsam und demütig zum Himmel. Mit der Erklärung dieser Naturphänomene war für sie auch die Existenz dieser Götter hinreichend bewiesen.
Erst Benjamin Franklin konnte schließlich zeigen, wie Blitz und Donner entstehen, ohne dass da „jemand" blitzt und donnert. Es sind die dumpfen unbewussten, aber dennoch sehr wirksam arbeitenden Kräfte der Natur, die dieses Phänomen bewerkstelligen. Trotzdem behaupten immer noch viele Menschen, dass die Welt nicht entstanden sein kann, ohne dass sie „jemand" geschaffen hat. Warum sollte sie sich nicht selbst geschaffen haben – mit der ihr innewohnenden Intelligenz und ihren Wirkmechanismen? Jedenfalls scheint es mir naheliegender, dass eine blinde Schöpfungskraft, die einfach den Naturgesetzen folgt, von unten wirkte und unzählige Versuche gemacht hat, die Welt und das Leben zu entwerfen, als dass ein weiser Gott dies alles von oben geschaffen hat; denn dann dürfte es nicht so viele fehlgeschlagene Versuche der Natur geben. 99 % aller Lebewesen sind entstanden und wieder ausgestorben. Kann das der Weisheit letzter Schluss sein? Warum Dinosaurier und einen Neandertaler schaffen und sie wieder aussterben lassen? Vielfalt in jeder Hinsicht ist eine mar-

kante Eigenschaft allen Lebens. Aus der unglaublichen Verschwendung, mit der die Natur arbeitet, aus der Vielfalt der Lebensformen und letztlich durch die Auswahl lebensfähiger Arten und Individuen, lässt sich das vorhandene Leben schlüssig erklären.

# Menschenopfer

Man machte unsichtbare Wesen verantwortlich für den segensreichen Regen, der die Natur aufblühen ließ, man erwies sich dankbar für die Früchte des Feldes und für das Jagdglück, das nötig war zum Überleben, aber man fühlte sich bestraft durch diese Wesen, wenn eine Dürre oder die Kälte des Winters das Leben erschwerten. Man glaubte sich durch sie bestraft durch Hunger, Krankheiten und Tod. Unheil, Krankheiten und Naturkatastrophen, vor allem aber den Tod versuchte man von sich und der Gemeinschaft abzuwenden. Für Kriegszüge bemühte man sich, die Gunst der Götter zu erwirken, indem man zu den Göttern betete, ihnen opferte, ihren angeblichen Zorn besänftigte. Warum schicken sie uns Unheil? Sie sind zornig! Wir müssen sie versöhnen und ihnen Opfer bringen. Welches ist das größte Opfer? Das, was für uns das Wertvollste ist! Was ist uns das Wertvollste? - Unsere Kinder! So kamen die Menschen schließlich unter Anleitung ihrer Schamanen und Priester auf die „verrückte" Idee, diesen Göttern, das Wertvollste zu opfern, was es gab: Menschen, nicht nur Feinde, sondern sogar sich selbst und ihre eigenen Kinder.
Der Erzvater der Israeliten, Abraham, leistete wie selbstverständlich blinden Gehorsam, als Gott ihm befahl seinen Sohn Isaak zu opfern. Die Tora fordert mehrfach die Erstgeburt von Mensch und Tier als Gabe für Jahwe. [3]
Ein weiteres Beispiel dieses blinden Gottesglaubens in der Bibel ist die Geschichte von Jeftah, einem jüdischen Heerführer.[4] Jeftah legte dem Herrn ein Gelübde ab und sagte: Gibst du die Ammoniter in meine Hand, so soll das, was mir aus meiner Haustür entgegengeht, wenn ich von den Ammonitern heil zurückkomme, Jahwe gehören, und ich will es als Brandopfer darbringen. Nach dem Sieg sei ihm seine Tochter, das einzige Kind, entgegengekommen. Nach einer Schonfrist hat er sie dann tatsächlich getötet und Jahwe geopfert. *„Als zwei Monate zu Ende waren, kehrte sie zu ihrem Vater zurück und er tat mit ihr, was er gelobt hatte;..."*

---

3 Bibel: Ex 13,2.12f; 22,28f; 34,19f; Num 3,1ff; 18,15; Dtn 15,19
4 Bibel: Richter 11,30

**Kommentar: Gelübde ist Gelübde, da kann man nicht noch nachträglich den Verstand oder das Herz einschalten.**

In den Kulturen des Nahen Ostens, bei den Kanaanitern, Moabitern, den Gebionitern usw. war es scheinbar lange üblich die erstgeborenen Söhne dem Moloch oder dem Baal zu opfern. Es gab dort, wie bei fast allen Völkern der Menschheitsgeschichte Menschenopfer an die Götter.
Bei den Azteken waren die Götter Quetzalcoatl und Tezcatlipoca verantwortlich für das Entstehen des Kosmos. Sie schufen die Kultur der Menschen. Auch dieser Glaube forderte unzählige Menschenopfer: *Menschen- und Tieropfer waren ein unverzichtbarer Bestandteil der aztekischen Religion. Für die Krieger war es die höchste Ehre, in der Schlacht zu fallen oder als Freiwillige an rituellen Menschenopfern teilzunehmen. Oft wurden jedoch auch Gefangene geopfert. Die Opfer schritten die Stufen einer Tempelpyramide hinauf, legten sich oben auf einen gewölbten Stein, und Priester schnitten ihnen mit einem Feuersteinmesser das Herz heraus.* [5] Oft wurden die Geopferten vorher wie Götter verehrt, so dass man nachher vom Fleisch leibhaftiger Götter essen konnte.
*Jährlich sollen 10.000 bis 20.000 Gefangene von den Azteken geopfert worden sein. Täglich soll Huitzilopochtli ein Menschenopfer zur Unterstützung der Sonne bei ihrem Aufgang dargebracht worden sein. Opferte man Huitzilopochtli, so der aztekische Glaube, kein Menschenblut, so würde die Welt vernichtet.*[6]

Menschenopfer können schon in vorgeschichtlicher Zeit nachgewiesen werden und kommen in den verschiedensten Kulturen vor. Über die Ursachen und Hintergründe können wir nur spekulieren:

Menschenopfer dienten den Göttern als **Nahrung** - bei den Azteken. Die Azteken sahen einen geopferten Gefangenen nicht als Feind an, sondern als einen Boten der zu den Göttern geschickt wird.
Die **Azteken** töteten die adligen Opfer zuweilen im rituellen Kampf. Dem Opfer das lediglich einen Lendenschurz trug und an den Boden gekettet war, gab man eine Waffe und einen Schild und es musste gegen einen gepanzerten Jaguarritter bis zum Tod kämpfen.

---

5 Encarta 2009
6 Wikipedia

In der alten **Totonaken** - Stätte El Tajin gab es ein Ballspiel, nach denen der Führer des Verliererteams geköpft wurde. Nach dem Spiel „Ulama" soll schließlich die gesamte Verlierermannschaft geopfert worden sein.[7]

Sie sollten den **Zorn der Götter,** den man in Katastrophen, wie Erdbeben, Dürren, Überschwemmungen, Krankheiten... sah, beschwichtigen. Für das alte China ist bekannt, dass man dort junge Männer und Frauen den Flussgottheiten opferte.

Sie sollten den **Segen der Götter** für eine besondere **Bitte,** z.B. für Kriegszüge, erwirken. Die Mayas opferten nur vor Kriegen, zu Dürren und Hungersnöten Menschen.

Die **Skidi-Pawnee** opferten ab und zu ein Mädchen aus einem anderen Stamm, um die Fruchtbarkeit ihrer Felder zu sichern.

Eine Theorie besagt, dass durch Totenopfer, vor allem im pazifischen Raum, die Herrscher die hierarchische Ordnung über ihre Untertanen festigen wollten. Es sollte ihnen Furcht eingeflößt werden, Furcht vor den überlegenen Herrschern und Göttern, die zu solch drastischen Mitteln fähig waren. *„Menschenopfer boten ein besonders effektives Mittel der sozialen Kontrolle, da sie eine übernatürliche Rechtfertigung für die Bestrafung lieferten. Herrscher, wie Priester und Häuptlinge, galten oft als Gesandte der Götter, und die rituelle Tötung eines Menschen war die ultimative Demonstration ihrer Macht."*[8] Ähnliche Wirkung sollte wohl auch die öffentliche Verbrennung von Ketzern im christlichen Abendland haben.

Auch die **Germanen** praktizierten vor ihrer Christianisierung Menschenopfer in verschiedener Form. Wikinger opferten vor Raubzügen Menschen dem Meeresgott. Neue Schiffe wurden über sie gezogen („Rötung" des Kiels). Germanen gruben Kinder in neue Meeresdämme ein. Britannische Kelten und Druiden verbrannten Kriegsgefangene in riesigen geflochtenen Götterabbildern und schütteten Gefangenenblut auf die Altäre. Vorchristliche Iren sollen ihre Erstgeborenen dem Steinidol Mag Slocht geopfert haben.

Die **Kelten** töteten ihre Opfer, um aus den Todeszuckungen zu weissagen. Caesar berichtet, dass die **Gallier** Körbe mit lebendigen Menschen füllten, um sie darin zu verbrennen. Die Druiden hatten die Opferung zu überwachen.

In einem Mythos opferten die **Griechen** die Königstochter Iphigenie, um gute Winde für ihre Kriegsfahrt nach Troja zu erwirken. Sie glaubten damit den Gott des Meeres, Poseidon, für ihre Sache gewinnen zu können. Aber der Meeresgott existiert gar nicht. Ihr falsches Weltbild verführte sie zu dieser unmenschlichen Handlung. Auch in Wirklichkeit soll es im frühen Griechenland Menschenopfer für die Göttin Artemis

---

[7] http://www.uni-protokolle.de/Lexikon/Menschenopfer.html
[8] http://hpd.de/artikel/dunkle-seite-religion-12926

gegeben haben und in Rom sollen Verbrecher, Meineidige oder Betrüger feierlich den Göttern geopfert worden sein. Kriegsgefangene wurden für die Götter der Unterwelt lebendig begraben. Gallier und Römer opferten Verbrecher zur Heilung von Krankheiten.

Nach Plinius wurden Menschenopfer in Rom durch einen Senatsbeschluss des Jahres - 97 abgeschafft.[9] Der Historiker Porphyrios schrieb im 3. Jahrhundert, es sei allgemein bekannt, dass in Rom noch aktuell zum Jupiterfest, Latiaris, einem Mann die Kehle durchgeschnitten wurde.

Man wollte sich damit bei den Göttern bedanken. Nach der siegreichen Varusschlacht in Teutoburger Wald, im Jahre 9, opferten die Germanen viele der gefangenen Römer ihren Göttern. Auch die englische Königin Boudicca ließ im Jahre 60 römische Gefangene ihren Göttern opfern. Neben Odin opferte man Tyr Kriegsfeinde und Frigg unkriegerische Feinde, indem man sie in Sümpfe warf.

Man wollte einen bestimmten Platz von bösen Geistern reinigen, dauerhaft Dämonen abwehren oder ihm eine besondere Weihe geben. Die Weihe des großen Tempels bei Tenochtitlan (Mexico) soll von der Opferung Tausender Menschen begleitet gewesen sein. Nach chinesischen Legenden sollen unzählige Menschen bei ihrer Errichtung in die chinesische Mauer eingemauert worden sein.[10]

Verschiedene Götter verlangten verschiedene Opfer. So verlangte der Attiskult die Auswahl eines jungen Mannes, der für ein Jahr wie ein König verehrt und dann geopfert wurde, um eine gute Ernte zu gewährleisten. Die Opfer für die keltischen Götter Esus wurden erhängt, die für Taranis verbrannt und die für Teutates ertränkt. Einige Opfer[11] haben ihre Opferung wohl freiwillig hingenommen. Die Kelten wählten vorzugsweise ein Moor als Ort der Opferung.

Die **Punier** sollen den Göttern ihre Kinder geopfert haben. Oft wurden solche Mythen aber auch nur von den Feinden erfunden, um ein Volk herabzusetzen, wie das bei diesem Beispiel sehr wahrscheinlich ist. Diese Geschichte haben nämlich vor allem ihre Feinde, die Römer, verbreitet. Man muss den Feind zum Unmensch machen, um ihn besser bekämpfen zu können.

---

9 https://de.wikipedia.org/wiki/Menschenopfer#Griechisch-r.C3.B6mische_Antike
10 http://www.uni-protokolle.de/Lexikon/Menschenopfer.html
11 https://de.wikipedia.org/wiki/Lindow-Mann

In vielen Fällen wurden die Menschenopfer, oft unter dem Einfluss des Christentums, schließlich durch Tieropfer oder wie im Christentum, durch ein symbolisches Opfer ersetzt.

Auch in modernen Diktaturen wie z.B. im Nationalsozialismus oder im Kommunismus hielt man es für gerechtfertigt, das Leben von Millionen für die Herrschaft des „auserwählten Herrenvolkes", für die „Bewegung", die „Weltrevolution" oder den „Endsieg" zu opfern. Im Glauben, damit den Göttern gefallen zu können und von ihnen besonders erhöht zu werden, gaben die Menschen das Wertvollste, was sie hatten: ihr Leben. So wie sich heute viele Muslime in die Luft sprengen, in der Hoffnung und dem Irrglauben, damit einen besonderen Platz in einem nicht-existierenden Paradies zu erhalten. Dieses falsche Denken wird vor allem durch „heilige" Bücher und ihre Prediger verbreitet.

Christen glauben, dass das Selbstopfer des „Gottessohnes" alle Menschen- und Tieropfer für Gott überflüssig gemacht hat…

**Kommentar: Und ich glaube, dass es noch nie funktioniert hat und nicht funktionieren kann, dass Schuld, sofern es sie gibt, durch den Opfertod eines Unschuldigen getilgt wird. Das ist archaisches Denken. Schuld kann man höchstens durch eine Entschuldigung mildern und schuldig werden kann man nur durch eigenes schuldhaftes Verhalten, - wenn wir denn frei wären, zu tun, was wir wollten. Mildern kann man seine Schuld nur durch eine Entschuldigung bei dem Geschädigten, durch Reue und Lernen.**

Warum wurden diese Menschenopfer durchgeführt? Weil die Menschen nicht wussten, wie die Welt wirklich funktioniert. Eine Kaste aus Priestern, Schamanen und Magiern gaukelte dem Volk höheres Wissen vor, um sich so ihren Status über dem Volk zu sichern. In Wirklichkeit wussten sie nicht viel, weil ihnen die wissenschaftliche Denkweise, die exakte Beobachtung und Erforschung der Natur fremd war. Sie wussten vielleicht einiges über den Lauf der Sterne oder über die heilende Kraft von Pflanzen, über die Entstehung der Welt und die Bestimmung des Menschen konnten sie aber nichts wissen. Sie ahnten, sie vermuteten und zogen oft falsche und verhängnisvolle Schlüsse, wie wir heute wissen. Erst durch den Sieg der modernen Naturwissenschaften konnte dieser ganze Opferkult ad absurdum geführt werden. Überall wo die Naturwissenschaften das Denken bestimmten, sind diese Opferkulte schließlich verschwunden und dort, wo noch schamanisches Denken die Hirne bestimmt, in entlegenen Teilen der Welt, in Indien, Afrika, usw. gibt es heute noch Tier- und sogar Menschenopfer.

Kommentar: Geheimwissen diente auch immer zur Elitenbildung. Mit angeblichem oder tatsächlichem Geheimwissen wollten Priester, Politiker, Illuminaten, Philosophen, Anthroposophen, Wissenschaftler, Verschwörungstheoretiker, Eingeweihte auch ihren „höheren Status" gegenüber den anderen rechtfertigen. Das gab es häufig im Laufe der Weltgeschichte bis heute.

## Herrscher nehmen ihren Hofstaat mit ins Grab

Ein seltsamer Brauch, den man in manchen Kulturen findet, ist, dass dem Herrscher nicht nur wertvolle Gegenstände mit ins Grab gegeben wurden, sondern sein lebendes Inventar. D.h. der Hofstaat des Herrschers, vor allem seine Frauen und Konkubinen, folgten ihm mit in den Tod. Treue Gefolgsleute taten dies vielleicht freiwillig, andere mussten wohl dazu gezwungen werden. In der Shang-Dynastie - 1766 bis -1080 in China, mussten Dutzende, zum Teil hunderte Diener und Konkubinen den Herrschern mit ins Grab folgen. In der Zeit der späten Zhou-Dynastie sind diese Bräuche nicht mehr belegt. Man ersetzte die menschlichen Grabbeigaben durch Figuren aus Ton. Siehe weiter unten bei Grabbeigaben.
Mongolische, skythische und mittelamerikanische Anführer nahmen den größten Teil ihres Hauswesens, einschließlich der Bediensteten und Konkubinen, mit auf die Jenseitsreise.
In Europa sind einzelne Fälle für hochgestellte Personen bei den Preußen, den Slaven und den Rus (ursprünglich für Russen) zwischen dem 10. und 13. Jahrhundert wahrscheinlich.
Normannische Krieger wurden manchmal mit Sklavinnen begraben, in dem Glauben, dass diese in Walhalla ihre Frauen werden würden.
Im Alten Ägypten waren Menschenopfer wahrscheinlich in der 1. und 2. Dynastie ca. - 3000 bis -2700 üblich. Um die Grabanlagen hoher Beamter und Könige dieser Zeit[12] fanden sich Reihen kleiner Gräber, die als Einheit erbaut und vermutlich auch gleichzeitig belegt wurden. Es wird davon ausgegangen, dass es sich hier um den Hofstaat der Könige und hohe Beamte handelt, die mit diesen bestattet wurden; deshalb spricht man von Nebenbestattungen. Bei den Bestatteten handelte es sich meist um junge Männer. Dieser Brauch starb um - 2760 aus.

---

[12] in Abydos In den Nekropolen Umm el-Qaab und Sakkara

Die „Totenfolge" sollte vor allem die Verbindung von Diesseits und Jenseits aufrecht erhalten. Im Afrika, südlich der Sahara, kam es häufig vor, dass beliebige Personen, Gefangene, Verbrecher, usw.... an den Jahresfeiern eines längst beerdigten Häuptlings geopfert wurden, gleichsam zur Erinnerung an seinen Tod. Man wollte damit vor allem auch die Gunst der im Jenseits lebenden Ahnen für das Diesseits gewinnen, eine Gunst, an der selbst die Opfer interessiert sein mussten. Was sie vielleicht davon überzeugt hat, sich freiwillig zu opfern.

**Kommentar: Ein unvernünftiger Jenseits- und Ahnenglaube führte zu unzähligen menschlichen Opfern.**

# Grabbeigaben

Die Menschwerdung beginnt wohl zu einer Zeit, als den Menschen bewusst wurde, dass ihr Leben im Diesseits begrenzt ist und dass es mit dem Tod endet oder, dass sie zumindest in eine andere Welt wechseln. Dieser Gedanke war anscheinend so schwer erträglich, dass mit ihm auch der Wunsch und die Hoffnung auf ein Weiterleben nach dem Tod entstanden. Die Menschen begannen ihre verstorbenen Angehörigen nicht nur würdevoll zu bestatten, sondern sie gaben ihnen vielfältige Gaben mit ins Grab, die ihnen im jenseitigen Leben nützlich sein sollten. Die ältesten Gräber sind 100000 Jahre alt. Schon aus der Jungsteinzeit findet man Gräber mit Tongefäßen, Waffen, Werkzeugen und Schmuck. Dinge, die für den Alltag im Diesseits durchaus von Wert waren, aber eben auch im Jenseits sinnvollen Gebrauch finden sollten.
Aus der Bronzezeit findet man Objekte aus wertvollem Metall in den Gräbern. Dieses mühsam gewonnene Metall wurde damit den Lebenden entzogen. In Fürstengräbern aus der Eisenzeit barg man wertvolle, nicht gebrauchsfähige Gegenstände aus Gold, die extra für die Bestattung angefertigt wurden: Wagen, Dolche, wertvolle Kleider, Schmuck, Keramik, Bronzegefäße...Beispiele dafür sind das Fürstengrab von Hochdorf und Gräber aus der Nähe der Heuneburg an der Donau.
Grabbeigaben waren auch in der griechischen und römischen Kultur üblich. Besonders üppig fielen die Gräber der ägyptischen Pharaonen aus. Das unversehrte Grab des eher unbedeutenden Pharaos Tutenchamun gibt uns eine Ahnung mit welchem Aufwand die Pyramiden - Gräber der Pharaonen ausgestattet waren, die meist nur noch in ausgeraubtem Zustand vorgefunden wurden. Die Pyramiden im alten Ägypten wurden als

Himmelstreppen zum Göttlichen geschaffen, die es einem verstorbenen Pharao ermöglichen sollten, zu seinem wahren Vater, dem Sonnengott Re, zu gelangen.[13]

## China

In China nahm der erste Kaiser, gestorben - 210, eine ganze Armee aus Terrakotta - Kriegern mit ins Grab. Auf einem riesigen Areal, 2000 x 900 Meter, wurden ihm über 7000 lebensgroße Soldaten und dutzende vierspännige Wagen mit Pferden aus Ton und Bronze ins Grab mitgegeben. Perlen und Edelsteine sollten die Sterne des Himmels nachbilden.

**Kommentar: Da stellt sich für uns natürlich die Frage: Warum dieser Aufwand für einen Toten. Den Lebenden wurde dadurch sehr viel an Gütern und Arbeitsaufwand entzogen. Ist es wahrscheinlich, dass der Kaiser mit seinem Hofstatt im Jenseits weiterlebt? Ich glaube nicht! Sonst hätte er sich sicher schon mal gemeldet. Wegen einer falschen Vorstellung über das Jenseits verloren die Lebenden sehr viel an Gütern für das Diesseits.**

Auch für die christliche und muslimische Kultur ist das angebliche Leben im Jenseits wichtiger als das Diesseits. Sie nehmen viele Entbehrungen im Diesseits in Kauf, in der Hoffnung, dadurch ihre Chancen und ihren Rang in einem jenseitigen Leben zu verbessern.

# Unvernünftige Begräbnissitten

## Judentum

In jüdischen und islamischen Gräbern muss der Tote, theoretisch, ewig ruhen können, damit der Mensch wieder zu Erde wird, aus der er - fälschlicherweise - laut Bibel, geschaffen sein soll. *Und Gott der Herr machte den Menschen aus einem Erdenkloß, und blies ihm ein den lebendigen Odem in seine Nase. Und also ward der Mensch eine lebendige Seele.*[14]

In Wahrheit ist der Mensch, wie alle Lebewesen, in Jahrmillionen aus der Tierwelt entstanden, gemäß den Naturgesetzen, die in dieser Welt gelten. Er ist wohl kaum von

---

[13] https://de.wikipedia.org/wiki/Pyramide_%28Bauwerk%29
[14] 1Mos 2:7

einem weisen Wesen erschaffen worden, denn dann müsste er vollkommen sein, sondern er hat sich aus der Bewusstlosigkeit und dem Chaos in einem evolutionären Prozess entwickelt.

Da der Tote im Grab bis zur leiblichen Auferstehung am jüngsten Tage ruhen soll, ist Erdbestattung vorgeschrieben. Diese muss so schnell wie möglich nach dem Tode erfolgen, da die Seele angeblich erst dann aus der ewigen Ruhe aufsteigen kann.
*„Alle Spiegel werden verhängt, damit die Totenwache nicht zwei Tote sieht. Um den Nachbarn den Tod ohne Worte zu signalisieren, wird jegliches stehende Wasser im Haus ausgegossen, da der Todesengel in diesem das Schwert spülte."*...

**Kommentar: Als ob es einen Todesengel gäbe, der mit dem Schwert kommt; den gibt es so wenig wie den Sensenmann. Das sind einfach nur Mythen, die nichts mit der Realität zu tun haben, die das Sterben in finstere Bilder kleiden und damit erschweren.**


Die Anwesenden reißen (bei der Beerdigung) ein Stück ihrer Kleidung als Zeichen der Trauer ein. … Vor dem Verlassen des Friedhofs wäscht jeder sich die Hände, trocknet diese aber nicht ab, um die Erinnerung zu verlängern… Am Tag der Beerdigung beginnt für die engsten Familienangehörigen die als Schiwa bezeichnete Trauerwoche. Es darf nicht gearbeitet, gebadet oder sich rasiert werden. Auch Haareschneiden, Make-up oder Geschlechtsverkehr sind verboten. Ebenso wie das Lesen in der Thora, da es (angeblich) Freude bereitet…Der Friedhof hat einen besonderen Stellenwert und darf nicht aufgelöst werden, da er auf ewig besteht. Gräber dürfen auch nicht neu belegt werden, um die ewige Totenruhe zu sichern.

**Kommentar: So muss allmählich die ganze Erde zum Friedhof werden. Ist es wichtiger, Platz für die Toten oder für die Lebenden zu haben?**


Jüdische Gräber werden nicht bepflanzt, um die Ruhe der Toten nicht zu stören. In der nomadischen Zeit schützte ein Steinhügel die Leichname vor Tieren. Deshalb trug jeder Stein zum Erhalt des Grabes bei. An diesem Brauch wurde festgehalten. Zum Gedenken werden auch heute Steine auf das Grab gelegt: Blumen verwelken, Steine bleiben… Viele Juden möchten auch in Jerusalem begraben werden, da angeblich bei der Ankunft des Messias die dort Beerdigten zuerst auferstehen würden. *„Juden, die* *nicht dort begraben werden, legt man ein Säckchen Erde aus Israel unter den Kopf. Diese Erde soll die Wirkung haben, die Sünden zu erlassen".*[15]

**Kommentar: Diese Begräbnissitte, begründet durch die Bibel, wird früher oder später zu Platzmangel führen. Ein Fehlschluss jagt den anderen und doch bestimmen diese Irrtümer maßgeblich das reale Leben bis heute.**

# Christentum

Im Christentum war die Leichenverbrennung lange verpönt, weil auch Christen an eine leibliche Auferstehung der Toten glauben. Außerdem sollten Christen gemäß dem Vorbild Jesu begraben werden. Was ja nicht stimmt. Jesus wurde, laut Bibel, in einem Felsengrab beigesetzt und wohl nicht beerdigt. Seit Karl dem Großen, 786, wurden Angehörige, die ihre Verwandten nach heidnischer Sitte verbrennen ließen, mit dem Tode bestraft. Das Verbot der Leichenverbrennung galt in Deutschland bis 1878.

*Wenn jemand nach heidnischer Sitte den Leib eines verstorbenen Menschen durch Feuer verzehren lässt und seine Gebeine zu Asche brennt, so sterbe er des Todes.*[16]
**Erlass Karls d.Gr.**

Tote sollten auf Kirchhöfen, in der Nähe der Heiligen begraben werden. Man konnte für sie beten, um ihnen so den Weg aus dem Fegfeuer in den Himmel zu erleichtern. Im Protestantismus ist dies nicht mehr möglich. Siehe Ablass von Sündenstrafen.
Mit der Aufklärung traten Ärzte und Freidenker für die hygienischere, kostengünstigere und Platz sparende Feuerbestattung ein. Das erste Krematorium in Deutschland wurde 1878 in Gotha eröffnet.
*Die Kongregation für die Glaubenslehre unter Papst Leo XIII. untersagte 1886 Katholiken die Feuerbestattung und nannte die Feuerbestattung eine „barbarische Sitte". Das Dekret legte fest, dass für Katholiken, die letztwillig ihre Verbrennung verfügt hatten, keine kirchliche Begräbnisfeier gehalten und sie nicht auf dem Kirchhof bestattet werden konnten. Erst 1963 gestattete die Katholische Kirche offiziell die Wahl zwischen Erd- und Feuerbestattung.*[17]

---

[15] http://www.tod-und-glaube.de/judentum.php
[16] http://www.christian-dicker.de/Christen%20gegen%20Heiden.htm
[17] https://de.wikipedia.org/wiki/Feuerbestattung

Feuerbestattung wurde von der Kirche abgelehnt, weil man glaubte, dass die Seele durch das Feuer zerstört und der Gestorbene nicht mehr „leibhaftig" auferstehen könne.

**Kommentar: Seltsamerweise geht heute, was damals nicht ging. Damit gibt die Kirche doch zu, dass ihre Lehren falsch waren.**

Die orthodoxe Kirche Griechenlands sträubt sich heute immer noch gegen die Feuerbestattung, obwohl die seit 2006 in Griechenland legal ist. *„Die Kirche kann und will keinen Kompromiss eingehen. Wir werden jedem klar machen: Wenn er sich für Einäscherung entscheidet, wird er verdammt"*, so Bischof Anthimos.[18] Die meisten Griechen lassen sich nach alter Tradition begraben, weil es aber an Platz mangelt, werden die Gräber oft schon nach drei Jahren neu belegt und die noch nicht ganz verwesten Leichen exhumiert und in Beinhäusern aufbewahrt. Gerade das aber sei eine Beleidigung der Toten, empfinden viele. Ein wichtiger Aspekt, warum sich die Kirche gegen die Einäscherung sträubt, ist auch der finanzielle. An pompösen Begräbnissen verdient sie mehr.

## Islam

Auch der Islam schreibt die Erdbestattung vor. Die Grabstätte muss sich in „jungfräulicher" Erde befinden, in der noch niemand vorher bestattet worden ist, vor allem kein „Ungläubiger". Der Leichnam sollte ohne Sarg nur im leinenen Leichentuch bestattet werden.
Es ist ein „ewiges Ruherecht" vorzusehen. Das wird wohl früher oder später zu Platzproblemen führen, außerdem ist ein Leichentuch allein, vor allem bei ansteckenden Krankheiten, sehr bedenklich. In Deutschland gibt es deswegen Sargpflicht bis kurz vor das Grab, dann darf der Leichnam, in ein Leintuch gewickelt, entnommen und ins Grab gesenkt werden.
Wie im Judentum ist auch im Islam die Verbrennung des toten Körpers, also die Feuerbestattung, grundsätzlich verboten, weil man glaubt, dass der Körper in seinem ursprünglichen Zustand aufersteht.

---

[18]http://www.spiegel.de/panorama/griechenland-orthodoxe-kirche-verhindert-feuerbestattung-a-1003915.html

**Kommentar:** Was ist dann mit den Menschen, die bei Unfällen durch den Feuertod umkommen oder mit Amputierten? Sind sie auf immer und ewig ausgelöscht und auch im Jenseits behindert? Fällt es Gott leichter, einen von Würmern zerfressenen Körper wieder zusammenzustellen als einen zu Asche verbrannten?

# Parsen

Parsen sind die heute in Indien lebenden Anhänger des persischen Religionsstifters Zarathustra, der zwischen ~ -1800 bis -600 in Persien wirkte; seine Lebenszeit ist ungeklärt. Parsen geben ihre Toten den Geiern oder betonieren sie ein.

Dem Glauben der Parsen zufolge sind Feuer, Wasser, Luft und Erde heilig. Sie glauben, ein toter Körper würde alles verschmutzen, mit dem er in Berührung komme. Leichen seien schmutzig, da der Tod den zeitweiligen Sieg des Bösen über das Gute darstelle. Also überlassen sie ihre Toten den Geiern. Die Leichen werden auf Türme mit Gitterrosten gelegt und von den Geiern bis auf die Knochen abgenagt. Die Knochen selbst fallen dann in die Türme und werden entsorgt.

**Kommentar: Der Tod ist ein natürlicher Prozess. Die Natur kümmert sich nicht um Gut und Böse. Deswegen ist die Ansicht, „beim Tod siege das Böse über das Gute", einfach falsch!**

Da Geier in Mumbai, einer Hochburg der heutigen Parsen, immer seltener werden, sollen sie extra gezüchtet werden. Dagegen wehren sich einige Anwohner, weil es immer wieder vorkommt, dass Leichenteile, wie Finger oder Zehen von den Geiern auf die Wohnviertel abgeworfen werden.[19]

**Kommentar:** Der Verzehr der Toten durch Geier mag auf den ersten Blick umweltfreundlich sein, die Motive sind hier aber ganz andere! Wenn Leichenteile auf Wohngebiete fallen, ist diese Form der Bestattung weder umweltfreundlich noch hygienisch, außerdem finde ich es pietätlos einen geliebten Toten von Geiern fressen zu lassen. Nicht umsonst haben schon Menschen in der Jungsteinzeit die Gräber ihrer Toten mit Steinhaufen geschützt, um sie vor dem Verzehr durch wilde Tiere zu bewahren. Bei dieser Bestattungsform der Parsen fehlt auch ein Ort der Trauer. Aber dies mag natürlich jedem selbst überlassen bleiben.

---

[19]http://www.spiegel.de/panorama/mumbai-parsen-erstreiten-zucht-von-geiern-fuer-die-toten-a-870379.html

Der Tod ist ein biologischer Prozess, mit dem jedes Lebewesen früher oder später zu rechnen hat. Er hat an sich nichts Furchtbares, wenn wir uns klar machen, dass wir in einen ähnlichen Zustand zurückfallen, in dem wir uns Jahrhunderte vor unserer Geburt befanden: In den Zustand des schmerzlosen, allerdings auch freudlosen „Nicht-Seins."

**Die Art und Weise, wie wir unserer Toten gedenken, ist ein wichtiges Merkmal unserer Kultur. Genauso wie man Neuankömmlinge begrüßen sollte, sollte man auch die Toten würdig verabschieden – und zwar so, wie sie es sich wünschen!**

## Totenkult auf Madagaskar

Auf Madagaskar hat sich bei Menschen, die sich als Christen bezeichnen, ein alter Totenkult erhalten. Alle 5 – 11 Jahre, es muss eine ungerade Zahl sein, holen die Marinas ihre Toten in Leichentücher gehüllt, wieder aus der Gruft und feiern mit ihnen zusammen ein rauschendes Fest. Flöten und Trommeln ertönen zu den Tänzen um die Ahnen, Bier und Schnaps fließen in Strömen. Die Toten werden aus der Familiengruft geholt, geküsst, geherzt und anschließend wieder in neue Tücher gehüllt. Man erzählt ihnen, was inzwischen in der Familie geschehen ist, wer geheiratet hat, wer neu geboren wurde. Weinen ist nicht erlaubt. Es muss ein fröhliches Fest sein, für das die Angehörigen des Stammes der Marina ein Vermögen ausgeben. Sie geben mehr für die Behausung ihrer Toten und für die neuen Leinentücher aus als für ihre eigenen Häuser, denn schließlich verbringt man längere Zeit in der Gruft als im eigenen Haus. Außerdem ist es ganz wichtig die Toten günstig zu stimmen. Sie lenken vom Grab aus das Leben der Familie. Wenn es ihnen schlecht geht, riskiert man, von ihnen schlecht behandelt zu werden. Man bringt dadurch Unglück über die Familie. Wichtig dabei ist, dass man die Tabus einhält, das heißt, bestimmte Ackerflächen dürfen nicht genutzt, gewisse Tiere nicht geschlachtet oder ein Wald nicht betreten werden, warum weiß niemand. Die Toten geben ihre Anweisungen in Träumen.[20] Der Brauch kommt aus Borneo.

**Kommentar:** Dieser Aberglaube verhindert, dass die Menschen ihre Energie und ihre Mittel zur erfolgreichen Bewältigung des Diesseits einsetzen. Was muss wohl dabei herauskommen, wenn man die Anweisungen von Träumern wie Befehle von oben befolgt? Sie haben nicht gelernt, ihre eigene Vernunft zu gebrauchen.

---

[20] http://www.stern.de/politik/ausland/totenkult-auf-madagaskar-wiedersehen-mit-einer-leiche-3613810.html

**Madagaskar ist nicht entwickelbar, weil die Madagassen glauben, dass ihr Leben erst nach ihrem Tod anfängt.**

# Todeszeichen

Viele Menschen behaupten steif, dass der Tod eines nahen Verwandten von „seltsamen" Umständen begleitet war. Dazu gehören, dass die Uhr im Augenblick des Todes stehen blieb, dass Hunde bellten und Käuze schrien, dass Löffel herunterfielen…usw. Aber kann das alles nicht auch natürlich erklärt werden? Uhren bleiben immer wieder mal stehen, heute seltener als früher. Man musste sie aufziehen. Die Zeit war für den Sterbenden im Augenblick seiner Krankheit vielleicht nicht mehr so wichtig. Er musste nicht mehr von Termin zu Termin eilen, die Uhr blieb stehen und die Verwandten bemerkten das nach seinem Tod, dessen genauer Zeitpunkt oft nie so ganz ausgemacht werden konnte. Jetzt erinnerte man sich an dieses Todeszeichen. Menschen waren schon immer wundergläubig. Dieses „Wunder" gab dem Toten eine besondere Würde, ein besonderes Gewicht, wenn bei seinem Tod die Uhr, um nicht zu sagen, die Welt stehenblieb. Man war gerne bereit, es zu glauben.

**Kommentar: Dass beim Tod eines Menschen die Löffel herunterfielen, ist wohl leicht damit zu erklären, dass altersschwachen Leuten die Löffel öfter aus der Hand gefallen sein dürften als anderen.**

Behauptet wird auch, dass Tote leichter seien als Lebende. Dies könnte nachgewogen werden, indem man das Sterbebett auf eine sehr genaue Waage stellt und einfach die Daten vor und nach dem Tod vergleicht. Es wäre wirklich interessant zu wissen, wie schwer eine Seele wiegt, denn darauf läuft es hinaus: Christen glauben, dass der Tote wegen dem Entweichen der Seele leichter geworden ist. Diesen Versuch durchzuführen, wäre sicher interessant, aber wegen der Umstände auch etwas pietätlos.
Kaiser Friedrich II. machte mit einem gefangenen Verbrecher den Versuch, dass er ihn in ein Weinfass mit einem kleinen Loch steckte. Dort ließ er ihn töten und das Loch beobachten, ob die Seele entwich. Sie wurde allerdings nie gesehen.[21]

---

21 https://de.wikipedia.org/wiki/Friedrich_II._%28HRR%29

# Freitod

Zu den Menschenrechten gehört auch der selbstbestimmte Tod. Der sollte natürlich gut überlegt sein, denn tot ist man noch früh genug und lange genug. Ich vermute, dass ich mich nach meinem Tod so fühlen werde wie vor meiner Geburt - nämlich gar nicht. Das scheint mir ein angenehmer Zustand zu sein, den ich nicht fürchten muss. Der Tod ist die natürliche Erlösung von allem Übel. Ich möchte die Freiheit haben, mein Leben zu beenden, wann ich das für richtig halte. Zu dramatischen Lösungen habe ich allerdings keinerlei Neigung. Eine Pille wäre wohl das Beste…die gibt es leider noch nicht oder nicht so einfach,… was auch gut ist. Man muss das offen diskutieren und Lösungen finden. Sterbehilfe darf kein Geschäft werden! Den Tod sollte man dem Leben nur vorziehen, wenn es absolut keine Lösungen mehr im Diesseits gibt, bis dahin ist es heroischer um sein Leben zu kämpfen.

In der **Antike** galt der Freitod in ausweglosen Lagen als gerechtfertigt. Cato stürzte sich ins Schwert, als er in Utica von Cäsars Truppen belagert wurde. Die Feldherren wählten den Freitod, wenn sie eine Niederlage nicht mehr abwenden konnten, z.B. nach der Schlacht im Teutoburger Wald gegen die Germanen. Sokrates und Seneca gingen ohne große Bedenken freiwillig in den Tod, um das Gesetz zu erfüllen, Plato und Cicero lehnten den Freitod aus religiösen Gründen ab.

**Kommentar: Gesetze, die von Tyrannen gemacht wurden, sollte man nicht erfüllen, sondern verwerfen. Für einen Ungläubigen kann ein religiöses Gebot nicht gelten.**

Im **Judentum** galt der Freitod im Allgemeinen als etwas Verwerfliches, weil man nur Gott das Recht zugestand, Leben zu geben und Leben zu nehmen. Genauso dachte man im **Christentum**. „Selbstmördern" wurden die üblichen Trauerfeiern versagt und ein Begräbnis auf dem Friedhof verweigert. Er bekam ein Eselsbegräbnis in ungeweihter Erde.

Doch auch im Judentum gibt es den ehrenhaften Selbstmord, angesichts eines qualvollen Todes durch Feinde oder wenn man den Glauben verleugnen musste. Im heutigen Staat Israel werden die 960 Menschen hoch geehrt, die sich im Jahre 74 vor dem letzten Angriff der Römer auf der Festung Masada selbst töteten.

Im **Islam** gilt der Tod im Dschihad als die sicherste Möglichkeit, sofort ins Paradies einzugehen. *Sure 4:95 „Die unter den Gläubigen, die stillsitzen - ausgenommen die Gebrechlichen -, und die, welche für Allahs Sache ihr Gut und Blut einsetzen im Streit,* *sie sind nicht gleich. Allah hat die mit ihrem Gut und Blut Streitenden im Range erhöht über die Stillsitzenden.*

Es gibt aber auch eine Sure, die den Selbstmord oder den Mord an Muslimen verbietet: **Sure 4:29** *Und bringt nicht eure eigenen Glaubensgenossen um (w. tötet nicht euch selber)!* Auch einige Hadithe sehen im Selbstmord ein Hindernis, ins Paradies zu kommen.

Im **Hinduismus** gilt vor allem die Selbstverbrennung der Witwen, die ihren Gatten in den Tod nachfolgen, als eine ehrenhafte Tat. Siehe dort: Sati.

Indische Mönche, die dem Jainismus angehören, vollziehen das Todesfasten zum Abschluss eines langen rituellen Übungsweges.[22]

Bei den **Eskimos** war es bis Mitte des 20. Jahrhunderts, bis zum Sieg des Christentums, Tradition *„zur Sicherung der Überlebensfähigkeit des Stammes oder einer Großfamilie, kranke oder behinderte Kinder und lebensuntüchtig gewordene alte Menschen (diese überwiegend auf eigenen Wunsch) bei Wanderungen im Camp zurückzulassen oder gar zu töten. [...] Gewaltsamer Tod einschließlich Suizid wurde schleichendem Tod vorgezogen, da gemäß den Vorstellungen der Inuit die Seelen nach gewaltsamem Sterben nach Qudlivun, Land des Glücklichseins (happy land) gehen. [...] Zwar besaßen Männer das Recht, ihre alt gewordenen Eltern zu töten, doch geschah dies eher selten. Der eigentliche Suizid erfolgte öffentlich und unter Anwesenheit der Angehörigen."*[23]

**Kommentar: Da hat das Christentum doch mal segensreich gewirkt. Allerdings können bei begrenzten Lebensmitteln nicht beliebig viele Menschen ernährt werden. Es müsste dann die Geburtenrate gesenkt werden.**

---

22 https://de.wikipedia.org/wiki/Suizid#Buddhismus
23 https://de.wikipedia.org/wiki/Suizid

# Genitalverstümmelung

## Beschneidung bei Männern

Bei vielen Völkern gibt es eine Zeremonie, mit der meist pubertierende Buben in die Gemeinschaft der „vollwertigen" Männer aufgenommen werden. Wichtig ist dabei scheinbar, seine Männlichkeit im Ertragen von Schmerz zu beweisen und sich seines Penis als Männlichkeitssymbol bewusst zu werden. So ist die Beschneidung der Penisvorhaut bei Männern schon seit dem Jahr - 2300 vor unserer Zeit auf ägyptischen Bildern belegt. Beschnitten werden erwachsene Männer oder heranwachsende Buben in der Pubertät, so wie es heute immer noch bei Muslimen üblich ist. Der Koran verlangt die Beschneidung nicht, dennoch sind die meisten Muslime beschnitten, weil es Tradition ist und sie im Alter von 6-10 Jahren beschnitten werden, in einem Alter also, wo sie noch unmündig und voll und ganz Teil ihrer Glaubensgemeinschaft sind. Dabei werden auch oft hygienische oder gesundheitliche Gründe vorgeschoben. Diese Gründe mögen in einem Gebiet mit wenig Wasser und schlechten hygienischen Verhältnissen ihre Berechtigung haben, aber sie verlieren ihre Gültigkeit in unseren Breiten, wo es genügend Wasser gibt und die hygienischen Verhältnisse wesentlich besser sind als in arabischen Wüstengebieten.

**Kommentar: Tradition rechtfertigt keine Handlung. Tradition ist es, Mädchen zu beschneiden und Tiere zu schächten. Tradition war es, Menschen zu opfern und Sklaven zu halten. Die Menschheit muss nach vorne blicken und darf sich nicht ständig durch Traditionen und mythologische Texte aus der Bronzezeit und dem Mittelalter auf einem Kulturniveau festhalten lassen, das längst überwunden ist. Menschen, die in einer Tradition drinstecken, sind praktisch nicht mehr fähig, darüber vernünftig nachzudenken. Sie sind nicht nur Befangene, sondern Gefangene ihrer Tradition.**

Im 19. Jahrhundert hat man versucht, andere Gründe für die Beschneidung zu finden. Irgendjemand hatte da wohl ein großes Interesse, vielleicht ein finanzielles, an Buben herum zu schnipseln: Es sollte helfen gegen: *nächtliche Samenergüsse (das hielt man damals für eine Krankheit), gegen Bettnässen, gegen Epilepsie, gegen Syphilis, gegen Bauchschmerzen, gegen Schielen, gegen Masturbation und - ach ja - gegen Vorhautverengung. Im 20. Jahrhundert findet man weitere Leiden, gegen die das Wegschneiden der Vorhaut helfen soll, Peniskrebs, Prostatakrebs, Gebärmutterhalskrebs und Unkeuschheit. Und natürlich hilft die fehlende Vorhaut gegen Aids.* Inzwischen weiß man: die Vorhaut ist ein ganz wichtiges erogenes Gewebe das für eine normale sexuelle Funktion notwendig ist. Forschungen im 21. Jahrhundert ergaben, dass die Beschneidung nicht vor HIV schützt und dass die Vorhaut der empfindlichste Teil des Penis und weit empfindlicher als die Eichel ist. Was sofort das Echo hervorrief, die Beschneidung helfe gegen vorzeitigen Samenerguss. Dr. Steve Scott fasste zusammen: *„Historisch gesehen wurde der Beschneidung stets die Heilung genau jener Krankheiten zugeschrieben, welche zur jeweiligen Zeit die Gemüter der Bevölkerung erregten."* [24]

Es gibt grundsätzlich zwei verschiedene Positionen zur Beschneidung:

1. Das Selbstbestimmungsrecht des Individuums wird dem Recht der Religionsgemeinschaft untergeordnet. Das wünscht sich der herrschsüchtige Klerus aller Religionen und nennt das dann Religionsfreiheit. Dieses Recht gilt vor allem in autoritären Gottesstaaten.
2. Das Selbstbestimmungsrecht des einzelnen Menschen wiegt stärker als die Bestimmungen der Religionsgemeinschaft. Das ist kennzeichnend für einen aufgeklärten Rechtsstaat, für den ich eintrete und in dem ich leben will. Da Deutschland ein klerikaler Staat ist, der gerne allen monotheistischen Religionen zu Sonderrechten verhilft, ist auch das Selbstbestimmungsrecht des Individuums auf Beschneidung den Religionsgemeinschaften der Juden und Muslime übertragen worden, was eigentlich unseren Rechtsnormen widerspricht.

**Kommentar: Es gehört mit zu den abwegigsten Irrtümern der Religiösen, zu glauben, man könne einen Menschen moralisch besser machen, indem man ihm als Baby Wasser über den Kopf schüttet oder ihm ein Stück vom Penis wegschneidet. Dabei halte ich es für eine schöne Idee „Neuankömmlinge" mit einer Feier zu begrüßen. Falsch ist aber, dass sie eine Erbschuld haben und verbrecherisch ist es, ihnen ein Stück vom Penis wegzuschneiden. Ein Kind hat ein Recht darauf, von seinen Erziehern unversehrt an Leib und Seele und mit Wertvorstellungen, die zur Gesunderhaltung von Leib und Seele beitragen, ins Erwachsenenalter geleitet zu werden…dann kann es über sich selbst bestimmen.**

Mit der Beschneidung im Judentum und Islam soll der Bund Gottes mit dem „auserwählten Volk" besiegelt werden. Unzählige Völker haben sich schon für auserwählt gehalten. Siehe weiter unten: Auserwähltheitswahn

---

[24] http://www.atheisten-info.at/downloads/Vorhaut.pdf

Im Judentum wird nicht der Jüngling sondern das acht Tage alte männliche Baby beschnitten, angeblich auf Gottes Befehl, denn so steht es in der Bibel:
*„Und wo ein Mannsbild nicht wird beschnitten an der Vorhaut seines Fleisches, des Seele soll ausgerottet werden aus seinem Volk, darum dass es meinen Bund unterlassen hat."*[25]
Dieser Satz offenbart die ganze Bösartigkeit und Menschenfeindlichkeit, dieses von den jüdischen Priestern erfundenen Gottes.
Dem Nichtbeschnittenen Juden droht nicht nur Gott, sondern auch die Ächtung durch die Gemeinschaft. Deswegen ist es ganz wichtig, welche Wertvorstellungen die Menschen um einen herum haben. Es bleibt nur zu hoffen, dass letztlich Eltern stark genug sind, sich gegen den religiösen Druck zu stemmen und ihren Kindern dieses unnötige Unheil zu ersparen.

In einer biblischen Geschichte bedroht Gott den Propheten Moses mit dem Tod, offensichtlich weil er seinen Sohn nicht hat beschneiden lassen: *„Als Moses unterwegs in der Herberge war, kam ihm der Herr entgegen und wollte ihn töten."*... *„Da nahm Zipporah (Moses' Weib) einen scharfen Stein und beschnitt ihrem Sohn die Vorhaut."*[26]

Genitalverstümmelungen an Minderjährigen Buben und Mädchen werden hauptsächlich auf dem afrikanischen Kontinent vorgenommen. Allein in Südafrika wird jährlich bei rund 250 Jungen bei Beschneidungen der Vorhaut versehentlich der Penis amputiert.[27]

**Kommentar: Was soll das eigentlich für ein Gott sein, der solche Befehle gibt? Er sät damit nur Angst und Schrecken, Verwirrung und Zwietracht. Mein Gott ist das jedenfalls nicht! Kann der obige Bibelspruch Orientierung für unser Handeln sein? – Sollten sich jetzt alle unbeschnittenen Männer so schnell wie möglich beschneiden lassen, um den Forderungen Gottes nachzukommen? – Sollten wir vor Schreck erstarren und auf die unausweichliche Ausrottung durch den „lieben Gott" warten? – Oder sollten wir uns gelassen zurücklehnen und über den Monstergott schmunzeln, den die jüdische Priesterschaft zur totalen Beherrschung des Volkes erfunden hat? Mir geht es hier wie beim Lesen von „Rotkäppchen" oder vom „Wolf und den sieben Geißlein". Es fährt einem ein Schauer über den Rücken, aber zum Glück weiß man: Es ist alles nur ein Märchen!**

---

[25] Lutherbibel Genesis 17:14
[26] 2.Mose 4:25
[27] http://hpd.de/artikel/11424 /

Die Religionsfreiheit endet da, wo Menschen verletzt und Tiere gequält werden. Dazu gehören die Beschneidung von Kindern und die Schächtung von Opfertieren. Mit Religionsfreiheit ließen sich auch die massenhaften Menschenopfer vieler Völker und andere Absurditäten rechtfertigen. Die Religionsfreiheit muss in einem aufgeklärten Rechtsstaat durch Gesetze beschränkt werden, weil sonst die Hindus ihre Witwen verbrennen, die Skopzen sich die Penisse abschneiden, die Parsen ihre Toten den Geiern ausliefern, die Juden Leute steinigen, die am Sabbat Holz holen, die Muslime den Ungläubigen die Hälse abschneiden, die Christen freche Knaben totprügeln würden.

Eine Entscheidung gegen die Beschneidung von Kindern, wäre die richtige Richtung, die Richtung einer humaneren Gesellschaft, die ihr Verhalten nicht mehr an bronzezeitlichen Texten ausrichtet, sondern an der Vernunft und der Menschenwürde. Laut unserer Verfassung sollte jeder Mensch die Möglichkeit haben, über sich selbst zu bestimmen. Nicht umsonst verbietet der Gesetzgeber das Piercing von Jugendlichen. Wenn sich jemand beschneiden lassen möchte, kann er das im Erwachsenenalter tun.

**Kommentar: In einer Gesellschaft mit vielen verschiedenen Weltanschauungen kann es nur Frieden geben, wenn der Staat, die Vernunft und die Menschenrechte über den Religionen stehen.**

**Satire:** Nehmen wir an, bei uns lebten noch ein paar alte Azteken, die hier, wie sich das für ein liberales Land mit Grundrechten gehört, auch ihre Religion ausüben wollten. Dazu gehören regelmäßige Menschenopfer für ihren Gott Quetzalcoatl. Da sich viele Deutsche gegen diese barbarischen Sitten empören und sie abschaffen wollen, tritt der Bundestag zu einer Sondersitzung zusammen und beschließt in einem Eilverfahren, dass die Azteken in ihrer Religionsausübung nicht eingeschränkt werden dürfen. Begründung: Es handelt sich hier um ein „wichtiges Ritual mit langer Tradition", das für die Religion der Azteken „essentielle" Bedeutung hat. Schließlich müssten sie bei Einstellung der Opferhandlungen mit der Rache ihres Gottes und mit dem Ende der Welt rechnen. Außerdem zählten die Azteken zu den rassisch Verfolgten unter dem Naziregime - oder war das unter den Spaniern? Egal!. Eine Beschränkung ihrer Religion in Deutschland sei der Welt deshalb nicht zu vermitteln. Wichtige Auflage: Die Menschen müssen in Zukunft unter ärztlicher Aufsicht und schmerzfrei geopfert werden. Damit wurden die Menschenrechte bewahrt und der Rechtsfrieden in Deutschland wieder hergestellt.

Ich will damit sagen, dass man mit religiösen Begründungen alle Menschenrechtsverletzungen rechtfertigen kann; und dies ist in der Geschichte ausgiebig getan worden.

Auch die Einführung der Scharia könnte religiös gerechtfertigt werden. Ich bin zwar gegen Beschneidung, aber auch gegen Bestrafung für die, die beschneiden. Allein die Diskussion darüber wird manche Eltern davon abbringen, ihre Kinder beschneiden zu lassen. Und das ist gut so!

## Weibliche Genitalverstümmelung

Wesentlich schwerwiegender als die männliche Genitalverstümmelung ist die weibliche. Von der Genitalverstümmelung sind heute weltweit 200 Millionen Frauen betroffen. Sie wird aus religiösen oder traditionellen Gründen, als feierlicher Initiationsritus, überwiegend in islamisch dominierten Ländern, vor allem in Teilen Nordafrikas, außerdem in manchen Ländern des Nahen Ostens und Asiens praktiziert. Der Frau wird eingeredet, dass sie durch das Ertragen der Schmerzen bei der Beschneidung erst zu einer vollwertigen, in der Gemeinschaft anerkannten Frau wird. Auch medizinische Mythen, z.B. dass die Klitoris gefährlich sei wie der Stachel einer Biene oder so groß werden könnte wie ein Penis, wenn sie nicht beschnitten wird, sollen die Beschnittenen von diesem Unsinn überzeugen. Dabei geht es vor allem darum, der Frau die Lust am Sex zu nehmen, damit sie eine treue Ehefrau bleibt. Beschneidung soll also dem sexuellen „Treiben" der Frau Einhalt gebieten.

Bei der Klitorisbeschneidung werden Teile der Klitoris sowie der großen und der kleinen Schamlippen operativ entfernt. Die Schamlippen werden bis auf eine kleine Öffnung zugenäht, durch die Urin und Menstruationsblut abfließen können. Die Klitoris ist äußerst empfindlich und spielt eine sehr wichtige Rolle bei der sexuellen Erregung der Frau. Daher hat die Klitorisbeschneidung neben religiösen oder rituellen Gründen auch die Funktion, sexuelle Wünsche der Frau und damit auch außerehelichen Geschlechtsverkehr auszuschalten und die Frau in Passivität zu halten. Geschlechtsverkehr und Entbindung sind für beschnittene Frauen sehr schmerzhaft, die Beschneidung ist zudem mit verschiedenen medizinischen Risiken verbunden.[28]

In Tansania sterben jährlich in einem Dorf 15 Mädchen bei der Beschneidung. Sie werden einfach in den Busch geworfen, weil angeblich ein Fluch auf ihnen liegt.[29]

---

[28] Encarta 2009
[29] BBC 5.4.2015 Assignment

Inzwischen gibt es ernsthafte Versuche und auch einige Erfolge, diesen Wahn zu beenden. Bei einer Konferenz in Kairo 2006 beschlossen hohe islamische Geistliche eine Fatwa, nach der die Beschneidung von Frauen nicht durch den Koran gedeckt sei.

**Kommentar: Hier wird die Tradition der religiösen Gemeinschaft, in die ein Kind zufällig hineingeboren wurde, über das individuelle Recht der persönlichen Unversehrtheit gestellt. Es ist der Druck der Gemeinschaft, die Angst ausgeschlossen zu werden, der zu irrationalen Handlungen führt. Jedes Kind hat aber ein Recht unversehrt an Leib und Seele in das Erwachsenenalter geleitet zu werden. Dann kann es über sich selbst und seinen Körper, über seine Ansichten, seine Parteizugehörigkeit und seine Religionsgemeinschaft frei entscheiden. Die Religionsfreiheit der Gemeinschaft endet da, wo Mitglieder verletzt werden. Eine Beschneidung ist ein nicht rückgängig zumachender Eingriff in die körperliche Unversehrtheit eines Menschen und daher abzulehnen - es sei denn, es gäbe dafür eine ernsthafte medizinische Begründung.**

# Schächten von Tieren

Schächten ist das rituelle Schlachten von Tieren ohne vorherige Betäubung, insbesondere im Judentum und im Islam. Die Tiere werden mit einem speziellen Messer mit einem einzigen großen Schnitt quer durch die Kehle getötet. Dabei werden die großen Blutgefäße sowie Luft- und Speiseröhre durchtrennt. Nach Einschätzung von Tierschützern und Tierärzten ist dies mit großen Schmerzen verbunden und gilt daher als Tierquälerei. In Deutschland ist das Schächten verboten, aber Juden und Muslimen wird für religiöse Zwecke eine Ausnahmegenehmigung erteilt, wohl mit Rücksicht auf die NS-Vergangenheit. In manchen europäischen Ländern, wie den Niederlanden, ist das Schächten grundsätzlich verboten.
Nach dem Schnitt ist die Empfindungs- und Wahrnehmungsfähigkeit nicht sofort erloschen. Die Zeitspanne kann dabei stark variieren. Bei Rindern und Schafen sind auch unter optimalen Bedingungen Zeitspannen von ein bis zwei Minuten möglich.[30]

Anlass für das Schächten ist eine Legende aus dem Alten Testament. Gott befahl Abraham, ihm seinen Sohn Isaak zu opfern, um seinen Gehorsam zu testen. Abraham war bereit, diesen Befehl auszuführen. Nur weil Gott ihn im letzen Augenblick daran

---

[30] http://www.bundestieraerztekammer.de/downloads/dtbl/2007/artikel/dtb_schaechten.pdf

hinderte, kam es nicht zum Mord am eigenen Sohn. Zur Erinnerung an diesen blinden Gehorsam feiern Muslime jedes Jahr das Opferfest und richten dabei ein Massaker mit hunderten, besser tausenden qualvoll geschächteter Schafe an. In Deutschland werden jedes Jahr etwa 500000 Schafe für die Religion geschlachtet.[31]

**Kommentar: Müssen heute immer noch solche blutrünstigen Bräuche erhalten bleiben? Dieser frevelhafte Umgang mit Tieren ist wohl im orientalischen Opferkult und auch durch die Bibel begründet, die dem Menschen befiehlt, über die rechtlosen Tiere zu herrschen. Sollte sich ewig menschlicher Aberglaube auf Kosten von Kindern (Beschneidung) und Tieren (Schächten) durchsetzen? Kann Abraham für uns wirklich ein Vorbild sein? Kann man eine Religion lieben oder verehren, die solches Leid über andere Lebewesen bringt?**

*So steht es in der Bibel: Seid fruchtbar und mehrt euch und füllt die Erde und macht sie euch untertan und herrscht über die Fische im Meer und über die Vögel unter dem Himmel und über alles Getier, das auf Erden kriecht.[32]*

Die jüdische Kulturwissenschaftlerin Dr. Hanna Rheinz, Gründerin der Initiative Jüdischer Tierschutz, behauptet: *„Das Fleisch gequälter Tiere ist niemals koscher. ... Denn Tierfreundlichkeit ist eine genuin jüdische Tugend. ... Mitgefühl und Linderung des Leidens sind wichtiger als jedwede auch historisch geformte Schächttechnik."[33]*
Leider gibt es diesen Opferkult auch in anderen Religionen: *Eines der wichtigsten und populärsten Heiligtümer Nepals ist der Dakshinkali-Tempel südlich von Kathmandu. Hier werden täglich hunderte von unkastrierten männlichen Tieren (meist Hähne und Ziegenböcke) geopfert. Die Köpfe der Tiere verbleiben im Tempel, die Körper werden von den Opfernden und deren Familienangehörigen bei einem Picknick im Wald zubereitet oder mit nach Hause genommen.[34]*

---

[31] http://www.swr.de/report/ist-schaechten-tierquaelerei-neue-erkenntnisse-der-bundestieraerztekammer.html
[32] 1 Mos 1:28
[33] http://www.tierrechte-bw.de/index.php/schlachten-schaechten/669-informationen-zum-schaechten-in-deutschland
[34] https://de.wikipedia.org/wiki/Kali_%28G%C3%B6ttin%29

# Kopfjäger

*"Kopfjagden dienten, vor allem bei Kriegervölkern, der Abschreckung und Demoralisierung des Gegners oder der Steigerung des sozialen Ansehens der tötenden Person".[35]* Man vermutete, dass die Lebenskraft des Kopfes auf den Kopfjäger, der ihn erbeutet und sich im Besitz dieses Kopfes befand, übergehen würde. Kopfjagden gab es in vielen Kulturen: bei den Kelten in Europa, die die erbeuteten Köpfe links und rechts an ihre Pferde hängten. In China und in Japan wurden Köpfe als Kriegstrophäen gesammelt. Die Kopfjagd wurde bis ins 20. Jahrhundert noch bei einigen Völkern in Südostasien, Westafrika, Südamerika, Melanesien und Taiwan betrieben.[36] Auf den Inseln des Pazifiks war die Kopfjagd bis ins 20. Jahrhundert verbreitet.

**Kommentar: Aus magischem Denken, oder besser „Vermuten", werden völlig falsche Schlüsse gezogen, die wiederum Jahrhunderte lang, in nicht überprüfter Tradition, weitergegeben, zu absurden Handlungen führen, die niemand mehr in Frage zu stellen wagt.**

# Abhärtung zum Mann

*Das richtige Maß in allen Dingen zu finden ist die Kunst des Weisen!* **R.F.**

Spartaner, Römer und Germanen, auch die Indianer galten seit dem 18. Jahrhundert als vorbildliches Beispiel für Abhärtung und strenge Erziehung in der Jugend. Bei Naturvölkern, insbesondere bei Völkern, die großen Wert auf ihre Wehrtüchtigkeit und Männlichkeit legten, findet man Männlichkeits- und Abhärtungsrituale, die weit über das Maß des gesundheitlich zuträglichen hinausgehen. In Sparta wurden Buben, schon im Alter von sieben Jahren - soweit sie nicht gleich nach der Geburt von einer Ältestenkommission als zu schwach befunden und in den Bergen ausgesetzt worden sind - von den Eltern getrennt und in Internaten erzogen. *Jünglinge wurden vor dem Altar der Göttin Artemis bis aufs Blut gegeißelt; wer die Probe nicht mannhaft bestand, hatte keine Chance auf eine respektable Existenz.[37]*

---

[35] https://de.wikipedia.org/wiki/Kopfjagd
[36] https://de.wikipedia.org/wiki/Kopfjagd
[37] http://www.scienzz.de/magazin/art11461.html

*Bei Stämmen in Australien wurde den Heranwachsenden die Harnröhre gespalten, manche Völker in Indonesien pflegten ihnen Bambus- oder Metallstücke in den Penis einzusetzen, bei einem nordamerikanischen Indianerstamm war es Brauch, ihnen den kleinen Finger der linken Hand abzuhacken. Nicht nur die Ohren, auch Nase und Lippen wurden oft durchbohrt, von Tätowierungen und Brandmarkungen aller Art nicht zu reden.*[38]

Der Begründer des Römischen Gesetzwesens gab dem Vater uneingeschränkte Macht über seine Söhne. Diese Macht sollte bis zum Tode des Vaters anhalten. Er darf ihn einsperren oder schlagen, in Ketten legen und ihn zur Landarbeit schicken oder ihn sogar hinrichten. Die gleichen Regeln, die man auf Sklaven anwandte, wandte man auch auf Kinder an…

Das Neue Testament selbst versichert, dass wenigstens legitime, männliche Kinder von Vätern tatsächlich durchgängig körperlich bestraft wurden. Paulus Brief an die Hebräer, der ca. 65 n. Chr. verfasst wurde und Römische Kulturstandards widerspiegelt, besagt platt, dass „alle" Söhne bestraft würden und fragt dann, *„was für eine Art von Sohn ist der, dessen Vater nicht körperlich bestraft?"* – und antwortet: *„Wenn ihr nicht körperlich bestraft werdet, [...] so seid ihr Bastarde und keine Söhne"* **Hebräer 12,7- 8** [39]

Auch die Bibel lehrt uns: *„Wer seine Rute schont, der hasst seinen Sohn; wer ihn aber liebhat, der züchtigt ihn bald."*[40] Dies hatte Auswirkungen bis in unsere Zeit. Noch heute wird dieser Spruch bei Evangelikalen bibeltreuen Christen umgesetzt. Bei einer Untersuchung 2016 zeigte sich, dass *zwischen den Fünfzigerjahren und den früheren Neunzigerjahren bis zu 700 Buben der* Regensburger Domspatzen (Kirchenchor) *Opfer von körperlicher oder sexueller Gewalt gewesen seien.*[41] Bestärkt durch diesen Bibelspruch, fühlten sich die Erzieher angeregt wohl auch ihre ureigenen Gelüste zu befriedigen.

**Kommentar: Im Interesse jedes Lebewesens muss es liegen, Schaden von sich abzuwenden. Dies wird aber oft wegen unvernünftiger gesellschaftlicher Erwartungen verhindert. So gab und gibt es in vielen Kulturen Züchtigungs- und Abhärtungsrituale, die den Betroffenen mehr geschadet als genützt haben.**

---

[38] http://www.scienzz.de/magazin/art11461.html
[39] http://de.richarddawkins.net/articles/wie-christliche-mythen-durch-kindheitstraumata-entstanden-und-warum-sich-atheisten-dafur-interessieren-sollten
[40] Bibel: Sprüche 13:24
[41] http://www.sueddeutsche.de/bayern/regensburg-missbrauch-bei-den-domspatzen-immer-mehr-opfer-melden-sich-1.2825423

# Folgenschwere Fehlschlüsse antiker Philosophen

## Ptolemaios

Der griechische Philosoph Ptolemaios, 85 bis 165, entwickelte das geozentrische Weltbild, in dem die Erde im Mittelpunkt des Universums steht und die Planeten mit der Sonne diese umkreisen. Erst im 16. Jahrhundert korrigierte Kopernikus dieses Weltbild mit dem heliozentrischen, nach dem nicht die Erde, sondern die Sonne im Mittelpunkt des Planetensystems steht. Dies hatte bereits der griechische Astronom und Mathematiker **Aristarchos** von Samos - 310 bis -230 vermutet, der auch schon von der Kugelgestalt der Erde ausgegangen war.

Auch der renommierte griechische Philosoph **Aristoteles** -384 bis - 322 vertrat die Ansicht, dass die Erde im Mittelpunkt des Planetensystems steht, das die Erde umkreist. Und weil er nun mal eine außergewöhnliche Autorität war, wagte es niemand, im Mittelalter daran zu zweifeln. Man war, gemäß dem christlichen Erziehungsideal, gläubig und autoritätshörig.

**Kommentar: Die Menschen wollten glauben, selbst im Mittelpunkt einer göttlichen Schöpfung zu stehen, die nur für sie stattgefunden haben konnte. Sie sind eher bereit die absurdesten Dinge zu glauben als eine ernüchternde Wahrheit. Heute wissen wir, dass auch unser Sonnensystem nur eines von unzähligen im Weltall ist; eine Kränkung, die Jahrhunderte lang den Widerstand der christlichen Kirchen herausgefordert hat.**

Aristoteles vertrat auch die Ansicht, dass das Herz das Zentrum unseres Fühlens und Denkens sei und hat so dazu beigetragen, dass sich diese falsche Ansicht lange im Abendland gehalten hat, obwohl der griechische Philosoph **Alkmaion** schon um - 550 erkannt hatte, dass diese Rolle nur dem Gehirn zukommt, weil in ihm alle Nervenbahnen zusammenlaufen. Man vermutet, dass er schon Leichen seziert hat.

**Kommentar: Das blindgläubige Vertrauen auf Autoritäten hat die Menschheit oft in die Irre geführt. Heute noch sind manche Menschen nicht fähig, an den angeblich unfehlbaren Worten von Bibel und Koran zu zweifeln oder Kritik an Jesus und Mohammed zu üben. Dadurch werden selbständiges Denken und jeder Fortschritt im Keime erstickt.**

# Pythagoras

Pythagoras von Samos, -570 bis - 510, war ein griechischer Philosoph und der Begründer einer einflussreichen Bewegung. Die Pythagoreer bildeten eine philosophisch, religiöse Gemeinschaft vor allem in Unteritalien. Sie lehnten die Demokratie ab und waren eher konservativ eingestellt. Sie führten ein bescheidenes Gemeinschaftsleben, pflegten Freundschaft und unterstützten einander. Sie glaubten an Astrologie und Zahlenmystik. Im ganzen Kosmos sahen sie eine Harmonie von Zahlen. Die Himmelsgestirne sollen angeblich durch ihre Bewegungen eine - für Menschen - unhörbare Sphärenmusik erzeugen. Sie glaubten dass die Welt sich immer wieder in einer ewigen Wiederkunft des Gleichen abspielen werde. Sie waren strickte Vegetarier, weil sie glaubten, dass alle Lebewesen miteinander verwandt sind. Vor allem glaubten sie an die Seelenwanderung, d.h. daran, dass die Seele göttlichen Ursprungs und durch eine rechte Lebensführung unsterblich sei; dass sie nach dem Tod wieder aus dem Körper heraus in ihre göttliche Heimat zurückkehre. Bis dahin könne sie in Mensch und Tier immer wieder lebendig werden. Siehe auch: „Reinkarnation" und „Astralleib", weiter unten.

# Körper und Seele

Die Idee, dass Körper und Seele voneinander getrennt werden könnten, taucht in den indischen Upanischaden -800 zum ersten Mal auf und hat in der abendländischen Philosophie eine wichtige Rolle gespielt. Auch im alten Ägypten findet man diese Idee von der wandernden Seele. Inquisitoren glaubten z.B., den Leib töten zu können, um die Seele zu retten. Oder wenn sie Körper und Seele töten wollten, haben sie die Menschen verbrannt. Das war unter anderem später auch ein Grund, weshalb Christen ihre Toten nicht verbrennen lassen wollten. Außerdem sollte der Körper, wegen späterer leibhafter Auferstehung, unversehrt bleiben.

**Kommentar: Das verträgt sich ganz und gar nicht mit den Erkenntnissen der modernen Naturwissenschaften. Die Seele ist die Summe aller unserer Empfindungen. Sie wird im Laufe des Lebens gebildet und hängt ab von den Erbanlagen, der Erziehung und den Umwelteinflüssen, die auf uns wirken. Jeder Mensch ist deswegen absolut einmalig. Körper und Seele sind eins. So wie die Seele sich mit dem Körper entwickelt, löst sie sich mit dem Körper auch wieder auf. Ohne die Existenz eines funktionierenden Gehirns gibt es keinen Geist = Seele = Soft-**

ware. Materie und Geist sind eine Einheit. Sie können nicht getrennt werden. Es gibt keine vom Körper unabhängigen Geister. Körperlose Geister sind reine Fantasieprodukte.

Beim Tod löst sich der Körper in seine chemischen Bestandteile auf und der Geist hört auf zu existieren. Ohne Hardware funktioniert die Software nicht mehr. Wo geht die Lebenskraft hin? Sie versiegt mit dem Alter und verbrennt wie eine Kerze. Vielleicht geht sie auch zurück in die Natur? Ich weiß es nicht, ich vermute hier nur!
Die Pythagoreer hielten sich an einige seltsame Regeln. Z.B. sollte man nicht gegen die Sonne pinkeln, das Gesäß nicht mit Öl abwischen und auch nicht auf Hauptstraßen gehen. Man sollte auf jeden Fall Bohnen meiden. Warum weiß heute niemand mehr. Traditionen hinterfragt man nicht.

## Reinkarnation = Seelenwanderung

Reinkarnation ist der Glaube, dass die Seele ihre Körper tauschen kann, wie Menschen ihre Kleidung. Dabei kann sie sich angeblich sowohl in einem Menschen, in einem Tier oder gar in einer Pflanze „verkörpern". Je nachdem, ob man in vorigen Leben durch gute Taten „Pluspunkte" für ein gutes Karma oder „Strafpunkte" für ein schlechtes Karma gesammelt hat, bis man schließlich in einer Art Hölle oder dem Paradies, das ist das Nichtsein = Nirwana endet.

Kommentar: Was für die einen ein unerträglicher Zustand ist: Nicht- mehr-sein, ist für andere das höchste Ziel unzähliger Erdenreisen: Nirwana!

So erklären sich Hindus auch das Kastenwesen, die hierarchische Aufteilung der Gesellschaft, nach der die Brahmanen ganz oben und die Parias ganz unten stehen. Erklärt wird diese Ungleichheit weil die Menschen es scheinbar durch ihre Vorleben verdient haben, in der Kaste zu sein, in der sie sich befinden. Auch durch die Anzahl und Größe ihrer Opfergaben glaubten sie ihre Position in einer jenseitigen Welt bestimmen zu können. Da aber die Reichen mehr opfern konnten als die Armen, hatten diese also auch im Jenseits schlechtere Karten,… ganz ähnlich wie im christlichen Abendland, wo man sich durch Geldzahlungen (Ablass) einen Platz im Himmel sichern konnte.

Kommentar: Solche Glaubenssysteme bereichern vor allem die Priesterschaft und festigen die Ungleichheit und das ewige Elend der Armen. Die Ungleichheit ist mit den angeblich besseren oder schlechteren Vorleben ausreichend erklärt und muss nicht durch irdische Revolutionen korrigiert werden. Dieser Glaube erzeugt einen Fatalismus, denn niemand sieht sich motiviert, etwas an der derzeitigen Lage zu ändern. Es ist scheinbar nur gerecht, wenn es dem schlechter geht, der sich in einem früheren Leben versündigt hat...und wer könnte das nachprüfen?

Mit der modernen Auffassung, dass ein Geist nur in einem funktionierenden Körper entstehen kann und dass alles Leben einen Anfang und ein Ende hat, also endlich ist, ist diese Vorstellung unvereinbar. Ich bekomme das Nirwana auf jeden Fall und umsonst.

## Empedokles und Platon

Auch der griechische Philosoph Empedokles, -495 bis -435, vor allem aber Platon, -427 bis -347, waren Vertreter der Idee, dass die Seele sich einen Körper sucht und ihn nach seinem Tod wieder verlässt = Seelenwanderung! Diese Idee haben sie wohl von Pythagoras übernommen. Platon hatte einen ungeheuren Einfluss auf die spätere christliche Kultur, weil er dieser weitgehend entgegen kam, mit seinen fantastischen Ideen von der Unsterblichkeit der Seele und der Idee einer ausgleichenden Gerechtigkeit nach dem Tod. (Politeia)

*„Nach seiner Darstellung lebten die menschlichen Seelen ursprünglich im Bereich der unvergänglichen göttlichen Urbilder oder Ideen. Aufgrund verschiedener niederer Beweggründe entfremdeten sie sich jedoch diesem Zustand unvergänglicher Seligkeit, was schließlich zum körperlichen Dasein führte. Auch im verkörperten Zustand habe die Seele aber noch schwache Erinnerungen an ihr früheres gottgleiches Dasein, und daher strebe ihr höherer Teil, die Vernunft, nach der Erlösung aus dem Gefängnis, als welches Platon den materiellen Körper bezeichnete, während die niederen Begierden die Seele an das Materielle binden wollen. Der Weg zur Erlösung von der körperlichen Existenz besteht nach Platon in der Verwandlung niederer Begierden in Tugenden."* [42]

---

[42] https://de.wikipedia.org/wiki/Reinkarnation#Antike

**Kommentar:** Das scheint mir doch eine ziemlich fantastische Erklärung für den Zusammenhang von Körper und Seele zu sein. Diese Erklärung hatte aber weitreichende Folgen für die Verdammung alles Körperlichen im Christentum. Dem „reinen, göttlichen" Geist wurde vor allem von Paulus der sündige, schmutzige Körper entgegengestellt, aus dem man sich durch Askese und Kasteiung befreien müsse, damit man zur Seligkeit gelangt.

# Gnosis

Im Gegensatz zu den Lehren des Glaubens, der durch die christlichen Kirchen vermittelt wird, ist in der Gnosis die Erlösung des Menschen durch Erkenntnis Gottes und der Welt das Ziel.

Die Gnosis (= Erkenntnis), ein Konglomerat von kosmogonischen Spekulationen, uralten Mysterienriten und frommer Mystik, war eine mächtige, auf geheimer Offenbarung beruhende religiöse Bewegung, deren Anhänger weniger durch intellektuelle Besinnung als durch visionäre Schau, Ekstase und Sakramente Erlösung suchten. [43]

*Die frühesten Gnostiker waren Theologen und Philosophen in den ersten Jahrhunderten nach Christi Geburt, die, je nach Ausrichtung, das Christentum in eine jüdische, hellenistische oder auf die orientalischen Traditionen zurückgehende Mysterienreligion umzuwandeln suchten*[44].

Die Gnostiker fühlten sich, wie der Namen schon sagt, als die Erkennenden, die eben mehr wussten als normale Leute. Sie fühlten sich als eine Elite.

**Zwei alte griechische Mythen beherrschten damals die Köpfe**:

- Der Mythos von dem menschgewordenen Gott, der für die Menschen leidet und stirbt.
- Der Mythos von der gefangenen Seele und ihrer Befreiung durch einen göttlichen Erlöser.

Die Gnosis war dem Christentum sehr verwandt. In beiden Religionen taucht der Dualismus von Körper und Geist auf. Auch spätere christliche Häresien griffen auf sie

---

[43] Deschner – Abermals krähte der Hahn Kap.14
[44] Encarta 2009 Gnosis

zurück: Die Katharer und Albigenser, Jakob Böhme und die Geheimbünde der Rosenkreutzer, auch die Theosophie und die Anthroposophie wurden von ihr beeinflusst.
„*Der Gnostiker fühlte sich als Fremdling in der Welt, als ein Gefangener in der Finsternis. Das Heil erwartete er von einer Preisgabe alles Irdischen, dem Aufstieg der Seele in das Lichtreich, entweder nach dem Tod oder durch mystische Ekstase. Über viele Stufen einer immer mehr zunehmenden Vergeistigung und Verklärung, so glaubte man, würde die Seele wieder in das Göttliche und damit zu ihrem Ursprung zurückkehren.*"[45]

Gott und Welt, Geist und Materie standen einander meist unversöhnlich gegenüber. Gott und den Geist dachte man sich absolut gut, die Materie radikal schlecht.

**Kommentar: Die Abwertung des sterblichen Körpers, der Materie, und die Verklärung der unsterblichen Seele, des Geistes, geht weit zurück in die Antike, mindestens bis zu Platon. Sie beruht auf dem Denkfehler, dass der Geist unabhängig von der Materie existieren könnte. Die Gnostiker wussten nicht mehr, weil sie nicht Wissenschaft, sondern Spekulation betrieben, so wie später die Theosophen und Anthroposophen, mit denen sie manches gemein haben.**

# Gott und die Götter

In fast allen Kulturen haben die Menschen an überirdische Wesen geglaubt und tun es immer noch, obwohl noch nie jemand diese Wesen wirklich gesehen hat. Natürlich haben all diese „Götter, Göttinnen und Geister" unterschiedliches Aussehen und senden unterschiedliche Botschaften. Dies ist leicht dadurch zu erklären, dass die Menschen eben die Erfinder dieser Wesen sind.
Muss es nicht nachdenklich stimmen, wenn die hervorragendsten Wissenschaftler, Denker und Künstler die Idee von einem persönlichen Gott einhellig verwarfen? Zu diesen gehörten: Darwin, Einstein, Kant, Goethe, Giordano Bruno, Spinoza, Aristoteles...Man könnte die Liste endlos fortsetzen. Beginnen müsste man aber wohl im antiken Griechenland, bei dem Philosophen Xenophanes, der zu dem Schluss kam: „Wenn die Ochsen Götter hätten, würden die aussehen wie Ochsen". D.h. der Mensch schafft sich einen Gott, der ihm ähnlich ist. Der Zornige denk sich einen zornigen

---

[45] Deschner - Abermals krähte der Hahn Kap.14

Gott, der Sanftmütige einen sanftmütigen. Feuerbach ergänzte: „Nicht Gott hat die Menschen erschaffen, sondern der Mensch hat seine Götter erschaffen". Er hat Gott all die Eigenschaften gegeben, die wir gern hätten und nicht haben. Er ist allmächtig, unsterblich, allwissend. So können wir uns ganz einfach die Vielfalt der Götter und all ihre menschlichen, leider auch unmenschlichen Züge erklären. Gläubige sprechen mit ihrem selbsterschaffenen Gott wie Kinder mit ihren Puppen. Wissenswerte Antworten sind nicht zu erwarten, denn Gott kann nicht mehr wissen als sie. Diese Illusion kann ihnen durchaus Trost, Hilfe und ein Gesprächspartner sein. Gott ist das wirksamste Placebo. Er ist nicht erkennbar, er ist nicht nachweisbar, aber er wirkt…im Guten wie im Bösen. Hervorragende Denker können sich mit so simplen Gottesbildern aber nicht zufrieden geben. Sie mussten dieses leicht zu durchschauende Bild von einem persönlichen Gott verwerfen und wurden entweder Pantheisten, Agnostiker oder Atheisten.
Gäbe es wirklich einen einzigen „Gott", was immer das sein soll, bräuchte er sich den Menschen nur einmal klar und deutlich zeigen, - wenn er daran interessiert ist, dass sie an ihn glauben. Kann er das nicht? Natürlich kann er das nicht, wenn er nicht da ist. Deswegen geschieht das auch nicht. Wenn Gott mich so geschaffen hat, dass ich ihn nicht erkennen kann, wer ist dann schuld, dass ich ihn nicht erkennen kann? Gott oder ich? Weil er nicht erkennbar ist, können wir über ihn endlose Mutmaßungen anstellen, ohne zu einem Ergebnis zu kommen. Das füllt nicht nur die Bibliotheken, sondern auch die Taschen der Buchhändler - und das ist gut so!
Wie kam es zu dieser Vorstellung? Die Menschen mussten sich die Welt erklären. Naheliegend war die Frage: Wer hat diese Welt, die Menschen, die Tiere und die Pflanzen erschaffen? Ein jemand, der große Macht und große Fähigkeiten haben musste, der mehr konnte als alle Menschen. Die besten Eigenschaften hat man diesem idealen, allmächtigen, allgegenwärtigen, allwissenden Wesen angedichtet. Alles, was der Mensch in seiner Unvollkommenheit nicht ist, alles, was er gerne sein wollte, unsterblich, allmächtig, allwissend, allgegenwärtig…hat man diesem fantastischen Wesen zugesprochen. Götter konnten fliegen und durch die Wände gehen und konnten überall gleichzeitig sein. Die Vorstellungen über dieses Wesen, vielerorts waren es hunderte und sehr oft auch weibliche Wesen, hat sich aber auch immer wieder gewandelt. Hier hatte er Familie, Helfer (Engel), Gegenspieler (Teufel), dort, vor allem in Griechenland, hatte er / sie zutiefst menschliche, sogar unmoralische Eigenschaften, war eifersüchtig, nachtragend, brutal, hinterlistig, betrügerisch, ehebrecherisch, wollte geliebt und vergöttert werden… Inzwischen ist bekannt, dass dem jüdischen Gott Jahwe jahrhundertelang, bis ins 6. Jahrhundert vor unserer Zeitrechnung, eine weibliche Gottheit namens Aschera beiseite gestellt war und vermutlich auch mit ihm zusammen verehrt wurde. Es konnte also vorkommen, dass Götter, an die ganze Völker Jahrhunderte lang geglaubt haben, wie Aschera, Zeus oder Wotan, irgendwann als

unglaubwürdig eingestuft wurden. Sie verschwanden aus den Gehirnen der Gläubigen und damit auch vom Himmel, weil niemand mehr an sie glaubte, weil es keine Priesterschaft mehr gab, die ihre Existenz predigte und bezeugte. Das ist wohl der beste Beweis dafür, dass die Menschen ihre Götter erschaffen haben und nicht umgekehrt!

Viele meinen: Es muss eine erste Ursache für die Entstehung der Welt gegeben haben und diese Ursache ist Gott! Aber Gott ist ja schon ein sehr kompliziertes Wesen. Es läge dann die Frage nahe: **Wer hat Gott geschaffen?** Ein anderer Gott? Das ginge immer so weiter und würde zu keinem Ergebnis führen. Und dann wäre noch die Frage: Warum schuf Gott die Welt überhaupt? Hatte er es nötig? Brauchte er Unterhaltung? War es ihm langweilig?

Wenn wir schon die Frage, warum es die Welt gibt, nicht beantworten können, so ist es doch viel wahrscheinlicher anzunehmen, dass es am Anfang einfach Energie gab. Aus der Energie entstanden Stoffe. Diese wirkten, gemäß vorgegebener Naturgesetze, zusammen und so entstand unter ganz bestimmten Umständen und innerhalb sehr langer Zeiträume intelligentes Leben, der Mensch und das Bewusstsein. Wenn wir ein hochkompliziertes Wesen namens Gott, das alles im Voraus geplant hat, annehmen, muss erst mal die Entstehung dieses Wesens erklärt werden. Wer hat das Ziel der Entwicklung vorgegeben? Muss es ein Ziel geben? Es gibt kein Ziel! Es gibt bei der Entwicklung des Lebens allerdings eine Richtung zu komplizierteren Organismen mit immer höherem Bewusstseinsgrad. Scheinbar war dies mit einem evolutionären Vorteil verbunden.

Wie kommt die Ordnung in der Natur zustande? In der unbelebten Natur gibt es labile und stabile Zustände. Schon in der unbelebten Natur gibt es aber nicht nur Chaos, sondern schon erstaunliche Kunstwerke, wie Schneeflocken, Dünen, Kristalle... Alles ist Zusammenschluss und Zerfall. Die labilen Zustände versuchen in den stabilen Zustand überzugehen. Kein Gott bewegt sie dorthin, sondern ein Naturgesetz. Vor allem kümmert sich diese Natur nicht um den Menschen. Es gibt Erdbeben, Überschwemmungen, Blitze...ohne Rücksicht auf den Menschen und schon gar nicht auf den „moralischen Wert" dieser Menschen. Die Natur kümmert sich nicht um Gut und Böse.

Wie entsteht aus der Materie Leben? Diese Frage ist noch ungeklärt, wird aber sicherlich bald beantwortet werden. Leben ist nicht einfach nur eine Zunahme an Komplexität. Es ist eine neue Qualität. In der lebenden Natur gibt es den Zwang zu überleben. Es überlebt der, der besser an seine Umwelt angepasst ist. So kam es zur Evolution der Lebewesen. Wie geht es in der Natur zu? Es geht um Fressen und Gefressen werden. Die Natur ist nicht „gut". Viele Tiere können nicht überleben, wenn sie nicht töten. Die Natur ist zutiefst unmoralisch und vom Standpunkt es kultivierten Menschen ist sie ist einfach nur schrecklich und grausam. Keine Generation hatte je die Möglichkeit mit Hilfe von Filmdokumentationen so tief in die Grausamkeit der Natur zu blicken wie unsere. Und dann ist da noch das unabwendbare Schicksal des Alterns, oft mit Krankheit verbunden und schließlich der Tod. Von einem weisen und guten Gott hätte man wahrlich Besseres erwartet! Hier liegt wohl der Ursprung der Religion: Die wirkliche Welt stimmt nicht mit der Welt überein, die wir uns wünschen!

Kann etwas geschehen, ohne dass „jemand" dahinter steckt? Ja natürlich, es donnert und blitzt, aber es steckt kein höheres Wesen dahinter, sondern alles hat physikalische Ursachen. Je mehr wir uns erklären können, desto weniger benötigen wir Gott, um die Lücken unserer Unwissenheit zu schließen. Alles folgt nur den Naturgesetzen. Ein „jemand" ist nicht nötig! Nur in primitiveren Kulturstufen denken die Menschen die Natur personifiziert und glauben, dass hinter allem was geschieht, ein „menschenähnlicher Verursacher" oder ein „Geist" stecken muss.

Beweisen nicht Wunder, dass Gott existiert? **Wunder gibt es nicht, es gibt nur Dinge, die wir uns (noch nicht) erklären können.** Und welcher Gott sollte dadurch bewiesen werden? Wunderbares gibt es ja in allen Religionen und Kulturen. Ganz ähnliche Wunder wie Jesus bewirkten einige Jahrtausende vor ihm die Götter und Gottessöhne der Babylonier, Ägypter (Horus), Perser (Mithra), Griechen (Asklepios, Attis, Herakles, Dionysos) und Inder (Krishna, Buddha).

Ich staune mehr darüber, dass sich ein indischer Guru einen Spieß durch den Mund stecken kann, ohne dass Blut fließt, als über Wunderheilungen in Lourdes, die wohl oft auf Täuschung und Einbildung beruhen. Jedenfalls ist es doch seltsam, dass es heute im Zeitalter der allgegenwärtigen Handys keine Totenerweckungen mehr gibt, obwohl diese zu Jesu Zeiten und noch im 19. Jahrhundert in sehr katholischen Gegenden wie Spanien oder Bayern relativ häufig vorkamen.

Werden Gebete erhört? Mit Gebeten kann man sicher auf die eigene Psyche einwirken, aber **Gebete haben keinen Einfluss auf das Weltgeschehen.** Sie werden mit derselben Wahrscheinlichkeit erhört oder nicht erhört, wie das dreimalige Klopfen auf den Tisch. Man kann sich nicht genug darüber wundern, dass es gerade immer wieder bei Wallfahrten, besonders in Indien oder Arabien, zu besonders schweren Unfällen bei den Gläubigen kommt. - Will Gott ausgerechnet seine treuesten Anhänger dafür bestrafen, dass sie eine Wallfahrt auf sich genommen und an ihn geglaubt haben? Das wäre dann ein sehr undankbarer und böser Gott! Siehe eine Seite weiter unten!

Und wie ist die Weltgeschichte abgelaufen? Es war ein einziges Chaos aus Kriegen, Terror und Gewalt, - sehr oft unter Anrufung von Gottes Hilfe auf allen Seiten. Leider haben weder das Christentum und erst recht nicht der Islam die Welt friedlicher gemacht. Im Gegenteil, es waren gerade diese beiden Religionen, die durch ihre Intoleranz und ihren Absolutheitsanspruch besonders viele Kriege verursacht haben. Das Eingreifen einer höheren Macht ist überhaupt nicht zu erkennen.

**Kommentar: Die Weltgeschichte ist genauso abgelaufen, wie sie abgelaufen wäre, wenn kein Gott eingegriffen hätte.** Nur wäre sie wahrscheinlich friedlicher verlaufen, wenn die Menschen nicht an ihre verschiedenen Götter geglaubt hätten, für deren Ehre und auf deren Befehl sie in den Krieg gegen die Falschgläubigen gezogen sind.

Wie zynisch und böse müsste ein Gott sein, der alles sieht, was auf der Welt passiert, der die Macht hätte, in das Weltgeschehen einzugreifen und der dennoch nicht eingreift und einfach zuschaut:

Wenn ein Pilot die Absicht hat, ein Passagierflugzeug über den Alpen abstürzen zu lassen. Co-Pilot Andreas L. hat den Flug mit 150 Menschen an Bord wohl absichtlich gegen die Felsen gesteuert. 2015

Wenn zwei Züge mit 100 Std./ Kilometer aufeinander zurasen, weil ein Fahrdienstleiter aus Versehen ein falsches Signal gesetzt hat. Ergebnis 11 Tote und 85 Schwerverletzte. 2016.

Bei einer Massenpanik 2015 im Fluss Godavari in Andhra Pradesh, Indien, starben 27 Menschen. Die Menschen glaubten sie könnten sich durch das Bad im Fluss von ihren Sünden befreien. Fast 24 Millionen Pilger wurden erwartet, um an dem 12-Tage dauernden Fest teilzunehmen. Das Unheil geschah als die ersten Gläubigen aus dem Fluss stiegen und die nächsten zu einem glückverheißenden Zeitpunkt im Fluss sein wollten.

2015 stürzte ein Krahn auf die große Moschee in Mekka, tötete und verletzte hunderte Gläubige, die in der Moschee beim Gebet waren.

2016 tötete ein Brand in einem Hindutempel mehr als 100 Menschen, über 200 wurden verletzt. Ein Feuerwerk, das anlässlich des indischen Neujahrsfestes unerlaubterweise von den Tempelmitarbeitern entzündet wurde, hatte das Gebäude in Flammen gesetzt.[46]

2016 Bei Erdbeben in Italien wurden besonders alte Kirchen aus dem 14.Jahrhundert zerstört. Sie hatten keine höhere Wahrscheinlichkeit, verschont zu werden, als profane Bauten.

---

[46] http://www.dw.com/en/scores-killed-in-temple-fire-in-southern-india/a-19176522?maca=en-newsletter_en_bulletin-2097-html-newsletter

*„Gott habe die Italiener mit dem Erdbeben für die jüngst beschlossene Legalisierung von homosexuellen Lebenspartnerschaften strafen wollen, so ein Mitarbeiter des Radiosenders, Pater Giovanni Cavalcoli."*[47]

2016 gab es ein Unwetter in Braunsbach Baden-Württemberg: Nach starken Regenfällen verwüsteten Geröllmassen ein ganzes Dorf. Im Schutt fand man eine schön verzierte, sehr alte Tafel mit der Aufschrift: „Gott schütze dieses Haus!"

2016. Vor Weihnachten stürzte in Nigeria eine sich im Bau befindliche Kirche ein und begrub über 200 Menschen unter ihren Trümmern.[48]

**Kommentar: Wie soll man sich das erklären? Was wollen uns die Götter damit sagen, wenn sie gerade diejenigen bestrafen, die am innigsten um ihre Hilfe bitten. Wie steht es um die Macht der verehrten Götter, wenn sie nicht mal ihre engsten Anhänger vor solchem Unheil bewahren können?**

Wenn ein weiser Gott die Welt und die Menschen erschaffen hätte, wenn er in den Lauf der Weltgeschichte eingreifen würde, müsste die Welt eine bessere sein, der Mensch ein unfehlbares Lebewesen und die Geschichte der Weg zu immer mehr Frieden und Gerechtigkeit. Nichts trifft zu! Das Gegenteil ist der Fall, vor allem da, wo Menschen ihre Geschichte einem Gott überlassen, auf Gott vertraut haben und sie im Interesse ihrer Religion gestalten wollten. Das gilt für das Christliche Abendland im Mittelalter und noch bis zum Zweiten Weltkrieg und heute für die islamische Welt.

**Kommentar: Wo die Menschen alles Gott überlassen, herrscht das Chaos irdischer Naturgesetze!**


Der Gott der Bibel gibt ja selber zu, dass er Mist gebaut hat. Am liebsten hätte er nach dieser Erkenntnis seine missratenen Geschöpfe in einer Sintflut umkommen lassen. Und solche Geschichten wiederum entspringen typisch menschlichen Denkweisen. **Das heißt: Auch die heiligen Bücher, Bibel und Koran sind reine Mythen.** Die Vielzahl der Offenbarungen und die Widersprüche in diesen Offenbarungen sind ein Beweis dafür, dass alle diese Bücher menschlichen Ursprungs sind. Hinzu kommt, dass diese Bücher, die Menschen nicht nur dazu angeregt haben, gut, sondern sehr oft

---

[47] http://derstandard.at/2000047010110/Erdbeben-ist-Strafe-Gottes-Italienischer-Priester-sorgt-fuer-Eklat
[48] https://www.tagesschau.de/ausland/nigeria-383.html

dazu verleitet haben, dumm und grausam zu handeln. D.h. auch der **moralische Wert der heiligen Schriften ist sehr widersprüchlich.** Sie haben die Menschen zum Frieden, aber eben auch zu Hass, Intoleranz und Krieg angestachelt. Zwar mag es für viele Menschen tröstlich sein, einen gütigen Vater über sich zu wissen, der ihnen Sicherheit und Geborgenheit in einer unbegreiflichen und gefährlichen Welt versprach, diesen Vater konnte man aber auch als üblen Tyrannen empfinden, der seine rechtlosen Geschöpfe willkürlich strafen und belohnen, ins Paradies und in die ewige Verdammnis schicken konnte. In den abrahamitischen Religionen wird nicht nur mit dem Himmel gelockt, sondern auch mit der Hölle und mit ewiger Verdammnis gedroht. Dabei wird oft nicht der bestraft, der ethisch schlecht handelt, sondern der, der nicht das „Richtige" glaubt. Aber was ist das Richtige, wenn die Religionen Widersprüchliches lehren? Da merkt man doch, wie absurd das Ganze ist.
Blindes Vertrauen in diesen Gott führte auch dazu, das Leben auf das Jenseits auszurichten, die Hände in den Schoß zu legen, auf das Jenseits zu warten und die Welt so laufen zu lassen, wie sie ohnehin läuft. Wenn Gott gewollt hätte, dass es keine Überschwemmung gibt, hätte er auch keine geschickt. Also wäre es nur ein Frevel gegen Gott, Dämme zu bauen. Wenn Gott gewollt hätte, dass es keine Krankheit gibt, dann hätte er keine Krankheit geschickt, deswegen ist es nur ein Frevel gegen Gott, Impfstoffe und Medikamente zu erfinden. Wenn Gott sich Kinder wünscht, sollte man nicht an Familienplanung denken. *„Das Projekt einer Schiffbarmachung des Tajo und Manzanares wurde, unter Philipp IV., von einer Prüfungskommission mit der Begründung verworfen, wenn Gott die Schiffbarkeit der Flüsse gewollt hätte, dann hätte er sie selber so gemacht."*[49]
In diesem Stil haben die Gläubigen lange argumentiert. Und die Welt in mittelalterlichem Denken festgehalten.

Nicht jeder wird im Diesseits sein Glück finden, außerdem ist es wohl der Versuch, dem endgültigen Tod zu entfliehen, der die Menschen Trost in einem Jenseits suchen lässt. Man sollte ihnen diesen Trost nicht verwehren. Aber ist es denn so tröstlich, ohne Körper, ohne Sinnesfreuden, eine Ewigkeit zu verbringen? Millionen Buddhisten tun alles, um dem ewigen Kreislauf des Daseins eines Tages entfliehen zu können und ins Nirwana zu kommen. Wenn der Glaube an Gott nur positive Wirkungen gehabt hätte, würde ich gar nicht fragen, ob er wahr ist oder nicht. Leider ist das aber überhaupt nicht der Fall. Gerade im Glauben an Gott und seine heiligen Bücher haben die

---

[49] Prophyläen Weltgeschichte

Menschen gegen Andersgläubige besonders intolerant gewütet. Welche negativen Wirkungen hatte der blinde Glaube an die göttlichen Worte der Bibel? Das sei hier nur in Stichworten angeführt: Prügelpädagogik; Minderwertigkeit der Frau; Todesstrafe; Steinigung für Holzholen am Sabbat, Ehebruch und Homosexualität; Grausame Strafen und Folter; Rechtfertigung der Sklaverei; Tierquälerei und Umweltzerstörung; Könige von Gottes Gnaden; Teufels- und Höllendrohungen; Erbschuld und Erbsünde; Penisverstümmelung; Verachtung von Vernunft und Wissenschaft; Aberglauben; Analphabetismus; Armut und Unwissenheit; steinzeitliche Sexualmoral; Überbevölkerung; Verunglimpfung unehelicher Kinder; Intoleranz; Verfolgung Andersgläubiger und Ungläubiger; Fanatismus für den Glauben; Heilige Kriege…

Mit Berufung auf ein nicht erkennbares Wesen, namens Gott, von denen es im Laufe der Weltgeschichte hunderte verschiedene gab, mit den angeblichen Worten eines Propheten, der der Sohn Gottes gewesen sein soll, von dem wir aber nicht so recht wissen, was er wirklich gesagt hat, mit einem Buch, das erkennbar vor langer Zeit von Menschen zusammengeschustert und deswegen sehr widersprüchlich und wirr ist, begründen Gläubige alle ihre Sätze und erwarten, dass sich gebildete Menschen in blindem Glauben diesen Sätzen unterwerfen und ihnen folgen.

Wenn sogenannte „heilige" Texte für das unumstößliche Wort Gottes gehalten werden, ist Kritik an diesen Texten und damit freies selbstverantwortliches Denken nicht mehr möglich. Das kann verhängnisvolle Auswirkungen haben, wenn in diesen Texten, was leider oft der Fall ist, zur Verfolgung Ungläubiger und Andersgläubiger aufgefordert wird. Oder wenn jemand, ob nun Jesus, Mohammed, Maria oder irgendein Heiliger in göttliche Sphären erhoben und damit jeglicher Kritik entzogen wird.

Millionen Gelehrte sinnieren über Texte, die in unzähligen widersprüchlichen Varianten die Worte Gottes sein sollen. Dabei lassen sich diese Worte doch sehr leicht als rein menschliche Worte entlarven. Sie enthalten nichts Besonderes, nichts Wissenswertes, was die Zeit, in der sie entstanden sind, nicht auch gewusst hätte. Sie können auch ethisch kein Maßstab für unser Handeln sein, weil sie die Ethik der Bronzezeit oder des Mittelalters, die egozentrische Denkweise eines Volksstammes oder eines herrschsüchtigen Propheten zum Maß unseres Handelns machen wollen. Menschen, wären Mitmenschen, würden ihnen nicht schon im Kindesalter ganz verschiedene, unvernünftige Glaubensrichtungen mit allen ihren Vorurteilen und Absurditäten eingeimpft, auf die sich selbstverständlich niemals alle Menschen einigen können.

**Kommentar: Seit Jahrhunderten werden aus dem selben Buch, der Bibel, unzählige, sich widersprechende Schlüsse gezogen und dabei behaupten die Interpreten immer wieder unter Eingebung des Heiligen Geistes zu stehen. Hat der Heilige Geist sich also geirrt? Hat der Heilige Geist vielfältige Meinungen?**

# Jungfrauengeburt – Gottessöhne – Wunder – Auferstehung – Himmelfahrten

Die Idee vom jungfräulich geborenen, leidenden, sterbenden, Wunder wirkenden und wieder auferstandenen Gott oder Gottessohn, der dann schließlich in den Himmel aufgefahren ist, kursierte schon lange vor Jesus im Vorderen Orient.:
Die Vorstellung von der **göttlichen Zeugung aus einer Jungfrau** kannte man in Ägypten schon im 3. Jahrtausend vor unserer Zeit, Horus wurde von einer Jungfrau (Isis) geboren, in Babylon wollte - 2850 König Sargon von Akkad den Leuten glauben machen, dass seine Mutter Jungfrau gewesen und sein Vater unbekannt sei; in Indien hielt man Buddha für den Sohn der Königin und „Jungfrau" Maya und Krishna wurde in Indien angeblich - 900 von einer Jungfrau Debaki geboren. Jungfrauengeburten gab es auch in Rom und in Persien: Mithra wurde - 1200 von einer Jungfrau geboren. In Griechenland wurde Attis von Phrygien / Griechenland, -1200 von einer Jungfrau geboren und Dionysus von Griechenland wurde - 500 von einer Jungfrau geboren. Perseus wurde von Zeus mittels eines Goldregens, den er über Danäe niederlies jungfräulich und göttlich gezeugt; Platon wurde als Kind des Gottes Apollo verehrt. Ähnliches erzählte man sich von Alexander d. Großen. Herkules Mutter brachte ihren Sohn jungfräulich zur Welt. Im Alten Testament gibt es Frauen, die jungfräulich geboren haben sollen: Sara, Lea, Rebekka und Zippora. Mit diesem Wissenshintergrund sollte einem Schüler die Entscheidung überlassen werden, ob er eine jungfräuliche Geburt für eine Wahrheit oder für einen Mythos hält.

**Gottessöhne** nannten sich: Herakles; Dionysos; Jesus; die Pharaonen galten als Söhne des Amun; Cäsar wurde als Sohn der Venus verehrt; Augustus wurde als Sohn des Apollo verehrt; Alexander der Große nannte sich Sohn des Zeus; die japanischen Kaiser wollen die Söhne der Sonnengöttin Amatarasu sein; die chinesischen Kaiser waren Söhne des Himmels; in Korea gab es den Gottessohn „Dangun", erzeugt von einer Menschenfrau mit einem Gott; die Inkaherrscher waren Söhne der Sonne…

Von den Toten **auferstanden** sind am dritten Tage der ägyptische Osiris und der phrygische Attis; auferstanden ist am dritten Tag auch der ägyptische Horus; auferstanden sind weiter der babylonische Tammuz und die griechischen Heroengötter Herakles und Dionysos, nachdem Dionysos gekreuzigt worden war.
Der persische Mithra wurde gekreuzigt, war drei Tage tot und ist wieder auferstanden. Auferstanden ist auch der indische Krishna, nachdem er viele Wunder gewirkt hat.

**In den Himmel aufgefahren sind:** Elias, Henoch, Romulus; Jesus; Maria; Cäsar; Mohammed…

# Vom Ursprung der Normen und Gesetze

Menschen möchten mit ihren „Normen" auf festem Grund stehen. Deswegen haben Gesetzgeber wie Hammurapi, Moses oder Mohammed versucht, ihren Völkern weiszumachen, dass ihre „Normen = Gesetze", nicht durch eigene Überlegungen entstanden seien, sondern direkt von Gott stammten. Der Sinn ist klar: Dadurch sollten diese Gesetze mehr Gewicht bekommen. Die Menschen sollten sie auch dann befolgen, wenn keine irdische „Polizei" da war. Gott sah alles und die Abrechnung kam beim Jüngsten Gericht. Diese Gesetze, die ja angeblich den Menschen für alle Ewigkeit von Gott gegeben wurden, können aber nicht mehr so einfach geändert werden, wie ein Gesetz, das ein Parlament beschlossen hat. Das ist das Problem, das Buchreligionen haben: Darf die Scharia an das Grundgesetz angepasst werden oder wäre das ein Frevel gegen Gott? Konkret: Müssen Muslime und Juden ihre Buben beschneiden und Tiere schächten oder können sie auch darauf verzichten? Dürfen sie Männer und Frauen gleichstellen? Müssen sie die Todesstrafe auf Gotteslästerer, Falschgläubige und Zauberinnen anwenden? Durch angeblich „göttliche" Gebote wird ein Fortschritt bei der „Normänderung" erheblich erschwert. Immerhin werden heute Leute, die am Sabbat Holzholen, nicht mehr gesteinigt – soviel ich weiß – obwohl dies von Gott ausdrücklich befohlen wird: *4 Mose 15:35*. Das lässt hoffen, dass man heute in mythologischen Texten das erkennt, was sie sind: menschliche Zeugnisse einer längst vergangenen Zeit!

**Menschenrechte** sind Rechte, die von Menschen für Menschen mit Hilfe der Vernunft geschaffen wurden, um ein gerechtes und friedliches Zusammenleben aller Menschen zu ermöglichen.

# Falsches Denken in den Religionen

Vor allem die abrahamitischen Religionen, die ihre Herrschaft mit sehr viel Gewalt durchgesetzt haben, haben auch die Denkweise unzähliger Europäer stark geprägt. Mit der Verbreitung des Christentums und des Islams haben sich die hebräische Bibel, das Alte und das Neue Testament, sowie der Koran, neben der griechisch - römischen Kultur als geistige Grundlagen zur Erklärung der Welt bei uns durchgesetzt.

## Terror im Namen Gottes

Manchmal frage ich mich: Sollte man Menschen nicht einfach ihren Gott lassen, der ihnen Trost und Hoffnung in einer verrückten und oft trostlosen Welt ist? Nein! Weil Gott leider nicht nur Trost und Hoffnung ist, sondern auch die Ursache schlimmster Verfolgung und Unterdrückung. Der Glaube an Gott kann Menschen zu Bestien machen. Die Äußerung atheistischer Ansichten wurde noch im Jahre 2016 in zahlreichen Ländern mit Freiheitsentzug bestraft, in 13 Ländern sogar mit dem Tod. Wenn ich sage, Gott ist nicht erkennbar und vermutlich auch nicht existent, dann tue ich das, um denen den Rücken zu stärken, die genau wegen solcher Ansichten, z.B. in Saudi Arabien, im Iran, in Pakistan, in Ägypten oder in anderen, vor allem islamischen Staaten, zum Tode verurteilt, ausgepeitscht, mit Gefängnis und hohen Geldstrafen terrorisiert werden. Gott, der Nichtexistente, ist dort Garant für diese ungerechte Herrschaft, so wie er es jahrhundertelang in Europa war für die König und Kaiser und Zaren von Gottes Gnaden. Immer mehr, meist junge Männer, werden in konservativ autoritären Staaten wie Russland und der Türkei schikaniert, weil sie es wagen, an der Existenz Gottes zu zweifeln. Deswegen denke ich diesen Gedanken nicht nur für mich, sondern ich schreibe ihn auf, stelle ihn ins Internet und übersetze ihn auf Englisch, damit auch die Verantwortlichen in diesen Staaten wissen, dass es in Deutschland gebildete Menschen gibt, die ernsthaft und bei klarem Verstand Ansichten vertreten, für die man dort die Todesstrafe verdient. – Der Schluss müsste dann sein: Wie dumm sind wir eigentlich, wenn wir das tun? - Aber wie so oft in der Geschichte, ist Religion hier wohl nur das Mäntelchen, mit dem eine illegitime Herrschaft gerechtfertigt werden soll. Wenn eine intolerante Religion Macht hat, bedeutet das immer Terror gegen die Ungläubigen.

Alles Unheil, alle Verfolgung, aller Terror, alle Verdammung in „Heiligen Büchern" erhält durch den Glauben an die göttliche Urheberschaft dieser Bücher erst fanatischen, weil für Kritik unzugänglichen Charakter. Dazu gehören die Rechtfertigung ungerechter Herrschaften und die Drohungen mit Hölle und Teufel.

## Wer oder was ist Gott?

Ein Gott, was immer das sein soll, ist überhaupt nicht erkennbar! Welcher Gott soll gemeint sein: Zeus, Wotan, Schiwa, Quetzalcoatl.... Die Menschen haben im Laufe ihrer Geschichte an unzählige verschiedene Götter geglaubt und dabei hat sich keiner dieser Götter jemals wirklich sehen lassen, keiner hat eindeutig, für alle Menschen überzeugend, seine Existenz bewiesen. Das kann nicht mit der Allmacht und Allwissenheit eines Gottes übereinstimmen, der ja angeblich möchte, dass die Menschen an ihn glauben. Seit Jahrtausenden streiten sich die Menschen über das Wesen der Götter, darüber was sie wollen oder nicht wollen, darüber wo sie sind, wie sie sind, was sie sind und ob sie überhaupt sind! Mit dem Ergebnis, dass die Existenz der Götter heute so wenig bewiesen ist wie vor tausenden von Jahren. Daraus schließe ich, dass sie nur menschliche Fantasieprodukte sind, wodurch sich ihre Vielfalt und nicht Erkennbarkeit sehr wohl erklären ließe.

Jeder Gläubige hat eine andere Vorstellung von Gott. Deswegen gibt es so viele Götter, wie es Gläubige gibt. Ein zorniger und cholerischer Mensch stellt sich Gott vor wie den wütenden Schlächter im Alten Testament, ein sanftmütiger Mensch hat eher die Vorstellung von einem gütigen und gnädigen Gott. Das Gottesbild, das einer hat, sagt vor allem etwas aus über ihn selbst.

Wenn Gott wollte, dass alle Menschen an ihn glauben und ihn erkennen können, bräuchte er oder sie oder es sich ja bloß allen, am besten gleichzeitig auf allen Fernsehkanälen, zeigen. Kann er das nicht? Natürlich kann er es nicht, weil er nicht da ist! Schließlich hat er mich doch so geschaffen, dass ich ständig meinen kritischen Verstand einsetzen muss und nicht alles blindgläubig akzeptiere. Wo käme ich da hin, bei den vielen sich widersprechenden Ansichten über Gott?

**Hier sollen einige Fragen beantwortet werden, die sich aus der Diskussion mit Gläubigen ergeben haben:**
*Der Mensch soll das Geschöpf eines unfehlbaren Gottes sein.*


Müsste dann nicht der Mensch selbst etwas von dieser Unfehlbarkeit zeigen? Mancher muss sich doch fragen: „Oh Herr, warum hast du gerade ein Blackout gehabt, als du mich erschufst!"

*Ein Gott soll seine schützende Hand über Gläubige aufhalten.*

Aber geht es denn Gläubigen besser als Ungläubigen? Werden sie von Krankheiten und Schicksalsschlägen verschont? - Gläubige Menschen erleiden mit der gleichen Wahrscheinlichkeit schlimme Schicksale wie Ungläubige. Sie erkranken auch mit derselben Wahrscheinlichkeit. Scheinbar herrscht eben nicht Gott, sondern ein unerklärliches eher zufälliges Schicksal über uns.

*Wir sollen eine Erbschuld haben, die durch den Fehltritt eines mythologischen Paares, Adam und Eva, auf uns gekommen ist.*

Nach meinem Verständnis kann man nur durch eigenes schuldhaftes Verhalten schuldig werden. Schuld wird nicht genetisch vererbt. Der Sohn ist nicht schuldig für die Verbrechen des Vaters. Ist der Mensch überhaupt frei in seinem Handeln, um schuldig werden zu können?

*Wir sollen durch den freiwilligen Tod des Gottessohnes von dieser Schuld erlöst worden sein.*

Schuld kann nicht durch den Tod eines Unschuldigen getilgt werden. Das ist archaisches Denken, das wohl der griechischen Mythologie entstammt. Herakles und Dionisios mussten leiden und sterben, um die Welt zu erlösen. Hat es der allmächtige Gott wirklich nötig, uns auf eine derart barbarische Weise zu erlösen?

*Nur der Mensch soll eine unsterbliche Seele haben.*

Warum nur der Mensch und nicht alle anderen Lebewesen auch, mit denen wir eng verwandt sind? Auch sie sind beseelt. Das ist eben ein sehnlicher Wunsch und ein anmaßender Gedanke, der mit der Realität nicht viel zu tun hat.

*Die Seele soll unabhängig vom Körper existieren.*

Körper und Seele sind eins. Sie wachsen miteinander. Sie entwickeln sich zusammen und sie sterben zusammen. Es gibt keinen Geist, keine Seele ohne Körper. Die Seele ist die Summe aller unserer Empfindungen.

*Nach dem Tod soll es ein Gericht und die ewige Hölle für alle Ungläubigen geben.*

Da würde ich wohl zur Hölle verdammt werden, nur weil ich es gewagt habe, meinen gesunden Menschenverstand zu gebrauchen. Deswegen halte ich das für Unsinn und glaube, dass ich nach dem Tod meine Ruhe habe. Der Tod ist die Erlösung von allem Übel. Mit der Furcht vor dem Tod und dem ewigen Gericht haben die Kirchen den Menschen das Geld aus den Taschen gezogen. Diese Idee stammt wohl aus der antiken ägyptischen Religion bzw. von Platon. Sie ist in vielen andern Religionen präsent.

***Der Mensch soll angeblich im Mittelpunkt des Weltalls und im Mittelpunkt eines Heilsgeschehens stehen.***

Das ist sehr vermessen, weil wir wissen, dass wir eine zufällig entstandene Spezies am Rande des Weltalls sind. Die ganze Evolution ist nicht geradlinig auf den Menschen hin verlaufen. Unzählige Lebewesen sind entstanden und wieder ausgestorben, auch verschiedene menschenartige Lebewesen, wie die Neandertaler.

# Auserwähltheitswahn bei verschiedenen Völkern
## Kommentar: Auserwähltheitswahn ist aller Kriege Anfang!

Fremde und Andersdenkende stellen die Alleingültigkeit der eigenen Kultur bzw. der eigenen Denkweise in Frage. Sie erschüttern damit die Sicherheit, die der einfache Mensch in seiner Beschränktheit erlebt. Für einen lernfähigen und neugierigen Geist ist Andersartigkeit Bereicherung und anderes Denken Anregung. Zumindest werde ich dadurch angeregt, meinen eigenen Standpunkt nochmal zu überprüfen.
Die alten **Ägypter** betrachteten ihr Land als den Kosmos und das Ausland als das Chaos.[50]
Die **Griechen** bezeichneten alle anderen Völker als *„Babler"* oder *„Barbaren"*. Auch die Philosophen schlossen sich der Abwertung dieser *„Anderen"* an. *„Platon bezeichnet die Barbaren als die natürlichen Feinde der Hellenen. Xenophon nennt den Perserhass „edel". Isokrates, der bedeutendste Propagandist eines Rachekrieges gegen Persien forderte gegen die Barbaren Kampf und zwischen den Hellenen Eintracht: Homonoia. Und Aristoteles, der von 343 bis etwa 340 im Auftrag Philipps II. den Kronprinzen Alexander zusammen mit Hephaistion und weiteren Söhnen aus makedonischen Adelsgeschlechtern unterrichtete, betrachtete alle Barbaren, vor allem die Völker Asiens, als Sklaven von Natur aus. Er gab seinem Schüler Alexander in einem*

---

[50] Die altägyptische Religion_Wikipedia

*Sendschreiben den Rat, die Griechen als freie Männer wie Freunde und Verwandte zu betrachten, die Barbaren aber wie Tiere oder Pflanzen als Sklaven zu behandeln".* [51]
Aristoteles behauptet: *„Ja, mit Fug den Griechen sind die andern untertan."* Auf Aristoteles beriefen sich später auch die Spanier, als es um die Frage ging, ob die Indianer Amerikas versklavt werden dürfen oder nicht. Auch Kant, Goethe, Locke, Hume, Hegel...waren von der Minderwertigkeit dunkelhäutiger Völker überzeugt.
Die **Inkas** hielten ihre Hauptstadt Cuzco für den Nabel der Welt.
Die **Wampanoag Indianer**, an der Ostküste Nordamerikas, bezeichneten sich als Volk des ersten Lichtes.

„Die **amerikanischen Indianer** betrachteten sich als das erwählte Volk, vom großen Geiste zu erhabenem Beispiel der Menschheit geschaffen. Ein Indianerstamm führte den Namen: „die einzigen Männer", ein anderer „Männer der Männer"; die Karaiben sagten von sich: „Nur wir sind Leute", und die Eskimo glaubten, dass die Europäer nach Grönland gekommen seien, um gute Manieren und Tugenden zu erlernen."[52]

Die **Chinesen** bezeichneten ihr Reich als das *„Reich der Mitte"*, weil sie sich im Mittelpunkt der Welt und der Weltgeschichte wähnten. Sie fühlten sich anderen Völkern überlegen.
Die **Japaner** glaubten mindestens bis 1945, dass alle Königreiche von Menschen gemacht und nur das japanische göttlichen Ursprungs ist. Die Erfinder dieses Mythos wussten wahrscheinlich noch nicht viel von der Welt. Für sie stand eben ihre Welt, die Welt Japans, im Mittelpunkt ihres Weltbildes. Es ist ethnozentrisch, wie viele ähnliche Weltbilder.
Die **Franken** glaubten, als führendes christliches Volk *„das neue von Christus auserwählte Volk zu sein"*, was ihnen auch erlaubte, alle nicht-christlichen Völker, z.B. die Sachsen, zu verfolgen, auszurauben und zu *„bekehren"*.
Die **USA** nennen sich gerne *„Gods own nation"*. Auch die Pilgerväter glaubten zu Gottes auserwähltem Volk zu gehören. Für ihre Nachbarn, die Indianer, war das tödlich.
Die **Russen** hielten sich seit den Anfängen ihres Staates im 16. Jh. für das neue Israel, als dem Land, in dem sich die Heilsgeschichte vollenden werde.
Die **Engländer** hielten sich seit Cromwell im 17. Jh. für das auserwählte Land, das dazu berufen sei, die ganze Welt mit dem Christentum missionieren zu müssen und allen kolonialisierten Völkern die *„englische Lebensart"* aufzwingen zu dürfen.

---

[51] Wikipedia
[52] Will Durant Kulturgeschichte der Menschheit

Die „**arische**" **Rasse** hielt sich schon lange vor Hitler für die Herrenrasse und unter Hitler, der darin die *„germanische"* Rasse erkannte, steigerte sich ihr Auserwähltheitswahn so weit, dass es ihr keine Gewissensbisse bereitete, andere Völker auszurotten. Dabei waren die **Arier** eine indogermanische Volksgruppe, die ursprünglich im Iran siedelte und dann um -1200 nach Indien auswanderte.

Die **Franzosen** fühlten sich nach der Französischen Revolution als das Volk, das auserwählt war, der Menschheit die Freiheit zu bringen, - aber auch dazu waren alle Mittel recht.

Man sieht an diesen Beispielen, dass es meist unheilvoll für andere Völker war, vor allem für die Nachbarvölker, wenn sich ein Volk für auserwählt hielt.

Die Menschen wollen wichtig sein und im Mittelpunkt stehen, sonst hätten sie nicht Jahrtausende lang geglaubt, sich im Mittelpunkt des Weltalls zu befinden und abgetrennt von der Tierwelt, die Krone der Schöpfung zu sein, was sich ganz offensichtlich als eine abwegige Überschätzung herausstellte.

**Kommentar: Menschen und Völker haben eine bemerkenswerte Fähigkeit, sich zu überschätzen, sich für wertvoller, nützlicher, achtbarer zu halten als andere. Sie sehen sich im Mittelpunkt des Weltgeschehens und verteufeln die Fremden, die Barbaren, die Ungläubigen. Das gibt ihnen scheinbar ein gutes Gefühl, ein Gefühl der Überlegenheit und Rechtschaffenheit. Wichtig sein, fühlt sich gut an, und wenn man es nicht ist, so möchte man es doch wenigstens glauben können.**

## Auserwähltheitswahn im Judentum

Man kann das Ausmaß der Verfolgung gar nicht ermessen, das der Glaube an die Auserwähltheit eines Volkes durch einen unduldsamen, unbarmherzigen, rachsüchtigen, gewalttätigen und eifersüchtigen Gott, der Glaube an seine Alleinherrschaft und an die noch unseligeren Texte, die seine Gebote und ewigen Wahrheiten enthalten sollen, verursacht hat. Sie werden heute noch immer in den Synagogen, den Kirchen und den Moscheen gelesen und in die Köpfe und Herzen der Kinder eingeprägt.
So werden Eroberungskriege gerechtfertigt:

**Psalm 105:43** *Also führte er sein Volk in Freuden und seine Auserwählten in Wonne und gab ihnen die Länder der Heiden, dass sie die Güter der Völker einnahmen, auf dass sie halten sollten seine Rechte und seine Gesetze bewahren. Halleluja!*

Und so wird die Eroberung durchgeführt:

*2 Mose 34:12 „Hüte dich, einen Bund zu schließen mit den Bewohnern des Landes, in das du kommst, damit sie dir nicht zum Fallstrick werden in deiner Mitte; sondern ihre Altäre sollst du umstürzen und ihre Steinmale zerbrechen und ihre heiligen Pfähle umhauen; denn du sollst keinen andern Gott anbeten. Denn der Herr heißt ein Eiferer; ein eifernder Gott ist er."* In diesem Sinne gingen später auch die christlichen Eroberer mit gutem Gewissen gegen die ungläubigen Ureinwohner der eroberten Länder vor. Die Menschen wurden versklavt und vernichtet. Ihre Kulturdenkmäler wurden *„umgehauen"*...von den *„Auserwählten Gottes"*.

Der Glaube, auserwählt zu sein, schweißt einerseits ein Volk zusammen, führt andererseits aber auch zur Abwertung anderer Völker. Das wiederum hat seine Folgen im Verhalten gegenüber diesen *„fremden"* Völkern. Sie sind von dem Moralkodex, der für das eigene Volk gilt, ausgenommen. Das heißt, man darf sie berauben, töten, ihre Frauen schänden usw., was gegenüber den *„eigenen Leuten"* verboten ist. So sind die Zehn Gebote, die Gott Moses gab, nur für Juden gültig. Und was gilt für andere?

*Jesaja 13:16 „Es sollen auch ihre Kinder vor ihren Augen zerschmettert, ihre Häuser geplündert und ihre Frauen geschändet werden. Denn siehe, ich will die Meder gegen sie erwecken, die nicht Silber suchen oder nach Gold fragen, sondern die Jünglinge mit Bogen erschießen und sich der Frucht des Leibes nicht erbarmen und die Kinder nicht schonen."*

Sie taten, wie der Herr gebot,

*Josua 6:21* ... *„und verbannten alles, was in der Stadt war, mit der Schärfe des Schwerts: Mann und Weib, jung und alt, Ochsen, Schafe und Esel."*

**Kommentar: Menschen, die sich für Auserwählte halten, sind eine große Gefahr für den Weltfrieden, weil sie Grundrechte für alle Menschen nicht anerkennen.**

Das gilt für Juden, Christen, Muslime, Nazis, Kommunisten, Scientologen...und sicher noch für viele psychisch gestörte Individuen und Gruppen. Sie schaffen es, sich durch Abgrenzung und Ausblendung der Wirklichkeit, für auserwählt zu halten und sich darauf aufbauend einen speziellen Moralcodex zu entwerfen, der die hemmungslose Vernichtung und Benachteiligung anderer Gruppen rechtfertigt.

Kommentar: Es gab noch nie ein auserwähltes Volk, aber es gab schon viele, die sich für auserwählt hielten. Völker neigen genauso wie Menschen dazu, sich zu überschätzen.

*„Die Bibel ist ein Regelwerk der Gruppenmoral mit Anweisungen zum Völkermord, zur Versklavung anderer Gruppen und zur Weltherrschaft."* **John Hartung**

Kommentar: Religion, - dabei denke ich vor allem an die drei unduldsamen abrahamitischen Religionen, - bedeutet Unheil, Verfolgung und Krieg, wenn nicht ein Gebot über ihnen steht: Das Gebot zur Toleranz, auch gegenüber Andersgläubigen und Ungläubigen. Diese Toleranz wird nur durch einen freiheitlichen Rechtsstaat gewährleistet, in dem die Menschenrechte und nicht eine Religion oder eine Ideologie an oberster Stelle stehen. [53] Religion und Staat müssen getrennt sein!

## Denkfehler im Judentum

Alle Denkfehler und Vorurteile der Juden, die in ihren „heiligen Büchern" enthalten sind, wurden an unzählige Generationen weitergegeben:
1. Der verhängnisvolle Glaube von der Schuld, die sich vom Vater auf den Sohn vererben kann, bis in die vierte Generation.
2. Die Ansicht von der Minderwertigkeit der Frau.
3. Das Bild vom rachsüchtigen Gott, der blinden Gehorsam verlangt und sogar das Blutopfer des eigenen Kindes.
4. Die Auserwähltheit ihres Volkes und der Bund mit Gott, der durch die Beschneidung der Vorhaut besiegelt werden muss und dem er Schlachtopfer bringen muss;
5. Der Glaube, dass ein Gott die Welt und den Menschen erschaffen hat und dass er, der ja Millionen und Abermillionen andere Planeten auch noch geschaffen haben soll, sich um das persönliche Schicksal eines jeden Menschen kümmert.
6. Auch die Landnahme Israels wird mit biblischen, d.h. göttlichen Zitaten gerechtfertigt.
7. Die abwegige Idee, dass jedermann Gott in seiner Schöpfung erkennen könnte und dass alle, die ihn leugnen, böswillig sind. Sie leugnen ihn nicht, weil sie böswillig sind, sondern, weil Gott nichts von sich hören und sehen lässt.

---

[53] Von Verfolgern und Verfolgten / Roland Fakler 2015 S 31-35

Gott - was für ein Gott eigentlich - ist für mich in der völlig missratenen Schöpfung, keineswegs erkennbar. Es ist deswegen absurd und ungerecht, Menschen zu tadeln, die Gott nicht erkennen. So ungerecht wie es ist, Menschen dafür zu tadeln, dass sie den Kobolden noch nie begegnet sind. In der Bibel wird an etwa 300 Stellen über die „Gottlosen" geschimpft, zu 90% im Alten Testament. Diese Hetze konnte nicht folgenlos bleiben. Sie wurde über Gebete, Liedtexte und Predigten vervielfacht und hat entsprechend katastrophale Wirkung gezeigt. Über die Risiken und Nebenwirkungen dieses Glaubens kann uns die Gegenwart und die Geschichte beredtes Zeugnis geben.

## Gebote und Verbote im Judentum

Die Juden müssten 613 Ge- und Verbote beachten, die ihnen angeblich von Moses auf dem Berg Sinai übergeben wurden. Den Kern davon bilden die 10 Gebote. Das wird natürlich nicht ganz einfach. Wahrscheinlich blieb immer ein Schuldgefühl zurück, weil kein Mensch dies erfüllen kann. Aber darum geht es ja auch: Die Menschen sollen sich schuldig fühlen, damit sie durch die Religion erlöst werden können. Manche Gebote waren sicher auch sehr sinnvoll: z.B. die Beschneidung in einem wasserarmen Land, wo es schwierig war, jeden Tag genügend Wasser zur Hygienereinigung zu finden. Bekannt ist auch die Tatsache, dass die Juden in den mittelalterlichen Städten weniger von Pest befallen wurden, weil sie ihre Brunnen aus Reinheitsgründen tiefer gruben als die Christen.

Manche Vorschriften dienten einfach dazu, sich abzugrenzen von benachbarten Völkern: Nur die wenigsten konnten sich erklären, warum es verboten sein soll, ein Böckchen in der Milch seiner Mutter zu kochen. Das Verbot kam daher, dass dies gängige Praxis bei den benachbarten Kanaanitern war - und dort wusste auch niemand, woher dieser „Milchzauber" kam und wozu er gut sein sollte. Dieses Gebot versucht also ein altes magisches Ritual der Kanaanäer von Israel fernzuhalten bzw. wieder zurückzudrängen.

Auch das Verbot des Genusses von Schweinefleisch hat hier seine Wurzeln. Das Opfer eines wilden Ebers war Bestandteil des Adonis-Kultes. Um diesem Kult zu wehren, der anscheinend auch in Israel Verbreitung gefunden hatte, wurde das Schweinefleisch-Essen verboten.[54]

---

[54] http://www.joerg-sieger.de/einleit/allgem/02gesch/all17.htm

## Auserwähltheitswahn im Christentum

Da die Christen Jesus für den lange erwarteten Messias hielten, glaubten sie auch ihre Gemeinschaft sei die einzig von Gott erwählte. Sie deuteten die hebräische Bibel so, als ob sie allein dazu geschaffen wäre, auf das Kommen ihres Messias Jesus hinzuweisen.
Erst Jesus habe ja durch seinen Tod den Menschen das Himmelreich geöffnet. Niemand, selbst die besten Philosophen der Antike, weder Aristoteles, noch Plutarch oder Cicero konnten vor seiner Erlösungstat dorthin kommen. Sie mussten vielmehr im Limbus Patrum in der „Vorhölle der Väter" auf ihn warten. Nur wer sich zu Jesus bekannte und Christ wurde, hatte überhaupt eine Chance dorthin zu kommen.
Nach christlicher, oder besser nach katholischer Lehre, werden nicht die Guten = die anderen etwas Gutes tun, gerettet, sondern die Getauften, die den richtigen Glauben haben. Deswegen hat die Kirche auch alles getan, um Ungetaufte zu „retten". Es gibt Aussagen von Kirchenvätern, die sinngemäß sagen: Jeder Verbrecher ist besser als ein Ungetaufter und Ungläubiger. Das ist also der gleiche Wahn wie im Islam.
Diese Denkweise, dass Rechtgläubigkeit alle Verbrechen vergessen macht, gilt vor allem für die skrupellosen Herrscher des christlichen Abendlandes, für Konstantin, Theodosius I., Chlodwig I., Karl d.Gr., Ludwig XIV., Philip II.,…bis Mussolini, Hitler, Franko…Gott, so glauben die Katholiken, wird diese Männer an der Himmelspforte nicht nach ihren Verbrechen befragen und aburteilen, sondern er wird sie fragen, ob sie katholisch waren oder nicht und ihnen daraufhin seinen Segen und seine Absolution erteilen.

**Kommentar: Ein wesentlicher Grund für die Zwietracht in der Welt ist die Überheblichkeit, vor allem der drei abrahamitischen Religionen, die je einen Alleingültigkeitsanspruch erheben und so zwangsläufig in Konflikt mit den anderen kommen müssen.**

## Auserwähltheitswahn im Islam

Auch die Muslime halten ihre Religion für die einzig wahre und sich für das einzig auserwählte Volk Gottes.
*Sure 5:3* „*Heute habe ich euch eure Religion vervollständigt (so dass nichts mehr daran fehlt) und meine Gnade an euch vollendet, und ich bin damit zufrieden, dass ihr den Islam als Religion habt.*" *Sure 3:110* „*Ihr seid die beste Gemeinde, die für die*

*Menschen erstand. Ihr heißet, was rechtens ist, und ihr verbietet das Unrecht und glaubet an Allah."*

Mohammed empfiehlt, die Ungläubigen, Juden, Christen, Atheisten zu bekämpfen:
**Sure 9:123**. *O die ihr glaubt, kämpfet wider jene der Ungläubigen, die euch benachbart sind, und lasst sie in euch Härte finden; und wisset, dass Allah mit den Gottesfürchtigen ist.*

Die Lust zu strafen und zu foltern scheint eine göttliche Eigenschaft zu sein. In Wirklichkeit ist es natürlich eine menschliche, die sie ihren Göttern andichten. **Sure 4:56.**
*Die Unseren Zeichen Glauben versagen, die werden wir bald ins Feuer stoßen. Sooft ihre Haut verbrannt ist, geben wir ihnen eine andere Haut, damit sie die Strafe auskosten. Wahrlich, Allah ist allmächtig, allweise.*

**Kommentar: Wir haben hier wieder ein klassisches Beispiel, wie Verfolgung entsteht: Einer fühlt sich auserwählt, weil er vom Erzengel Gabriel Botschaften empfangen hat. Viele sind bereit, ihm zu glauben, weil jeder gerne glauben möchte, zu den Auserwählten zu gehören, andere aber sind aus verschiedenen Gründen dazu nicht bereit, z.B. weil sie nicht leichtgläubig sind, weil sie an übernatürliche Erscheinungen nicht glauben und ihrer Vernunft vertrauen, weil sie wissen, dass sich Menschen gerne wichtigmachen wollen oder weil sie bereits eine andere, für sie überzeugendere Religion haben. Katholiken glauben lieber an die Botschaften der heiligen Maria, die ja viel öfter und viel mehr Menschen erschienen ist als der Erzengel Gabriel. Auch sie sendet regelmäßig, ob von Fatima oder Lourdes, ihre Drohbotschaften aus, um die Menschen zum wahren, katholischen Glauben zu nötigen.**

## Mohammed und die Juden

Mohammed hoffte immer, die Juden für seine Lehre gewinnen zu können. Aber er täuschte sich. Während er sehr viel von seiner Lehre aus dem Judentum entnahm, wollten die Juden ihn nicht als den letzten, nicht einmal als irgendeinen Propheten anerkennen. In Medina kam es zu einem Streit. Die Juden unterstützten ihn anscheinend nicht im Kampf gegen Mekka. Zwei jüdische Stämme wurden vertrieben von einem dritten wurden Frauen und Kinder in die Sklaverei verkauft und etwa 600 Männer öffentlich hingerichtet. Mohammed schaute zu.

Im Koran wird den Juden vorgeworfen, sie seien Schriftverfälscher, Affen und Schweine. Die Gebetsrichtung wurde von Jerusalem nach Mekka ausgerichtet. Da die Juden aber zu den Besitzern des „Buches" gehören, hatten sie Anspruch auf Duldung, wenn sie die Kopfsteuer bezahlten – natürlich, wie die Christen als Bürger minderen Rechtes.

*„Mohammed hatte nicht nur die Juden seiner Zeit im Blick, sondern prophezeite einen Endkampf zwischen Muslimen und Juden, aus dem die Muslime dereinst als Sieger hervorgehen würden. Mit dieser Vernichtung ist die endgültige Erlösung der Muslime verbunden. Danach kommt das Jüngste Gericht.,"*[55] glauben sie!

## Merkmale des orthodoxen Islams

Ich möchte ausdrücklich vorausschicken, dass ich hier nicht die Muslime kritisiere, die unsere freiheitliche Ordnung anerkennen, sondern den orthodoxen Islam, der diese Ordnung nicht anerkennt und sich dabei auf den Koran als das unveränderliche Wort Gottes beruft, das nicht beliebig ausgelegt werden könne und weder örtlich noch zeitlich begrenzt sei. Ich verzichte, wegen der besseren Lesbarkeit darauf, die Behauptungen mit Koranstellen zu belegen, was leicht möglich wäre.
Alles, was Menschen wissen müssen, steht angeblich im Koran. Würde dieses „Wort Gottes" allerdings in die Realität umgesetzt, wären wir zurück im Frühmittelalter, in einer eroberungswütigen, intoleranten, arabischen Raub- und Beutekultur, in der Dieben die Hände abgehackt würden und widerspenstige Frauen ausgepeitscht würden.

Der Islam ist nicht einfach nur eine auf Spiritualität ausgerichtete Religion, sondern ein totalitäres und intolerantes Herrschaftssystem, das alle Bereiche des Lebens und schließlich die ganze Welt beherrschen möchte. Es darf weder eine Herrschaft über noch neben dem Islam geben. Der Islam will herrschen. Solange das in der westlichen Welt unmöglich scheint, beschränkt er sich auf die Kontrolle der eigenen Anhängerschaft, auf die Veränderung der Rechtsnormen in Richtung Scharia und auf die Vortäuschung eines friedlichen Islams (Taqiya). Der Islam behauptet von sich, die einzig wahre Religion zu sein und zieht aus diesem Glauben seinen Herrschaftsanspruch. Die Welt wird eingeteilt in das Reich des Islams, in dem die rechtgläubigen Muslime in Frieden leben und in das Reich des Krieges, in dem die Ungläubigen bis zu ihrer Bekehrung bekämpft werden müssen. Jeder Mensch wird als Muslim geboren, behaupten Muslime. Nur widrige Umstände hindern ihn daran, ein Muslim zu sein. Nur richtige

---

[55] Mohammed, Eine Abrechnung von Hamed Abdel - Samad

Muslime sind „richtige Menschen" mit gleichen Menschenrechten. Den anderen stehen keine gleichen Rechte zu. Die Auffassungen über Menschenrechte im Westen und im Islam unterscheiden sich fundamental. Während man im Westen darunter Rechte versteht, die dem Individuum bedingungslos zugestanden werden müssen, versteht man im Islam darunter Rechte, die nur innerhalb der Scharia dem islamischen, göttlichen Gesetz gelten.[56] Individualität ist nicht erwünscht, individuelle Rechte auf Meinungs- und Weltanschauungsfreiheit werden nicht gewährt. Die Menschheit wird eingeteilt in Menschen mit mehr oder weniger Rechten. Rechtgläubige Muslime sollen herrschen und alle Rechte besitzen. Besitzer des Buches, wie Juden, Christen und Zoroastrier werden als Menschen minderen Rechtes geduldet, wenn sie die Herrschaft der Muslime anerkennen und dafür Steuern zahlen. Menschen, die sich der Herrschaft des Islams nicht unterwerfen und keiner Buchreligion angehören, also Humanisten, Freidenker und Atheisten werden nicht geduldet, sondern müssen bekämpft werden. Sie zu bekämpfen ist Pflicht jedes Gläubigen. Je mehr er sich anstrengt in diesem Kampf, desto größer sind seine Aussichten auf Lohn im Paradies. Auch Leute, die den Islam freiwillig verlassen wollen, verlieren den Status des „richtigen Menschseins". Aufgabe und Pflicht des Gläubigen ist es, sich ganz und gar dem Willen Allahs zu unterwerfen, seine Gesetze zu befolgen und als willenloses Rädchen in der Gemeinschaft der Gläubigen, der Umma, aufzugehen. Um die Zahl der Muslime zu mehren und schließlich dem Ziel der allumfassenden Islamisierung näher zu kommen, dürfen muslimische Frauen nur Muslime heiraten, während muslimische Männer auch andersgläubige Frauen heiraten dürfen, wenn sie zum Islam übertreten. Man geht davon aus, dass in einer patriarchalischen Gesellschaft der Mann bestimmt, welchen Glauben die Kinder haben. Alle Gläubigen sollten an ihrem Platz für islamisches Verhalten sorgen, nicht um des eigenen Seelenheils willen, sondern weil die Ehre der islamischen Gemeinschaft auf dem Spiel steht. (Siehe unten: Ehrenmorde). Der Mann steht über der Frau, hat für sie zu sorgen und kann dafür über sie in jeder Beziehung verfügen. Er bestimmt auch die Ehepartner der Töchter. Um die von der Frau ausgehende Versuchung zu bannen, müssen die Geschlechter getrennt werden und die Frauen müssen sich züchtig verhüllen. Wenn die Frau dem nicht nachkommt, gilt sie als unzüchtig und damit als Freiwild. Nur der Mann hat das Recht auf Züchtigung der Frau, auf Polygamie sowie auf Scheidung bzw. Verstoßung.[57]

---

[56] https://de.wikipedia.org/wiki/Kairoer_Erkl%C3%A4rung_der_Menschenrechte_im_Islam
[57] Alle diese Merkmale können mir Koransuren belegt werden.

Kommentar: Ich glaube, dass Religionen vielen Menschen Trost und Hoffnung geben können, deswegen bin ich tolerant, solange sich eine Religion im Rahmen des Grundgesetzes bewegt und keinen Herrschaftsanspruch erhebt. Weltanschauungen aber, die in ihren Zielen erkennen lassen, dass sie die Freiheit abschaffen werden, sobald sie die Macht dazu haben, müssen bekämpft werden, bevor sie die Macht dazu haben.
Der Islam hat sich bisher als unfähig erwiesen, eine gerechte Gesellschaft zu schaffen. Grund dafür dürfte vor allem das Vorbild Mohammeds sein, der in Mekka eine Diktatur errichtet hat. Muslime orientieren sich an diesem Beispiel. Deswegen gibt es in der islamischen Geschichte zwar Kalifen, Emire, Scheichs und Diktatoren, aber keine Demokratien mit Gewaltenteilung und echten Menschenrechten. Diese Entwicklung hat auch in Europa 730 Jahre, nämlich von der Magna Charta 1215 bis 1945 gedauert. Das Clandenken im Islam verhindert, dass sich Regierungen für das ganze Volk verantwortlich fühlen. Sie sorgen sich immer nur um die Vorteile ihres Clans. Die Rechte und Güter werden nicht auf alle gerecht verteilt, sondern der Anführer begünstigt auf korrupte Weise seine Anhänger und benachteiligt seine Gegner. Diese Ungerechtigkeit muss zwangsläufig zu Aufruhr und Bürgerkriegen führen.

## Schiiten und Sunniten

Das Zerwürfnis zwischen den Schiiten und den übrigen Muslimen entstand, als nach dem Tod Mohammeds die Frage geklärt werden musste, wer sein legitimer Nachfolger wird. Die Mehrheit der Muslime wollte einen Kalifen als religiösen und politischen Führer benennen oder wählen, der seine Autorität aber nicht von Gott herleiten könnte, also kein Kalif von Gottes Gnaden war. Die Schiiten, die etwa 15 % der Muslime ausmachen, betrachteten Ali ibn Abi Talib, den Vetter und Schwiegersohn des Propheten, als dessen rechtmäßigen Nachfolger. Sie glauben, dass Gott selbst den Führer unter den Blutsverwandten Mohammeds auswählen werde und hielten Ali ibn Abi Talib für den rechtmäßigen und von Gott erwählten Kalifen. Sie glaubten an die „rechtmäßige Abstammung vom Propheten". Sie wurden Schi'at Ali - die Partei Alis genannt.
Der Streit verschärfte sich, als nicht Ali, sondern Abu Bakr, der Vater von Mohammeds Lieblingsfrau, zum Kalifen gewählt und nach seinem Tod zwei weiteren Männern der Vorzug gegeben wurde, ehe Ali 656 zum Kalifen ernannt wurde.
Für die Schiiten waren die ersten drei Kalifen unrechtmäßige Usurpatoren. Da Ali aber nicht allgemein anerkannt wurde, musste er sich aus Medina in den Irak zurück-

ziehen, wo die Stadt Kufa seine Residenz wurde und wo er 661 ermordet wurde. Seitdem gilt er bei den Schiiten als erster Märtyrer und geistiger Führer.

Der nächste Kalif wurde Muawija, der auch die Omaijaden-Dynastie begründet hat. Er ließ alle Schiiten verfolgen. Erst als Muawija 680 starb, unternahmen die Schiiten einen erneuten Versuch, einen der ihren, nämlich Alis zweiten Sohn Hussain, zum Kalifen zu machen. Es kam zu einer ungleichen Schlacht, bei der Hussain fiel oder besser ermordet wurde. Er wird jährlich von seinen schiitischen Glaubensbrüdern am Aschura - Gedenktag als Märtyrer gefeiert. Dabei peitschen sich die Männer die Rücken wund.

**Kommentar: Das wichtigste Problem jeder Staatsverfassung ist es, einen Modus für einen Regierungswechsel und eine Nachfolge zu finden, die man als gerecht und legitim bezeichnen kann, und die von allen Parteien und vom Volk anerkannt wird, sonst führt jeder Regierungswechsel zum Bürgerkrieg. Die unterschiedliche Auffassung bei Schiiten und Sunniten ist die, dass die einen glauben, Gott entscheide wer regieren soll und die anderen glauben, die Menschen entscheiden über ihre Regierung. Dasselbe Problem gab es im christlichen Abendland, bis man endlich die Staatsgewalt in die Hände des Volkes legte und die Demokratie anstelle der Könige von Gottes Gnaden setzte. Das kann aber nur mit einem mündigen Volk funktionieren.**

## Selbstmordattentäter

Selbstmord wird im Koran nicht gerechtfertigt, aber jeder Muslim, der genug hat, vom Leben, kann daraus noch einen Dschihad machen. Das ist nicht ganz so sinnlos, als sich einfach umzubringen. Es ist eine Art Gottesdienst, der ihm die Hoffnung gibt, ins Paradies zu kommen. Sich selbst zu töten ist im Koran nicht erlaubt, aber im Dschihad zu fallen, ist ehrenhaft und führt direkt ins Paradies.

**Kommentar: Daran sieht man, dass es nicht nur tröstlich, sondern sehr verhängnisvoll sein kann, an ein Paradies zu glauben, das es natürlich nur in der Fantasie der Menschen gibt.**

# Gebote und Verbote im Islam

**Was ist haram - verboten und was ist halal - erlaubt?**
In den Traditionen (*Hadithe*) finden sich bei Sahih Al-Buchari die Worte:
Abu Huraira, [...], berichtete, dass der Prophet, [...] sagte: „Zur Schöpfung (Fitra) gehören fünf Dinge: Die Beschneidung, das Abrasieren der Schamhaare, das Kurzschneiden des Schnurrbarts, das Schneiden der (Finger- und Fuß-) Nägel und das Auszupfen der Achselhaare"[58]
Mohammed hat viele Reinheitsvorschriften erlassen, die weit über das hinausgehen, was in der damaligen Situation üblich oder erforderlich war. Der Prophet gilt auf jeden Fall als Vorbild für Muslime. Eigenes Denken ist nicht erwünscht, wie in allen abrahamitischen Religionen. Es geht um die Herrschaft der Geistlichen über ihre möglichst in Unmündigkeit gehaltenen Gläubigen, die natürlich, weil sie nicht alle Vorschriften einhalten können, schnell zu Sündern werden. Weil sie innerhalb der „sündigen" westlichen Welt schwerlich alle Vorschriften einhalten können, neigen fromme Muslime dazu, ihr Eigenleben zu führen, zumal der Koran an mehreren Stellen vor der Freundschaft mit „Ungläubigen" warnt.

**Männer dürfen Frauen nicht die Hand geben:** weil der Prophet dies so vorgemacht hat. Als Frauen ihm einmal die Treue schwören wollten, hat er gesagt: *„Ich gebe Frauen nicht die Hand"*. Das ist der Grund, warum Muslime Frauen nicht die Hand geben dürfen. Es gibt auch noch einen sexuellen Grund: Muslime müssen sich von Frauen, die nicht ihre Angehörigen sind, also möglichen Sexualpartnerinnen, fernhalten - aus Gründen der Keuschheit.
Sie ahmen ihren Propheten nach und wollen ihm in jeder Beziehung gleich sein. Das erschwert das Zusammenleben in einer Gesellschaft, in der Männer und Frauen gleichgestellt sind, erheblich. Frauen fühlen sich dadurch womöglich zurückgewiesen und als Menschen zweiter Klasse.

**Waschen vor jedem Gebet.** Vor jedem Gebet muss sich der Muslim waschen. Hamed Abdel - Samad, der humanistische Islamkritiker mit ägyptischen Wurzeln, vermutet in seinem Werk über „Mohamed", dass dieser damit Schuldgefühle abwaschen wollte?[59] Auch viele andere, für uns unverständliche Regeln werden in dem Buch erwähnt:

---

[58] https://www.orientdienst.de/muslime/minikurs/beschneidung/
[59] Hamed Adel - Samad / Mohamed Eine Abrechnung

*„Eine Moschee muss man mit dem rechten Fuß betreten, die Toilette dagegen mit dem linken Fuß. Ein Gebet muss vor dem Toilettengang ausgesprochen werden, um den Muslim vor bösen Dämonen zu schützen, die auf dem stillen Örtchen lauern. Nach dem Toilettengang spricht man erneut ein Gebet aus und dankt Allah, dass man vor den bösen Geistern bewahrt wurde. Die Liste mit Geboten und Anweisungen, die einen Muslim in der freien Gestaltung seines Tages hemmen, ließe sich mit unzähligen weiteren Beispielen fortsetzen."*

**Ehen mit Minderjährigen**
2016: Bereits im Juni diesen Jahres beschloss die Türkei ein Gesetz, nachdem es erlaubt sei, Sex mit 12-jährigen zu haben und diese zu verheiraten. Dagegen gab es heftigen Protest. Das Gesetz wurde zurückgezogen.
In der Türkei soll es nach Angaben von Menschenrechtsorganisationen rund 3.5 Millionen Ehen mit Minderjährigen geben.[60] Nicht anders, eher schlechter, sieht es in anderen muslimischen Staaten aus.

**Regeln beim Essen und Trinken:**
Vor dem Essen muss der Name Allahs gesprochen werden.
Man darf nur mit der rechten Hand essen und nur, was vor einem liegt.

**Kommentar: Damit werden, wie in unserer Kultur, die Linkshänder diskriminiert. Als Linkshänder kann ich das nur schlecht finden! Das Leben ist nicht einfältig, sondern vielfältig und die Regierenden müssen dieser Vielfalt gerecht werden.**

Vor und nach dem Essen müssen die Hände wieder gewaschen werden.
Nach dem Essen sagt man al-hamdulillah und spricht ein Bittgebet
Dschabir (r) erzählte, dass der Gesandte Allahs empfohlen hat:
*„Wenn einem von euch ein Bissen (auf den Boden) fällt, soll er ihn aufheben, ihn von Staub etc. reinigen und ihn essen, und ihn nicht dem Satan lassen. Auch sollte er seine Hände nicht mit einem Tuch abwischen, ohne (die Speisereste) von seinen Fingern abgeleckt zu haben, denn er weiß nicht, welcher Teil der Speise gesegnet ist."*
Nicht angelehnt essen:
Abu Dschuhaifa Wahb ibn Abdullah überliefert, dass der Gesandte Allahs sagte:
*"Ich esse nicht zurückgelehnt."* (Al-Buchari)

---

[60] http://hpd.de/artikel/wenn-paederasten-gesetze-machen-13418

## Speisen, die im Koran oder in der Sunna als haram = verboten bezeichnet werden

*„Verboten ist euch (der Genuss von) Verendetem, Blut, Schweinefleisch und dem, worüber ein anderer (Name) als Allah(s) angerufen worden ist, und (der Genuss von) Ersticktem, Erschlagenem, zu Tode Gestürztem oder Gestoßenem, und was von einem wilden Tier gerissen worden ist - außer dem, was ihr schlachtet - und (verboten ist euch,) was auf einem Opferstein geschlachtet worden ist, und mit Pfeilen zu losen. Das ist Frevel. - Heute haben diejenigen, die ungläubig sind, hinsichtlich eurer Religion die Hoffnung aufgegeben. So fürchtet nicht sie, sondern fürchtet Mich! Heute habe Ich euch eure Religion vervollkommnet und Meine Gunst an euch vollendet, und Ich bin mit dem Islam als Religion für euch zufrieden. - Und wer sich aus Hunger in einer Zwangslage befindet, ohne zu einer Sünde hinzuneigen, so ist Allah Allvergebend und Barmherzig."* **Koran Sure 5:3** [61]

**Muslime dürfen keinen Alkohol und keine berauschenden Getränke zu sich nehmen:** Das ist ein guter Ratschlag. Noch besser wäre aber, Alkohol in Maßen ohne schlechtes Gewissen genießen zu dürfen, nicht weil Allah oder der Prophet dies so wollen, sondern weil dadurch eine gesunde Lebensweise gefördert wird.

**Muslime dürfen kein Schweinefleisch essen und nichts, was aus Schweinefleisch produziert wurde, z.B. Gelatine.** Es ist zwar eine gute Idee, wenig Fleisch zu essen, schädliche Auswirkungen von Schweinefleisch sind aber in unseren Breiten nicht nachgewiesen. Übermäßiger Fleischkonsum und die damit verbundene Massentierhaltung belasten Boden (starke Erosion), Wasser (hoher Verbrauch) und Luft (Methan)…und wohl auch die eigene Gesundheit.

Es darf nur Fleisch von geschächteten Tieren gegessen werden. Blut gilt als unreine Substanz. Muslime dürfen keinen Essig und kein Hundefleisch essen. Vegetarische Lebensmittel, Meerestiere und Vögel sind erlaubt.
Um Fleisch zu erhalten, das erlaubt = halal ist, muss den Tieren bei der Schlachtung bei unbetäubtem Zustand mit einem Schnitt die Kehle durchtrennt werden. Danach lässt man sie ausbluten. Das halte ich für ein Problem, weil es für die Tiere mit Schmerz und Leid verbunden ist. Siehe oben: Schächten.

---

[61] http://www.islam-pedia.de/index.php5?title=Hauptseite

Die Vorschrift steht im Koran, gilt aber auch bei den Juden. Damit soll verhindert werden, dass Aas gegessen wird. Was sicher eine gute und sinnvolle Vorschrift war, aber auf einem modernen Schlachthof betäubte Tiere sind eben kein Aas.
Muslime, die aus Versehen Schwein gegessen haben, aber es dann erfahren, gehen kurz aufs Klo und dann gibt es dafür ein Gebet an Gott, (mit der Bitte um) Vergebung für die Sünde.[62]

**Der Prophet darf nicht bildlich dargestellt werden.**
Die islamische Kunst ist gegen eine bildliche Darstellung, vor allem von Gott und dem Propheten, obwohl nichts davon im Koran steht, deswegen hat sie eine großartige Ornamentik ausgebildet. Das Verbot gilt vor allem für den sunnitischen Islam. *„Die Engel betreten kein Haus, in dem sich ein Hund oder eine bildliche Darstellung befindet"*, sagte Mohammed. Bilder gelten damit ebenso wie Hunde als unrein. An einem Ort, an dem Abbildungen zu sehen sind, dürfen Muslime demnach nicht beten. Deshalb hängen bis heute nur in sehr wenigen Moscheen Bilder.

**Muslimen wird das Singen verboten**
Fatwah zum Gesang[63]: Der Gesang ist laut der Mehrheit der Leute des Wissens verboten. Wenn der Gesang von der Musik, wie z.B. der Laute oder einem anderen Instrument begleitet wird, ist er Haram (erlaubt). Unter den Menschen gibt es manchen, der zerstreute Unterhaltung erkauft, um die Menschen von Allahs Weg ohne richtiges Wissen in die Irre zu führen und sich über ihn lustig zu machen. Für solche wird es schmachvolle Strafe geben. Surah Luqman 31:1 „Gesang lässt die Heuchelei im Herzen wachsen, so wie das Wasser Gras wachsen lässt."

**Kommentar: Das Wort Musik kommt im Koran gar nicht vor. Muslime befürchten da wohl irgendwelche negativen Empfindungen und Begierden, die von der Religion ablenken könnten. Die Freude soll schließlich erst im Jenseits gewährt werden, die Erde muss Jammertal bleiben. Dafür sorgt diese Religion.**

**Muslimen soll eine Abneigung gegen Hunde und das Glockenläuten eingeredet werden.** Fatwah: Der Gesandte Allahs sagte: Glocken sind die Musikinstrumente des Satans. Die Engel mögen die Glocken nicht, weil sie den Kirchenglocken ähneln oder

---

[62] www.religionen-entdecken.de
[63] http://islamfatwa.de/soziale-angelegenheiten/180-bilder-medien-musik/musik/1552-urteil-ueber-das-singen

weil sie zu den hängenden Dingen gehören, die verboten sind. Engel begleiten keine Gruppe, in der ein Hund oder eine Glocke anwesend sind.

**Muslime dürfen keine Zinsen nehmen:** Was ich sehr positiv beurteile, weil es eine unredliche Art des Gelderwerbs ist.

**Kommentar: Ein orthodoxer Muslim müsste so viele Regeln und Vorschriften befolgen, wie es keinem Menschen gelingen kann. Deswegen muss er sich immer in einem Zustand der Schuld befinden. Das macht ihn abhängig von seinen geistlichen Führern, macht ihn zu einem unselbständigen Menschen. Manche Regeln, die der Gesundheit förderlich sind, (kein Alkohol, kein Tabak, kein Aas essen) mögen gut und angebracht sein, andere sind unzeitgemäß, zumindest in westlichen Ländern (Beschneidung, Schächten, ständige Waschungen), manche sind geradezu absurd (keine Bilder, kein Singen, kein Glockenläuten, keine Hunde). Manche schüren Vorurteile: z.B. gegen Linkshänder.**

## Unwissenschaftliches Denken im Islam

Zwischen 750 – 1258 erlebte das vom Islam beherrschte Gebiet eine Kulturblüte, unter relativ toleranten islamischen Herrschern. Diese Blüte ist allerdings eher den Errungenschaften der eroberten Völker als dem Islam zu verdanken, den Indern (Tausend und eine Nacht; arabische = indische Zahlen; Dezimalsystem), den Persern (Medizin; Averroes), den Griechen (Philosophie: Aristoteles; Medizin: Hippokrates und Galenos), den Römern (Astronomie: Ptolemäus) und auch eigenen Leistungen, vor allem auf dem Gebiet der Medizin. Die römische Kirche war damals wesentlich intoleranter gegen die vielen Ketzereien (Monophysiten) in den eigenen Reihen als der Islam. Schließlich verfiel der Islam aber wieder in eine dogmatische Phase und erstarrte zu einem Glaubenssystem, das allen Neuerungen feindlich gegenüberstand und ähnlich wie die Scholastik im europäischen Mittelalter nur noch um sich selbst kreiste.

**Laut Koran, Sure 21:33, schweben alle (Gestirne) an einem Himmelsgewölbe und der Mond leuchtet von selbst. Sure 10:5** *„Er ist es, der die Sonne zu einer Leuchte und den Mond zu einem Licht gemacht und ihm Himmelspunkte zugemessen hat, […].“* **Sure 78:6** *„Haben Wir nicht die Erde zu einer Lagerstatt gemacht und die Berge zu Pfählen?“* **In Sure 39:42 steht, dass Gott die Seelen im Schlaf zu sich holt und sie hernach wieder zurückschickt.**

Der Mond scheint also mit eigenem Licht und der Zweck der Berge besteht darin, den Himmel zu tragen…was einer uralten ägyptischen Ansicht entspricht. Trotz astronomischen Erkenntnissen vertraute man lieber auf ein „heiliges Buch", das ja angeblich göttlichen Ursprungs sein sollte. Widersprüche gibt es bei der Erschaffung des Menschen. Wurde er aus Ton erschaffen Suren **15:26** und **55:14**. Wir haben doch (bei der Erschaffung der Welt) den Menschen aus feuchter Tonmasse geschaffen; aus einem Tropfen, Sperma? (Sure 76,2), aus einem Embryo (Sure 96,2), mit den Händen Allahs (Sure 38,75)?
Es ist eben ein Buch, das so viel weiß, wie man damals wissen konnte – nicht mehr. Warum sagt es nichts über Elektrizität oder Magnetismus oder über die Evolutionslehre, die vom Islam natürlich abgelehnt wird - 2017 wurde sie aus türkischen Schulbüchern gestrichen - oder über die Quantentheorie, weil diese Dinge damals wohl auch Gott noch nicht bekannt waren.

Diese völlig unwissenschaftliche Denkweise herrscht bis heute weiter im Islam und regt manchmal zum Schmunzeln an. 2016 hat Scheich Imam Rashid der Führer einer muslimischen Mission in Ghana, erklärt, der Koran könne alles nur bei der Redefreiheit und der Gleichheit aller Menschen sei er kein Allheilmittel. Dafür sei es aber möglich, durch den Koran all jenen zu helfen, die unter HIV oder Aids leiden. Innerhalb von nur 24 Stunden soll der Kampf gegen die Krankheit laut dem Geistlichen geschlagen sein. Dasselbe gelte auch für die Heilung von Ebola. *„Der Koran hat Kuren für alle Krankheiten, die die Erde heimsuchen können"*, so Scheich Imam Rashid. Wichtig zu erwähnen war für den Kleriker außerdem, dass es Informationen aus dem Koran auch möglich machten, ein Auto mit Luft zu betreiben. [64]

*„Während die Aussagen des Geistlichen aus Ghana eher erheiternd sind, schockiert ein Bericht über das Vorgehen in einer Moschee in Pakistan: Dort hob ein Jugendlicher während einer Predigt zur falschen Zeit die Hand. Ihm wurde Gotteslästerung vorgeworfen. Der 15- Jährige wollte seine Reue zeigen und hackte sich deshalb selbst die Hand ab. Seine Tat wurde von den Dorfbewohnern und von seinen Eltern als Zuneigung zum Propheten gefeiert."* [65]

*Im Islam werden die zwei Hoden des Mannes verschieden bewertet: der linke ist 66,6 Kamele wert, der rechte nur 33,3, gemäß der Scharia ist der linke Hoden für die Zeu-*

---

[64] und [65] http://www.krone.at/Welt/Aids_wird_durch_den_Koran_in_24_Stunden_geheilt-Kleriker_behauptet_-Story-492406

*gung von Buben zuständig ist, während man dem rechten die Zeugung von Mädchen zuschreibt.*

**Kommentar: „Heilige" Bücher haben das freie Forschen massiv behindert, weil man an ihren göttlichen Ursprung glaubte. Glaube und Wissenschaft widersprechen sich grundsätzlich. Das eine entspringt traditionellem Wunschdenken und Aberglauben, das andere ist experimentelle Erforschung der Natur.**
**Theologie ist keine Wissenschaft, sondern das fantastische Märchen von Theo und seinen Freunden.**

Die totale Unterwerfung unter das Gesetz Allahs verhindert einen an den Bedürfnissen der Menschen orientierten Humanismus. Religion und Staat bilden eine Einheit. Vorbild ist die Gemeinschaft in Mekka, wo Mohammed der religiöse und politische Führer in einer Person war. Es gibt also keine Trennung von Religion und Staat, keinen Säkularismus. Maßstab für das ganze Leben ist der Koran, die Hadithe und die Sunna. Rationales Denken wird dem religiösen untergeordnet, wissenschaftliche Forschung ist ein Frevel an der göttlichen Ordnung, wie im christlichen Mittelalter. Echte Demokratie wurde nie zugelassen. Von Anfang an herrschten Kalifen, Sultane, Emire, Scheichs und Diktatoren. Die Erziehung zu blindem Glauben verhindert den mündigen Bürger, der wiederum Voraussetzung für die Demokratie wäre. Es gibt keine Gewaltenteilung und keine Rechtsstaatlichkeit in dem Sinn, dass Recht von gewählten Volksvertretern gemacht wurde. Das Recht orientiert sich an der Scharia. Es gibt also kein von Menschen gemachtes Recht, sondern nur das angebliche Recht Gottes, das natürlich von Mohammed, bzw. von muslimischen Gelehrten, gemacht wurde. Die Menschenrechte gelten nur innerhalb dieser religiösen Gesetze.

## Gewalt gegen „Ungläubige"

Weil im Koran Hass gegen Andersgläubige geschürt wird, glauben sich Muslime zum Kampf gegen die Ungläubigen aufgefordert und bomben sich mit Ungläubigen ins nicht-existierende Paradies.

**Koran Sure 4:89** *„Sie möchten gern, ihr wäret ... ungläubig, so wie sie (selber) ungläubig sind, damit ihr (alle) gleich wäret. Nehmt euch daher niemand von ihnen zu Freunden, solange sie nicht (ihrerseits) um Gottes willen auswandern! Und wenn sie sich abwenden (und eurer Aufforderung zum Glauben kein Gehör schenken), dann greift sie und tötet sie, wo (immer) ihr sie findet, ..."* **Übersetzung: Rudi Paret**

Schon im Koran werden Christen und Juden als Menschen zweiter Klasse behandelt. Dementsprechend hat Kalif Umar ibn Abd al-Azīz um 717 ein Edikt erlassen: *„das klar stellte, wie Christen und Juden sich verhalten müssen, um Muslime und ihren Glauben nicht zu beleidigen. Unter anderem machte er es zur Pflicht, dass Juden einen Gelben Fleck tragen mussten. Juden und Christen durften keine hohen Verwaltungsämter mehr innehaben. Öffentliche Kreuze ließ er zerstören."*[65]

# Ehrenmorde

Ehrenmorde kommen vor allem in patriarchalisch archaischen Gesellschaften vor, wo die angebliche Familienehre durch die Ermordung eines Familienmitglieds, meist einer jungen Frau, die sich nicht an die rückständigen sexuellen Gebote ihres Stammes gehalten hat, wiederhergestellt werden soll. Jährlich werden etwa 5000 junge Frauen und Mädchen auf der Welt, wegen Verfehlungen gemessen an der „sittlichen Ehre", ermordet.[66] Obwohl die Täter sehr häufig in der islamischen Tradition verhaftet sind, gibt es keine Hinweise in der Scharia, die solche Taten fördert. Es hat vielmehr etwas mit der Kontrolle und Macht der Männer über die Frauen zu tun. Viele Ehrenmorde gibt es z.B. auch in Indien, in Lateinamerika, bei den Jesiden und Aramäern. Schon die geringsten Abweichungen einer Tochter von den Erwartungen des Familienoberhaupts, ein unerlaubter Freund, ja schon ein unerlaubter Blick auf einen Mann oder die homosexuelle Neigung eines Sohnes konnten zu Ehrenmorden führen. Bei einer Vergewaltigung sucht man die Schuld nicht beim Täter, sondern sieht die Familienehre durch die vergewaltigte Frau beschmutzt. Das Schuldbewusstsein der Mörder ist dabei gleich Null. Im Gegenteil, sie sehen es als ihre Pflicht an, diese Morde durchzuführen. Die Täter sind fast immer außerhalb der deutschen Gesellschaft geprägt worden.

Einen extra Abschnitt möchte ich den Ehrenmorden in Indien widmen, wo jedes Jahr ein paar dutzend Männer und Frauen, vor allem in den wohlhabenden nördlichen Staaten ermordet werden, weil sie es wagten Kastengrenzen zu überschreiten. Nirupama Pathak, eine 22-jährige, Journalistin wurde von ihrer eigenen Mutter ermordet, weil sie von einem Kollegen schwanger war und ihn heiraten wollte, der allerdings einer niedrigeren Kaste angehörte. Kastenhierarchie und Landbesitz gehen Hand in Hand. Man achtet darauf, dass Kastengrenzen nicht überschritten werden, damit die oberen

---

[65] https://de.wikipedia.org/wiki/%CA%BFUmar_ibn_%CA%BFAbd_al-%CA%BFAz%C4%ABz
[66] https://de.wikipedia.org/wiki/Ehrenmord

Kasten die Macht und den Besitz über das Land behalten. Es ist auch kein Wunder dass es in Haryana einem der reichsten indischen Staaten den höchsten Grad von Abtreibungen an weiblichen Föten gibt. Auf 1000 männliche Babys werden nur 160 weibliche Kinder geboren. Junge Männer müssen sich Frauen aus andern Staaten kaufen. Gruppen, die man Khaps nennt, geben Fatwa-artige Befehle zur Tötung von Menschen heraus, die die Kastenschranken überschreiten.[67]

**Kommentar: Hier wird ganz klar wie die Wertvorstellungen und die Moral durch die Mächtigen geprägt werden. Das, was in einer Gesellschaft Lob oder Tadel findet, wird zur Norm des Handelns. Es gibt keine absolute Moral. Es gibt nur die Hoffnung, dass sich die Menschenrechte global als Normwerte durchsetzen werden.**

# Blutrache

Blutrache soll die verletzte Ehre einer Familie wegen eines Verbrechens durch eben diese Familie wiederherstellen. Das ist eine Form der Vergeltung wie sie vor Einrichtung staatlichen Rechts bestand - sie kommt schon im Codex Hammurabi (babylonischer König -1700) vor - und wird heute immer noch in Gegenden Albaniens oder Süditaliens praktiziert. Im Prinzip soll dadurch Gleiches mit Gleichem vergolten werden. Praktisch neigt ein Betroffener aber dazu, stärker zu strafen als er verletzt wurde. Außerdem wird hier die Sippe und nicht der Täter bestraft.

**Kommentar: Dass diese Form der Vergeltung leicht außer Kontrolle geraten und einen ewigen Kreislauf von Rache und Vergeltung an unschuldigen Individuen auslösen kann, wurde oftmals bestätigt. Über das richtige Maß für die Vergeltung kann selten der Betroffene selbst entscheiden, deswegen ist es ein großer Fortschritt, ein allgemein gültiges Recht zu schaffen und über das Maß der Strafe geschulte und unbeteiligte Richter entscheiden zu lassen.**

*„Am 1. Juli 2002 kam es bei Überlingen aufgrund mehrerer unglücklicher Faktoren zu einem Flugzeugabsturz. Der zu jener Zeit diensthabende Fluglotse Peter Nielsen wurde am 24. Februar 2004 von Witali Kalojew, der bei dem Unglück Frau und Kinder verlor, erstochen. Kalojew bezeichnete diesen Mord selbst nicht als Blutrache, sondern lediglich als Bestrafung des Fluglotsen. Jedoch wurde er nach seiner Haft in*

---

[67] http://content.time.com/time/world/article/0,8599,1991195,00.html

*seiner Heimat Nordossetien als Held der Blutrache gefeiert. Heute ist er stellvertretender Bauminister in Nordossetien."*[68]

## Kinder- und Verwandtenehen

Mit dem Zuzug islamischer Flüchtlinge hat die Zahl der in Deutschland vorkommenden Kinderehen erheblich zugenommen. Es sollen inzwischen über 1000 sein. Kinderehen gibt es auf der ganzen Welt, in Indien, bei Sinti und Roma, vor allem kommen sie aber in islamischen Staaten vor, weil dort die frühe Heirat Mohammeds mit seiner 9- jährigen Frau Aischa als Vorbild gilt.
In der griechischen Region Thrakien (Griechenland) durften 2005 muslimische Mädchen bereits mit zehn Jahren verheiratet werden. Weil nach einem Vertrag von 1923 die Scharia in das Familienrecht implementiert wurde. […] Für Aufsehen sorgte im April 2008 der Fall eines damals achtjährigen jemenitischen Mädchens Nojoud Ali, das vor Gericht die Scheidung von ihrem 22 Jahre älteren Mann durchsetzte, mit dem sie gegen ihren Willen verheiratet worden war. Allerdings musste sie ihrem Ex-Mann dafür eine Entschädigung von umgerechnet 500 Dollar bezahlen.[69]
Andere Gründe für die Frühverheiratung von Mädchen sind der Wunsch, dass die Ehefrau bei der Heirat Jungfrau sein soll und oft ist es auch die Armut der Eltern, die dazu führt, dass sie ihre minderjährige Tochter mit einem älteren Mann verheiraten, der von da an für sie zu sorgen hat.
Etwa 250 Millionen Ehen wurden weltweit vor dem 15. Lebensjahr geschlossen. Auch in Europa war es früher üblich, Kinder mit 14 Jahren bei Mädchen, bzw. 16 Jahren bei Buben zu verheiraten.

**Kommentar: Mit diesen frühen Heiraten nimmt man Mädchen ihre Kindheit, oft werden sie mit der Heirat von der Schule genommen und eine Kinderheirat ist häufig auch eine Zwangsheirat gegen den Willen der Ehefrau.**

**Verwandtenehen**, also Ehen zwischen Cousins und Cousinen (Vettern und Basen) sind vor allem in islamischen Ländern üblich. Geschätzte 20% der Weltbevölkerung bevorzugen die Verwandtenehe. Dass solche Verbindungen mit erheblichen geneti-

---

[68] https://de.wikipedia.org/wiki/Blutrache
[69] https://de.wikipedia.org/wiki/Kinderheirat

schen Gefahren für den Nachwuchs verbunden sind, ist noch vielfach ein Tabu und wird deswegen auch nicht erforscht.[70]

**Staatsreligion beschränkt die Wahl in Ägypten**
Darf man in einem Land mit Staatsreligion auch eine andere Religion haben? Nicht offiziell! In Ägypten muss auf der Identitätskarte die Religionszugehörigkeit angegeben werden. Zugelassen sind aber nur die drei abrahamitischen Religionen: Islam, Christentum und Judentum. Buddhisten, Hindus und Atheisten müssen also so tun als ob sie einer dieser drei Religionen angehören würden, wenn sie eine Identitätskarte wollen, ohne die in Ägypten nichts läuft. Sie dürfen sich nicht zu ihrer Weltanschauung bekennen. Angehörige der Bahi-Religion erstritten sich nun 2009 wenigstens das Recht, dass bei ihnen ein Strich, statt einer anderen Religion steht. Atheisten werden in Ägypten auf offener Straße bedroht und angegriffen. Sie werden als psychisch krank diffamiert, wegen „Missachtung der Religion" angeklagt und inhaftiert.

**Kommentar: Der Koran lässt nur die drei abrahamitischen Religionen zu. Wobei Christentum und Judentum als Religionen zweiter Klasse gelten. Man sieht daran welche Ungerechtigkeit von diesem Buch ausgeht.**

---

[70] https://de.wikipedia.org/wiki/Verwandtenheirat

# Falsches Denken aus dem Geist des Christentums

## Erbsünde

Nach der Lehre der christlichen, vor allem der katholischen Kirche, haben alle Menschen eine Erbsünde oder Erbschuld. Diese Schuld kam durch den Fehltritt eines mythologischen Paares, Adam und Eva, zustande, die im Paradies den Weisungen Gottes nicht gehorcht hatten und gegen sein Verbot vom „Baum der Erkenntnis" gegessen hatten. Ihre Schuld soll auf alle Menschen vererbt worden sein, aber durch den Kreuzestod Jesu sollen wir wieder von dieser Schuld befreit worden sein, sonst wären wir alle in der ewigen Hölle gelandet, wie dies für alle Ungetauften vorhergesagt wird.
Diese Erbsündenlehre ist eine Erfindung von Paulus, sie ist weder jüdisch noch christlich. Er wollte damit dem eigentlich sinnlosen Tod Jesu einen Sinn geben. Die Ursache für die „Sündhaftigkeit" sprich „Fehlerhaftigkeit" der Menschen, die schwer zu leugnen ist, lässt sich nicht mit einer Erbsünde erklären, das ist Mythologie, sondern mit seiner Abstammung aus dem Tierreich und einer unvollendeten Evolution. Die Natur arbeitet nicht fehlerfrei und interessiert sich nicht für gut und böse. Sie schafft Kreaturen mit vitalen Bedürfnissen: Nahrung, Sex, Liebe, Geltung, Macht, Behausung, ... Sie kreiert und spielt dabei eher blind mit unzähligen Versuchen. Bestehen bleibt, was lebensfähig ist in der aktuellen Umwelt und sich fortpflanzen kann.
Voraussetzung, um einen Menschen für schuldfähig zu erklären, ist, dass man an seine Willensfreiheit glaubt, dass man glaubt, er könne dies genauso gut wie jenes tun, glauben, denken. Ist er aber wirklich frei? Angeblich kann der Mensch tun, was er will, aber kann er auch wollen, was er will?

**Kommentar: Verantwortlich werden kann man nur durch eigenes Verhalten. Und dabei fragt es sich, ob der Mensch tatsächlich so frei ist in seinem Verhalten wie er glaubt, es zu sein. Auf jeden Fall können wir nicht schuldig werden durch die zweifelhafte Schuld, die ein mythologisches Ehepaar Adam und Eva auf sich geladen hat und diese Schuld, wenn es denn eine wäre, könnte nicht durch Vererbung auf uns kommen. Vor allem kann Schuld nicht durch den Tod eines Unschuldigen und Sünde nicht durch das Leid Unschuldiger getilgt werden. Sich selbst Leid und Schmerz zuzufügen, um das Leid in der Welt zu mildern, ist völlig absurd und bringt niemandem etwas, - es sei denn man nähme Strapazen auf sich, um das Leben anderer zu verbessern.**

Für eine humane und gerechte Kultur ist wichtig, dass der Mensch es schafft, dafür zu sorgen, dass die einzelnen Glieder der Gesellschaft sich bei der Erfüllung ihrer Bedürfnisse an Spielregeln halten, die für alle annehmbar sind. Bei der Befriedigung ihrer Bedürfnisse können sich Menschen sehr leicht in Schuld verstricken, wenn die Gesellschaft zu hohe Anforderungen stellt. Deswegen muss erlaubt sein, was niemandem schadet.

Gott ist bei dem Ganzen ziemlich überflüssig, um nicht zu sagen störend. Wenn es einen weisen und allmächtigen Gott gäbe, dann hätte eben alles viel anders verlaufen müssen. Fehlerfrei! Dennoch wurden die Götter benutzt, um Gesetze zu rechtfertigen und das schwer Erklärliche besser zu erklären.

## Missionsbefehl

Im Neuen Testament, bei *Matthäus 28:19*, gibt es den sogenannten Missionsbefehl: *„Darum geht zu allen Völkern und macht alle Menschen zu meinen Jüngern; tauft sie auf den Namen des Vaters und des Sohnes und des Heiligen Geistes, und lehrt sie, alles zu befolgen, was ich euch geboten habe. Seid gewiss: Ich bin bei euch alle Tage bis zum Ende der Welt."*

**Kommentar: Als Ungläubiger kann man das nur als Anmaßung und Vergewaltigung empfinden. Niemand hat die Völker gefragt, ob sie getauft werden wollen. Dieser Befehl ist Ausgangspunkt für unzählige Kriege und Zwangstaufen. Toleranz für Andersgläubige gibt es weder im Alten noch im Neuen Testament und auch nicht im Koran. Das ist der Fluch dieser drei Religionen.**

## Diktatus Papae – Diktat des Papstes

Die Hybris der Macht versteigt sich in grenzenlose Höhen, wenn sie glaubt, dass sie nicht irdisch, sondern göttlich legitimiert ist.
Gregor VII. reklamierte für das Papsttum 1075 folgende „Ansprüche und Rechte":
Allein der römische Papst wird mit Recht „universal" genannt; er kann allein Bischöfe absetzen und wieder einsetzen; sein Gesandter hat auf einem Konzil den Vorrang vor allen Bischöfen; der Papst kann Abwesende absetzen; mit Exkommunizierten von ihm dürfen wir nicht in demselben Haus bleiben; ihm allein ist erlaubt, neue Gesetze zu erlassen…; alle Fürsten küssen nur des Papstes Füße; allein sein Name wird in den

Kirchen genannt; dieser Name ist einzigartig auf der Welt; ihm ist es erlaubt, Kaiser abzusetzen; kein Rechtssatz und kein Buch gilt ohne seine Autorisierung für kanonisch; sein Urteilsspruch darf von niemandem widerrufen werden und er selbst als einziger kann die Urteile aller widerrufen; er darf von niemandem gerichtet werden; die wichtigen Streitfragen jeder Kirche müssen an ihn übertragen werden; die römische Kirche ist niemals in Irrtum verfallen und wird nach dem Zeugnis der Schrift niemals irren; der römische Bischof wird durch die Verdienste des heiligen Petrus unzweifelhaft heilig …; er kann ohne Synode Bischöfe absetzen und wieder einsetzen; wer sich nicht in Übereinstimmung mit der römischen Kirche befindet, gilt nicht als katholisch; er kann Untergebene vom Treueid gegenüber Sündern lösen.[71]

**Kommentar: Wer sollte diese haltlosen Ansprüche widerlegen? Woher nimmt er sie eigentlich?**

## Prädestination – Alles ist vorbestimmt

Die Prädestinationslehre besagt, dass Gott ohne unser Zutun bestimmt hat, ob wir nach unserem Tod zur Seligkeit oder zur Verdammnis verurteilt sind. Begründet wird diese Lehre durch einige Bibelstellen, vor allem durch Paulusbriefe.

*Römer 8:29-30 …denn alle, die er im Voraus erkannt hat, hat er auch im Voraus dazu bestimmt, an Wesen und Gestalt seines Sohnes teilzuhaben, damit dieser der Erstgeborene von vielen Brüdern sei. Die aber, die er vorausbestimmt hat, hat er auch berufen, und die er berufen hat, hat er auch gerecht gemacht; die er aber gerecht gemacht hat, die hat er auch verherrlicht.*

Kirchenlehrer Augustinus ging davon aus, dass der Mensch wegen seiner angeblich von Geburt angelegten Sündhaftigkeit, er soll ja mit Erbsünde geboren sein, das Gute nicht erkennen kann und deswegen bei seiner Erlösung auf die Gnade Gottes angewiesen ist.

Nach **Augustinus** und **Thomas von Aquin** vertrat vor allem der Reformator **Calvin**, die doppelte **Prädestinationslehre**, d.h. er glaubte, dass nur wenige von Gott auserwählt seien und zwar schon vor ihrer Geburt und dass alle anderen für die ewige Ver-

---

[71] https://de.wikipedia.org/wiki/Dictatus_Papae

dammnis bestimmt wären. Wir können tun und lassen was wir wollen, es ändert unser Schicksal nicht. Gott wählt aus und hat „*die einen zum Heil und die anderen zum Verderben bestimmt*", d.h. einer kann ohne Verdienst zur Seligkeit gelangen oder ohne Schuld verdammt werden: Ein fataler und grausamer Gedanke, der dem Menschen jede Verantwortung für sein Handeln abnimmt.[72]
In der katholischen Kirche hat sich noch die Idee von der Entscheidungsfreiheit des Menschen für Gut oder Böse erhalten, während Luther und mit ihm die evangelische Kirche alles der Gnade Gottes überlassen wollen.

**Kommentar: Wer glaubt, dass er ohnehin an seinem Schicksal oder seiner Erwählung nichts ändern kann, neigt dazu, die Hände in den Schoß zu legen, anstatt sein Schicksal in die Hände zu nehmen.**

# Scholastik

Scholastik von scholasticus = Schulmeister ist die wissenschaftliche Denkweise, die im lateinisch sprachigen Mittelalter entwickelt wurde. Sie ist stark vom aristotelischen Denken geprägt. Durch logisches Schließen, durch Argumente „dafür" und „dagegen" hoffte man zu eindeutigen Erkenntnissen zu kommen. Meistens ging es dabei um theologische Fragen. Man versuchte die katholischen Dogmen, obwohl sie alles andere als logisch sind, rational zu begründen und zu bestätigen. Schon Luther verstand unter Scholastik: „*erlogenes, verfluchtes, teuflisches Geschwätz*". Heute versteht man unter scholastisch: „engstirnig", „pedantisch", „dogmatisch". *Die Scholastiker waren überzeugt, dass theoretisches Wissen, das aus allgemeinen Grundsätzen logisch sauber hergeleitet wird, das sicherste Wissen ist, das es geben kann. Beobachtungen können falsch oder trügerisch sein oder falsch gedeutet werden, aber eine logisch saubere Folgerung aus einem allgemeingültigen Prinzip ist notwendigerweise irrtumsfrei.*[73]

**Kommentar: Die Schwäche der Scholastik war, dass sie sich um sich selbst und ihre Methode drehte. Man legte in die Natur hinein, was herauskommen sollte, anstatt die Natur möglichst unvoreingenommen zu beobachten und von daher Schlüsse zu ziehen. Schon die Existenz anderer Kulturen, Islam, Hinduismus, Zoroasthrismus... mit anderen „Glaubenswahrheiten" hätte stutzig machen**

---

[72] Roland Fakler Von Verfolgern und Verfolgten
[73] https://de.wikipedia.org/wiki/Scholastik

müssen, dass mit der scholastischen Methode keine echten Wahrheiten zu finden sind. Die scholastische Philosophie war die Magd der katholischen Theologie. Der Glaube wurde nicht durch Vernunft oder Forschung, sondern durch päpstliche Macht und Autorität bestätigt = diktiert.

## Das Gottesurteil - Ordal

Ein Gottesurteil ist ein vermeintlich durch Gott entschiedenes Urteil in einem Rechtsstreit. Man kennt dieses Urteil in verschiedenen Kulturen. Schon -2100 v.u.Z. hat ein König Urnammu von Ur im Codex Ur-Nammu die Wasserprobe eingeführt.
Vor allem in der Zeit des Hochmittelalters vom 6 -11 Jh. spielte das Gottesurteil eine wichtige Rolle, um Hexen zu überführen. Man ging davon aus, dass Gott dem Gerechten hilft und auf Seiten des Gerechten steht. Allerdings vertraute man diesem Urteil doch nicht so richtig, denn zuvor mussten Zeugen gehört und über den Fall beraten werden.

**Wasserprobe**
Bei der Heißwasserprobe musste der Kandidat einen Ring oder Ähnliches aus einem Kessel mit siedendem Wasser holen. Verheilten die Wunden rasch, galt dies als Beweis der Unschuld. Während der Kaltwasserprobe wurde der Verdächtige in kaltem Wasser versenkt, schwamm er oben, galt er als überführt.
Neben der Wasserprobe gab es noch andere Möglichkeiten, Gott die Entscheidung zu überlassen.

**Feuerprobe**
Der Angeklagte musste barfuß über sechs oder zwölf rotglühende Pflugscharen gehen Der Angeklagte musste ein glühendes Eisen über eine Distanz von neun Fuß oder mehr tragen. Der Angeklagte musste seine Hand in ein Feuer strecken.
Wenn der Angeklagte dabei unverletzt blieb, die Verletzung binnen kurzer Zeit (meist drei Tage) verheilte oder seine Verletzung nicht eiterte, galt seine Unschuld als erwiesen, im gegenteiligen Fall wurde er bestraft.

**Bahrprobe**: Der Verdächtige wurde an die aufgebahrte Leiche eines Ermordeten geführt. Er hatte daraufhin seine Hand auf die Wunde zu legen und in einer festgelegten Eidformel seine Unschuld zu schwören. Fing die Leiche wieder an zu bluten, galt der Verdächtige als schuldig, andernfalls als unschuldig. Die Bahrprobe basierte auf der Annahme, dass der Geist des Verstorbenen noch im Körper vorhanden war („lebender Leichnam") und durch das Bluten seinen Mörder überführen wollte.

Die **Abendmahlsprobe** gehörte im frühen Mittelalter zu den Gottesurteilen (Ordalien). Sie wurde besonders bei Geistlichen und Mönchen angewandt und beruhte auf dem Glauben, dass für einen Verbrecher der Genuss des Abendmahls schädlich sei. Man war der Ansicht, dass ein Verbrecher im Bewusstsein seiner Schuld bei Verzehr der Hostie sofort sterben müsste, mindestens aber körperliche Leiden zu ertragen habe. Konnte die Hostie jedoch ohne Folgen geschluckt werden, war die Abendmahlsprobe bestanden.

**Kreuzordal**
Beide Parteien standen mit erhobenen Armen während der Messe vor einem Kreuz; wessen Arme zuerst nachgaben, hatte seinen Fall verloren.[74]

**Zweikampf:** Vor allem unter Rittern wurde ein Rechtsstreit meist als Zweikampf ausgefochten. *„Otto führte ein, dass strittige Fragen durch Gottesurteil im Zweikampf entschieden werden sollten; getreu seiner Überzeugung, dass Gott den Gerechten siegbringende Kraft verleihe, wollte er sogar mit dem Papst Rechtsfragen im Zweikampf klären."*[75]

**Kommentar: Damit spricht natürlich nicht Gott das Recht, was er ohnehin nicht tut, sondern der Stärkere bekommt Recht. Auch an diesen Ordalen zeigt sich wieder, dass die Menschen nicht gewusst haben, wie die Welt funktioniert. Sie glaubten, dass Geister in ihr Leben eingreifen.**

# Reliquien

Reliquien = Überreste von Heiligen, sollen helfen und heilen, weil man in ihnen noch den Geist dieser Heiligen vermutet. In Wirklichkeit bringen sie vor allem dem Wallfahrtsort Einnahmen. In einer Zeit, in der die Menschen noch nicht so gut informiert waren, hat das keine Rolle gespielt. Luther wandte sich gegen den Reliquienkult. Den Schwindel mit Reliquien erkennt man vor allem daran, dass es viele Reliquien = Körperteile oder Gegenstände von Heiligen doppelt, dreifach und fünffach gibt.

---

[74] https://de.wikipedia.org/wiki/Gottesurteil
[75] 954/955 Propyläen Weltgeschichte

Vom hl. Andreas gibt es: 5 Leiber, 6 Köpfe, 17 Arme, Beine und Hände.
Vom hl. Antonius: 4 Leiber, 1 Kopf.
Von der hl. Anna: 2 Leiber, 8 Köpfe, 6 Arme.
Von der hl. Barbara: 3 Leiber, 2 Köpfe.
Vom hl. Basilius: 4 Leiber, 5 Köpfe.
Vom hl. Blasius: 1 Leib, 5 Köpfe.
Vom hl. Clemens: 3 Leiber, 5 Köpfe.
Vom hl. Elegius: 2 Leiber,
3 Köpfe. Vom 1. Stephan: 4 Leiber, 8 Köpfe.
Vom hl. Georg: 30 Leiber.[76]

Ein „schönes" Beispiel für eine Reliquie ist die Vorhaut Jesu:
Folgende Orte behaupten im Besitz der einen Vorhaut Jesu zu sein (jeder Mann hat nur eine Vorhaut) : Besancon; Boulogne, Compaigne; Conques, Fecamp, Langres, Le Puy, Coulombs, Metz, Nancy, Paris, Courroux, Santiago de Compostella, Hildesheim. Die letzte Vorhaut-Prozession fand 1983 im italienischen Dorf Calcata statt. Danach wurde die Reliquie gestohlen.

**Kommentar: Mit dieser Vorhaut Jesu wäre es heute sogar möglich, seine Gene zu entschlüsseln oder ihn zu klonen.**
**Die Kirche hat alles ausgeschöpft, was ihr Geld bringen könnte. Ich möchte aber nicht ausschließen, dass Reliquien auch etwas bewirkt haben, denn sicher haben sie einen heiligen Schauer bei denen ausgelöst, die ihnen nahe kamen, die sie berühren oder gar küssen durften. Da wirkt auf jeden Fall ein Placebo – Effekt.**

# Dogmen

Unter Dogmen versteht man unveränderlich feststehende Sätze mit absolutem Wahrheitsanspruch. Unveränderlich und absolut gültig sind diese Sätze in der katholischen Kirche, weil man sie auf göttliche Autorität, auf göttliche Offenbarung zurückführt. Dogmen wurden aber meist durch Konzile festgelegt und vom Papst bestätigt. Dabei soll der Heilige Geist für die Unfehlbarkeit dieser Dogmen zuständig gewesen sein.

---

[76] Hofmann, Schreck, Ulrich, Wolle: Geheimnisse der Religion. Berlin 1958

**Katholische Dogmen:**

| Wann | Dogma | Vermutliche Wahrheit |
|---|---|---|
| 325 Ökumenisches Konzil von Nicäa | Dreieinigkeit: Die Gottheit besteht aus Vater, Sohn und Heiligem Geist | Weder ein dreifacher noch ein einfacher Gott ist erkennbar |
| 381 Ökumenisches Konzil von Konstantinopel | Wir glauben an den einen Gott, den Vater, den Allmächtigen, der alles geschaffen hat, Himmel und Erde, die sichtbare und die unsichtbare Welt. Und an den einen Herrn Jesus Christus, Gottes eingeborenen Sohn, aus dem Vater geboren vor aller Zeit: Gott von Gott, Licht vom Licht, wahrer Gott vom wahren Gott, gezeugt, nicht geschaffen, eines Wesens mit dem Vater; durch ihn ist alles geschaffen. Für uns Menschen und zu unserem Heil ist er vom Himmel gekommen, hat Fleisch angenommen durch den Heiligen Geist von der Jungfrau Maria und ist Mensch geworden. Er wurde für uns gekreuzigt unter Pontius Pilatus, hat gelitten und ist begraben worden, ist am dritten Tage auferstanden nach der Schrift und aufgefahren in den Himmel. Er sitzt zur Rechten des Vaters und wird wiederkommen in Herrlichkeit, zu richten die Lebenden und die Toten; seiner Herrschaft wird kein Ende sein. Wir glauben an den Heiligen Geist, der Herr ist und lebendig macht, der aus dem | Ein Gott ist nicht nachweisbar. Die Welt und die Erde sind vermutlich in einer Explosion = Urknall vor etwa 15 Milliarden Jahren entstanden. Das Leben hat sich in einem langen evolutionären Prozess von niederen zu höher organisierten Lebewesen entwickelt. Jesus war ein Mensch, ein Reformator des jüdischen Glaubens. Wie alle Menschen ist er vermutlich auf natürliche Weise von Mann und Frau, Vater und Mutter gezeugt worden. Ein Mensch allein kann durch seinen Tod die Welt nicht erlösen, da müssen sehr viele mithelfen, jeder mit seinen Fähigkeiten, jeder an seinem Platz. Wie Menschen gezeugt und geboren werden, lernt man im Biologieunterricht. Tatsächlich wurde er vermutlich unter Pontius Pilatus gekreuzigt. Er hat viel gelitten und ist vermutlich in einem Felsengrab beerdigt worden. Wenn er tot war, ist er es immer noch, wenn nicht, dann hat er nur wenige Jahre weitergelebt. Wer einmal tot ist, kann nie |

| | | |
|---|---|---|
| | Vater (und dem Sohn) hervorgeht, der mit dem Vater und dem Sohn angebetet und verherrlicht wird, der gesprochen hat durch die Propheten, und die eine, heilige, christliche/katholische und apostolische Kirche. Wir bekennen die eine Taufe zur Vergebung der Sünden. Wir erwarten die Auferstehung der Toten und das Leben der kommenden Welt. Amen. | mehr wiederkommen. Ein ewiges Gericht nach dem Tod ist eher unwahrscheinlich; diese Idee stammt aus der ägyptischen Kultur; einen Herrscher über mir brauche ich nicht, weil ich weiterhin in einer Demokratie leben will. Was soll ein Heiliger Geist sein? Es gibt keine Geister! Ich will keinen Herrn über mir, weil ich ein freier Mensch sein will und selbständig denken kann. Wer soll das glauben? |
| 431 Ökumenisches Konzil von Ephesus: | Maria ist Gottesgebärerin | Maria hat einen menschlichen Knaben geboren |
| 451 Ökumenisches Konzil von Chalcedon: | Christologie, Christus ist wahrer Gott und wahrer Mensch, unvermischt und ungeschieden. | Jesus ist als Mensch geboren und Mensch geblieben, wenn er überhaupt gelebt hat |
| 1215 | Transsubstantiation Während der Messe werden Brot und Wein in den Leib und das Blut Christi verwandelt. | Brot und Wein können nicht durch Segnung in Leib und Blut Christi verwandelt werden. |
| 1854 | unbefleckte Empfängnis Mariens | Kein Mensch war jemals durch eine Erbsünde befleckt, auch Maria nicht |
| I. Vatikanum 1870 | Päpstliche Unfehlbarkeit | Kein Mensch ist unfehlbar, auch kein Papst |
| Papst Pius XII.: 1. November 1950 | Leibliche Aufnahme Mariens in den Himmel, | Es gibt weder Himmel noch Hölle. |

**Kommentar: Mit göttlicher Begründung sollen hier sogenannte „Wahrheiten" geschaffen werden. Diese führen zu erstarrter Denkweise, zu unverrückbaren Traditionen und damit zu Intoleranz gegenüber fortschrittlichen Ideen und Menschen, die es wagen, ihren Verstand zu gebrauchen und zu zweifeln. Es wird der falsche Eindruck erweckt als handle es sich hier um göttliche Wahrheiten, dabei sind es lediglich menschliche Abmachungen.**

# Antimodernisteneid

Von 1910 bis 1968 verlangte die katholische Kirche von ihren Studierenden und Pfarrern einen Eid zu schwören, dass sie in ihren Glaubensaussagen nicht von den Lehren der Kirche abweichen. Dazu gehört:
Dass Gott als Ursprung allen Seins mit der Vernunft bewiesen werden kann.
Dass zu diesen Beweisen die Offenbarung, Wunder und Prophezeiungen gehören, die unzweifelhaft seien.
Dass die katholische Kirche den richtigen Glauben des geschichtlichen Jesus vertritt und in der Nachfolge Petri steht.
Die Glaubenslehre der Apostel muss rückhaltlos angenommen werden und habe bis heute keinerlei Veränderungen durch menschliches Denken erlebt.
Verlangt wird das Bekenntnis, „dass der Glaube kein blindes religiöses Gefühl ist ..., sondern dass er Wahrheit ist, die auf die Autorität Gottes gründet."

**Kommentar: Gott ist nicht erkennbar, weder mit den Sinnen noch mit der Vernunft – welcher Gott eigentlich. Die Menschen haben im Laufe ihrer Geschichte an unzählige verschiedene Götter geglaubt.**
**Die Bibel ist nicht das einzige Buch mit Offenbarungen. Es gab sie in allen Kulturen, in Griechenland (Delphi), Indien (Upanischaden), bei den Mormonen,...**
**Wunder gibt es nicht. Es gibt nur Dinge, die wir uns noch nicht erklären können. Die meisten Wunder beruhen auf Einbildung und Lügen aus einer Zeit, in der sie niemand mehr nachweisen kann. Prophezeiungen gibt es in allen Religionen und Weltanschauungen. Sie sind so oft eingetroffen, wie die Vorhersagen von Astrologen, d.h. gemäß dem Zufallsprinzip. Anders ist es mit Vorhersagen, die auf Fakten beruhen.**
**Andere christliche Glaubensrichtungen, die von der katholischen Kirche verfolgt und vernichtet wurden, haben den Geist Jesu besser vertreten: die Donatisten, die Markioniten, die Montanisten, die Arianer, die Waldenser und Albigenser, die Widertäufer...**
**Wenn man den Glauben von Menschen aus der Zeit vor 2000 Jahren rückhaltlos annehmen würde, würde dadurch jeder Fortschritt verhindert.**
**Wenn Gott da wäre, bräuchte er sich nur allen zu zeigen, bis dahin vermute ich, dass er eine menschliche Idee ist. Ich vertraue lieber auf meine Vernunft als auf nicht erkennbare Geister und auf die Worte von ungebildeten Menschen aus der Zeit vor 2000 Jahren.**

Ganz ähnlich wie im islamischen Glaubensbekenntnis, in dem es heißt: Ich bekenne: *"Es gibt keinen Gott außer Gott und Mohammed ist der Gesandte Gottes"*. Hier soll ein Glaubensbekenntnis, eine dogmatische Aussage, die wir gar nicht überprüfen können, durch Aussprache und Wiederholung, gleich einem Mantra, zur Wahrheit gemacht werden. Es gibt aber so viele verschiedene Glauben, wie es Gläubige gibt. Es gibt eigentlich nichts, was Menschen nicht glauben könnten. Wie oft musste die „unfehlbare" katholische Kirche schon Irrtümer einräumen. Sie hat gelehrt, dass die Erde eine Scheibe ist, dass Krankheit von Sünde kommt, dass uneheliche Kinder, Homosexuelle, Ketzer, Juden, Atheisten… minderwertigere Menschen sind. Vor Kurzem erst hat Papst Benedikt XVI. die Vorhölle für die Seelen der ungetauften Kinder abgeschafft. Welches reale Leid wurde durch diese falschen Glaubensvorstellungen verursacht? Werden wir bald erfahren, dass auch „Hölle und Teufel" nur Spaß waren? Das wäre eine Frohe Botschaft!

## Könige von Gottes Gnaden

Die Idee, dass alle Staatsmacht von Gott ausgeht und nicht etwa vom Volk, wie das die Basis jeder Demokratie ist, dürfte zumindest im Orient die ältere Idee sein. Sie legitimierte die Herrschaft der Gottkönige von Sumer, der ägyptischen Pharaonen, der Herrscher von Akkad und Babylon, auch in China, Indien und in Amerika gab es Gottkönige, die praktisch über ein rechtloses Volk herrschten. Dem Volk wurde nicht bewusst, dass es gegenüber Gott oder seinen Königen Rechte besitzen könnte, bis zur Magna Charta 1215, wo die englischen Barone ihre Freiheitsrechte gegen König Johann einforderten. Schon sehr früh gingen Herrscher und Priesterschaft eine Symbiose ein: Der eine herrschte und beschützte die Religion und die anderen bestätigten, dass dieser Herrscher „von Gottes Gnaden" auf dem Thron sitzt. Damit war die Welt, zumindest für diese Oberschicht, in Ordnung. Meist saßen die Priester dabei am längeren Hebel, denn sie konnten den König einsetzen oder ihn absetzen.

Mit dem Sieg Konstantins und seiner Bevorzugung des christlichen Glaubens begann diese Union von Kirche und Staat im Christlichen Abendland. In Deutschland endete sie offiziell erst 1918. Sie wird tatsächlich aber bis heute in einer neuen, dezenteren Variante weitergeführt.

Die Herrschaft der absolutistischen Könige in Europa wurde wohl mit folgendem Text des Apostels Paulus gerechtfertigt, der behauptet, dass alle Obrigkeit von Gott kommt: *Jedermann sei untertan der Obrigkeit, die Gewalt über ihn hat. Denn es ist keine Obrigkeit ohne von Gott; wo aber Obrigkeit ist, die ist von Gott verordnet. Wer sich nun der Obrigkeit widersetzt, der widerstrebt Gottes Ordnung; die aber widerstreben, werden über sich ein Urteil empfangen.*[77]

Die Legitimation für die Herrschaft Karls des Großen war eine religiös - mythologische. Er machte sich zum Schutzherrn der Kirche und die Kirche bzw. der Papst machte ihn zum König von Gottes Gnaden.

Man glaubte, wer im Besitz der Heiligen Lanze sei, habe das Recht auf den Königsthron im Christlichen Abendland. Die heilige Lanze soll die Lanze sein, mit der Jesus am Kreuz der Todesstoß versetzt wurde. Sie wurde angeblich von der Mutter Konstantins, der heiligen Helena, aus dem Heiligen Land mitgebracht...was natürlich ein Märchen - man nennt es Legende - ist.

**Kommentar: Mythen wurden oft deswegen geschaffen, um Herrschaften zu legitimieren.**

Die absolutistischen Könige Europas, von Karl d.Gr., über Ludwig XIV., Karl I. von England, der deswegen von Cromwell geköpft wurde, Phillip II. von Spanien, auch die kleineren Herrscher, wie Karl Eugen von Württemberg, ebenso die Zaren von Russland fühlten sich von Gott und seinen kirchlichen Vertretern auf Erden, zur Herrschaft legitimiert. Alle ihre Untaten, z.B. die von Iwan dem Schrecklichen oder von Ludwig dem XIV. und alle Unterdrückungsmaßnahmen gegen das Volk waren damit göttlich gerechtfertigt und kirchlich abgesegnet. Das war praktisch göttlich - kirchlich legitimierter Terror gegen das Volk.

1632 schrieb Cardin Le Bret in seiner Abhandlung über die Souveränität des Königs: „Unsere Könige erhalten ihr Szepter von Gott allein, sind nicht verpflichtet, irgendeiner Macht auf Erden Rechenschaft zu geben, erfreuen sich aller Rechte, die sich aus unbegrenzter und absoluter Macht ergeben, und sind in ihrem Herrschaftsbereich völlig souverän [...] die königliche Macht ist ebenso unteilbar wie der Punkt in der Geometrie".

**Kommentar: Privilegien sind immer schlecht, am schlechtesten aber sind die, die auf Grund der Geburt, ohne irgendeine besondere Befähigung, ohne besondere Leistung für das Gemeinwesen gewährt werden.**
**Heute glauben wir, dass eine rechtmäßige Obrigkeit nicht von Gott verordnet, sondern vom Volk gewählt und abgewählt werden kann.**

---

[77] Röm. 13:1

Wir glauben weiter, dass nicht die Abstammung eines Menschen, sondern seine Fähigkeiten und das Vertrauen, das er bei den Regierten genießt, darüber entscheiden sollten, ob er regieren darf oder nicht.

## Märtyrer

Im **Christentum** und im Islam gibt es sogenannte Märtyrer. Das sind Menschen, die für ihren Glauben in den Tod gegangen sind. Man nennt sie auch Blutzeugen. Sie wollten damit die Festigkeit, oft auch die Wahrheit ihres Glaubens bezeugen. Der erste Märtyrer im Christentum war Stephanus und sein Verfolger war Saulus, der spätere Paulus.
Unter römischer Herrschaft kam es zu mehreren Christenverfolgungen, mit mehreren hundert Toten, weil die Christen sich geweigert hatten, dem Kaiser zu huldigen.
Es gibt auch evangelische Märtyrer z.B. Jan Hus, und mindestens 800 Wiedertäufer, die nicht nur von der katholischen Kirche verfolgt und getötet wurden, sondern auch auf Luthers Empfehlung hin.

**Kommentar: Märtyrer glauben, sie seien unsterblich und wollen mit ihrem Tod die Wahrheit ihres Glaubens bezeugen. Mit Wahrheit hat das aber alles nichts zu tun, denn es gibt in vielen unterschiedlichen Religionen Menschen, die für ihren Glauben gestorben sind und die somit ihre widersprüchlichen Glaubensvorstellungen mit dem Tod bezeugt haben. Die Wahrheit braucht aber keine Märtyrer.**

## Kommt Unheil von Sünde und Unglaube?

Fast in allen Kulturen versuchte man Unheil, also Kriege, Krankheiten, Feuersbrünste, mit der Sündhaftigkeit der betroffenen Menschen zu erklären. Unheil kam über die Menschen, weil die Götter mit ihrem Verhalten, insbesondere mit ihren Diensten an den Göttern nicht zufrieden waren. Schon die Römer glaubten, ihr ganzes Unheil käme daher, dass unter ihren Reihen Leute geduldet werden, die sich weigerten, den richtigen Göttern zu opfern: die Christen.

Auch Christen glaubten, schwere Krankheiten, persönliches Unglück oder auch Erdbeben, Feuersbrünste, Blitzeinschlag, Missernten, Überschwemmungen seien die Strafe Gottes für Verfehlungen, insbesondere dafür, dass die Menschen nicht mehr richtig glauben und nicht mehr genügend beten. Unter „Sünde" verstehen Christen nicht nur unethische, ungerechte, unmoralische Handlungen gegenüber ihren Mitmenschen, vor allem Unglauben und Gottlosigkeit sind die größten Sünden. Man darf durchaus ein böser und verworfener Mensch sein, solange man den richtigen Glauben hat und getauft ist, ist die Welt noch in Ordnung und das Leben im Himmel gesichert. Konstantin, der sogenannte Große, der seine ganze Verwandtschaft umgebracht hat, hat mit der Taufe, die ihn angeblich von allen Sünden befreien sollte, bis kurz vor seinem Tod gewartet. Er galt lange als Heiliger und wird heute immer noch von der katholischen Kirche verehrt.

Die Sünde wird angeblich von Gott bestraft, meist mit Krankheit, Krieg oder anderem Unheil. So dachten die, die die Geschichte von Hiob im Alten Testament erfanden. Sie konnten nicht glauben, dass ein gerechter Mensch aus heiterem Himmel mit Krankheit und Unheil geschlagen werden könne. So dachten die Bischöfe des Mittelalters.

Eine ärztliche Behandlung durfte gemäß dem 4. Laterankonzil erst nach Ablegung der Beichte beginnen. *„Sie hatte mit kirchlichen Vorschriften übereinzustimmen, worüber die christlichen Ärzte in der Beichte berichten mussten. Krankheit war Ausdruck der Sündhaftigkeit, und es war Aufgabe des Arztes, den Glauben zu stärken. Lachen galt als unfromm."*[78]

Scheinbar glauben sie das aber doch nicht mehr so richtig, denn man findet an fast allen Kirchen Blitzableiter und selbst der Papst, wenn er krank ist, begnügt sich nicht mehr mit beten, sondern lässt einen kundigen Arzt kommen und geht sogar in die Klinik. Immerhin werden noch Fahrzeuge mit Weihwasser vor Unfällen geschützt. Eine Statistik, wie sich das auf die Unfallhäufigkeit auswirkt, gibt es leider nicht. Es wäre sehr interessant zu erfahren, ob sie nun weniger in Unfälle verwickelt sind als die nichtgeweihten. Auch der Blasiussegen, den ich als Kind jährlich empfangen habe, konnte mich nicht vor Halsschmerzen schützen. Sie kamen genauso häufig oder blieben aus wie später ohne Blasiussegen. Ich merkte bald, dass es nichts mit dem Blasiussegen, sondern mit der Art meiner Kleidung und mit meinem Verhalten in der kalten Jahreszeit zu tun hat, ob ich Halsschmerzen bekomme oder nicht. Ein Schaal beugte jedenfalls besser gegen Halsschmerzen vor als der Blasiussegen. Flugzeuge mit frommen Pilgern stürzten mit derselben Wahrscheinlichkeit ab, wie Flugzeuge mit Drogendealern. Seit neuestem nimmt der Glaube an die Wirksamkeit des Gebetes

---

[78] Gerhard Czermak / Problemfall Religion

wieder zu, so empfahl 2016 eine bekannte deutsche Theologien und Pfarrerin gegen den IS- Terrorismus das Gebet. *„Wir sollten versuchen den Terroristen mit Gebeten und Liebe zu begegnen!"*[79]

**Kommentar: Einer Frau, die glaubt, sie könne Terrorismus weg beten, möchte ich die Sicherheit meines Landes nicht anvertrauen. Das ist Schamanismus.**

„In der großen Ölkatastrophe, die 2010 den Golf von Mexiko aufgrund von geldgierigem Leichtsinn verheerte, sah die Christliche Rechte den Zorn Gottes. Als schließlich das Leck geschlossen werden konnte, schrieb man das der Kraft des Gebetes zu."[80]

USA: Im Februar 2014 ließ sich Pastor Jamie Coots in Kentucky freiwillig von einer Giftschlange beißen, weil er laut Evangelist Markus glaubte, dass ihm giftige Schlangen nicht schaden werden. Der Evangelist behauptet, *Gläubige würden in neuen Zungen reden, Schlangen hochheben und Gift trinken und dabei nicht zu Schaden kommen.*
**Markus 16:17:** *Die Zeichen aber, die da folgen werden denen, die da glauben, sind die: in meinem Namen werden sie Teufel austreiben, mit neuen Zungen reden. Schlangen vertreiben; und so sie etwas Tödliches trinken, wird's ihnen nicht schaden; auf die Kranken werden sie die Hände legen, so wird es besser mit ihnen werden.*[81]
**Luk 10:19** *Sehet, ich habe euch Macht gegeben, zu treten auf Schlangen und Skorpione, und über alle Gewalt des Feindes; und nichts wird euch beschädigen.*

## Leiden mit Jesus zur Entsündigung der Welt

Nach Meinung der Bibel ist die Sünde durch Ungehorsam gegen Gott in die Welt gekommen. Adam und Eva hatten im Paradies das Verbot Gottes missachtet und vom Baum der Erkenntnis gegessen, was ihnen von Gott verboten war. Diese Schuld soll durch Vererbung an alle Menschen weitergegeben worden sein. Um uns von dieser Erbschuld zu erlösen, musste der Sohn Gottes kommen und freiwillig für uns am Kreuz sterben. Ohne christliche Taufe gab es kein Seelenheil, keine Erlösung, kein ewiges Leben nach dem Tod.

---

[79] http://www.pi-news.net/2016/03/ist-margot-kaessmann-noch-ganz-bei-trost/
[80] Dr. Gerhard Czermak Problemfall Religion
[81] Markus 16:17

Der Gedanke wurde fortgesponnen und führte zu dem Glauben, dass fromme Menschen, wie Jesus, durch ihr Leiden die Welt entsündigen könnten. Mutter Teresa, der Friedensnobelpreisträgerin, Seligen und Heiligen ging es z.B. nicht so sehr darum, Menschenleben zu retten oder das Leid in den Slums zu mildern, sondern darum, möglichst viele gerettete, d.h. getaufte Seelen in den Himmel zu schicken. *„Es ist etwas sehr Schönes, wenn man sieht, wie die Armen ihr Kreuz tragen. Wie die Passion Christi, ist ihr Leid ein großes Geschenk für die Welt."*[82] *Durch das Leid erfahren diese Gequälten eine besondere Nähe zu Christus, glaubt sie. Die Sterbehospize des Ordens von Mutter Teresa wurden von der englischen Zeitung Guardien als eine „organisierte Form unterlassener Hilfeleistung" bezeichnet.*[83] Spendengelder wurden nicht dazu benutzt, Schmerzmittel für die Leidenden anzuschaffen, sondern, um neue Klöster zu gründen und zu unterhalten. Sie tut alles für Gott und für ihr Seelenheil, und dafür braucht sie leidende Menschen. Dabei hat sie durch ihre Haltung gegen Ehescheidung, Empfängnisverhütung und Abtreibung dieses Leid mit verursacht.

**Kommentar: Mit dem Leiden des einen, kann das Leid der anderen nicht gelindert werden. Das ist archaische Denkweise. Es sei denn unser Leiden wäre Anstrengung und Einsatz im Kampf um eine bessere Welt.**

# Mönchtum und Askese

Während Jesus in keiner Weise asketisch lebte und auch keine Askese forderte, setzte schon bald nach seinem Tod durch Paulus eine asketische Richtung im Christentum ein. Von seinen Gegnern wurde Jesus sogar als „Fresser" und „Weinsäufer" verspottet. Zu Frauen hatte er ein offenes Verhältnis. Paulus hingegen hasst den Körper und sieht in ihm die Ursache aller Sündhaftigkeit. Das führte dann zu seltsamen Blüten mönchischer Askese, zu Säulenheiligen, die jahrelang auf einer Säule stehend verbringen, zu Einsiedlern, die sich nie waschen und in zerlumpten Kleidern herumlaufen, die Frauen, selbst ihre Mütter, verachten und meiden und sich von Gras ernähren. Manche trieben die Keuschheit so weit, dass sie sich, wie Origines, selbst kastrierten. Die Mönche verschmähten das irdische Glück in dem Glauben, dafür umso sicherer dauerhaftes und ewiges Glück im Jenseits zu erhalten. Sie übten Askese, gepredigt von den Kirchenvätern, die es für angemessen hielten nach dem traurigen Schicksal

---

82 Mutter Theresa: http://hpd.de/artikel/12559
83 http://hpd.de/artikel/todesengel-kalkutta-wird-heiliggesprochen-12852

des Jesus von Nazareth, die Welt als einziges Jammertal zu betrachten. Kirchenlehrer *"Basilius verbietet den Gläubigen nicht nur jeden Spaß, sondern auch das Lachen. Die Trauer über das missratene Dasein soll schon der gesenkte Blick des Christen ausdrücken, sein ungepflegtes Haar, seine schäbige Kleidung und dergleichen. Gregor von Nyssa vergleicht das ganze Leben mit einem schmutzigen Bodensatz…Und für Zeno von Verona ist es der größte Ruhm christlicher Tugend, die Natur mit Füßen zu treten"*[84]

Nonnen, Mönche oder Mitglieder von Opus Dei, einem konservativen katholischen Orden, trugen ganz bewusst Dornenbänder am Oberschenkel, den Bußgürtel, um sich so zu kasteien und ihren Beitrag zur „Entsündigung" der Welt zu leisten. Vergnügen galten ihnen als Sünde. Diesen „heiligen" Männern und Frauen, die so gänzlich auf das irdische Glück und auf das Leben in der Gemeinschaft verzichteten, traute man seltsamerweise am ehesten zu, die Menschen in geistigen Dingen führen zu können.

**Kommentar: Der Tod war für sie nur die Trennung der Seele aus ihrem körperlichen Gefängnis. Aber wie sollte eine Seele ohne Nerven nach dem Tod noch Glück und Freude empfinden können?**

Zur Beschreibung des Mönchtums füge ich hier eine längere Passage aus **Edward Gibbons** Meisterwerk ein. Niemand könnte es besser schildern:
*„Der Anblick eines echten Anachoreten (einer der sich aus der Gesellschaft zurückzieht) erweckte Abscheu und Ekel; jede den Menschen beleidigende Empfindung wurde als Gott wohlgefällig angesehen, und die unmenschliche Regel von Tabennisi (Kloster) verdammte die heilsame Gewohnheit, die Glieder im Wasser zu baden und sie mit Öl zu salben. Die strengen Mönche schliefen auf dem Erdboden, auf einer harten Matte oder einer rauen Decke, und dasselbe Bündel von Palmblättern diente ihnen am Tage als Sitz- und zur Nacht als Kopfkissen."*[85]

*„Die Ruhe, die sie im Kloster gesucht hatten, wurde durch späte Reue, weltliche Zweifel und sträfliche Wunschträume gestört, und da sie jede natürliche Regung als eine unverzeihliche Sünde ansahen, zitterten sie ständig am Rande eines bodenlosen Abgrundes voller Flammen. Manchmal wurden diese unglücklichen Opfer von ihren*

---

[84] Karlheinz Deschner Abermals krähte der Hahn
[85] Edward Gibbon / Der Untergang und Verfall des Römischen Reiches

*qualvollen Kämpfen in Krankheit und Verzweiflung durch den Wahnsinn oder den Tod erlöst; im sechsten Jahrhundert wurde in Jerusalem ein Hospital gestiftet für eine kleine Anzahl jener strengen Büßer, die ihrer Sinne beraubt waren. Ihre Visionen haben, bevor sie den äußersten und unverkennbaren Grad von Besessenheit erreichten, reiches Material zur Geschichte des Übernatürlichen geliefert. Sie waren fest davon überzeugt, dass die Luft, die sie atmeten, voll war von unsichtbaren Feinden, voller unzähliger Dämonen, die auf jede Gelegenheit lauerten und jegliche Gestalt annahmen, um ihre unbewachte Tugend zu erschrecken und vor allem in Versuchung zu führen. Die Einbildung und selbst die Sinne wurden von den Vorspiegelungen einer krankhaften Schwärmerei getäuscht, und der Eremit, der in seinem mitternächtlichen Gebet von unfreiwilligem Schlummer überwältigt wurde, mochte leicht die Phantome von Erschrecken und Entrückung vermengen, die ihn im Schlaf und in seinen Wachträumen ergriffen hatten.*

*Es gab zwei Klassen von Mönchen: die Zönobiten, die nach einer allgemeinen Ordensregel lebten, und die Anachoreten, die ihrer ungeselligen, unabhängigen Schwärmerei frönten. Die frömmsten oder die ehrgeizigsten unter diesen geistlichen Brüdern entsagten dem Kloster, so wie sie der Welt entsagt hatten. Die eifrigsten Klöster in Ägypten, Palästina und Syrien waren von einer Laura, einem weiten Kreis einsamer Zellen umgeben. Die ausschweifenden Bußübungen ihrer Eremiten wurden von Beifall und Wetteifer noch angespornt. Sie brachen unter dem qualvollen Gewicht von Kreuzen und Ketten zusammen, und ihre ausgemergelten Glieder waren in Hals- und Armbänder, in Handschuhe und Beinschienen aus massivem rohen Eisen gezwängt. Jede überflüssige Last von Kleidern warfen sie voller Verachtung von sich, und einige wilde Heilige beiderlei Geschlechts, deren nackte Körper bloß von ihren langen Haaren bedeckt waren, wurden hochverehrt. Sie legten es darauf an, sich auf jenen rohen, elenden Status zu erniedrigen, in dem das menschliche Tier von seinen animalischen Verwandten kaum zu unterscheiden ist."*
[...]
„*Die vollkommensten Eremiten sollen viele Tage ohne Nahrung, viele Nächte ohne Schlaf und viele Jahre ohne zu sprechen zugebracht haben. Und verehrungswürdig war der Mensch - ich missbrauche hier dieses Wort -, der sich irgendeine Zelle oder einen Sitz von so eigenartiger Machart ersann, dass sie ihn in der unbequemsten Stellung den Unbilden der Jahreszeiten aussetzte."*

[...] „*Unter diesen Heroen des mönchischen Lebens sind Name und Geist des Simeon Stylites durch die einzigartige Erfindung einer Buße in hoher Luft unsterblich gewor-*

den. Im Alter von dreizehn Jahren ließ der junge Syrer den Beruf des Hirten hinter sich und trat in ein strenges Kloster ein. Nach einem langen und qualvollen Noviziat, in dem Simeon wiederholt vom frommen Selbstmord gerettet wurde, ließ er sich auf einem Berg dreißig bis vierzig Meilen östlich von Antiochia nieder. Innerhalb einer Mandra, einem Kreis aus Steinen, an den er sich mit einer schweren Kette gebunden hatte, bestieg er eine Säule, die nach und nach von neun Fuß auf sechzig Fuß (~ 18m) über dem Boden aufgerichtet wurde. Auf dieser letzten, luftigen Station überstand der syrische Anachoret die Hitze von dreißig Sommern und die Kälte von ebenso vielen Wintern. Gewohnheit und Übung lehrten ihn, die gefährliche Stellung ohne Furcht oder Schwindel zu bewahren und allmählich die verschiedenen Andachtshaltungen einzunehmen. Manchmal betete er in aufrechter Stellung mit ausgestreckten Armen in Form eines Kreuzes; seine geläufigste Übung aber war, sein mageres Skelett von der Stirn bis zu den Füßen zu biegen, und ein neugieriger Beobachter verzichtete, nachdem er zwölfhundertvierundvierzig Wiederholungen notiert hatte, schließlich auf die endlose Zählung."[86]

**Kommentar: Wären diese „frommen" Männer von ihren Mitmenschen nicht so verehrt worden, wäre ihre Begeisterung, sich selbst zu zerstören, sicher schnell verklungen. Wir sehen an diesen Beispielen, wie Ruhmsucht die Menschen zu den verrücktesten Handlungen treiben kann. Über das, was rühmlich ist, entscheiden die, die Ruhm austeilen, und das sind oft die Sensationssüchtigen, die zu irren Handlungen Beifall klatschen.**
**Auch heute treibt die Sensationsgier der Masse Menschen, vor allem junge Männer, zu einem oft gefährlichen Spiel mit dem Schicksal. Sie überqueren allein die Ozeane, besteigen die höchsten Berge, turnen auf Baukränen, springen von Hochhäusern oder versuchen vor einem Massenpublikum im Fernsehen über anfahrende Autos zu springen...und nicht immer geht alles gut. Oft endet das Ganze in einer Tragödie.**
**Wir wissen heute, dass Körper und Geist eine Einheit bilden. Deswegen wiegt für mich die Weisheit der Römer viel schwerer, dass nämlich in einem gesunden Körper ein gesunder Geist sei, als der Ehrgeiz derjenigen, die ihre Gesundheit gedankenlos aufs Spiel setzen, um zweifelhaften Ruhm zu ernten. Wer seinen Körper schmählich behandelt, schadet auch seinem Geist oder seiner Seele. Weisheit ist es, das richtige Maß und Vernunft in allen Dingen walten zu lassen.**

---

[86] Edward Gibbon / Verfall und Untergang des Römischen Reiches Kapitel XXXVII

Seltsame Formen der Askese wurden von verschiedenen Mönchsorden betrieben:
Die **Inklusen**, Männer und Frauen, ließen sich in Zellen einschließen oder einmauern, die sie dann gewöhnlich bis zum Tod nicht mehr verließen. Durch Fenster erhielten sie die Nahrung und hielten Kontakt mit der Außenwelt.
Von **Benedikt von Nursia** wird erzählt: der Teufel habe den heiligen Benedikt in Versuchung geführt, indem er ihm das Bild einer schönen Frau vor Augen stellte. Darauf habe sich der Heilige nackt in ein Nessel- und Dornengestrüpp geworfen und sich lange darin gewälzt, bis er am ganzen Körper verwundet war. Damit habe er das verführerische Feuer im Inneren für immer gelöscht.
Öffentliche **Selbstgeißelung** praktizierten im Spätmittelalter die Flagellanten („Geißler"), indem sie sich mit Geißeln über den Rücken schlugen. Sie wollten damit die Welt vor dem Zorn Gottes, insbesondere vor der Pest, retten und ihre Sünden tilgen. Diese Praxis gab es schon in vorchristlicher Zeit im Isis und Dionysoskult und es gibt sie auch im Islam. (Siehe: Aschura - Gedenktag der Schiiten)
**Immanuel Kant** unterscheidet zwei Arten der Askese: eine „moralische Ascetik", bei deren Praktizierung das „jederzeit fröhliche Herz" wesentlich sei, und die „Mönchsascetik", welche „aus abergläubischer Furcht, oder geheucheltem Abscheu an sich selbst (…) zu Werke geht". An letzterer tadelt er, dass der Asket sich selbst bestrafe, was unsinnig sei, denn eine Strafe müsse immer jemand anders auferlegen.[87]
Auf den Philippinen lassen sich heute noch jedes Jahr an Karfreitag Männer kreuzigen und dabei tatsächlich Nägel durch die Hände schlagen, um damit an die Passion Christi zu erinnern. Die katholische Kirche steht diesem Spektakel zwar sehr kritisch gegenüber, aber man muss sich nicht wundern, dass dies gerade in einem besonders katholischen Land geschieht. Die Menschen wurden dazu erzogen, zu glauben, dass aus Leiden Heil und Erlösung entsteht. Je mehr Leiden, desto mehr Heil!

**Kommentar: Dass tatsächlich gute und auch gläubige Menschen von Unheil genauso betroffen sind wie böse, ist für mich der beste Beweis dafür, dass sich überhaupt kein Gott um das Schicksal der Menschen schert, sondern dass dieses Schicksal von einer dumpfen, unbewussten Macht, die sich nicht um Gut und Böse kümmert, in die Wege geleitet wird.**

---

[87] https://de.wikipedia.org/wiki/Askese

# Jesuiten - Blinder Gehorsam als höchste Tugend!

Als Jesuiten werden die Mitglieder der katholischen Ordensgemeinschaft „Gesellschaft Jesu", Societas Jesu, Ordenskürzel: SJ, bezeichnet, die am 15. August 1534 von einem Freundeskreis um den spanischen Priester Ignatius von Loyola gegründet wurde.[88]
Als ihre besonderen Tugenden gelten: Armut, Ehelosigkeit und Gehorsam. Besonderen Gehorsam leisten sie gegenüber dem Papst.
Schon Abraham wollte seine Loyalität gegenüber Gott beweisen, indem er sich bereit gezeigt hat, seinen Sohn für Gott zu opfern. Von den Ordensmitgliedern wurde die Unterwerfung unter die Heilige Schrift und die Lehre der katholischen Kirche erwartet. So erklärte Ignatius: *„Ich werde glauben, dass Weiß Schwarz ist, wenn es die Kirche so definiert."*
Der Jesuitenorden wurde immer stark angefeindet, weil er gleichsam einen Staat im Staate bildete. Seinen größten Erfolg hatte er in Polen für die Gegenreformation. Aber gerade hier zeigte sich auch, wie weit er zur Intoleranz beitrug: 1717 verbot der Sejm = polnisches Parlament, den Neubau evangelischer Kirchen und befahl alle seit 1632 erbauten niederzureißen; für den Abfall vom katholischen Glauben war nun die Todesstrafe vorgesehen.[89]
Eine Schrift mit dem Titel „Monita Secreta = geheime Ermahnungen", die von einem Ordensoberen stammen soll, fasst alle Kritik zusammen: *„Den Monita Secreta zufolge seien die Jesuiten aufgefordert, buchstäblich jedes Mittel anzuwenden, um Macht und Wohlstand des Ordens zu vermehren, wobei diese wahren Ziele strikt geheim zu halten wären. So wird zum Beispiel empfohlen, Einfluss auf die Großen und Mächtigen dieser Welt zu gewinnen, indem man sich als Beichtvater großzügiger zeigt als Geistliche anderer Orden, die man durch Verleumdungen und andere Mittel von einflussreichen kirchlichen Ämtern möglichst fernhalten solle; politische und private Geheimnisse der Fürsten gelte es durch Bestechung ihrer Günstlinge und Diener herauszubekommen; reiche Witwen solle man dazu bewegen, nicht wieder zu heiraten, damit sie ihr Vermögen dem Orden vermachen können; ihre Kinder sollten aus dem gleichen Grund dazu gebracht werden, dem Orden beizutreten; dringend wird dazu geraten, die wahren Vermögensverhältnisse des Ordens nicht an den Papst zu melden, sondern sich*

---

[88] https://de.wikipedia.org/wiki/Jesuiten
[89] https://de.wikipedia.org/wiki/Jesuiten

*stattdessen ihm gegenüber und in der Öffentlichkeit stets als bedürftig, gegenüber den Armen aber als großzügig hinzustellen."*[90]

Kommentar: Inwiefern solche Kritik angebracht ist, mag jeder nach seinen Geschichtskenntnissen entscheiden. Falsch finde ich es auf jeden Fall, junge Menschen zu blindem Gehorsam und zu Kritiklosigkeit zu erziehen. Wer blinden Gehorsam leistet, wird auch nie eigene Verantwortung für sein Handeln übernehmen können. Wohin blinder Gehorsam und Kritiklosigkeit führen, wissen Deutsche am besten.
Wie sagte der millionenfache Judenmörder Adolf Eichmann im Ausschwitzprozess: *„Was befohlen wurde, musste ich machen".*
General von Choltitz, dem Hitler befohlen hatte, ganz Paris zu zerstören, hat den Befehl verweigert. Wer hat richtig gehandelt?

# Opus Dei

Lateinisch: „Werk Gottes", ist eine katholische Organisation, die es sich zur Aufgabe gemacht hat, christliche, besser katholische, Grundsätze auf der ganzen Welt zu verbreiten. *Sie wurde von Josemaria Escrivá de Balaguer y Albás, 1928 - 1975, einem spanischen Priester, gegründet und zählt inzwischen rund 70 000 Mitglieder aus allen sozialen Schichten und in mehr als 80 Ländern.* Inzwischen ist Josemaria Escriva von Papst Johannes Paul II. für seine Verdienste um die Kirche selig gesprochen worden. Vermutlich wird er auch noch ein Heiliger.
Vor allem die faschistischen Diktatoren Spaniens, Francisco Franco und Chiles Augusto Pinochet haben diese Bewegung gefördert. Mehr als die Hälfte von Francos Kabinett waren Mitglieder von Opus Dei. Sie haben das öffentliche Leben und die verfassungsmäßige Ordnung in beiden Ländern stark geprägt und freiheitliche Strömungen in Europa, vor allem aber in Lateinamerika zugunsten eines fundamentalen Katholizismus eingedämmt. Mit ihren enormen Geldmitteln, die sie in viele Finanzskandale verwickelt hat, übt die Organisation, wie einst die Jesuiten, großen Einfluss vor allem auf die Erziehung der Jugend aus
Zu ihren weltlichen Einrichtungen gehören Ausbildungszentren für Handwerk und Landwirtschaft, Schulen, Studentenheime, Wirtschaftsschulen sowie Kulturzentren und Wohlfahrtseinrichtungen.[91]

---

[90] https://de.wikipedia.org/wiki/Jesuiten
[91] Encarta 2009

Im **Opus Dei** wird noch heute regelmäßige Selbstgeißelung praktiziert. Escriva verhalf auch dem verpönten Bußgürtel wieder zu „Ruhm und Anerkennung". Ihr Glück besteht darin, mit dem Herrn Jesus leiden zu dürfen. Von einer frommen Mutter geprägt, trat Escriva 1920 in das Königliche Priesterseminar San Carlos in Saragossa ein, wo seine Kommilitonen ihn u.a. wegen seiner ausgeprägten Leidenschaft für Selbstgeißelungen hänselten. 1928 hatte Escriva ein Erweckungserlebnis, wie es seit Paulus zum Standard für alle christlichen „Heiligen" gehört. Er erkannte seine Mission, er sah Opus Dei als Vision und er wusste, dass er einen göttlichen Auftrag hatte, wie vor ihm: Paulus, Konstantin, Luther, Calvin, Cromwell, Josef Smith...
[...] Aufgrund seiner radikal antiliberalen und antikommunistischen Ausrichtung fand Escrivas Orden in den folgenden Jahren einflussreiche Bündnisgenossen (u.a. die CIA).

**Zu den Grundzügen des Ordens gehört:**
1. Der blinde Gehorsam gegenüber den geistlichen Leitern, die den Willen Gottes repräsentieren.
2. Das Prinzip der Abtötung /Buße und Demut als Mittelpunkt des persönlichen Heilsplans: „Wir wollen in dem armen gegenwärtigen Leben den Leidenskelch bis zum letzten Tropfen leeren. - Was bedeuten zehn, zwanzig oder fünfzig Jahre Leid..., wenn dann die Herrlichkeit kommt, für immer, für immer..., für immer?" Mit dieser Freude auf das himmlische Paradies ist auch die ständige Angst vor der ewigen Hölle verbunden.
3. Die mit dem Prinzip der Abtötung zusammenhängende radikale Körper- und Lustfeindlichkeit sowie die Glorifizierung des Schmerzes: *„Gesegnet sei der Schmerz. - Geliebt sei der Schmerz. - Geheiligt sei der Schmerz ... Verherrlicht sei der Schmerz!"*
4. Das trotz aller Demut herrschende Elitedenken:
„Dutzendmensch werden? Du ... zum großen Haufen gehören, der du zur Führung geboren bist?! Bei uns haben Laue keinen Platz. Sei demütig, und Christus wird aufs Neue in dir die Glut seiner Liebe entfachen."
5. Die Forderung nach ständiger „Gewissenserforschung": „Gewissenserforschung. - Eine tägliche Arbeit. Wer ein Geschäft betreibt, vernachlässigt die Buchführung nicht. Gibt es ein wichtigeres 'Geschäft' als das Geschäft des ewigen Lebens?"
6. Der apostolische Auftrag, „Menschen zu gewinnen"
7. Als Grundlage von allem: der unerschütterliche Glaube an die christliche, genauer: katholische „Heilsbotschaft".[92]

---

[92] http://www.schmidt-salomon.de/schmerz.htm

Kommentar: Viele Menschen wollen in ein strenges Korsett geschnürt werden, um sich sicher zu fühlen. Aber kann ein fühlender, denkender, suchender Mensch wollen, dass er von Anfang an eingeschnürt wird, bevor seine Suche begann? Statt freiem Lernen verordnet Opus Dei: Zensur, Indoktrination, Demut, Gehorsam, Abtötung – in einem abgeschlossenen Wahnsystem. Wie sollte sich da ein Mensch finden können?

Sie machen sich selbst das Diesseits zur Hölle in dem Glauben, dadurch umso sicherer das ewige Leben zu gewinnen. Das dürfen sie gerne für sich so halten, aber sie sollten keine Macht über andere Menschen, insbesondere nicht über unmündige Kinder und erst recht nicht über die Welt haben, denn diese Welt ist nicht die Welt für die sie Sorge tragen. Diese Welt ist ihnen egal. Sie sollte am besten untergehen. Das ist das Gefährliche an dieser Ideologie.

## Piusbruderschaft

Die Piusbruderschaft wurde 1970 von dem französischen Erzbischof Marcel Lefebvre als Protestreaktion gegen die Beschlüsse des Zweiten Vatikanischen Konzils 1962-1965 gegründet. Er und seine Anhänger, das sind inzwischen etwa 500 Priester und zwischen 100000 und 600000 Laien, wollen am „alten Geist" und an den alten Traditionen der katholischen Kirche festhalten. Sie lehnen sich auf gegen neue Formen der Liturgie, gegen die Öffnung zur Ökumene, gegen die Anerkennung des Judentums als eigenständigen Weg zum Heil. Sie wollen, dass man die „abtrünnigen" Juden immer noch zu bekehren versucht und dass man für ihre Umkehr vom falschen Weg, wie vor 1962, betet. Sie erheben immer noch den Anspruch, dass die katholische Kirche die einzig wahre Kirche ist, die den Staat dazu benutzen darf, die Menschen zum „wahren Glauben" zu bekehren. Überhaupt sollte es nur ihre einzige, wahre Kirche im Staat geben. Sie sind gegen Demokratie und Menschenrechte, insbesondere gegen die Weltanschauungsfreiheit und den Atheismus. Sie sind gegen die Gleichheit von Mann und Frau. Sie verteufeln Empfängnisverhütung, Abtreibung, Pornographie und Homosexualität. Sie treten für die Todesstrafe ein und halten nicht nur die Aufklärer, sondern alle Reformatoren wie Luther und Calvin für Irrlehrer. Statt eines Parteisystems sollten christliche Männer den Staat vertreten, *„die sich durch sittliche Reife und Lebenserfahrung, durch Gerechtigkeitssinn und Sorge um das Gemeinwohl auszeichnen."* Natürlich sollten diese Männer von ihnen bestimmt werden.

Sie schätzten die Zusammenarbeit mit rechtsgerichteten, katholischen Diktatoren wie Pinochet und Franko und haben Antisemiten und Holocaustleugner in ihren Reihen. *Teile der Piusbruderschaft sind offen antisemitisch, wie es der Skandal um Holocaustleugner Richard Williamson zeigte.* Obwohl dieser den Holocaust an den Juden leugnete, hatte Papst Benedikt XVI. die Exkommunikation gegen ihn aufgehoben.*"[93]* Das „internationale Judentum" wolle die christlich-katholische Ordnung zerstören, glauben sie: *„Das Geld, die Medien und die internationale Politik sind zu großen Teilen in den Händen der Juden."[94]* Ihre Feinde sind Juden, Kommunisten, Freimaurer und Aufklärer wie David Hume und Immanuel Kant.

**Kommentar: Die Piusbrüder erstreben einen totalitären, katholischen Gottesstaat, in dem nicht mehr freiheitliches Denken, sondern absolute religiöse Diktatur herrschen soll. Vorbild für sie sind die Reiche Francos in Spanien und Pinochets in Chile.**

Seit 1975 ist die Piusbruderschaft nicht mehr Teil der römisch-katholischen Kirche. Sie betreibt ohne Erlaubnis der jeweiligen Diözesanbischöfe Priesterseminare, Priorate, Schulen und Kapellen. Papst Johannes Paul II. exkommunizierte unerlaubt geweihte Geistliche, Papst Benedikt XVI. hob 2009 die Exkommunizierungen wieder auf. Sie unterhält viele Einrichtungen und wird vom Staat, wie alle kirchlichen Einrichtungen, großzügig finanziert.[95]

1974 veröffentlichte Lefebvre folgende „Grundsatzerklärung"
*[...]„Keine Autorität, selbst nicht die höchste in der Hierarchie, kann uns zwingen, unseren Glauben, so wie er vom Lehramt der Kirche seit neunzehn Jahrhunderten klar formuliert und verkündet wurde, aufzugeben oder zu schmälern ... Da diese Reform [gemeint ist das 2. Vatikanische Konzil] vom Liberalismus und vom Modernismus ausgeht, ist sie völlig vergiftet. [...] Daher ist es jedem wachen und treuen Katholiken unmöglich, diese Reform anzunehmen und sich ihr, in welcher Weise auch immer, zu unterwerfen."[96]*

**Kommentar: Die Welt schreitet nicht von selbst in Richtung Aufklärung. Es gibt starke Kräfte, die ihr entgegenwirken.**

---

[93] http://www.spiegel.de/panorama/gesellschaft/piusbruderschaft-kindesmissbrauch-im-halbschlaf-a-1090487.html
[94] http://www.spiegel.de/panorama/gesellschaft/piusbruderschaft-kindesmissbrauch-im-halbschlaf-a-1090487.html
[95] https://de.wikipedia.org/wiki/Priesterbruderschaft_St._Pius_X.
[96] https://de.wikipedia.org/wiki/Priesterbruderschaft_St._Pius_X.

In einer Predigt bekräftigte Lefebvre:
*[...] „Wir entscheiden uns dafür, unseren Glauben nicht aufzugeben, denn darin können wir uns nicht täuschen."*

**Kommentar: Jeder, der sich gegen Kritik und Information abschottet, kommt zu der Überzeugung, dass er den einzig wahren Glauben hat. Vielleicht sollten sie sich mal die Frage stellen: Warum können so viele verschiedene Glaubensvorstellungen „ganz richtig" sein? Es liegt wohl eher an der Fähigkeit, Dinge auszublenden als an der Fähigkeit, die Realität richtig wahrzunehmen.**

*Lefebvre* in einem Schreiben an die Kurie:
Paul VI. solle ...die richtige Auffassung der verfälschten Ideen wiederherstellen, die zu Idolen des modernen Menschen geworden sind: Freiheit, Gleichheit, Brüderlichkeit, Demokratie. Der Papst solle das „unglückselige Unternehmen eines Kompromisses mit den Ideen des modernen Menschen aufgeben", das vor dem Konzil mit einer geheimen Übereinkunft zwischen hohen kirchlichen Würdenträgern und den Freimaurerlogen begonnen habe.

**Kommentar: Da erkennt man den alten Geist, wie er vor dem Zweiten Vatikanischen Konzil in allen katholischen Hirnen herrschte: „Wir haben Recht und wir wollen, dass unser Glaube herrscht, auch wenn er noch so viel Unheil anrichtet, auch wenn die Welt daran zugrunde geht, auch wenn es dadurch zum Bürgerkrieg kommt. Es geht nicht um das Wohlbefinden dieser Welt, sondern um unseren Glauben und unsere Macht!"**

# Die Hölle

Die Hölle soll der Ort sein, an dem die Menschen nach dem Tod und dem angeblich im Jenseits stattfindenden „Jüngsten Gericht" bestraft werden. Es gibt sie in vielen Kulturen: zuerst wohl im Zoroastrismus, von dem sie das Judentum übernommen hat, im Christentum und im Islam – auch bei den Griechen und Römern gab es diese „Unterwelt", Hades genannt.
Im Christentum und Islam ist es der Ort ewiger Verdammnis, obwohl das heute verschiedene Theologen „im übertragenen Sinn" als Ferne von Gott zu erklären versuchen. Irgendwann wird's ja auch mal lächerlich. Auch Jesus spricht öfter über die

Hölle: „*...des Menschen Sohn wird seine Engel senden; und sie werden sammeln aus seinem Reich alle Ärgernisse und die da Unrecht tun, und werden sie in den Feuerofen werfen; da wird sein Heulen und Zähneklappen*".[97]

**Kommentar: Die drastischen Bilder vom Jüngsten Gericht und von der Hölle haben sicher sehr viele Ängste in sensibleren Menschen, vor allem bei Kindern verursacht, so auch bei mir.**

Meine gläubigen Freunde und Verwandten haben mich oft gefragt, ob ich deswegen so kritisch sei mit dem Glauben, weil ich ein traumatisches Erlebnis gehabt hätte? Ja, ich hatte traumatische Erlebnisse mit den Darstellungen von Höllen und dem Leiden Jesu in der Kirche meines Heimatdorfes. Ich hab die Drohungen mit Hölle und Teufel ernst genommen, ernster als sie, und sah nur eine Möglichkeit, mich von diesen Drohungen zu befreien: Ich musste diesen ganzen Wahn ad absurdum führen. Der Glaube an ein Gericht nach dem Tod und eventuell an ewige Höllenstrafen hat natürlich Auswirkungen auf die Lebenden. Ich selbst habe als Kind sehr unter der Furcht vor Hölle und Teufel gelitten und würde diesen dummen Glauben durchaus als Kindesmisshandlung bezeichnen.

„*Die Lehre der Kirche sagt, dass es eine Hölle gibt und dass sie ewig dauert. Die Seelen derer, die im Stand der Todsünde sterben, kommen sogleich nach dem Tod in die Unterwelt, wo sie die Qualen der Hölle erleiden, „das ewige Feuer"*[98] **Katholischer Katechismus 1997**

„*In Todsünde sterben, ohne diese bereut zu haben und ohne die barmherzige Liebe Gottes anzunehmen, bedeutet, durch eigenen freien Entschluss für immer von ihm getrennt zu bleiben. Diesen Zustand der endgültigen Selbstausschließung aus der Gemeinschaft mit Gott und den Seligen nennt man „Hölle".*[99]

**Kommentar: Wie sollte man sich für ein Wesen entscheiden können, das in keiner Weise erkennbar ist? Die Forderung, sich zu einem nichterkennbaren Wesen zu bekennen, ist einfach nur dumm!**
**Es besteht kein Zweifel, dass gemäß den heiligen Schriften, sowohl Jesus als auch Mohammed die Endlösung der „Ungläubigenfrage" in einer ewig währenden**

---

[97] NT Matthäus 13:41
[98] *1035*Katechismus der Katholischen Kirche 1997
[99] Katechismus der Katholischen Kirche 1997

**Höllenfolter gesehen haben. Das ist wesentlich schlimmer als die einmalige und endgültige Verbrennung.**

Im ganzen Mittelalter, in der Zeit, als die Höllenangst im europäischen Abendland am stärksten war, haben Menschen, und das war wohl der Sinn des Ganzen, der katholischen Kirche ungeheure Schätze vermacht. Sie glaubten nämlich, dass man durch Gebete, Wallfahrten und fromme Stiftungen dieses Unheil von sich und seiner Familie abwenden könnte.

In meinem Heimatdorf hatte um 1140 ein Herr Guntram in einem Vertrag all seine Güter an das Kloster Reichenbach vermacht, als Gegenleistung erwartete er, dass die Mönche dieses Klosters regelmäßig für sein Seelenheil und das seiner Familie beten sollten. Wir wissen mit Sicherheit, dass die Klöster durch solche Geschäfte sehr reich geworden sind. Ob der Herr Guntram dadurch seinen Platz im Himmel erhalten hat, wissen wir leider nicht. Siehe auch Ablass von Sündenstrafen, weiter unten.

Viele Kirchenväter ergötzten sich schon zu ihren Lebzeiten an den Qualen, die Verbrecher - dazu gehörten vor allem auch die Ungläubigen, Falschgläubigen und Gottlosen - in der Hölle erdulden müssten. Es ist nicht einfach der Hölle zu entfliehen, denn in die katholische Hölle kommt, wer Allah anbetet und in die islamische Hölle kommt, wer Jesus anbetet. Ein Atheist kommt mit einem Fuß in die islamische, mit dem anderen in die christliche Hölle.

Wie's in der islamischen Hölle zugehen soll, beschreibt diese Sure aus dem Koran:

*Sure 4,56: „Diejenigen, die nicht an unsere Zeichen glauben, die werden wir im Feuer brennen lassen: So oft ihre Haut verbrannt ist, geben wir ihnen eine andere Haut, damit sie die Strafe kosten. Wahrlich, Allah ist allmächtig, allweise."*

**Kommentar: Die Hölle ist die schärfste Drohung all derjenigen, die gemeint haben, dass irdische Strafen nicht genügen, um Menschen von unerwünschten Handlungen oder Gedanken abzuhalten. Dabei ist sie natürlich, wie der Teufel, ein reines Hirngespinst, fern ab jeglicher Realität. Die Menschen werden von genug Sorgen und Ängsten geplagt, da braucht man sie nicht noch mit einer nicht-existierenden Hölle bedrohen.**

# Wie die Hölle entstand

Die Hölle wurde vermutlich im Vorderen Orient, ein paar Jahrtausende vor unserer Zeitrechnung erfunden, vermutlich von Priestern oder Herrschern. Die Menschen sollten dazu angehalten werden, „richtig zu handeln". Man erkannte, dass es im Diesseits nicht immer gerecht zu ging. Oft ging es dem Guten schlecht und der Böse triumphierte über die Guten. So sollte nach dem Tod eine ausgleichende Gerechtigkeit geschaffen werden. Man erfand den Himmel für die Guten und die Hölle für die Bösen. Zu den Bösen gehörten vor allem auch diejenigen, die sich der Herrschaft der Priester nicht unterwerfen wollten, die Gottlosen und Ungläubigen. Dadurch erhielten die Priester sehr viel Macht. Sie konnten oft sogar den König ab- bzw. einsetzen. Er musste gleichsam nach ihrer Pfeife tanzen.
Im 10. Buch von Platons Politeia wird erzählt, dass gerechte Menschen nach dem Tod zehnfach belohnt würden, ungerechte Menschen jedoch zehnfach bestraft.
Da die Hölle nur eine Idee ist, hat sie auch eine vielfältige Entwicklung durchgemacht. Im Judentum gibt es die Hölle erst seit dem 1-2 Jh. vor unserer Zeit. Vermutlich haben die Juden diese Idee von den persischen Zoroastriern aus ihrem Exil in Babylon mitgebracht. Die kannten einen starken Dualismus von Gut und Böse, die miteinander ringen.[100]
Die Christen haben die Hölle von den Juden übernommen und die Kirchenväter haben sie drastisch ausgebaut. Bei ihnen kommt oft die Freude zum Ausdruck, bei der Folterung der Verdammten zuschauen zu dürfen. Helfershelfer der Kirchen waren die Künstler. Dichter, wie Dante und viele Maler, halfen dabei, dem Volk die Hölle heiß zu machen. Die katholische Kirche hat aus der Angst der Menschen vor der Hölle auch viel Kapital geschlagen. Sie vertrat die Lehre, dass man sich und seine Angehörigen auch mit Geldzahlungen von Höllenstrafen freikaufen konnte. So entstand der Ablasshandel. Der Islam hat die Hölle von Judentum und Christentum übernommen und benutzt sie, vor allem dazu, Gläubige und Ungläubige zum rechten islamischen Glauben zu zwingen. Da merkt man doch, dass das alles menschliche Machenschaften sind. Wenn du mich in deine Hölle steckst, dann steck ich dich in meine! Ätsch! Kindischer geht's nicht mehr!
Es schälten sich gewisse Ansichten über die Hölle heraus, an denen man erkennt, dass es die Fantasien unwissender Menschen sind. In der Hölle würde der Körper ewig brennen: Geht nicht, weil die Körper irgendwann zu Asche verbrannt sind. Außerdem hat man wohl vergessen, dass gar nicht die Körper, sondern nur die körperlosen See-

---

[100] https://de.wikipedia.org/wiki/Zoroastrismus

len in die Hölle geschickt werden. Die Seele trennt sich ja angeblich beim Tod vom Körper. Auch ein Denkfehler! Eine Seele, was immer das sei, ohne Körper kann aber gar keinen Schmerz mehr empfinden, weil ihr die Nerven fehlen.

**Kommentar: Die Hölle ist ein Ort bronzezeitlicher Fantasie, der mit einer modernen, naturwissenschaftlichen Erklärung der Welt nicht zu vereinbaren ist!**

# Limbus

Das ist ein oder besser zwei fantastische Orte am Rande der Hölle. In den einen, den Limbus patrum, wurden alle Leute gesteckt, die vor Jesus gelebt hatten und nicht in den Himmel eingelassen werden konnten, obwohl sie es wirklich verdient hätten. Jesus musste ja erst mal durch seinen Kreuzestod die Pforten des Himmels öffnen. Also warteten Moses, Abraham, Plato, Aristoteles, Cicero... im Wartesaal, dem Limbus, wo man zwar schon etwas von der Hitze der Hölle ahnen konnte, aber eben in erträglichem Abstand.

Dann gab es noch, oder wie sich vor kurzem herausgestellt hat, gab es ihn eben nicht, den Limbus infantium, in dem sich angeblich die ungetauften Kinder aufhielten. Wo sollen sie jetzt eigentlich hin? In die Hölle oder ins Nirwana?

Augustinus hielt es für ausgeschlossen, dass ungetaufte Kinder in das Paradies oder auch nur in einen anderen Ort der Glückseligkeit eingehen könnten. Die Synode von Karthago im Jahr 418 verfestigte diese Lehre und damit die Ansicht, dass Säuglinge, die ungetauft sterben, in die Hölle kommen.[101]

Man war der Meinung, eine Gebärende in Todesgefahr dürfe selbst dann kein rettendes Medikament einnehmen, wenn so auch nur die geringste Hoffnung bestehe, dass das Kind noch lebend getauft werden könne, weil es sonst in Gefahr des ewigen Todes gerate.

Da das manchen doch wieder zu hart erschien, erfand man den Limbus. Das Konzil von Basel/Ferrara/Florenz (1431 bis 1445) bestätigte die Lehre der Synode von Karthago, dass die Taufe unverzichtbar sei und Menschen, die im alleinigen Zustand der Erbsünde sterben, in die Hölle kommen.

---

[101] https://de.wikipedia.org/wiki/Limbus_%28Theologie%29

2007, nachdem die Kirche jahrhundertelang die Menschen mit solchen Vorstellungen gequält hatte, bestätigte Papst Benedikt XVI, dass alles eigentlich nur Spekulation war und dass es den Limbus gar nicht gäbe.

**Kommentar: Da fragt es sich aber: Was an den Lehren der Kirche ist nicht Spekulation? Wird sie demnächst zugeben, dass auch die Lehren über Hölle und Teufel, Himmel und Gott nur „Spaß" waren? Man kann sich ausmalen, wie viel Kummer und Leid der Glaube an die ewige Verdammnis ihrer Kinder bei Eltern ausgelöst haben muss, die es nicht mehr geschafft haben, ihr Kind vor dem Tod taufen zu lassen. Auch Kinder, die während der Schwangerschaft abgegangen waren gehörten ja in diese Kategorie, der verlorenen, weil ungetauften Seelen.**

## Ablass von Sündenstrafen

Nach katholischer Auffassung soll es möglich sein, die Zeit, die man für begangene Sünden im Fegfeuer verbüßen muss, durch einen Ablass zu verkürzen. Dazu müsse man ein frommes Werk verrichten also z. B. Wallfahrten, Kirchen- oder Friedhofsbesuche, besonders Gebete. Zur Zeit der Reformation wurden den Menschen für Geld sogenannte Ablassbriefe verkauft, nach dem Motto: *„Wenn das Geld im Kasten klingt, die Seele aus dem Fegfeuer springt."* Reiche Gläubige kamen dadurch auf die Idee, sie könnten so viel sündigen wie sie wollten und sich dann von den Sünden freikaufen. Auch die Kirche witterte ein großes Geschäft hinter dem Ablasshandel. So wurden Ablassbriefe zur Finanzierung des Petersdoms und für alle möglichen Zwecke verkauft. Luther hat diese Praxis angeprangert und seitdem ist der Verkauf von Ablassbriefen offiziell verboten, aber die Ablässe gibt es immer noch. Katholiken können nicht nur für sich, sondern auch für andere, z.B. für ihre Angehörigen Ablässe käuflich erwerben.

**Kommentar: Wie immer geht es der Kirche nicht um irgendwelche sinnvollen Werke zur Vermehrung irdischen Glücks, wie Arbeit und Hilfe für den Nächsten, sondern um völlig sinnloses Herunterleiern von Gebeten. Es geht nicht um das Diesseits und das Wohl der Menschen im Diesseits, sondern um die Rettung der Seelen für das Jenseits. Da es weder eine Hölle noch ein Fegfeuer gibt, ist auch der Ablass völlig sinnlos.**

# Der Teufel

Um sich das Böse in der Welt erklären zu können, erfanden die Menschen den Teufel. Vermutlich haben ihn die Juden von den Zoroastriern übernommen, denn ursprünglich gab es den Teufel nicht im Judentum, sehr wohl aber in der Religion Zarathustras, wo sich der böse Welterschaffer Ahriman und der gute Gott Ahura Mazda gegenüberstehen. Auch die Idee, dass die Seelen nach dem Tod über eine Brücke, die für die Guten breit und für die Bösen schmal ist, zum ewigen Gericht gelangen, gibt es schon in der uralten Religion Zarathustras, im 1-2 Jahrtausend vor unserer Zeitrechnung. Unabhängig davon, scheint dieser Gedanke, dass die Taten eines Menschen nach seinem Tod bewertet werden, auch im alten Ägypten aufgekommen zu sein.

Im Judentum und im Islam hat der Teufel nicht die Macht, wie im Christentum, wo er zum Rebellen und Gegenspieler Gottes wird. Im Islam ist er nur Verführer derjenigen, die sich dem Islam nicht voll hingeben.

**Kommentar: Es ist archaisches Denken, dass die Menschen sich das Böse in der Welt in Gestalt einer Person ausmalen. Schon an der Vielfältigkeit der Teufelsvorstellungen merkt man doch, dass er nur eine Fantasiegestalt ist. In Wirklichkeit wird die Welt nicht von personifizierten Geistern, sondern von Naturkräften gelenkt. Das „Böse" muss man in der Abstammung des Menschen von tierischen Vorfahren und in seiner unvollendeten Evolution suchen.**

# Teufelsaustreibungen – Exorzismus

Schon aus dem vorchristlichen Mesopotamien sind Exorzismen bekannt. Die Idee, die dahintersteckt ist, dass ein Mensch von einem bösen Geist befallen werden kann, dass dieser böse Geist von dem Menschen Besitz ergreift und ihn lenkt - und dass eine Heilung nur durch Austreibung dieses Geistes möglich ist. Auch Krankheit wird als „böser Geist" gesehen.

Seit Jahrhunderten praktizieren Schamanen und Christen Teufelsaustreibungen. Dies geht bei den Christen zurück auf Jesus, der ja mehrere Besessene geheilt haben soll, indem er ihre bösen Geister austrieb. Noch immer werden von der katholischen Kirche Exorzisten ausgebildet. 2003 sollen es unter Johannes Paul II. 200 gewesen sein. Vor allem außerhalb Europas gibt es noch viele, von der Kirche genehmigte, zum Teil vom Papst selbst durchgeführte Teufelsaustreibungen mit Kreuz, Weihwasser und verschiedenen Gebeten.

2016 starb der bekannteste Exorzist der katholischen Kirche im Alter von 91 Jahren, Gabriele Amorth. Von seiner Berufung zum Exorzisten des Bistums Rom 1986 bis 2000 hat Amorth nach eigenen Angaben mehr als 50.000 Exorzismen vorgenommen. Großes Aufsehen erregte in Deutschland der Fall der Anneliese Michel. „Die junge Frau starb 1976 im Verlauf eines kirchlich genehmigten Exorzismus an Unterernährung und Entkräftung, nachdem zuvor die ärztliche Behandlung abgebrochen worden war. Die Eltern Michels und die beiden Exorzisten wurden wegen fahrlässiger Tötung jeweils zu halbjährigen Bewährungsstrafen verurteilt."[102]

Christliche Missionare gehen heute noch in ferne Länder, z.B. nach Papua Neuguinea und wollen bei den Eingeborenen die Angst vor den Ahnengeistern durch die Angst vor dem Teufel ersetzen. Soll das der große Fortschritt sein? Ein steinzeitlicher Aberglaube soll durch einen bronzezeitlichen Aberglauben ersetzt werden.
Einwand eines gläubigen Christen: *„Wer nicht an den Teufel glauben will, kann genauso wenig an Gott und sein Wort glauben. Das Böse in der Welt zeugt von der Herrschaft des Teufels!"* Gemäß dem Kirchenvater Augustinus von Hippo ist das Böse überall dort, wo Gott und das personifizierte Gute gerade nicht sind. Deswegen versuchen charismatische Bewegungen wie die Pfingstkirchen, gewisse Plätze vom Bösen „frei zu beten".
Wie löste Jesus das Problem der bösen Geister? Jesus trieb sie aus zwei Besessenen in eine Herde mit 2000 Schweinen und ließ diese dann über die Klinge, d.h. über die Klippe ins Meer springen, wo sie jämmerlich ersoffen.[103] Das war zweifellos eine elegante und einfallsreiche Methode. Tierschützer könnten zwar einwenden: „Diese armen Schweine!" Aber der Zweck heiligt die Mittel. Freilich wurde viel Schweinefleisch auf den Meeresboden versenkt, aber eben noch mehr Boshaftigkeit unschädlich gemacht. Leider reichen die Fähigkeiten der heutigen Exorzisten nicht annähernd, um ein derartiges Spektakel zu wiederholen, was den Verdacht erweckt, dass das Ganze nur eine erfundene Geschichte ist. Jedenfalls funktioniert die Welt so nicht.
Taufritus in der katholischen Kirche: *„Weil die Taufe Zeichen der Befreiung von der Sünde und deren Anstifter, dem Teufel, ist, spricht man über den Täufling einen Exorzismus (oder mehrere). Der Zelebrant salbt den Täufling oder legt ihm die Hand auf; danach widersagt der Täufling ausdrücklich dem Satan. So vorbereitet, kann er den Glauben der Kirche bekennen, dem er durch die Taufe „anvertraut" wird."*[104]
**Katechismus der Katholischen Kirche**

---

[102] https://de.wikipedia.org/wiki/Exorzismus
[103] Markus 5:13
[104] Katechismus der Katholischen Kirche, Abs. 1237

**Kommentar: Bleibt die Frage, wie ein acht Tage alter Säugling dem Teufel widersagen kann.**

Papst Pius XII. (1876-1958) soll versucht haben, bei Hitler, den er vom Teufel besessen hielt, den Teufel per Exorzismus auszutreiben. *„Mindestens zwei Fern-Teufelsaustreibungen soll er - nach beeideten Zeugenaussagen - versucht haben. Offenbar muss der Teufel davon ganz unbeeindruckt geblieben sein, denn die erhoffte Wirkung stellte sich - für ihn als Papst und Stellvertreter Gottes vermutlich äußerst irritierend - nicht ein."*[105]

**Kommentar: In einem Frühstadium der Menschheitsgeschichte, das man heute noch bei manchen Zeitgenossen studieren kann, suchten die Menschen hinter allen Naturereignissen irgendeinen Verursacher, eben gute und böse Geister. Böse Geister versuchte man auf vielfältige Weise abzuwehren, mit Zeichen, Gebeten und geweihtem Wasser. Das Böse kommt aber nicht vom Teufel, sondern von der Unvollkommenheit des Menschen, der in einer sehr langen evolutionären Entwicklung aus dem Tierreich entstanden ist und immer noch ein „kultiviertes Tier" ist. Er stammt nicht vom Affen ab, aber Affe und Mensch haben gemeinsame Vorfahren. 99% der Gene sind identisch. Menschen sind nicht vom Teufel besessen, sondern psychisch krank, oft deswegen, weil ihnen der Teufel und die bösen Geister intensiv eingetrichtert wurden. Wo man den Teufel eintrichtert, wird er eines Tages auch wieder herauskommen.**
**Wenn man den Menschen die Angst vor Geistern nehmen will, was ja sehr sinnvoll ist, muss man sie Vernunft lehren und ihnen klar machen, dass alle Geister, Teufel und Kobolde, auch die vielen bösen Geister in der Bibel, nur Hirngespinste sind, die durch Tradition, Mission, Erziehung und unvernünftiges Denken in die Hirne der Menschen gelangt sind.**

# Engel - Schutzengel

Im Allgemeinen sind Engel nicht besonders gefährlich, sowenig wie die Heinzelmännchen. Das Problem ist nur, dass sie nicht wirklich existent sind und deswegen missbraucht werden können, um alle möglichen und unmöglichen Botschaften zu übermitteln - und damit auch göttliche oder überirdische Autorität zu verleihen.

---

[105] Uwe Lehnert Warum ich kein Christ sein will

Engel sind „Geistwesen", die vor allem in den abrahamitischen Religionen vorkommen, aber auch neuerdings in der Esoterik. Vermutlich sind sie, wie die Teufel, im alten Persien, Ägypten und Babylonien erfunden worden. Aus der babylonischen Gefangenschaft haben sie die Juden mitgebracht und in ihre Religion eingebaut. Die Christen übernahmen sie aus dem Judentum und die Muslime wiederum aus Judentum und Christentum. Sie gelten als Botschafter Gottes, meist als geschlechtsneutrale Halbgötter, erkennbar an ihren Flügeln, mit denen sie überall hin, sogar durch die dicksten Mauern hindurch fliegen können. Wenn ein Engel etwas verkündet, ist das immer von höchster Bedeutung. So kündigte ein Engel die Schwangerschaft Marias an, ein Engel namens Gabriel übermittelte Mohammed den Koran, ein Engel namens Moroni übermittelte dem Propheten Joseph Schmith das heilige Buch Mormon auf zwei goldenen Platten.

**Kommentar: Wenn man Märchen liebt, muss man auch die Engel lieben, aber wer die Wahrheit liebt, kann auf Engel gut verzichten. Sie sind nicht wirklich existent! Man sollte sich nicht unbedingt auf sie verlassen. – Das könnte zu Enttäuschungen führen.**

Kann es falsch sein, an Schutzengel zu glauben? Es kann! Es kann sogar sehr verhängnisvoll sein. Ich habe einen guten und sehr gläubigen katholischen Freund, der mehr auf seine Schutzengel am Rückspiegel seines Autos vertraut als auf seinen Sicherheitsgurt. Demonstrativ schnallt der diesen oft nicht an, um seinen Glauben an die Wirkung des Schutzengels zu demonstrieren. Obwohl es bisher gut gegangen ist, halte ich das für gefährlich!

**Kommentar: Wer im realen Leben auf die Hilfe nicht-existierender Geister vertraut, kann im Ernstfall nur Enttäuschungen erleben.**

# Familienplanung - Empfängnisverhütung

In der vorchristlichen Antike, sei es in Sparta, Rom oder auch im vorislamischen Arabien, war es eine Methode der Familienplanung, Kinder, vor allem Mädchen, die weniger wert waren, oder Kinder die behindert waren, auszusetzen, bzw. zu töten.

Manche religiöse Gemeinschaften lehnen Familienplanung grundsätzlich ab, selbst die natürliche, bei der man gut aufpassen, gut rechnen oder einfach enthaltsam leben muss. Die katholische Kirche lehnt selbst Kondome im Aids verseuchten Afrika ab, von Abtreibung ganz zu schweigen. Sie glauben, dass allein Gott darüber entscheiden könne, wie viele Kinder eine Familie haben sollte. In seiner Enzyklika Humanae Vitae von 1968 betont Papst Paul VI. dass Sexualität nur der Weitergabe des Lebens dienen dürfe, auf keinen Fall nur der Lustbefriedigung.

„Der direkte Abbruch einer begonnenen Zeugung, vor allem die direkte Abtreibung - auch wenn zu Heilzwecken vorgenommen -, sind kein rechtmäßiger Weg, die Zahl der Kinder zu beschränken, und daher absolut zu verwerfen. Gleicherweise muss, wie das kirchliche Lehramt des Öfteren dargetan hat, die direkte, dauernde oder zeitlich begrenzte Sterilisierung des Mannes oder der Frau verurteilt werden. Ebenso ist jede Handlung verwerflich, die entweder in Voraussicht oder während des Vollzugs des ehelichen Aktes oder im Anschluss an ihn beim Ablauf seiner natürlichen Auswirkungen darauf abstellt, die Fortpflanzung zu verhindern, sei es als Ziel, sei es als Mittel zum Ziel." [106] **Enzyklika Humanae Vitae 1968**

Das heißt, ein Geschlechtsakt ist nur dann sittlich gut, wenn keinerlei Versuch unternommen wurde, die Zeugung zu verhindern.

Eltern in Afrika oder Indien sind eher bereit, ihre hungrigen Kinder in die Sklaverei zu verkaufen als die Zahl der Kinder durch Familienplanung zu begrenzen.

Bericht von den Philippinen – *„Die einflussreiche katholische Kirche wehrte sich in dem ostasiatischen Inselstaat - das einzige katholische Land Asiens - über Jahre erfolgreich gegen ein Gesetz zur Familienplanung. Im Dezember 2012 setzte sich Präsident Benigno Aquino über den Widerstand der Kirche hinweg und unterzeichnete das Gesetz, doch wurde es nach dem Einspruch mehrerer Kirchengruppen vom Obersten Gericht ... außer Kraft gesetzt."* [107] 2017: Auf den Philippinen sollen mehrere Millionen arme Frauen die Anti-Baby-Pille und andere Verhütungsmittel künftig gratis erhalten. Präsident Rodrigo Duterte unterzeichnete dazu einen entsprechenden Erlass. Heftiger Widerstand kommt von Seiten der katholischen Kirche.[108]

**Kommentar: Die katholische Kirche verhindert damit die Lösung eines verhängnisvollen Problems: der Überbevölkerung, die unzählige andere Probleme nach**

---

[106] Enzyklika Humanae Vitae 1968 von Papst Paul VI.
[107] http://derstandard.at/2000001063897/Philippinen-erklaerten-Geburtenkontrolle-fuer-verfassungsgemaess
[108] http://www.stern.de/politik/ausland/familienplanung-gegen-armut-philippinen-wollen-anti-baby-pillen-gratis-verteilen-7278554.html

sich zieht, die Armut, den Hunger, die Kriminalität, den Menschenhandel, die Umweltverschmutzung, die Ressourcenknappheit, die Flüchtlingsströme, das Ende der Artenvielfalt, weil für die übrige Natur kein Platz mehr bleibt! Leute, die in überirdischen Kategorien denken, werden die Welt zugrunde richten.

Die **Quiverfull - Bewegung** in den USA beruft sich auf folgenden Vers in der Bibel: Psalm*[127:3]* *Siehe, Kinder sind eine Gabe des Herrn, und Leibesfrucht ist ein Geschenk. Wie die Pfeile in der Hand des Starken, also geraten die jungen Knaben. Wohl dem, der seinen Köcher derselben voll hat! Die werden nicht zu Schanden, wenn sie mit ihren Feinden handeln im Tor.*[109]
Quiver heißt Köcher. Damit werden die Kinder zu Pfeilen, d.h. zu Waffen gegen den Feind. Genauso wird dies auch von den Anhängern dieser Bewegung verstanden. Sie nennen die Kinder deswegen auch „Soldaten Gottes". Es geht ihnen darum, die Christenheit durch die Zahl ihrer Nachkommen zu stärken. Durch Bibelverse bestätigt, glauben sie, dass es die natürliche und von Gott gewollte Aufgabe der Frau sei, sich dem Mann unterzuordnen und möglichst viele Kinder zu bekommen. Sie lehnen jede Geburtenkontrolle ab.[110] Ins Leben gerufen hat diese Bewegung die ehemalige Feministin und Autorin Mary Pride 1985.

**Kommentar:** Wir leben nicht mehr in der Bronzezeit, wo es für einen Clan tatsächlich sinnvoll gewesen sein mag, sich durch die Zahl seiner Kinder gegen einen übermächtigen Feind zu behaupten. Wir leben in einer Gesellschaft, in der die Weltanschauung jedes einzelnen geschützt ist – jedenfalls sollte dies so sein. Es wird immer mehr gebildete Menschen geben, die nicht einfach die Glaubensvorstellungen ihrer Eltern übernehmen, die sie aus bronzezeitlichen Büchern empfangen haben, sondern die selbständig entscheiden, welche Weltsicht ihnen glaubwürdig erscheint.

**Die Chinesische Variante:** Die chinesische Variante der Familienplanung, die Ein-Kind-Familie, die 1979 von der kommunistischen Partei Chinas verordnet wurde, ist inzwischen in der Sackgasse angekommen. Diese Politik der strengen staatlichen Reglementierung und Beschränkung auf ein Kind pro Familie hat dazu geführt, dass inzwischen die Männer in der Überzahl sind, weil Mädchen oft abgetrieben wurden. Viele Männer bekommen keine Partnerinnen mehr. Viele Kinder sind illegal aufge-

---

[109] Psalm 127
[110] https://de.wikipedia.org/wiki/Quiverfull-Bewegung

wachsen, weil sie vor den Behörden versteckt werden mussten. Reiche konnten das Gesetz mit Schmiergeldern umgehen. 2015 wurde das Ende der Ein-Kind-Politik in China beschlossen.

**Kommentar:** Zur Weisheit gehört es, bei allen Dingen das richtige Maß zu finden. Frauen und Männer sollten Bildung und freien Zugang zu Empfängnisverhütung bekommen, damit sie ihre Familien in freier Entscheidung planen und begrenzen können. Für drei Kinder kann man besser da sein als für zehn, zwei haben einen Freund, während einer einsam ist.

## Minderwertigkeit der Frau - Sexualfeindlichkeit

*...und fand, dass bitterer sei denn der Tod ein solches Weib*[111] **Psalm 127**
Die Juden glaubten, gemäß ihrer Bibel, Gott habe den Menschen aus Erde gebildet. Den Mann habe er nach seinem Ebenbilde erschaffen und die Frau aus der Rippe des Mannes. Damit wurde die Minderwertigkeit der Frau göttlich / biblisch begründet. 2016 weigerte sich ein orthodoxer Jude im Flugzeug neben einer Frau zu sitzen. Es kam zum Prozess. Durch die Frau sei die Sünde in die Welt gekommen. Sie habe Adam im Paradies zum Ungehorsam gegen Gott verführt. Durch den Kreuzestod eines Mannes, des Gottessohnes Jesus, musste / konnte diese Schuld wieder gut gemacht werden. Er habe die Menschheit von der Schuld erlöst, die eine Frau, Eva, verursacht hat.
Die Einstellung Jesus zu Frauen ist unklar. Er hatte zwar im engeren Kreis anscheinend nur männliche Apostel, pflegte aber im weiteren Kreis ungezwungenen und gleichberechtigten Umgang mit Frauen.
*„Noch zu Beginn des 4. Jahrhunderts überwiegen die Frauen im Christentum. Aber schon im 3. Jahrhundert verbietet man ihnen alle priesterlichen Funktionen beim Gottesdienst. Und bereits im 2. Jahrhundert erklärt ein maßgeblicher Kirchenlehrer Prophetinnen als von Dämonen besessen."*[112]
Die frauen- und sexualfeindliche Einstellung der christlichen Kirchen wurde vor allem von Paulus geprägt. Paulus weist der Frau eine untergeordnete Stellung in der Gesellschaft zu.
*Ein Weib lerne in der Stille mit aller Untertänigkeit. Einem Weibe aber gestatte ich nicht, dass sie lehre, auch nicht, dass sie des Mannes Herr sei, sondern stille sei.*

---

[111] Bibel Prediger 7:26
[112] Deschner / Abermals krähte der Hahn

*Denn Adam ist am ersten gemacht, danach Eva. Und Adam ward nicht verführt; das Weib aber ward verführt und hat die Übertretung eingeführt. Sie wird aber selig werden durch Kinderzeugen,...*[113] *Die Weiber seien untertan ihren Männern als dem Herrn. Denn der Mann ist des Weibes Haupt, gleichwie auch Christus das Haupt ist der Gemeinde, und er ist seines Leibes Heiland. Aber wie nun die Gemeinde ist Christo untertan, also auch die Weiber ihren Männern in allen Dingen.*[114]
*Doch auch ihr, ja ein jeglicher habe lieb sein Weib als sich selbst; das Weib aber fürchte den Mann.*[115] *Ich lasse euch aber wissen, dass Christus das Haupt eines jeden Mannes ist, der Mann aber ist das Haupt der Frau. Der Mann aber soll das Haupt nicht bedecken, denn er ist Gottes Bild und Abglanz, die Frau aber ist des Mannes Abglanz. Denn der Mann ist nicht von der Frau sondern die Frau von dem Mann. Und der Mann ist nicht geschaffen um der Frau willen, sondern die Frau um des Mannes willen.*[116] **Paulus in seinen Briefen**

Durch die Kirchenväter wurde die Minderwertigkeit der Frau weiter bekräftigt. Kirchenvater **Tertullian** bezeichnet die Frau als: *„Einfallspforte des Teufels"* Menstruierenden oder schwangeren Frauen war der Zutritt in den Kirchen verboten.[117] Was übrigens heute noch in indischen Tempeln praktiziert wird. Selbst im Buddhismus gibt es die Minderwertigkeit und „Unreinheit der Frau". In Nepal wurden bis 2006 menstruierende Frauen aus dem Haus verwiesen. Siehe falsches Denken im Hinduismus, weiter unten.
Im 3. Jahrhundert verbot eine Kirchenordnung die Taufe an Frauen, wenn die „Unreinheit über sie kommt" und untersagten solchen, die bei der Geburt geholfen hatten, die Teilnahme an den Mysterien und zwar für zwanzig Tage wenn es ein Knabe war und für vierzig Tage, wenn es ein Mädchen war.[118]

*„Den Anblick weiblicher Wesen meiden die Asketen wie die Pest. Sie bedrohen sie mit Steinwürfen und weisen sogar Mutter und Schwester ab, manchmal mit dem Trost, man werde einander ja bald im Paradiese wiedersehen. Symeon der Säulenheilige sah seine Mutter aus asketischen Gründen zeitlebens nicht an. Elisaios, wie Symeon vielverehrt, ließ auch notleidende und kranke Frauen nicht an sich heran. In der Sketis,*

---

[113] 1 Timotheus 2
[114] 1 Kor 22:
[115] Epheser 5:33
[116] 1 Kor 11
[117] Deschner / Abermals krähte der Hahn. S.221
[118] Deschner / Abermals krähte der Hahn

*einer berühmten ägyptischen Mönchskolonie, duldete man nicht einmal Jünglinge mit bartlosem Gesicht, da sie an das Antlitz einer Frau erinnerten."*[119]

Noch im 19. Jahrhundert diskutierten manche christliche Theologen ernsthaft die Frage, ob Frauen überhaupt eine Seele hätten.
Auch antike Philosophen wie Platon und Aristoteles sahen in Frauen keine gleichwertigen Menschen. Wobei sie in Griechenland durchaus selbständig als Sportlerinnen, Philosophinnen, Schauspielerinnen oder Ärztinnen ihr eigenes Geld verdienen konnten. Nach **Platon** - 427 bis - 347 sind Frauen das Ergebnis einer physischen Degeneration des Menschen. *„Nur Männer sind direkt von den Göttern geschaffen und haben eine Seele.."*[120] **Aristoteles** - 384 bis - 322 betrachtet Frauen als 'mangelhafte' Menschen mit weniger Intelligenz: *„Das Weib ist Weib durch das Fehlen gewisser Eigenschaften. Wir müssen das Wesen der Frau als etwas betrachten, was an einer natürlichen Unvollkommenheit leidet."*[121]

Auch im **Römischen Recht** galt die Frau wegen ihrer „Schwachheit" und „Einfältigkeit" als minderwertiger.

*„Nach dem Römischen Familienrecht war der Ehemann der absolute Herr und Meister. Die Ehefrau war Eigentum ihres Mannes und vollkommen seiner Verfügung untergeordnet. Er konnte sie nach Belieben bestrafen. Die Frau hatte keinerlei Anteil am Familienbesitz. Alles was sie oder ihre Kinder erbten, gehörte ihrem Mann ebenso wie die in die Ehe eingebrachte Mitgift."*[122]

Die Behauptung, dass im Laufe der Menschheitsgeschichte, vor allem in der Jungsteinzeit, in einigen Kulturen das Matriarchat vorgeherrscht hat, wo also nicht Männer, sondern Frauen die dominierende Rolle gespielt haben sollen, ist geschichtlich nicht nachweisbar, aber möglich. *Insgesamt hat Matrilinearität bei rund 20 Prozent der mittlerweile 1300 erfassten Ethnien eine entscheidende Bedeutung für die soziale Organisation. Dazu gehören Ethnien im Pazifikraum, in Afrika und China.*[123]

---

[119] Deschner / Abermals krähte der Hahn s. 369
[120] http://www.womenpriests.org/de/traditio/inferior.asp
[121] http://www.aphorismen.de/suche?autor_quelle=aristoteles&f_thema=Mann+%26+Frau
[122] http://www.womenpriests.org/de/traditio/inferior.asp
[123] https://de.wikipedia.org/wiki/Matriarchat

**Im Islam** wird dem Mann in vieler Beziehung ein Vorrang vor der Frau eingeräumt: Im Koran finden sich Passagen, die besagen, dass Männer den Frauen überlegen seien: *Sure 4:34 Die Männer stehen über den Frauen, weil Gott sie (von Natur vor diesen) ausgezeichnet hat... Und wenn ihr fürchtet, dass (irgendwelche) Frauen sich auflehnen, dann vermahnt sie, meidet sie im Ehebett und schlagt sie! 24:4 Und wenn welche (von euch) ehrbare (Ehe)frauen (mit dem Vorwurf des Ehebruchs) in Verruf bringen und hierauf keine vier Zeugen (für die Wahrheit ihrer Aussage) beibringen, dann verabreicht ihnen achtzig (Peitschen)hiebe und nehmt nie (mehr) eine Zeugenaussage von ihnen an!*

**Die Stellung der Frau im Koran**
Frauen sind während der Menstruation unrein.
Frauen sind immer für den Mann bereit - Die Frau ist der Acker... *Sure 2:223*
Der Mann darf sich scheiden lassen
Die Männer stehen über den Frauen *Sure 4:34* Frauen müssen gehorchen
Das Zeugnis eines Mannes ist so viel wert, wie das von zwei Frauen
Polygamie - dem Mann sind 4 Frauen erlaubt, *Sure 4:3* dazu Sklavinnen
Frauen können nur halb so viel erben wie Männer *Sure 4:11-12*
Im Prozess zählt die Aussage von Frauen nur halb so viel *Sure 2:282*
Der Mann kann eine Genussehe eingehen – Prostitution.
Gewalt gegen Frauen ist erlaubt: Schlagt die Widerspenstigen *Sure 4:34*
Der Schleier soll den Kleiderausschnitt bedecken.
Wer nicht heiratet soll keusch bleiben. [124]

**Die Rolle der Frau in der Sunna**, nach dem Koran das zweitwichtigste Buch im Islam: *„Neben Dingen und Tieren werden sie als komplementärer sexueller Genuss behandelt, denn als Werkzeug erfüllen sie die Funktion, das männliche Gemüt zu befriedigen. Frauen dürfen keine politischen Ämter innehaben, sonst würde Gott ihre Gesellschaft verfluchen. Verließe die Frau ihr Zuhause ohne Kenntnis oder Einverständnis des Ehemannes, so würden die Engel sie verfluchen, bis sie zurückkehrt. Auf Reisen muss sie unbedingt von ihrem Vormund begleitet werden. Und tatsächlich werden Frauen in einigen arabisch-muslimischen Ländern ohne männliche Begleitung leicht/oft Opfer sexueller Nötigung. Nicht einmal die Kopfbedeckung kann sie vor dem Sexualtrieb der Männer schützen."* [125]

Steinigung von Frauen bei Unzucht, steht nicht im Koran, gilt aber als Teil der Scharia. Erlaubte Tötung bei Ehebruch, Mord, Glaubensabfall.

---

[124] https://de.europenews.dk/-Aussagen-des-Koran-ueber-Frauen-79065.html
[125] http://hpd.de/artikel/islam-und-sexuelle-diskriminierung-12865

Im August 2009 wurden einige Frauen im Sudan zu 120 Euro Geldstrafe und je 10 Peitschenhieben verurteilt, weil sie Hosen trugen. Eine Frau in Malaysia wurde zu 6 Peitschenhieben und einer Geldstrafe verurteilt, weil sie in einem Club Bier getrunken hatte. In Saudi – Arabien dürfen Frauen nicht einmal Auto fahren und nur in Begleitung eines erwachsenen Mannes das Haus verlassen. *Eine Professorin mittleren Alters beschwerte sich, dass sie nur mit ihrem 20-jährigen Neffen das Haus verlassen könne.*[126]

Der oberste religiöse und politische Führer des Iran, Ali Chamenei, hat 2016 eine Fatwa gegen die Benutzung von Fahrrädern durch Frauen erlassen.

Rabbi Eliezer Moshe Fisher aus Jerusalem ging in seiner Forderung des weiblichen Fahrradverzichts jedoch noch über die Fatwa von Chamenei hinaus, indem er bereits Mädchen ab fünf Jahren das Fahrradfahren verbot. [127]

**Kommentar: Durch Vorurteile wurden den Frauen von vornherein viele Fähigkeiten abgesprochen. Inzwischen zeigt es sich aber, dass Frauen fast alle Berufe so erfolgreich ausüben können wie Männer, wenn ihnen dies nicht von vornherein verwehrt wird... und manche Berufe, die ihrer Natur näher liegen, auch besser. Dennoch bin ich davon überzeugt, dass es Unterschiede gibt zwischen Mann und Frau. Weil die Körper unterschiedlich sind und der Geist fest mit dem Körper verbunden ist, wird der Körper auch den Geist mitprägen.**

## Sexualfeindlichkeit des Christentums

Während man dem Judentum keine Sexualfeindlichkeit anrechnen kann, solange Sex sich in „geordneten, göttlich vorgeschriebenen Bahnen" abspielt, d.h. in der Ehe, - auch Masturbation war verpönt, - hat schon Paulus die Sexualfeindlichkeit des Christentums maßgeblich geprägt. Das belegen Zitate aus den ältesten christlichen Texten, den Paulusbriefen. Mit Inbrunst verflucht der Apostel die Sündhaftigkeit des Fleisches und warnt vor allen Arten der Hurerei.

*„Denn fleischlich gesinnt sein ist wie eine Feindschaft wider Gott, sintemal das Fleisch dem Gesetz Gottes nicht untertan ist. Die aber fleischlich sind, können Gott nicht gefallen".*[128] **Römerbrief**

Dabei war er auch nur ein Opfer seiner griechisch-jüdischen Bildung. Die Abwertung des sterblichen Körpers, der Materie, und die Verklärung der unsterblichen Seele, des

---

[126] BBC - Worldservice
[127] http://hpd.de/artikel/fahrradfahren-verboten-fuer-frauen-13539
[128] Römerbrief 8:7 Lutherbibel

Geistes, geht weit zurück in die Antike, mindestens bis zu Plato und die Rolle der Frau übernimmt er aus dem Judentum, das in der Verführung Adams durch Eva den Ursprung aller irdischen Sündhaftigkeit sah.

Mit der Frau und der Sexualität wurde auch die Ehe in der Kirche entwertet. Schon im Neuen Testament werden die gerühmt, *„die sich mit Weibern nicht befleckt haben"*[129], woraus erhellt, dass es im Christentum eine Richtung gab, die gegen die Ehe überhaupt kämpfte. Der 1. Clemensbrief befürwortet eindeutig den Verzicht auf Ehe. Und im 2. und 3. Jahrhundert tritt die asketische und antifeministische Tendenz der Kirche immer mehr hervor. Nach Kirchenlehrer **Justin**, dem bedeutendsten Apologeten des 2. Jahrhunderts, ist jede Befriedigung des Geschlechtstriebes Sünde, auch jede Ehe gesetzwidrig, da mit der Stillung einer bösen Lust verknüpft.[130] Jungfrauen verhieß man einen weit bessern Platz im Himmel als „sündigen" Weibern. Masturbation galt als Verschwendung von Lebenskraft und als Sünde und „Unkeuschheit wider die Natur", wie jede Sexualität außerhalb der Ehe, die nicht mit dem Ziel der Fortpflanzung ausgeübt wurde.

Im 18. und 19. Jahrhundert machte man die Masturbation für vielfältige Krankheiten verantwortlich, z.B. für Pocken und Tuberkulose. Die sogenannte „Selbstbefleckung" führe zur Gehirnerweichung und zum Rückenmarksschwund zu Krebs, Lepra und Wahnsinn. Sie galt als unreife Form der Sexualität.

**Kommentar: Dabei ist die Masturbation die Art der Befriedigung, die unabhängig macht von den Launen einer Partnerin, die genau das Maß an Befriedigung bietet, das man zum Wohlbefinden benötigt, die am ehesten fantastische Träume zulässt und die den besten Schutz vor sexuell übertragbaren Krankheiten bietet. Selbst Aufklärer wie Kant oder Rousseau warnten vor der Masturbation. Was ist denn besser, fünf Kinder in die Welt zu setzen, und sich nicht um sie zu kümmern, wie Rousseau, oder sich folgenlos selbst zu befriedigen?**

Verheiratete leben laut den Kirchenvater **Hieronymus** »nach Art des Viehes«, und die Menschen unterscheiden sich durch den Beischlaf mit Frauen »in nichts von den Schweinen und unvernünftigen Tieren«

Die Trauung in der katholischen Kirche gibt es erst seit dem 14. Jahrhundert und im Kirchengebäude erst seit dem 16. Jahrhundert. Was ja etwas seltsam klingt, da die Kirche heute so großen Wert auf Ehe und Familie legt.

---

[129] Offenbarung 14:4
[130] Karlheinz Deschner Abermals krähte der Hahn

**Kommentar: Welches Verhältnis hatte Jesus eigentlich selbst zu seiner Familie. Sein leiblicher Vater war angeblich nicht sein Erzeuger. Zu seiner Mutter sagte er:** *Frau, was habe ich mit dir zu schaffen.*[131] **Und:** *Auch seine Brüder glaubten nämlich nicht an ihn.*[132] *Er ist von Sinnen.*[133] **Für Familie hatte er keinen Sinn. Er wollte, dass seine Jünger ihre Familien für ihn aufgaben.**

*Mat: 19:29 Und wer verlässt Häuser oder Brüder oder Schwestern oder Vater oder Mutter oder Weib oder Kinder oder Äcker um meines Namens willen, der wird's hundertfältig nehmen und das ewige Leben ererben.*

Allmählich wurde auch die Priesterehe verboten. Schon ab dem 3. Jahrhundert blieben viele Priester freiwillig ehelos. Seit der Synode von Toledo 1074 durfte kein Priester mehr heiraten.

Das Verbot der Priesterehe geht auf die im Heidentum einst weitverbreitete, wohl bei keinem Kult der Kaiserzeit fehlende Vorstellung zurück, sexueller Verkehr mache unfähig zu gottesdienstlichem Handeln. So untersagte man im Orient, wo man die Eucharistie im allgemeinen nur an bestimmten Tagen feierte, auch nur an diesen Tagen den Priestern den Beischlaf.[134]

Der Zölibat ist eine rein katholische Angelegenheit. Orthodoxe Priester dürfen heiraten.

**Kommentar: Da die Kirche Forderungen stellte, die der menschlichen Natur nicht gerecht wurden, begann die Heimlichtuerei, die sexuelle Vertuschung und der Kindesmissbrauch im großen Stil. Heute führen viele Priester ein Doppelleben mit einer Frau oder gar einer Familie, die sie verheimlichen müssen und dem Schein, den sie wahren müssen.**

Augustinus verheißt jungfräulichen Kindern einen weit besseren Platz im Himmel als ihren Eltern und wünscht, niemand möge mehr heiraten, damit das Weltende beschleunigt werde.[135]

**Kommentar: Diese Empfehlung kommt von ihm im reifen Alter, nachdem er in seiner Jugend ein ausschweifendes Sexualleben geführt hatte.**

---

[131] Joh. 2:4
[132] Joh. 7:5
[133] Mark 3:20
[134] Karlheinz Deschner Abermals krähte der Hahn
[135] Karlheinz Deschner Abermals krähte der Hahn

# Die Skopzen

Ab etwa 1757 gab es in Russland eine christliche Sekte mit bis zu 300000 Anhängern, die die Sexualfeindlichkeit soweit trieb, dass sie sich Hoden und Penis, Klitoris und Brustwarzen mit glühenden Eisen abschnitten. Vorbild war wohl Origines, der sich schon im 3. Jh., wie sie, auf Bibelstellen berief: *Math: 19:12 Denn es ist so: Manche sind von Geburt an zur Ehe unfähig, manche sind von den Menschen dazu gemacht* **und manche haben sich selbst dazu gemacht** - *um des Himmelreiches willen. Wer das erfassen kann, der erfasse es. Mk. 9:43 Wenn dich deine Hand zum Bösen verführt, dann hau sie ab; es ist besser für dich, verstümmelt in das Leben zu gelangen, als mit zwei Händen in die Hölle zu kommen, in das nie erlöschende Feuer. Lk.23:29 Denn es kommen Tage, da wird man sagen: Wohl den Frauen, die unfruchtbar sind, die nicht geboren und nicht gestillt haben.*

*„Ihrer Überzeugung nach, war alles Unheil und alles Böse durch den Geschlechtsverkehr zwischen Adam und Eva* (Anmerkung des Autors: Da lagen die Skopzen falsch: Nicht der Geschlechtsverkehr war die Erbsünde, sondern der Ungehorsam gegen Gott. A. und E. haben nach Erkenntnis gestrebt.*) in die Welt gekommen und Christi wahre Lehre habe auch die Praxis der Kastration umfasst. Zudem behaupteten die Skopzen, Jesus sei der erste Skopze gewesen und habe persönlich das Beispiel gegeben. Danach sei die Kastration auch von den Aposteln, den Heiligen und den Urchristen praktiziert worden.* (Auch das ist falsch!) *Die Skopzen gingen davon aus, dass der Mensch durch die Erbsünde und den Abeltod vom Teufel mit Genitalien ausgestattet wurde; sie sahen darin „Satansmale".*[136]

Der Penis war für die Skopzen der Schlüssel zum Abgrund = Vagina. Da die Skopzen eigentlich keine Nachkommen hatten, rekrutierten sie ihre Anhänger immer wieder aus Leibeigenen, Landstreichern und Kriminellen und brachten es so auf bis zu 300000 Mitglieder. Da sie stark verfolgt wurden, starben sie schließlich doch aus. D.h. sie wurden oft zu geistigen Skopzen, die nur noch enthaltsam lebten, sich aber nicht mehr die Geschlechtsteile verstümmelten. Die letzten Anhänger wurden 1920 von der Sowjetregierung aufgestöbert.

Die Skopzen waren keine Verrückten, sondern tüchtige Bauern, Handwerker und Geschäftsleute. Sie kamen durch ihre Tüchtigkeit und Sparsamkeit zu erheblichem Wohlstand.

---

[136] https://de.wikipedia.org/wiki/Skopzen

Kommentar: Man kann sich nicht genug darüber wundern, wie vernünftige Menschen durch die beliebige Auslegung angeblich „Heiliger Texte" zu völlig absurden Handlungen bewegt werden können.

## Uneheliche Kinder

*Es soll auch kein Hurenkind in die Gemeinde des Herrn kommen, auch nach dem zehnten Glied, sondern soll allewege nicht in die Gemeinde des Herrn kommen."* [137]
***Off 2:21** Und ich habe ihr Zeit gegeben, dass sie sollte Buße tun für ihre Hurerei; und sie tut nicht Buße. Siehe, ich werfe sie in ein Bett, und die mit ihr die Ehe gebrochen haben, in große Trübsal, wo sie nicht Buße tun für ihre Werke, und ihre Kinder will ich zu Tode schlagen.* [138]

Ohne diese Anregung aus der Bibel käme wohl niemand auf die Idee, uneheliche Kinder tot zu schlagen.
„Unehelichen" oder „illegitimen" Kindern schob man eine „Schuld" oder einen Makel zu, der auf keinen Fall ihnen anzulasten war, deswegen wurde es Zeit, dass in Deutschland seit 2011 kein Unterschied mehr zwischen ehelichen und unehelichen Kindern gemacht wird. Lange Zeit und noch in vielen Kulturen fortdauernd, galten diese Kinder als Schande. Sie wurden benachteiligt, z.B. durften sie nicht in Handwerkergilden aufgenommen werden. Bis 1983 wurden diese „Kinder der Sünde" von der katholischen Priesterweihe ausgeschlossen.

**Kommentar: Die katholische Kirche war immer die letzte, die die Unmenschlichkeit abrahamitischer Gebote aufgab und sich an den humaneren Geist der Neuzeit anpasste.**

---

[137] 5Mos. 23:2
[138] Offenbarung – Neues Testament - Off. 2:23

# Religion gegen Wissenschaft

*„Es ist das entsetzte Staunen über die Himmelserscheinungen, welches den Aberglauben bei all jenen hervorruft, die über die Ursachen dieser Dinge im Dunkeln tappen und in ihrer Unwissenheit vor dem Göttlichen zittern und beben. Einzig die Naturwissenschaft kann uns davon frei machen."* **Anaxagoras** 500 – 428 v.u.Z.

Die Beobachtung der Natur, die im 3. Jahrtausend vor unserer Zeit im Alten Sumer und in Babylon mit der Sternkunde begann, gab den Menschen der Jungsteinzeit schon ein brauchbares Fundament des Wissens. D.h. man konnte durch Beobachtung und Berechnung z.b. Sonnenfinsternisse und Planetenbewegungen vorhersagen, Kalender und Jahreszeiten berechnen. Man sammelte Erfahrungen bei der Heilung von Krankheiten und gab diese Erfahrungen, zunächst meist mündlich, an die nächste Generation weiter. Vieles von dem, was man glaubte, war allerdings Aberglaube und unwissenschaftliche Vermutung. Die Ägypter glaubten z.b. dass Krankheit von einem dämonischen Geist herrühre, der den Kranken in Besitz genommen habe. Diese Idee übernahmen die Juden und Christen in ihre heiligen Texte, womit sie bis heute diese falsche Ansicht verbreiten. Mit dem Aufkommen dogmatischer Religionen, vor allem von Judentum, Christentum und Islam, wurde den Schriften mehr Glauben geschenkt, als der Beobachtung, weil man ihnen göttlichen und unantastbaren Status zusprach. So kam es, dass man glaubte: Alles, was wir wissen müssen, steht in irgendeinem dieser heiligen Bücher, den Veden, der Bibel oder im Koran. Erst allmählich haben sie gemerkt, dass dieses Wissen weder zur Bewältigung des Alltags und noch weniger zur Beherrschung der Natur taugt. Alles war eigentlich nur vage Spekulation, Tradition, Legende, Vorurteil, Mythos, Märchen. Der Regen konnte nicht herbei gebetet werden, die Krankheiten verschwanden nicht durch ekstatische Tänze um heilige Bäume oder durch das Herunterleiern von mystischen Formeln.

Die Guten wurden genauso oft krank wie die Bösen. Oft war es sogar umgekehrt. Die Bösen triumphierten über die Dummgläubigkeit der Guten. Dieses Wissen war völlig unbrauchbar für die Anwendung im Alltag. Heilige Bücher standen im Widerspruch zur realen Welt, aber die Kirchen hatten die Macht auf ihren Irrtümern zu beharren und beharrlich verkünden sie sie der Welt bis heute. Vor allem die katholische Kirche und das Papsttum, spielten dabei eine unrühmliche Rolle.

Längst bekanntes Wissen aus der Antike wurde von der Kirche verschüttet oder völlig ignoriert, was zu einem nie dagewesenen Kulturverlust im christlichen Abendland führte.

Warum sollte man auch am Diesseits etwas ändern wollen, wenn es ohnehin nur auf die Rettung der Seele fürs Jenseits ankommt. Warum sollte man in die Bildung von Untertanen investieren, wo sich doch Ungebildete viel leichter beherrschen lassen.

*„Mit der Ermordung der neuplatonischen Philosophin und Mathematikerin Hypathia durch einen aufgebrachten Mönchs-Pöbel im Jahre 415 endet die mathematische und naturwissenschaftliche Forschung [...] Die christliche Kirche verwirft alles: Die Erde sei eine Scheibe und stehe im Zentrum des Universums, denn Gott habe ja seinen Sohn auf die Erde geschickt und nicht auf irgendeinen fernen Planeten in der Peripherie des Alls. Folglich muss die Erde der Mittelpunkt des Universums sein. Die systematische Erforschung naturwissenschaftlicher Phänomene wird als überflüssig betrachtet, da alle Naturereignisse, vom Erdbeben bis zum Blitzschlag, Gottes Wirken zugeschrieben werden. Selbst die Medizin wird abgelehnt, da die Kraft der Heiligen besser helfe als »illa philosophia Hippocratis et Galeni«. Von Baukunst, Staatslehre und Landwirtschaft brauche der Christ nichts zu wissen, es sei denn, um die betreffenden Stellen der Heiligen Schrift besser zu verstehen."[139]*

Zu ersten Instrumenten, die in der Schule von Alexandria zur Zeit- und Temperaturmessung erfunden wurden, bemerkte der Heilige Polycarp bezeichnenderweise: *In diesen Geräten sehe er nur eine Kunst, die Gott feindlich ist.*[140]
Leute, die im 4. Jahrhundert nach der geophysikalischen Erklärung eines Erdbebens suchten (stattdessen Ursache allein im Zorn Gottes zu sehen!), setzte ein Bischof von Brescia auf die »Ketzer«-Liste[141]

Auf heftigen Widerstand bei Kirchenleuten stieß die Ansicht, dass die Pest und die Cholera nicht die Strafe Gottes für Sünden und Fehlverhalten sei, sondern von den unhygienischen Verhältnissen in den Städten herrühre. Die Lösung des Problems lag also nicht in Gebeten. Erst als man die Städte im 12. Jahrhundert reinigte, nahmen auch die ansteckenden Krankheiten ab. Diese Reinlichkeit gab es aber schon Jahrhunderte zuvor in den römischen, griechischen und maurischen Städten.

Als 1456 der Halleysche Komet am Himmel erschien, wurden auf Befehl des Papstes alle Glocken geläutet und überall zum Gebet aufgerufen, weil man glaubte, er bringe

---

[139] Rolf Bergmeier / Schatten über Europa
[140] Draper, John William: History of the conflict between Religion and Science
[141] Deschner / Kriminalgeschichte des Christentums Band 3

die Rache Gottes, Krankheiten, Pest, Krieg. Dass er dann doch vorüberging schrieb man diesen Gebeten zu.

1601 wurde in Lissabon ein Pferd zum Tode verurteilt und verbrannt, weil man glaubte es sei vom Teufel besessen. Sein Herr hatte ihm viele Kunststücke beigebracht.[142] Heftigen Widerstand gab es von Seiten der Kirche auch, als die Impfung, eine Erfindung der Araber, 1721 von Konstantinopel nach Europa gebracht werden sollte. Wofür ich allerdings Verständnis habe. Es konnte nur eine Erfindung der Feinde sein, jemanden mit Krankheit zu infizieren, um ihn gesund zu erhalten. Blitzableiter und Pockenimpfung waren für die Kirche Gotteslästerungen. 1824 verbot Papst Leo XII. die Impfung gegen Pocken.
Bis 1869 hielt man in der katholischen Kirche an der aristotelischen Lehre bzw. Lehre des Thomas von Aquin von der stufenweisen Beseelung fest, wobei der männliche Fötus nach 40 Tagen, der weibliche nach 80 Tagen beseelt sei.

Lange hat sich die Kirche gegen das heliozentrische Weltbild und gegen die Evolutionslehre gesträubt, die sie inzwischen nicht mehr leugnen kann. Auch die Gedanken der Aufklärung, Demokratie, Menschenrechte, Weltanschauungsfreiheit usw. konnten nur gegen den zähen Widerstand der Kirchen durchgesetzt werden.

**Kommentar: Der Katholizismus hat sich immer mit allen verbündet, deren Ziel es war, das Volk in Unmündigkeit zu halten, mit Königen von Gottes Gnaden, mit dem Adel, mit Faschisten, seit neuestem mit dem Islam.**

Der Gläubige, der sich dem Diktat der Kirche blind unterwarf, wurde als besserer Mensch eingestuft, als der, der forschen und wissen wollte. Da ging es einfach um die Macht!

Logisch, vernünftig oder wissenschaftlich ist am christlichen Glauben so viel wie nichts. Weder dass Adam, der erste Mensch von Gott aus einem Erdklumpen erschaffen werden konnte, und Eva, seine Gattin aus der Rippe Adams, dass ihnen verboten wurde, vom Baum der Erkenntnis zu essen, wo es doch wohl ein edles Ziel ist, nach

---

[142] Draper, John William: History of the conflict between Religion and Science S.299

Wissen und Erkenntnis zu streben, noch dass Adam 800 Jahre alt werden konnte. Ungeklärt ist die Frage, wie Kain sich fortpflanzen konnte, ohne eine Frau, die nicht gerade seine Schwester war? Nach dem Schöpfungsakt fand Gott noch, dass alles wohlgeraten war, kurze Zeit später wollte er seine missratenen Geschöpfe in einer Sintflut ersäufen. Wie kann sich Schuld durch Vererbung über unzählige Generationen fortpflanzen? Konnte Maria wirklich vom heiligen Geist jungfräulich geschwängert werden. Musste der Sohn Gottes sterben, um uns von der Erbschuld zu erlösen, die nie vererbt werden konnte?

**Kommentar: Das funktioniert doch alles gar nicht! Bei so vielen Geheimissen des Glaubens, kann man eigentlich nur das Gehirn abschalten oder den Glauben aufgeben! Man muss doch ganz klar sagen: Das ist nicht Wahrheit und Wirklichkeit, sondern Mythos und Legende.**

In Afrika, wo die katholische Kirche noch immer sehr stark ist, glauben Menschen sie könnten Krankheiten besser mit Beten und Fasten bekämpfen als mit neuzeitlicher Medizin, wie im mittelalterlichen Europa, wo man anstatt die Ursachen von Pest und Cholera zu erforschen, anfing, besonders fromm zu werden.
Sie vertrauen dabei auf die Worte der Bibel:
*Jesus aber antwortete und sprach zu ihnen: Um eures Unglaubens willen. Denn wahrlich ich sage euch: So ihr Glauben habt wie ein Senfkorn, so mögt ihr sagen zu diesem Berge: Hebe dich von hinnen dorthin! so wird er sich heben; und euch wird nichts unmöglich sein. Aber diese Art fährt nicht aus denn durch Beten und Fasten.*[143]

## Natur- und Menschenkatastrophen

Sind Kometen, Hungersnöte, Kriege, Krankheiten… Strafen Gottes? Lange Zeit wurde das in vielen Kulturen geglaubt. Gleich mehrere Kometen lösten 1618 zu Beginn des Dreißigjährigen Krieges den Ulmer Kometenstreit aus. Es ging darum zu klären, ob diese Kometen Zeichen für den Zorn Gottes oder lediglich Naturerscheinungen seien. 1815 kam es nach Ausbruch des Vulkans Tambora zu Kältejahren in Deutschland mit folgenden Missernten, Teuerungen und Hungersnot. Auch diese Katastrophe wurde als Zeichen Gottes ausgelegt. Katholische Kirchgänger sahen in der Not eine

---

[143] Math 17:20

göttliche Strafe für die aufkommende Verweltlichung. Zornige, über menschliches Fehlverhalten erboste Götter, glaubte man, verhängten solche Katastrophen als klares Zeichen für ihre Missgunst. Donner, Blitz, Feuer, Überschwemmungen, Erdstöße werden als Strafgericht gedeutet, als Zeichen des bevorstehenden Weltuntergangs. Nur die Himmelsmächte können da noch helfen. So wurden etwa Kreuze gesetzt zum Schutz von Feldfrüchten vor Sturm und Hagel. Religion versuchte die Welt zu erklären. Man muss die Götter wieder gnädig stimmen, um solche Katastrophen zu verhindern.

Immer hat der Mensch versucht, dem Unheil von Naturkatastrophen Grenzen zu setzen. Einst mit Zauberformeln und Gebeten. Dann mit technischen Mitteln. Gefolgt von der ernüchternden wissenschaftlichen Erklärung, dass Katastrophen nur Zufall sind und Naturgesetzen folgten. Ohne tieferen Sinn. [144]

Schließlich erkannte er, dass er selbst Schuld hat an diesen Katastrophen. Kritik wurde laut an Raubbau, Umweltverschmutzung, Abgasen, Dämmen, versiegelten Flächen. Zweifellos spielt der Mensch beim Klimawandel eine entscheidende Rolle. Wird er jetzt für seine Umwelt- Sünden tatsächlich bestraft, nicht von Gott, an den er nicht mehr glaubt, sondern von der Natur?

## War Jesus unwissend?

*„Als sie am nächsten Tag Betanien verließen, hatte er Hunger. Da sah er von weitem einen Feigenbaum mit Blättern und ging hin, um nach Früchten zu suchen. Aber er fand an dem Baum nichts als Blätter; denn es war nicht die Zeit der Feigenernte. Da sagte er zu ihm: In Ewigkeit soll niemand mehr eine Frucht von dir essen".* [145]

**Kommentar: Das erinnert mich an einen Bekannten, der immer die Steine verfluchte, über die er gestolpert war. Lieber Jesus: „Feigenbäume tragen nicht immer Früchte, wenn der Meister gerade vorbei kommt und Hunger hat. Früchte brauchen ihre Zeit zum Blühen und Reifen. Im Frühjahr und Winter hat man meist Pech. Glück hat man im Spätsommer oder Herbst." Man fragt sich allerdings, warum ein Feigenbaum ohne Früchte für einen, der Brote und Fische vermehren konnte, ein Problem gewesen sein sollte?**

---

[144] http://www.swp.de/ulm/lokales/alb_donau/Hagel-Feuer-die-Strafe-Gottes;art1158552,3556239
[145] Markus 11,12

An anderer Stelle verfluchte er eine ganze Stadt. Er hatte seine Jünger ausgesandt, dass sie das baldige Kommen des Reiches Gottes in den Städten verkünden und Buße tun sollten. In manchen Städten war das scheinbar nicht willkommen und so verfluchte er sie: *Luk. 10:15 Und du, Kapernaum, die du bis an den Himmel erhoben bist, du wirst in die Hölle hinunter gestoßen werden.*

**Kommentar: Es gehört wohl zur biblischen Weisheit, ganze Städte mit all ihren Bewohnern der Vernichtung preiszugeben. Vorbild war die Sintflut und später Sodom und Gomorrha. Aus diesem Buch konnten skrupellose Leute viel lernen. Ausrotten, ohne Rücksicht auf Schuld oder Unschuld.**

## Kann Glaube Berge versetzen?

*Jesus antwortete ihnen: Amen, das sage ich euch: Wenn ihr Glauben habt und nicht zweifelt, dann werdet ihr nicht nur das vollbringen, was ich mit dem Feigenbaum getan habe; selbst wenn ihr zu diesem Berg sagt: Heb dich empor und stürz dich ins Meer!, wird es geschehen. Und alles, was ihr im Gebet erbittet, werdet ihr erhalten, wenn ihr glaubt.*"[146]

**Kommentar: Wenn dies stimmen würde, dass der Glaube Berge versetzt, dann muss man sich doch fragen, warum die vielen Gläubigen keine bessere Welt hingebracht haben. Die katholische Kirche hatte schließlich über tausend Jahre lang die absolute Herrschaft in Europa und hätte zeigen können, welche wunderbare Welt sie schaffen kann, aber diese Zeit nennt man heute das „finstere Mittelalter". Ach so! Da gibt es ja noch den Teufel!**

**Glaube kann eben nicht nur Berge versetzen, er kann auch sehr gefährlich sein, wie im nachfolgenden Fall geschildert.**

Dieser Fall von „Festgläubigkeit" ereignete sich 2016. Prophet Alec Ndiwane war im Auto mit Mitgliedern seiner Kirche im Krüger National Park unterwegs. Der Prophet fiel dort in einen Trancezustand und fing an in Zungen zu sprechen. (Dinge die niemand versteht). Vor ihnen verzehrten gerade zwei Löwen eine Antilope. Alec öffnete daraufhin die Autotür und ging anklagend auf die Löwen zu. Als die Löwen den Mann auf sich zukommen sahen, gingen auch sie ihm entgegen. In diesem Augenblick er-

---

[146] Matthäus 21,18-22

wachte Alec aus seiner Trance, erkannte die Gefährlichkeit der Lage und rannte zurück zum Auto. Doch bevor er es erreichte, traf ihn einer der Löwen mit der Pranke am Po. Zum Glück schoss ein Ranger noch ein paar Schüsse ab und erschreckte den Löwen. Alec musste mit ernsthaften Wunden ins nächste Krankenhaus gebracht werden. Er verletzte sich schwer an einem seiner Pobacken. „Ich weiß nicht, was da über mich kam", bekannte Alec, „ich dachte Gott wollte mich benutzen, um seine Macht über die Tiere zu beweisen. Wir haben aber nicht die Macht über alle Tiere der Erde", fügte Alec hinzu. Er wurde schließlich zusammengeflickt und am nächsten Tag aus dem Krankenhaus entlassen.[147] Ob diese Erfahrung seinem Glauben geschadet hat?

**Mit Beten kann man vielleicht seine Psyche beruhigen, aber man hat keinen Einfluss auf die Welt außerhalb von uns. Da gelten einfach andere Gesetze, die Gesetze der Physik, des Zufalls, der Wahrscheinlichkeit. Menschen sind nicht vom Teufel besessen, den gibt es nämlich nicht, sondern sie sind psychisch krank. Schwangerschaften kann man nicht durch Gebete verhindern, sondern durch Abstinenz oder empfängnisverhütende Mittel. Krankheit entsteht weder durch Sünde noch durch Zauberei, sondern durch Erbanlagen, Umweltgifte und falsche Lebensweisen.**
**Schon seit eh und je glaubten die Christen, alle Probleme kämen vom Unglauben, besonders im Mittelalter, als dieser Glaube noch alle Gehirne beherrschte. Damit war der Kreis geschlossen, der verhindert, dass die Menschen vernünftiger wurden und sich vom Aberglauben befreiten.**

*„Während die Not von Normannen und Sarazenen ins Land getragen wurde, während im Innern Aufstände, Fehden und blutige Auseinandersetzungen einander ablösten, glaubten die Bischöfe und Geistlichen, es genüge, den König christlicher, religiöser werden zu lassen, Gott würde dann selbst die äußeren und inneren Feinde vernichten".*[148]
Und so denken heute noch viele gläubige Menschen.

**Kommentar:** Weil die Religion die Welt falsch interpretiert, handeln die Menschen falsch. Wer sich auf einen Gott verlässt, der nie etwas von sich hören und sehen lässt, ist verlassen.

---

[147] http://thesoutherndaily.co.za/pastor-charges-lion.html.html
[148] Propyläen Weltgeschichte

# Wunderglaube

Ein Wunder ist ein unerklärliches Verhalten der Natur, ein Abweichen von ihren normalen Gesetzen, das meist mit der Einwirkung höherer Mächte erklärt wird, und das damit auch deren Existenz beweisen soll.

In fast allen Religionen glauben oder glaubten die Menschen an Wunder, d.h. an Geschehnisse, die die Existenz übernatürlicher Wesen beweisen sollen oder die die herausragende Stellung religiöser Führer wie Moses oder Jesus oder Mohammed legitimieren sollten. Moses soll bei der Flucht der Israeliten aus Ägypten das Rote Meer geteilt und mit seinem Stab eine Quelle in der Wüste entdeckt haben, um die Durstigen mit Wasser zu versorgen. Von Jesus wird berichtet, dass er Kranke geheilt, Brote vermehrt, über das Wasser gegangen, schließlich von den Toten auferstanden und in den Himmel aufgefahren sein soll. Auch Mohammed soll von Mekka direkt in den Himmel aufgestiegen sein, obwohl er selbst seine Fähigkeit, Wunder zu wirken bestritt. Aber schon, dass ihm der Koran angeblich vom Engel Gabriel übermittelt wurde, ist ein Wunder. Von Buddha wird erzählt, dass überall dort, wo er gegangen ist, Lotosblumen gewachsen sein sollen.

**Kommentar:** Mit Wundern sollte der Glaube an eine bestimmte Religion gestärkt und ihren Führern Autorität verliehen werden. Seltsamerweise verringerte sich die Zahl der Wunder in dem Maße als die wissenschaftlichen Erkenntnisse und die Überprüfungsmöglichkeiten mit Kameras, Zeugen usw. zunahmen. Wenn es in allen Religionen Wunder gibt, was wird dann damit bewiesen? Dass die Menschen sich sehnlichst Wunder wünschen!

*„Überall wo die Menschen unwissend sind, wird es Propheten, Inspirierte und Wundertäter geben. Diese beiden Geschäftszweige verringern sich stets im gleichen Verhältnis, in welchem die Aufklärung der Völker zunimmt."* [149]

---

[149] D'Holbach 1723-1789

# Das Sonnenwunder von Fatima

Am 13. Oktober 1917 soll sich bei Fatima ein Sonnenwunder ereignet haben, das von mindestens 30 000 Menschen gesehen wurde, allerdings sind die Berichte sehr widersprüchlich. Angekündigt worden sein soll das Wunder von der Heiligen Maria, die dort drei Hirtenkindern erschienen ist. Die Kinder berichteten, die Dame habe ihnen versprochen, am Mittag des 13. Oktober ihre Identität zu offenbaren und ein Wunder bereitzustellen, „damit alle glauben können."

*„Entsprechend vielen Zeugenaussagen sollen nach einem Regenguss die Wolken aufgebrochen und die Sonne als eine undurchsichtige, sich drehende Scheibe am Himmel erschienen sein. Es wurde berichtet, sie sei erheblich weniger hell als gewöhnlich gewesen und habe bunte Lichter auf Landschaft, Anwesende, Wolken und Schatten geworfen. Die Sonne habe sich dann zur Seite geneigt und sich in einem Zickzackkurs auf die Erde zubewegt, worüber einige der Anwesenden so erschraken, dass sie dachten, das Ende der Welt stehe bevor. Augenzeugen berichteten, dass der vom Regen nasse Boden und ihre Kleidung binnen der ungefähr zehn Minuten, in denen das Ereignis stattfand, trocken geworden seien."*[150]

**Kommentar:** Das Wunder ist von der katholischen Kirche anerkannt. Ob drei Hirtenkinder glaubwürdige Zeugen sind? 30000 Gläubige sind es wohl auch nicht, denn das Problem ist: Wer glaubt will glauben und ist nicht mehr fähig zur Kritik. Es stellt sich doch die Frage: Warum zeigt sich Gott nicht allen Menschen klar und deutlich, vor allem denen, die nicht glauben und skeptisch sind, wenn er will, dass sie an ihn glauben? Ich habe kein Vertrauen in diese Kirche, weil sie schon immer betrogen hat und ihre Macht und ihren Reichtum auf Lügen baut!

# Lourdes und Fatima

In Lourdes, einem katholischen Wallfahrtsort, an dem es schon viele Wunderheilungen gegeben haben soll, zeigt Gott immer wieder Erbarmen mit seinen gequälten Geschöpfen. Aber auch diese Wunderheilungen von Lourdes regen zum Denken an, über die Gerechtigkeit Gottes:

Ist ein Gott gerecht, der dem einen beisteht und dem anderen nicht? Warum hilft er dort vor allem den Franzosen, an denen 55 der bislang 65 kirchlich anerkannten Wunder geschahen? Warum sind Frauen 54, so viel häufiger die Glücklichen als Männer

---

[150] https://de.wikipedia.org/wiki/Sonnenwunder

11? Zwei Drittel der Wunder geschahen vor dem Ersten Weltkrieg; in den vergangenen 40 Jahren beantworteten die Ärzte-Kommissionen nur dreimal die Frage fünf des Formblatts: „Überschreitet die Heilung die Naturgesetze?"
Als 1993 eine angebliche Heilung von Multipler Sklerose durch die Medien ging, stellte sich heraus, dass auch eine psychosomatische Lähmung hätte vorliegen können - kein Wunder also. [...]
Es gibt unerklärliche Heilungen, heißt die Erkenntnis der Forscher - auf 60000 bis 100000 Krebspatienten kommt eine Spontanremission. Andererseits, der Satz: „Dein Glaube hat dich gerettet", bestätigt sich nicht. Ärzte haben schon zu viele starke, mutige, hoffende Patienten sterben sehen, als dass sie noch an erkennbare Regeln glauben könnten.[151]

**Kommentar: Es gibt keine Wunder, es gibt nur Dinge, die wir uns noch nicht erklären können. Aber Menschen haben ihren Grund an Wunder zu glauben: Offenbar gibt ihnen das ein gutes Gefühl. Das Problem dabei ist nur, dass sie durch die Missachtung der irdischen Gesetze in Schwierigkeiten kommen könnten.**

# Fatima

Angeblich erschien den drei Hirtenkindern Lucia, Jacinta und Francisco am 13. Juli 1917 in Fatima, Portugal, die Mutter Gottes und vertraute ihnen drei Geheimnisse an, die sie allerdings vorläufig nicht veröffentlichen durften. 1942 wurden die ersten beiden Geheimnisse veröffentlicht.

**Das erste Geheimnis lautet:**
*„Unsere Liebe Frau zeigte uns ein großes Feuermeer, das in der Tiefe der Erde zu sein schien. Eingetaucht in dieses Feuer sahen wir die Teufel und die Seelen, als seien es durchsichtige schwarze oder braune, glühende Kohlen in menschlicher Gestalt. Sie trieben im Feuer dahin, empor geworfen von den Flammen, die aus ihnen selber zusammen mit Rauchwolken hervorbrachen. Sie fielen nach allen Richtungen, wie Funken bei gewaltigen Bränden, ohne Schwere und Gleichgewicht, unter Schmerzensgeheul und Verzweiflungsschreien, die einen vor Entsetzen erbeben und erstarren ließen. Die Teufel waren gezeichnet durch eine schreckliche und grauenvolle Gestalt von scheußlichen, unbekannten Tieren, aber auch sie waren durchsichtig und schwarz."*[152]

---

[151] http://www.sueddeutsche.de/panorama/wunderglaube-die-hoffnung-die-zur-wirklichkeit-wird-1.678653
[152] https://de.wikipedia.org/wiki/Drei_Geheimnisse_von_F%C3%A1tima

**Kommentar: Hier zeigt sich die typische Teufelswelt, mit der Kinder noch 1917 von der katholischen Kirche bei der Erziehung geängstigt wurden. Kein Wunder also, dass sie Tag und Nacht von diesen Geistern verfolgt wurden. Diese Vorstellung von durchsichtigen Leibern, die Seelen sein sollen, kenne ich noch aus meiner Kindheit.** Dabei hat man ganz vergessen, dass Seelen ohne Körper keine Nerven haben und deswegen gegen Verbrennungen völlig unempfindlich sein müssten.

### Das zweite Geheimnis

„Ihr habt die Hölle gesehen, wohin die Seelen der armen Sünder kommen. Um sie zu retten, will Gott in der Welt die Andacht zu meinem unbefleckten Herzen begründen. Wenn man tut, was ich euch sage, werden viele Seelen gerettet werden, und es wird Friede sein. Der Krieg wird ein Ende nehmen. ...[...] Wenn man aber nicht aufhört, Gott zu beleidigen, wird unter dem Pontifikat von Papst Pius XI. ein anderer, schlimmerer beginnen.

**Kommentar: Als dieses Geheimnis 1942 eröffnet wurde, hat jeder gewusst, dass der Erste Weltkrieg 1918 zu Ende gegangen war und dass 1939 unter Pius XI. ein neuer Krieg begonnen hatte. Was für ein Geheimnis!**

### Das dritte Geheimnis

*„Und wir sahen in einem ungeheuren Licht, das Gott ist: ‚etwas, das aussieht wie Personen in einem Spiegel, wenn sie davor vorübergehen' und einen in Weiß gekleideten Bischof – ‚wir hatten die Ahnung, dass es der Heilige Vater war'...[...] Da wurde er von einer Gruppe von Soldaten getötet, die mit Feuerwaffen und Pfeilen auf ihn schossen.*

Lúcia hatte außen auf den Umschlag mit dem Geheimnis geschrieben, dass er nicht vor 1960 geöffnet werden dürfe. Aber erst im Jahr 2000 wurde der Inhalt von Joseph Kardinal Ratzinger und Erzbischof Tarcisio Bertone bekannt gemacht.
Der Kardinalpräfekt der Kongregation, Franjo Šeper sah im dritten Geheimnis einen Hinweis auf jenes Attentat auf Papst Johannes Paul II., das Mehmet Ali Ağca am 13. Mai 1981 (am Jahrestag der ersten Marienerscheinung in Fátima) verübte.
Bis zu seiner Veröffentlichung rankten sich um das dritte Geheimnis zahlreiche Spekulationen. So wurde unter anderem angenommen, es würde einen dritten Weltkrieg oder einen Atomkrieg vorhersagen.

**Kommentar: Auch das dritte Geheimnis wurde erst bekannt gegeben, als man glaubte, es deuten zu können... und wer weiß, wann es aufgeschrieben wurde?**

Mit Wallfahrtsorten ist allen gedient: Die einen haben einen Ort, wohin sie hoffnungsvoll pilgern können und die andern machen damit ein frommes und lukratives Geschäft. Also daran ist nichts zu kritisieren. Wer für 500 ml Lourdeswasser 15€ zahlt, zahlt damit ja auch die Hoffnung, dass alle sein Wünsche in Erfüllung gehen.

## Wahrsagen – Prophezeiungen – Orakel

Die Zukunft hat die Menschen schon immer neugierig gemacht und so versuchen sie seit über 5000 Jahren ihr Geheimnis zu enträtseln - meist ohne viel Erfolg. Aus den Kulturen, die uns schriftliche Zeugnisse überliefert haben, wurden uns auch die verschiedensten Praktiken bekannt, die angeblich die Zukunft entschleiern sollten. Vor allem im Nahen Osten waren diese weit verbreitet. Die Zukunft versuchte man anhand von Missbildungen bei Neugeborenen, durch Deutung von Träumen und durch Beobachtung des Vogelflugs, vor allem aber aus der Betrachtung der Eingeweide speziell dafür geschlachteter Opfertiere zu ergründen. Man glaubte, die Götter senden Zeichen der Zukunft, verschlüsseln sie und Aufgabe von Priestern und geschulten Hellsehern sei es, diese richtig zu deuten. Aus aufgezeichneten Erfahrungen bildete sich allmählich ein umfangreiches „Geheimwissen". Wie sehr das Zaubern im Palästina des 2. Jahrtausends verbreitet war, und wie sehr man es bekämpfte, bezeugt die Bibel, wo es bei *2. Mose 22:18* heißt: *„Die Zauberinnen sollst du nicht am Leben lassen."*
Den Azteken wurde eine Weissagung zum Verhängnis: Sie glaubten dass einst Quetzalcoatl, ein hochgewachsener, weißer Gott mit einem Bart und blauen Augen wiederkäme – und so stellten sie dem spanischen Eroberer Hernán **Cortés**, den sie dafür hielten, zunächst keinen Widerstand entgegen, sondern Aztekenhäuptling **Montezuma** empfing ihn wie den erwarteten Gott. Das gab den Spaniern die Möglichkeit, ihn gefangen zu nehmen, zu töten und schließlich das Aztekenreich zu erobern.
Germanen, bei denen es, wie im griechischen Delphi, auch Seherinnen gab, versuchten aus hingeworfenen Runen Sinnvolles zu deuten. Bei den Kelten gab es Spezialisten, die Druiden, die berühmt waren für ihr Handwerk. Vor allem die Griechen waren an Erkenntnissen über die Zukunft interessiert. Dafür gab es extra ausgebildete Seherinnen und Seher und Heiligtümer, wie das dem Gott Apollo geweihte in Delphi. Durch ihre mehr oder weniger geheimnisvollen und vieldeutigen Prophezeiungen wurden die Priesterinnen und das Heiligtum weltberühmt und steinreich. Sie griffen damit auch unmittelbar in die Politik ein. Es war eine Kunst die Orakel zu formulieren und eine Kunst sie zu enträtseln. Es war keine Kunst, Menschen damit zu täuschen,

denn die waren zu allen Zeiten fasziniert vom Übersinnlichen, Rätselhaften und Geheimnisvollen. Vor allem Träume wurden als Ausgangspunkt für Prophezeiungen benutzt. In vielen Teilen der Welt entwickelte sich die Idee, dass das Geschehen am Himmel in Zusammenhang stand mit dem Schicksal der Menschen. Man begann, aus dem Stand der Sterne auf das individuelle Schicksal der Menschen zu schließen und kam so zur Astrologie. Bekannt ist dies aus Babylon ebenso wie aus Ägypten und bei den Kelten. So muss man wohl die Himmelsscheibe von Nebra deuten. Ihr Alter wird auf 3700 - 4100 Jahre geschätzt. Selbst berühmte Wissenschaftler wie Ptolemaios (Mitte des 2. Jh. n. Chr.), der ein Buch über das Wahrsagen geschrieben hat oder der Philosoph Platon, glaubten an die Astrologie und förderten sie. Platon vertrat die Ansicht: *Die Seherkraft sei uns von den Göttern verliehen worden, um die Unzulänglichkeit des Verstandes zu mildern, und sie könne am ehesten dann zum Zuge kommen, wenn letzterer geschwächt ist oder schläft. Daher habe z.B. das Orakel zu Delphi „im Wahnsinn" viel Hilfreiches von sich gegeben, „bei Verstande aber Kümmerliches oder gar nichts"* **Phaidros - Platon.**

**Kommentar:** So sind Gläubige der Ansicht, dass „Wahrheiten" aus irrationalen und transzendenten Quellen, d.h. durch Offenbarung, aus Träumen, Weissagungen oder alten Überlieferungen höher zu bewerten seien als „Wahrheiten", die allein mit dem gesundem Menschenverstand gefunden werden, d.h. durch Nachdenken und wissenschaftliche Forschung. Genauso könnte man aber „Wahrheiten", die im Rausch gefunden werden, als wahrer bezeichnen als solche, zu denen man bei nüchternem Verstand gelangt. Hat aber jemand im Rauschzustand schon mal ein brauchbares Werkzeug oder eine sichere Aussage zustande gebracht? Wahrheiten sollten sich meiner Ansicht nach vor allem in der Wirklichkeit bewähren, d.h. wenn z.B. ein Auto funktioniert, dann wissen die Ingenieure etwas über die Natur. Wenn jemand auf Grund von Träumen etwas vorhersagt und er trifft manchmal ins Schwarze und meistens eben nicht, dann ist das wie ein Stochern im trüben Wasser. Seine Aussagen unterliegen dem Gesetz von Zufall und Wahrscheinlichkeit. Genauso verhielt es sich mit den Aussagen der Seherinnen von Delphi und den heutigen Astrologen. Sie erraten manchmal das Richtige und das ist dann die Sensation, über die man spricht, dass sie daneben unzählige falsche Aussagen machen, wird verschwiegen.

Nach Ansicht von Berossos, einem babylonischen Priester und Astronom (um -300), wiederholen sich alle Ereignisse nach 432000 Jahren. Wer in die Zukunft blickte konnte prophezeien und so entstand die Prophetie.

Manche Philosophenschulen standen dem Vorhersagen der Zukunft aufgeschlossen gegenüber, wie die Stoiker, andere lehnten sie ab, wie die Kyniker und die Skeptiker, vor allem aber die Epikureer.

Unter Kaiser Augustus wurde das „private" Wahrsagen verboten und in den Dienst des Staates gestellt. Vor allem sollten keine Tode mehr vorhergesagt werden. Während beim einfachen Volk das Wahrsagen zu allen Zeiten hoch im Kurs stand, hielten es die seriösen Denker stets für Aberglauben. So schrieb Cicero: *Es sei lächerlich zu glauben, die Götter gäben den Eingeweiden eines Opfertiers zum Zeitpunkt der Opferung ein bestimmtes Aussehen, um den Menschen dadurch etwas mitzuteilen, oder sie würden uns im Traum undeutliche Botschaften schicken, anstatt sich deutlich auszusprechen. Überhaupt sei es eine unbewiesene Behauptung, dass es Götter gibt, welche die Zukunft kennen und uns an diesem Wissen teilhaben lassen.* Cicero kam zu dem unwiderruflichen Schluss, dass Wahrsagung nichts als Betrug und Aberglaube ist.[153]

Im Christentum konzentrierte sich das Wahrsagen vor allem auf die Prophezeiungen in ihren heiligen Texten, auf das Kommen des Antichristen, die Wiederkehr Christi und auf das Ende der Welt. Einerseits gab es im Christentum selbst viele Prophezeiungen, andererseits wollte man die „Wahrsagekunst" der heidnischen Astrologen als Aberglauben abtun oder sie zumindest dem Teufel zuschreiben. Eine auch innerhalb des Klerus übliche Methode war das zufällige Aufschlagen von Büchern (Bibelstechen), verbunden mit der rituellen Anrufung Gottes. Wie schon zu Zeiten Augustus suchte die Kirche das freie Prophetentum zu kontrollieren oder am besten ganz zu unterbinden und nur noch das „kirchlich richtige", d.h. das im Interesse der Kirche liegende Prophetentum zuzulassen. So machte die Kirche sich zum Schiedsrichter darüber, was als richtiges und was als falsches Prophetentum galt.

Das Mittelalter war eine Zeit tiefster Irrationalität. Im Volk waren die Deutung des Vogelflugs als Vorzeichen für Krankheiten, Ernten und Wetter, sowie das Pendeln und das Handlesen gebräuchlich.

Im 17. Jahrhundert setzte sich bei den Gebildeten mehr und mehr die Astrologie durch. Man hielt sie für die wissenschaftlichere Methode des Wahrsagens als zum Beispiel Kartenlegen, oder Handlesen. Beliebt waren berühmte Wahrsager wie Nostradamus und Paracelsus. Selbst angesehene Astronomen wie Johannes Kepler und Galileo Galilei praktizierten die Astrologie. Isaac Newton stand der Astrologie lange aufgeschlossen gegenüber.

---

[153] https://de.wikipedia.org/wiki/Geschichte_des_Wahrsagens

Die 1662 gegründete Royal Society in England stellte allerdings bald klar, dass die Astrologie keinesfalls mehr zu den Wissenschaften zu zählen sei. Damit waren sich nun Wissenschaft, Kirche und Politik in ihrer Ablehnung der Astrologie einig.
Im 18. Jahrhundert war die Wahrsagung im Wesentlichen nur noch eine Angelegenheit des einfachen Volkes, das weiterhin massenhaft die Almanache = jährliche Horoskope kaufte und Astrologen und Wahrsager befragte, während diese Dinge für Gebildete allenfalls noch zur Belustigung taugten.$^{154}$ In aufgeklärt-skeptischen Kreisen wurden die Praktiken der Wahrsager und der Aberglaube ihrer Kunden zwar verachtet und verspottet, aber zugleich als ungefährlich eingestuft.
Der Beruf der Wahrsagerin wurde überwiegend von alleinstehenden Frauen ausgeübt, für die er eine der wenigen Möglichkeiten war, unabhängig zu Ansehen und Wohlstand zu kommen, und auch die Kundschaft war vorwiegend weiblich.
Wie schon in den vorangegangenen Jahrhunderten führte der Vormarsch der Wissenschaft bei gleichzeitigem Rückgang der Bedeutung der Kirchen nicht etwa zu einem Schwinden des Glaubens an das Irrationale, sondern zu einer Neuorientierung in Richtung der Esoterik und Parapsychologie.
Jedes Jahr an Silvester werden die Vorhersagen für das vergangene Jahr auf den Prüfstand gestellt. Und jedes Jahr liegen Astrologen, Hellseher und Wahrsager mit ihren Prognosen voll daneben. Sie liegen praktisch nie über der zufälligen Trefferquote.

**Kommentar: Man kann wohl sagen, dass die große Mehrheit der ungebildeten Menschen einen starken Hang zur Irrationalität hat und dass das weibliche Geschlecht diesbezüglich besondere Neigungen zeigt. Wenn sie nicht mehr an religiöse Dinge glauben, dann suchen sie ihre spirituelle Leere mit anderen Abstrusitäten auszufüllen. Ein diffuses Gehirnbrummen gibt ihnen das beruhigende Gefühl, mit dem Weltgeist in harmonischer Beziehung zu stehen.**

---

[154] https://de.wikipedia.org/wiki/Geschichte_des_Wahrsagens

# Hellsehen

Dem Wahrsagen verwandt ist das Hellsehen. Hellseher geben vor, Informationen aus übersinnlichen Quellen zu erhalten. Meist setzen sie sich dafür in eine Art Trancezustand.
Manche behaupten, dass hellseherische Visionen durch den Kontakt mit Geistern entstehen. Andere meinen, dass Hellseherei durch die Fähigkeit zustande kommt, mit anderen Personen auf rein geistigem Wege zu kommunizieren.
Die meisten Wissenschaftler bestreiten, dass es Beweise für hellseherische Fähigkeiten gibt.

**Kommentar: Man sollte das einfach mit wissenschaftlichen Methoden untersuchen!**

# Nostradamus

Geboren wurde Michel de Nostredame 1503 in Saint-Rémy, Frankreich. Er war ein Arzt mit jüdischen Wurzeln. D.h. seine Eltern waren einst zwangsweise zum Christentum übergetreten. Im Jahre 1488 gab König Karl VIII. einen Erlass heraus, demzufolge Juden zwischen der Taufe und dem Verlust ihres Vermögens zu wählen hatten. Bekannt wurde er vor allem mit über 900 Vierzeilern in denen er, zum Teil sehr genau, die Zukunft vorhergesagt hat. In ihrer Gesamtheit erschienen sie erst nach seinem Tod 1568. Manches ist Erstaunlich – anderes banal!
*„Nachts glaubt man die Sonne zu sehen – wenn man erblickt halb Schwein, halb Menschenkind – Lärm, Schreie, Schlacht in Himmelshöhen – wilde Tiere zu vernehmen sind."*
Damit soll er die Gasmasken – halb Schwein, halb Mensch – und den ersten Weltkrieg vorhergesagt haben?
Man kann im Nachhinein vieles mit vielem verbinden, wenn der Spruch reichlich Spielraum dazu lässt. Darin liegt wohl die Popularität seiner Sprüche.
Folgende Verse sollen sich auf die Herrschaft Hitlers beziehen. Interessant ist der Name: Hister.
*„Bestien, wild von Hunger, werden die Ströme zittern machen, ein immer größeres Gebiet wird Hister besetzen, die Jugend Deutschlands wird nichts mehr achten."*
*„Die neue Ordnung wird neues Gebiet bis nach Syrien, Judäa und Palästina hin besetzen, das große barbarische Reich wird zusammenbrechen."*

Kommentar: Möge hier jeder selbst sein Urteil fällen. Wenn etwas sehr genau vorhergesagt wurde, besteht immer der Verdacht, dass es im Nachhinein gefälscht wurde. Scheinbar sind die ersten Drucke von Nostradamus aber authentisch und nicht gefälscht. Es gibt sicher Dinge zwischen Himmel und Erde die dem rationalen Verstand (noch) nicht erklärlich sind.

# Sklaverei

Sklaverei gab es in vielen Kulturen, in Ägypten, Mesopotamien, Griechenland, Rom, bei den Inkas, den Arabern, in den USA...Meist wurden Kriegsgefangene oder Menschen versklavt, die man für minderwertiger hielt. Selbst Philosophen wie Aristoteles, Cicero oder Thomas von Aquin haben die Sklaverei gerechtfertigt oder es zumindest als „natürlich" bezeichnet, wenn Menschen versklavt werden sollten, die z.B. auf Grund ihrer Abstammung oder ihrer Hautfarbe als minderwertiger betrachtet wurden. Augustinus hielt Sklaverei für ein „*von Gott gewolltes Schicksal.*" Er glaubt dass Sklaverei die Folge des Sündenfalls sei. Im Mittelalter stand Luther, wie die katholische Kirche, auf Seiten der adligen Ausbeuter, gegen die unterdrückten Bauern.

## Sklaverei im Christentum

Mit folgender Bibelstelle haben Christen in den USA die Versklavung der Schwarzafrikaner ~ 1640 - 1865 gerechtfertigt: Noah soll einst von seinem Sohn Ham betrunken und nackt gesehen worden sein und habe dies seinen Brüdern Sem und Japheth erzählt, die ihren Vater darauf hin zugedeckt haben. Als Noah aus seinem Rausch erwachte und die Geschichte erfuhr, soll er Ham verflucht haben mit den Worten: „*Verflucht sei Kanaan und sei ein Knecht aller Knechte unter seinen Brüdern! und sprach weiter: Gelobt sei der Herr, der Gott Sem's; und Kanaan sei sein Knecht!*"[155]

Die alten Hebräer leiteten die drei „Rassen" von den drei Söhnen Noahs ab, von Sem, Cham und Japhet. Sem der älteste, gilt als Ahnherr der Semiten, Ham gilt als Ahnherr

---

[155] 1Mose 9:25

afrikanischer, also schwarzer Stämme und der Kanaaniter und Japhet soll Ahnherr der in Europa lebenden Völker sein.[156]

Ein anderes Argument der amerikanischen Sklavenhalter lautete: *„Wenn Gott wollte, dass alle gleich sind, hätte er nicht Schwarze und Weiße geschaffen."*
Auch Paulus rechtfertigt die Sklaverei: *„Ihr Sklaven, ordnet euch in aller Furcht den Herren unter, nicht allein den gütigen und freundlichen, sondern auch den wunderlichen."*[157] Kolumbus war der Meinung, Heiden seien ohnehin zu ewiger Verdammnis verurteilt, so dass man auf sie keinerlei Rücksicht zu nehmen brauche.
*Noch 1835 drohte South Carolina jedem Einwohner, der die Sklaverei verurteilt, die Todesstrafe an. Viele Politiker und Geistliche verteidigten die Sklaverei mit Argumenten wie: Die Praxis sei biblisch begründet, die afrikanische Rasse minderwertig, freigelassene Sklaven hätten Schwierigkeiten, zu überleben".* Zwischen 1798-1808, also in zehn Jahren, wurden etwa 200000 Sklaven in die USA importiert.
Die Politik der christlichen Mormonen verbot Schwarzen bis 1978, Priester in ihrer Kirche zu werden. Der Grund, weshalb Joseph Smith, der Gründer der Mormonen, dies verordnete, war, dass sie in Wahrheit nicht aus Afrika kämen, sondern von den bösen Lamanitern abstammen würden. Dieses „gottlose" Volk, wurde nach einem sehr bösen Mann der die gottesfürchtigen Nethiter verfolgte, benannt.
Das hat folgende Bewandtnis: Im Jahre -722 eroberten die Assyrer das Nordreich Israel unter Sargon II. Dabei sollen, nach einem Mythos, 10 der 12 Stämme Israels spurlos verschwunden sein und haben so endlose Spekulationen über ihr Verbleiben ausgelöst. Die einen behaupteten sie seien nach Nordasien, die andern nach Saudi-Arabien und wieder andere noch Nordamerika verschwunden. Gemäß dem Buch Mormon seien die Stämme nach Amerika ausgewandert und bildeten dort die ersten Indianerstämme. Dabei hätten sich die Siedler in die Nephiten, die die Gebote Gottes einhielten und in Lamaniten, die sie nicht einhielten, gespalten. Die gottesfürchtigen Nephiten seien von Jesus Christus unmittelbar nach seiner Auferstehung besucht worden, wobei er ihnen einen Kern des Evangeliums vermittelt habe, bevor er in den Himmel aufgefahren sei. Im 5. Jahrhundert unserer Zeitrechnung seien die Nephiten von den Lamaniten bis auf einen einzigen Mann, den Propheten Moroni, vernichtet worden. Auf diesen Moroni berufen sich die Mormonen bei der Entstehung ihrer Religion. Gott habe die siegreichen Lamaniten aber verflucht und ihre Haut dunkel gefärbt.

---

[156] Mythen und Realitäten des Anders-Seins: Gesellschaftliche Konstruktionen ...von Eckhard Rohrmann
[157] 1. Petrus 2,18

*„Die Lamaniter brachten durch ihres Herzens Härtigkeit und Bosheit viele und schwere Heimsuchungen auf sich herab. Doch wurden sie als Nation nicht vertilgt, sondern nur aus einem weißen und wohlgebildeten Geschlechte in ein kupferrothes, häßliches und unreines verwandelt. Sie waren Leute von finsterer, wilder und roher Sinnesart und überzogen die Nephiter wiederholt in zahllosen Scharen mit Krieg."*
**Bibel der Mormonen**[158]
*„Smith behauptet, der als Engel wiederauferstandene Moroni sei ihm in den Jahren 1823 bis 1827 erschienen. Moroni habe Joseph Smith beauftragt, das im Hügel Cumorah im Norden des US-Bundesstaats New York verborgene Buch Mormon mit Hilfe von zwei Sehersteinen Urim und Thummim ins Englische zu übersetzen."*[159]
Das Buch sei angeblich auf goldenen Platten in einer nur von Moroni mit besonderen Steinen lesbaren Schrift geschrieben gewesen. Danach musste er sie an Moroni zurückgeben. Dieser Text bildet das eigentliche Buch Mormon.
In dem Buch wird die Besiedlung Amerikas beschrieben, die schon kurz nach dem Turmbau von Babel stattgefunden haben soll. Wann der war, weiß niemand, weil das nicht Geschichte, sondern Mythos ist. Die mormonischen Kirchen – mit Ausnahme der Gemeinschaft Christi – haben auch nie das Bekenntnis von Nicäa anerkannt. Andererseits halten die großen christlichen Kirchen die Kirche „Jesu Christi der Heiligen der Letzten Tage", also die Mormonen, nicht für eine christliche Religion, sondern für eine „eigenständige, synkretistische Neu-Religion und erkennen ihre Mitglieder nicht als getaufte Christen an.

**Kommentar: Über solch absurde Geschichten könnte man lachen, wenn sie nicht so viel Unheil angerichtet hätten, weil sie für „wahr" gehalten wurden – und weil man an Gott und seinem unergründlichen Wirken nichts kritisieren durfte. Gott konnte die Haut der Bösen zwar rot färben, konnte den Guten aber nicht zum Sieg verhelfen? Das ist Rassismus der schlimmsten Sorte!**
Wissenschaftliche Tatsache ist:

| Alle heute lebenden Menschen stammen aus Afrika. Sie sind von dort in mehreren Wellen, zuletzt vor 60000 – 70000 Jahren nach Europa und Asien, vor 10000 Jahren nach Amerika ausgewandert. Die Sonneneinstrahlung auf die Haut sorgt für die Bildung von Vitamin D. Da die Strahlung in Afrika stärker ist als in Europa, hat sich die Haut im Laufe der Evolution in Europa weniger stark pigmentiert, hat weniger Melanin entwickelt und ist heller geworden, um die Strahlung besser durchzulassen. |
|---|

---

[158] https://de.wikisource.org/wiki/Die_Mormonen-Bibel
[159] https://de.wikipedia.org/wiki/Moroni_%28Prophet%29

Papst **Nikolaus V.** hat in seiner Bulle „**Romanus Pontifex**" 1455, die Versklavung aller Heiden ausdrücklich erlaubt.[160]

Zugunsten der Christen muss auch gesagt werden, dass in der päpstlichen Bulle Sublimis Deus von 1537 die Versklavung der indianischen Ureinwohner von Amerika und aller anderen Menschen verurteilt wurde. *„Denn den Indianern stehe infolge ihrer Freiheit vor Gott und dem Gesetz das Recht zu, sich taufen zu lassen.* Der Papst änderte aber seine Meinung und erlaubte die Versklavung der Indianer 1548 ausdrücklich.

*„Mit der europäischen Entdeckung Amerikas erhoben sich Spekulationen über die Frage, ob die indigene Bevölkerung dieser Länder ‚wahre Menschen' seien oder nicht. Damit einher ging eine Debatte über die Misshandlungen der Einheimischen durch die Eroberer. Eine starke Fraktion glaubte, dass diese Völker nicht menschlich seien. Sie spekulierten, dass Gott ihnen das Christentum und das Evangelium so lange vorenthalten habe, weil es sich nicht um menschliche Wesen mit Seelen handele und sie daher zu keiner Erlösung fähig seien."*[161]

Neben den Aufklärern kämpften auch Evangelikale, wie Baptisten, Quäker und Mennoniten, für die Abschaffung der Sklaverei und erklärten sie zur Sünde.

**Kommentar: Wir sehen hier wieder wie religiöse Begründungen unmenschliches Verhalten rechtfertigen sollten. Dabei glaube ich, dass in diesem Fall nicht etwa religiöse Begründungen zur Sklaverei geführt haben, sondern dass diese Begründungen erfunden wurden, um Sklaverei religiös zu rechtfertigen. Man muss sich auch fragen: Warum kam das religiöse Argument gegen die Sklaverei so spät - nach 2000 Jahren Billigung unter dem Christentum – weil die Bibel einfach keine klaren Richtlinien gibt und die Päpste auf Seite der Mächtigen standen. Schließlich gehörte die katholische Kirche selbst zu den größten Sklavenhaltern.**

## Sklaverei im Islam

Sklaverei gab es schon lange im Vorderen Orient, in dem sich der Islam ab dem 7. Jh. ausgebreitet hat. Der Islam hat sie in seine Weltanschauung eingebunden. Als „erlaubte" Sklaven galten vor allem die „Ungläubigen". Sklaven bezogen die Kalifen und Emire aus Schwarzafrika ebenso, wie aus dem christlichen Europa, wo Völker, die im 9. Jahrhundert noch nicht christianisiert waren, wie z.B. die Sachsen und später die

---

[160] https://de.wikipedia.org/wiki/Nikolaus_V._%28Papst%29
[161] https://de.wikipedia.org/wiki/Sublimis_Deus

„Slaven = Sklaven", von christlichen und jüdischen Sklavenhändlern an die Muslime in Al Andalus und Nordafrika verkauft wurden. Von 1530 bis 1780 sollen den Piraten des Maghreb zum Beispiel aus Algier, Tunis und Tripolis 1,25 Mio. Christen in die Hände gefallen sein. [162] Besonders begehrt waren junge Männer, die vorher zu Kastraten gemacht wurden. Christliche Kinder, die man ihren Eltern geraubt hatte, bildeten eine berühmte Elitetruppe der türkischen Armee, die Janitscharen. Auch viele Herrscher in der islamischen Geschichte waren Söhne von Sklavinnen. Offiziell wurde die Sklaverei in den islamischen Ländern im 19. Jahrhundert abgeschafft. Saudi-Arabien schaffte sie erst 1963 ab. In manchen Staaten, wie Bangladesch, dem Süden Indiens, dem Sudan und Äthiopien und in den Golf-Staaten gibt es aber immer noch versteckte Formen der Sklaverei.

# Rassismus

Im 19. und 20. Jahrhundert hatten Rassentheorien einen verhängnisvollen Einfluss auf die Weltpolitik. Aus rein äußeren Merkmalen hat man geschlossen, dass die Menschen in verschiedene, stark voneinander unterschiedene „Rassen" eingeteilt werden könnten und dass es „wertvollere" und weniger „wertvolle" Rassen gebe, nämlich solche, die zu höherer Kultur fähig sind und solche, die dazu unfähig sind. Dabei galten die Menschen mit dunklerer Hautfarbe als unfähig, höhere Kultur zu schaffen, während die Weißen, die auch Schöpfer dieser Theorie waren, sich an die Spitze der wertvollsten Rassen setzten. Der verhängnisvollste Fehlschluss war aber, dass sich durch Rassenvermischung das Erbgut verschlechtere. Deswegen trat man für eine strikte Rassentrennung ein.

Schon Aristoteles übernahm die in Griechenland weit anerkannte Sicht, dass die Griechen zu den wertvollen und alle nicht griechisch sprechenden Völker, die Barbaren (Babler) zu den minderwertigen Menschen zählten. Die Römer übernahmen die Sicht, die das eigene Volk an die Spitze der kulturfähigen Völker setzte, das über andere herabschaute. Diese Einschätzung mag sicher zutreffen, wenn sich die hoch gebildete römische Elite, die in Rom in Palästen mit Schwimmbädern allen Luxus der unterworfenen Völker auskostete, mit den Völkern Germaniens verglich, die noch in primitiven Hütten ohne Wasserversorgung lebten und keine schriftlichen Zeugnisse außer ein paar schwer zu deutende Runen von ihrer Kultur hinterlassen haben.

---

[162] https://de.wikipedia.org/wiki/Sklaverei_im_Islam

Diese überhebliche Denkweise herrschte auch in der Zeit des europäischen Kolonialismus, im 19. Jahrhundert. Fremde Völker wurden, wegen ihrer rassischen Minderwertigkeit behandelt wie kleine Kinder. Siehe: Auserwähltheitswahn der Völker, weiter oben. Die Christen, wie die Muslime, teilten die Menschheit in Recht- und Falschgläubige ein. Wobei sie selbst natürlich den rechten Glauben hatten, der ihnen erlaubte, alle Völker, die nicht Christen bzw. Muslime waren, versklaven zu dürfen. Schließlich wurde der Rassebegriff im Europa des 19. Jahrhunderts auch auf Juden angewendet. Man sah in ihnen nicht nur eine Religionsgemeinschaft, sondern eine Rasse mit besonders schlechten, ausbeuterischen, schmarotzerischen Eigenschaften. Damit rechtfertigten die Nazis ihre Verfolgung und schließlich ihre Vernichtung. Auch Slawen wurden von den Nazis als minderwertig betrachtet. Sie sollten nach einem deutschen Sieg im Osten wie Sklaven behandelt werden.

Berühmte Denker, wie Luther, Goethe, Montesquieu, Hume, Voltaire, Kant, Wagner, Heidegger…waren nicht frei von Rassismus. In Schwarzen und meist auch in Juden sahen sie Menschen minderen Wertes, die dazu da waren, den „Herrenvölkern" zu dienen.

So schrieb Voltaire 1755: *„Die Rasse der Neger ist eine von der unsrigen völlig verschiedene Menschenart, […] Man kann sagen, dass ihre Intelligenz nicht einfach anders geartet ist als die unsrige, sie ist ihr weit unterlegen."*[163]

Selbst die jüdische Philosophin Hannah **Arendt** hatte einen erheblichen Rassendünkel: Sie protestierte ganz massiv dagegen, dass in den USA schwarze und weiße Kinder zusammen unterrichtet werden sollten. Sie behauptete, dass die Rassen Afrikas und Australiens selbst schuldig seien am Rassismus. Sie seien *„bis heute die einzigen ganz geschichts- und tatenlosen Menschen, von denen wir wissen, […] die sich weder eine Welt erbaut noch die Natur in irgendeinem Sinne in ihren Dienst gezwungen haben".*

Sie wirft den Afrikanern vor, über primitive Volksbräuche und ein tierisches Gemeinschaftsleben nicht hinausgekommen zu sein und dass sie dadurch die Hemmschwelle zu ihrer Ausrottung selbst heruntergesetzt hätten.

*„Hier, unter dem Zwang des Zusammenlebens mit schwarzen Stämmen, verlor die Idee der Menschheit und des gemeinsamen Ursprungs des Menschengeschlechts, wie die christlich-jüdische Tradition des Abendlandes sie lehrt, zum ersten Mal ihre zwin-*

---

[163] https://de.wikipedia.org/wiki/Rassismus#cite_ref-13

*gende Überzeugungskraft, und der Wunsch nach systematischer Ausrottung ganzer Rassen setzte sich umso stärker fest."* [164]

**Kommentar: Inzwischen weiß man, dass die Menschen enger miteinander verwandt sind als dies ihr Äußeres Erscheinen vermuten lässt. Rassentheoretiker wie Gobineau und Chamberlain, die im 19. Jahrhundert die Rassenlehre entwickelt haben, die von Rassenkampf sprachen und vor Rassenvermischung warnten und von denen „eine direkte Linie" zu Hitlers „Mein Kampf" und zur NS-Vernichtungspolitik führt, gelten heute als unwissenschaftlich.**

Die geno- und phänotypischen Unterschiede zwischen den Ethnien sind viel zu gering, als dass es gerechtfertigt wäre, den biologischen Begriff der „Rasse" zu benutzen. Daher wurde der Begriff im 20. Jahrhundert nicht nur im politischen, sondern auch im biologischen Sprachgebrauch fallengelassen.[165]

# Homosexualität

Bei mindestens 4% aller Menschen und auch im Tierreich gibt es die vorherrschende Zuneigung zum gleichen Geschlecht. Obwohl dies heute eine wissenschaftlich anerkannte Tatsache ist, hatten Homosexuelle mit einer solchen Veranlagung in fast allen Kulturen gegen die Diskriminierung durch ihre Mitmenschen zu kämpfen.
Während in der griechisch - römischen Antike Homosexualität toleriert oder relativ locker gehandhabt wurde - allerdings nur zwischen einem älteren und einem jüngeren Mann - lehnten die abrahamitischen Religionen die Homosexualität ab – sofern diese in einer patriarchalischen Gesellschaft, in der praktisch alle Männer und Frauen heiraten mussten, überhaupt gelebt werden konnte.
Im Alten Testament steht nur an einer Stelle: *„Wenn jemand bei einem Manne liegt wie bei einer Frau, so haben sie getan, was ein Gräuel ist, und sollen beide des Todes sterben; Blutschuld lastet auf ihnen."*[166] Scheinbar war das Thema nicht von großer Bedeutung.

**Kommentar: Von einem Mann wurde in der Antike erwartet, dass er eine große Familie gründet und seinen Samen nicht aus reiner zweckfreier Lust vergeudet.**

---

[164] http://www.heise.de/tp/artikel/41/41064/1.html
[165] Grenzen der Toleranz Schmidt-Salomon
[166] Lev 20,13

**Man wusste nichts von weiblichen Eizellen und wusste nicht, welche Unmengen an Samen dem Mann zur Verfügung stehen. Deshalb war auch Masturbation verpönt. Man hielt sie für reine Samenverschwendung.**

Im Neuen Testament werden Homosexuelle von Paulus mit Verbrechern gleichgesetzt: *„Weder Unzüchtige noch Götzendiener, Ehebrecher, Lustknaben, Knabenschänder, Diebe, Geizige, Trunkenbolde, Lästerer oder Räuber werden das Reich Gottes ererben."*[167]

**Kommentar: Er dachte dabei wohl an die reichen Römer, die sich zum Zeitvertreib Lustknaben (Jünglinge) hielten und nicht an eine gleichgeschlechtliche Beziehung zwischen anders gepolten Menschen.**

In manchen islamischen Staaten steht auf Homosexualität heute noch die Todesstrafe, obwohl es im Koran keine eindeutigen Stellen gibt, die sich dagegen aussprechen. Vielleicht diese[168]
Dabei gibt es in der islamischen Geschichte sehr schöne homoerotische Gedichte vom 8. bis ins 18. Jahrhundert. Manche glauben, dass die Abneigung gegen die Homosexualität erst im 19. Jahrhundert durch die christlichen Europäer in die islamische Welt eingeführt wurde. Jedenfalls gab es dort bis 1979 in tausend Jahren keine Anklage wegen Homosexualität.[169]
Im abendländischen Europa wurden Homosexuelle seit dem 5. oder 6. Jh. mit der Todesstrafe bedroht und verfolgt,

*„Vom 13. Jahrhundert bis zur Aufklärung wurde Analverkehr zwischen Männern in fast ganz Europa unter der Bezeichnung ‚Sodomie' durch weltliche Gesetze mit dem Scheiterhaufen bedroht. Die Ideen der Französischen Revolution führten in zahlreichen Staaten, um 1800 herum, zur Abschaffung aller Gesetze gegen die „widernatürliche Unzucht". Preußen wandelte 1794 die Todesstrafe in eine Zuchthausstrafe um. 1871 wurde der preußische Paragraph in das Reichsstrafgesetzbuch des Deutschen Reichs aufgenommen und galt als § 175 mehr oder weniger scharf angewendet bis 1994."*[170]

---

[167] 1. Kor 6,9-10
[168] Sure 4:15
[169] https://de.wikipedia.org/wiki/Homosexualit%C3%A4t_im_Islam
[170] Siehe Wikipedia / Homosexualität

Die Zeit des Nationalsozialismus in Deutschland bildete einen traurigen Höhepunkt der Verfolgung. Etwa 10000 bis 15000 Homosexuelle sollen in Konzentrationslager verschleppt worden sein, wobei 50 % umkamen.[171]
Im 19. Jahrhundert wurden sie dann nicht mehr bestraft, aber als psychisch Kranke eingestuft. Viele mussten ein Doppelleben führen oder verübten Selbstmord.
Bis 1973 wurden Homosexuelle noch als psychisch gestörte Individuen betrachtet, die es zu „heilen" galt. Inzwischen gilt diese Ansicht allgemein als überholt, außer bei Evangelikalen, die sich ja grundsätzlich hinter dem Mond eingerichtet haben. Seit neuestem wollen katholische Ärzte Homosexuelle mit homöopathischen Mitteln heilen.

*Katholisch-homöopathische Ärzte wollen eine Krankheit, die es nicht gibt, mit Mitteln bekämpfen, die nichts bewirken.[172]*

Als 2016 ein islamischer Täter 50 Homosexuelle in einer Bar in Orlando erschoss und 50 weitere verletzte, bemerkte Pastor Steven Anderson dazu, dass es eine gute Nachricht sei, wenn es jetzt 50 „Pädophile" (er meinte wohl Homosexuelle, vermutlich hat er dieses Wort aber absichtlich und bösartig verwendet, um diese Menschen weiter herabzusetzen) weniger gebe, er bedauerte nur, dass dieser Vorfall dazu genutzt werde, Waffen zu begrenzen. Gemäß der Bibel sollten diese Leute zum Tode verurteilt werden.[173]

**Kommentar: Da sieht man wieder welche Wirkung die Texte der Bibel haben. Weil in einem Buch, das vor mehr als 2000 Jahren von mehr oder weniger ungebildeten und unwissenden Menschen an einer oder zwei Stellen für Homosexuelle die Todesstrafe gefordert wird, hält dies ein Pastor im Jahre 2016 immer noch für die angemessene Strafe für Menschen, die von der Natur anders gepolt wurden. Da muss man sich doch fragen: Warum wird diese Hetzliteratur nicht endlich aus dem Verkehr gezogen oder wenigstens kommentiert?**
**Den Abscheu vor der Homosexualität hat das Christentum wohl von den Juden übernommen und die Muslime vermutlich von den missionierenden Europäern - es gab sie lange nicht in der islamischen Welt - oder auch schon aus der Bibel,**

---

[171] ttps://de.wikipedia.org/wiki/Homosexualit%C3%A4t#Verfolgung_in_der_Zeit_des_Nationalsozialismus
[172] http://hpd.de/artikel/katholischer-aerzte-hokus-pokus-12812
[173] https://www.youtube.com/watch?v=Pxj8y5ctmiE

weil es dazu je eine Stelle im Alten wie im Neuen Testament gibt. Dabei ist die Vielfalt ein Kennzeichen alles Lebendigen.

Heute scheuen sich Männer oft davor, sich ihre Zuneigung einzugestehen, aus Angst in die homosexuelle Ecke gestellt zu werden.

## Die Inquisition

Seit dem das Christentum im 4. Jahrhundert zur Staatsreligion geworden war, galt abweichendes Denken von dieser offiziellen, staatlichen Form des Glaubens, dem Katholizismus, als Ungehorsam gegen den Staat. Als Reaktion auf die ersten ketzerischen Gemeinschaften richtete die Kirche mit Unterstützung des Staates eine Behörde zur Verfolgung und Vernichtung von Ketzern ein, die Inquisition (lateinisch *inquisitio:* gerichtliche Untersuchung)

*„Seit der Erklärung des Christentums zur alleinigen Staatsreligion im Römischen Reich durch Kaiser Theodosius dem Großen, 380, erfolgten diese Verfahren mit Unterstützung des Staates in einigen katholischen Ländern Europas bis in das 19. Jahrhundert hinein. Ursprünglich war die Inquisition eine bischöfliche Einrichtung. Papst Gregor IX. zentralisierte die Inquisition 1231 in einer päpstlichen Behörde. Von 1542 bis 1965 trug diese den Namen »Sanctum Officium« (»Heiliges Amt«). Das Inquisitionsverfahren gestattete die Anwendung des Gottesurteils und der Folter. Todesurteile wurden in der Regel durch den Feuertod vollstreckt. In Spanien, wo die Inquisition eine von einem Großinquisitor geleitete staatliche Einrichtung war, fielen dem Feuertod insgesamt rund 31000 Menschen zum Opfer."* **Meyers Lexikon**

Letztlich ist jede Ketzerei eine Frage der Macht, denn der Mächtige bestimmt was *„rechtgläubig = orthodox"* und was *„häretisch = vom wahren Glauben abweichend"*, ist und dementsprechend macht er die Gesetze.

Lange vor Einrichtung der offiziellen Inquisition 1542, wurden Häretiker in der katholischen Kirche verfolgt. Erste Ketzer waren Markion; Montanus; die Manichär und Gnostiker; Arius; Athanasius; Pelagius 350-420, Priscillian war im Jahr 385 das erste Todesopfer; Petrus Abaelardus; Arnold von Brescia wurde 1155 hingerichtet; Heinrich von Lausanne; Petrus Valdes, Gründer der Waldenser, ca. 1183 vertrieben …

**Kommentar: Aberglaube ist immer der Glaube der anderen.** Hier erkennt man den Unterschied zwischen Wissen und Glauben. Da man alles glauben kann, kommt es darauf an, wer seine Glaubensinhalte durch eine möglichst intensive Propaganda unter Ausschluss und Verfolgung anderer Glaubensinhalte verbreiten kann.

Die Geschichte lehrt, dass gerade die geistigen Strömungen von der mächtigen Kirche verfolgt wurden, die dem Vorbild Jesu am besten nacheiferten, während die nach Reichtum und weltlicher Macht strebende katholische Kirche sich selbst immer weiter von diesem Vorbild entfernte. Die Kirche maßte sich an, den Inhalt aller Gehirne regulieren zu müssen. Diese Anmaßung entstand aus ihrer wachsenden Macht, aus der Überzeugung, den einzig wahren Glauben zu vertreten und aus dem Größenwahn ihrer Führer. 1252 rechtfertigte Papst Innozenz IV. gesetzlich den Einsatz der Folter bei der Befragung der Angeklagten.

*„Indem man die Menschen zittern macht, gelingt es, sie zu unterwerfen und ihre Vernunft zu trüben".* **D'Holbach 1723-1789**

Die öffentlichen Verbrennungen der Opfer, die Autodafes, müssen als Demonstrationen der Macht verstanden werden, die in einer Art von Volksschauspielen inszeniert wurden. Mit wenigen solcher Schauspiele sollten tausende Menschen eingeschüchtert werden, die es eventuell wagen wollten, falsch zu denken und ihre Gedanken öffentlich kund zu tun.
Bei der öffentlichen Bestrafung dieser Falschgläubigen konnte sich die *„rechtgläubige"*, kritiklose Mehrheit umso besser als Einheit mit gutem Gewissen fühlen. Als eine besondere Ehre galt es, das Holz für den Scheiterhaufen sammeln zu dürfen.

Die Inquisition war vor allem auch ein Wirtschaftsunternehmen. Man konnte jeden anklagen, auf dessen Gut man es abgesehen hatte, deswegen waren die Herrschenden, der Staat, die Kirchen, die Fürsten und die Inquisitoren selbst, nicht daran interessiert, diesen Terror zu beenden.
Papst Lucius III., 1181-1185, erließ im Jahr 1184 in Zusammenarbeit mit Friedrich Barbarossa nach dem Konzil von Verona die Bulle **Ad Abolendam**. Hierin wurde der Kreis der als ketzerisch gebrannt markten Gruppen ausgedehnt. Namentlich erwähnt werden die Katharer, die Waldenser, die Humiliaten, die Arnoldisten und die Josephiner. Ferner wurde beschlossen, dass der Exkommunikation verfallen sei, wer als Laie predige. Wer dem Verbot der Laienpredigt - das Recht auf Predigt hatte die katholische Kirche nur ihren Priestern vorbehalten - nicht Folge leistete, sollte der

weltlichen Gerichtsbarkeit zur Verurteilung übergeben werden. Darüber hinaus wurde bestimmt, dass in Zukunft alle Bischöfe jeder Diözese zwei - bis dreimal jährlich ihre Pfarren besuchten, um nach Ketzern zu fahnden.

*Der päpstliche Inquisitor Bernhard Guidonis, wies darauf hin, dass diese Kaiser-Erlasse dem Papst ihr Dasein verdanken. Wörtlich schreibt der Inquisitor: »Zu verschiedenen Zeiten hat der apostolische Stuhl Verordnungen erlassen gegen die ketzerische Bosheit; auch die kaiserlichen Gesetze wurden zu diesem Zweck vom Kaiser Friedrich auf Betreiben des apostolischen Stuhles verkündet."* **Deschner K.d.C.**

Nicht der Staat war also die treibende Kraft hinter der Inquisition, sondern die Kirche. Die Kirche beeinflusste die Mächtigen in ihrem Sinne und berief sich später wieder auf sie. Der Staat sollte gewissermaßen die Verurteilungen absegnen, indem er die Hinrichtungen, die der Kirche allein nicht erlaubt waren, durchführte.
Selten wurde das Bibelwort **Matt 10:36** *„Und des Menschen Feinde werden seine eigenen Hausgenossen sein"*, besser erfüllt als zur Zeit der Inquisition. Männer zeigten ihre Frauen, Frauen ihre Männer an, Eltern verrieten ihre Kinder und Kinder ihre Eltern. Papst Gregor IX. befahl, dass niemand zögern dürfe, die eigene Familie preiszugeben.

1199 erließ Papst Innozenz neue Gesetze zur Bekämpfung der Ketzer. Darin hieß es unter anderem: *„Es lasse sich niemand verleiten von falschem Mitleiden (mit den Ketzern). ... Treu und Glauben braucht einem Ketzer [gegenüber] nicht gehalten zu werden, und der Betrug, gegen ihn geübt, wird geheiligt."* **Otto Wille**

**Thomas von Aquin** lehrte im 13. Jahrhundert: *„Was die Ketzer anlangt, so haben sie sich einer Sünde schuldig gemacht, die es rechtfertigt, dass sie nicht nur von der Kirche vermittels des Kirchenbannes ausgeschieden, sondern auch durch die Todesstrafe aus dieser Welt entfernt werden. Ist es doch ein viel schwereres Verbrechen, den Glauben zu verfälschen, der das Leben der Seele ist, als Geld zu fälschen, das dem weltlichen Leben dient. Wenn also Falschmünzer oder andere Übeltäter rechtmäßiger Weise von weltlichen Fürsten sogleich vom Leben zum Tode befördert werden, mit wie viel größerem Recht können Ketzer unmittelbar nach ihrer Überführung wegen Ketzerei nicht nur aus der Kirchengemeinschaft ausgestoßen, sondern auch billigerweise hingerichtet werden".*
Thomas dringt sogar darauf, jeden der Gesellschaft gefährlichen Menschen wie ein schädliches Tier totzuschlagen: heilige Vorbilder, mit unheilvoller Wirkung, die die kommenden Jahrhunderte entscheidend geprägt, d.h. vergiftet haben. Toleranz wurde

als Gleichgültigkeit und Laster angesehen. Man wollte aktiv für Gott gegen die Ketzer kämpfen und war sich sicher, Gott als Verbündeten zu haben.
Ketzerei wurde zum Akt des *„öffentlichen Aufruhrs"*, der ähnlich dem Majestätsverbrechen geahndet werden konnte. Inquisitoren wurden von der Kirche auch heiliggesprochen. Man hielt es für eine lobenswerte Tat, die Gesellschaft von schädlichen Elementen zu säubern, so wie damals in Rom die Gesellschaft von den Christen gesäubert werden sollte, um die Götter wieder gnädig zu stimmen. Die Ketzer, glaubte man, bringen alles Unheil, Krankheit, Naturkatastrophen... über die Gesellschaft, wenn man sie nicht bekämpft. Papst Urban II. sah im Umbringen von Exkommunizierten aus Eifer für die Kirche keinen Mord. Papst Gregor XI. exkommunizierte bis in die siebte Generation. Diese Denkweise, dass Schuld auf nachfolgende Generationen übergeht, stammt aus dem Alten Testament.

**2. *Mose 34,7****...der die Missetat der Väter heimsucht auf Kinder und Kindeskinder bis ins dritte und vierte Glied.*

**Kommentar: Wer gefährlichen Unsinn nicht kritisiert, macht sich schuldig an zukünftigen Generationen, denn es ist die Denkweise, die unheilvolles Handeln rechtfertigt oder gar befiehlt.**

Hauptziel der Inquisition war nach kirchlichem Verständnis die Reinerhaltung des Glaubens. Häretiker waren von ihrem Weg abzubringen, um auch ihre Seelen dem *„ewigen Heil"* zuzuführen. Die Inquisitionsprozesse sollten bei Ketzern in erster Linie zu Reue und Buße führen. Wo alle Mittel nichts nutzten, sollte der Unglaube jedoch auch physisch vernichtet werden, durch Verbrennung des Ketzers.
Religiöse Toleranz im modernen Sinn gab es im Mittelalter nicht, auf katholischer Seite so wenig wie auf Seiten der häretischen Gruppen. Calvin war in Glaubensfragen genauso intolerant wie Luther, Zwingli und die Päpste. Außer den drei staatskirchlichen Konfessionen - katholisch, lutherisch, reformiert - durfte es in Deutschland nach der Reformation nichts geben. Waldenser, Hutterer, Böhmische Brüder, Wiedertäufer... wurden von denen, die die Macht hatten, vertrieben, verfolgt, ihrer Güter beraubt und oft auch getötet, wenn sie ihrer habhaft werden konnten.
Zu dieser Zeit regte **Gregor IX.**, Papst ab 1227, auch den Mainzer Erzbischof zur Ketzer-Abschlachtung an, ebenso König Heinrich, indem er diesem leuchtende Beispiele des Alten Testaments zur Nachahmung empfahl:
*„Wo ist der Eifer eines Moses, der an einem Tag 23000 Götzendiener vernichtete?* (Weil sie ein goldenes Kalb angebetet hatten). *Wo ist der Eifer eines Phinees, der den Juden und die Madianiterin mit einem Stoße durchbohrte!* (Weil sie Jehova untreu

geworden waren). *Wo ist der Eifer eines Elias, der die 450 Baalspropheten mit dem Schwerte tötete ..."* (Weil sie den falschen Gott angebetet hatten).

*1. Könige 18:40 Elia aber sprach zu ihnen: Greift die Propheten Baals, dass ihrer keiner entrinne! und sie griffen sie. Und Elia führte sie hinab an den Bach Kison und schlachtete sie daselbst.* **Lutherbibel**

**Kommentar: Solche Vorbilder sind vielleicht gut, wenn man einen autokratischen Gottesstaat schaffen will, aber sie eignen sich ausgesprochen schlecht für eine zivilisierte Gesellschaft.**

Texte haben ihre Folgen, vor allem Texte, die als heilig gelten, werden von den Menschen, die ohnehin nicht viel denken, bedenkenlos übernommen.
Die bekanntesten durch die Römische Inquisition verurteilten Personen waren **Giordano Bruno**, 1600 und **Galileo Galilei**, 1633. 1992 wurde Galileo Galilei von der römisch-katholischen Kirche formal rehabilitiert, nicht so Giordano Bruno.

## Thomasio de Torquemada,

Thomasio de Torquemada 1420-1498 wurde, von Papst Sixtus IV. zum ersten Großinquisitor des Königreichs Aragón bestellt. Sein Zuständigkeitsbereich dehnte sich schließlich auf ganz Spanien aus. Er soll dafür verantwortlich sein, dass 10000 Menschen verbrannt wurden und 100000 auf den Galeeren schuften mussten.

Mit dem Aufbau eines eigenen inquisitorischen Verwaltungsapparates für Spanien legte Tomás de Torquemada den Grundstein für die Spanische Inquisition, die bis ins 19. Jahrhundert bestehen sollte. Ziel und Opfer der inquisitorischen Verfolgungen waren außer Häretikern in erster Linie Conversos, das sind zum Christentum konvertierte Juden und zum Christentum konvertierte Mauren (Moriskos). Zwischen 1609 und 1611 wurden die letzten 275000 Moriskos aus Spanien ausgewiesen.

**Kommentar: Die Heilige Dreifaltigkeit: Unwissenheit, Frömmigkeit und Grausamkeit konnte sich unter seiner Führung voll entfalten.**[174]

---

[174] Roland Fakler / Von Verfolgern und Verfolgten

# Der Hexenwahn

Hexenverfolgungen fanden vorwiegend in West- und Mitteleuropa vom 13. bis ins 18. Jahrhundert statt. Nach neusten Schätzungen sollen ihm zwischen dem 15. und 18. Jahrhundert in Mitteleuropa 60000 Menschen zum Opfer gefallen sein. Grundlage für die massenhafte Verfolgung war die damals weit verbreitete Vorstellung einer vom Teufel geleiteten Verschwörung gegen das Christentum. Hexen und Hexer, glaubte man, brächten durch Magie und Zauber Schaden und Tod über Mensch und Vieh. Drei Viertel der Opfer waren Frauen, vereinzelt wurden auch Kinder angeklagt und verbrannt.
Die Obrigkeit wollte ihre Verantwortung an den miserablen Verhältnissen auf hilflose Randgruppen, auf Hexen, Juden, Häretiker... abschieben. Sie lenkte allen Unmut auf einen anonymen Sündenbock, der sich nicht wehren konnte. Das geknebelte und ausgebeutete Volk gab den Druck, den es von oben erhielt, weiter an die Allerniedrigsten.

**Kommentar: In Krisenzeiten suchen die Menschen ihr Heil in der Unvernunft.**

Das finstere Mittelalter war eine Zeit der Unvernunft, der Unwissenheit und der weitläufigen Ängste, die noch von Teufels-, Höllen- und Endzeitpredigern geschürt wurden. Die Masse der Bauern verarmte immer mehr, weil Adel und Geistlichkeit allen Grund und Boden für sich beanspruchten.

*Auf das Ausmaß der kirchlichen Verbrechen mögen ein paar Zahlen hinweisen: „Der Erzbischof von Salzburg ließ im Jahre 1678 aus Anlass einer großen Viehseuche 97 Frauen verbrennen. Der Bischof von Bamberg ließ 600 Frauen verbrennen und mit seiner Zustimmung 1659 eine Schrift erscheinen ‚Wahrhaftiger Bericht von 600 Hexen'. Unter der Regierung des Bischofs Adolf von Würzburg wurden 219 Hexen und Zauberer verbrannt, darunter mehrere Chorherren und Vikare, 18 Schulknaben, ein blindes Mädchen, ein neunjähriges Mädchen und sein noch jüngeres Schwesterchen. Erzbischof Johann von Trier verbrannte 1585 so viele Hexen, dass in zwei Ortschaften nur zwei Frauen übrig blieben.*[175]

Gregor IX., 1227-1241, gab als erster Papst den Befehl zur Hexenverfolgung. Unter seinem Pontifikat kam es in der Gegend von Trier zum ersten Hexenprozess. Die

---

[175] Deschner Kriminalgeschichte des Christentums

Angeklagten bekannten, was man von ihnen hören wollte, nämlich dass sie Hexen mit ungeheuerlichen Fähigkeiten seien. Sie fühlten sich dadurch mächtiger als sie selbst glaubten und natürlich als sie wirklich waren. Oft wurde den Hexen vorgeworfen, bei ihren Orgien kleine Kinder zu verspeisen, ein in der Geschichte immer wiederkehrender Vorwurf gegen Randgruppen, ein Vorwurf, den schon die Römer den ersten Christen machten, dann wurde es den Juden und schließlich den Wilden Amerikas und Afrikas angelastet. Man wollte damit wohl zeigen wie tief die kulturelle Kluft zwischen diesen unzivilisierten „Untermenschen" und der eigenen, hochkultivierten Mehrheitsgesellschaft war.

**Kommentar: Die Mehrheit kann grausamer sein als ein Tyrann.**

Zu trauriger Berühmtheit brachte es ein Werk der Dominikaner Heinrich Kramer und Jakob Sprenger. Sie sammelten in ihrem Buch der **„Hexenhammer"** Ansichten über die Hexen und Zauberer. Es wurden bestehende Vorurteile übersichtlich präsentiert und mit einer scheinbar wissenschaftlichen Argumentation begründet. Durch klare Regeln wurde eine systematische Verfolgung und Vernichtung der angeblichen „Hexen" ermöglicht. Das Buch fand nach der Erfindung des Buchdrucks, 1440 durch Gutenberg, weite Verbreitung. Der Dr. theol. Kramer wurde zum Inquisitor für ganz Deutschland ernannt, stieß aber auf so starken Widerstand, dass er zunächst nach Rom reiste, um sich den Beistand des Heiligen Vaters zu sichern. Dort erhielt er die beglaubigte kirchliche Unterstützung durch Papst Innozenz VIII. In dessen **„Hexenbulle"** vom 5. Dezember 1484 heißt es:

*„Wir haben neulich nicht ohne große Betrübnis erfahren, dass es in einzelnen Teilen Oberdeutschlands, in Städten und Dörfern, viele Personen beiderlei Geschlechts gebe, die mit buhlerischen Nachtgeistern sich leiblich vermischen, durch zauberische Mittel mit Hilfe des Teufels die Geburten der Weiber, die Früchte der Erde zugrunde richten und vernichten... und die Männer am Zeugen, die Weiber am Gebären, beide in der Verrichtung ehelicher Pflichten zu hindern vermögen"*[176] Am Schluss seines Erlasses verbot der Papst jedermann unter Androhung schrecklicher Strafen, der von ihm befohlenen Hexenausrottung entgegenzutreten. *„Wenn aber jemand sich dieses zu erkühnen unternehmen würde, der soll wissen, dass er den Zorn des allmächtigen Gottes und seiner Heiligen Apostel Petri und Pauli auf sich laden werde".*

---

[176] Wikipedia

*„Zur größten Hexerei gehört es, wenn man nicht ans Hexenwesen glaubt."* **Hexenhammer**

Schon in den frühen Kulturen der Babylonier, der Ägypter, der Inder, der Juden, in fast allen Kulturen findet man Magie, den Versuch von Zauberern, Medizinmännern, Magiern, Schamanen und Priestern die übernatürlichen Mächte zu beeinflussen, im Guten, wie im Bösen. Die verschiedensten Gespenstersorten bevölkerten die Unterwelt, die Erde und den Luftraum, erschreckten oder beschützten die Menschen.
Das Hexenwesen entstand in einer patriarchalen, bäuerlichen Gesellschaft, deswegen dreht sich vieles um Frucht- und Zeugungsvorgänge, um Wetter und Viehzauber. Sicher war die Hexenverfolgung auch eine Möglichkeit, für die zölibatär lebenden Inquisitoren, ihre sexuellen Phantasien auszuleben. Tabulose Sexorgien, vor allem mit dem Teufel, spielen bei den Verhören eine zentrale Rolle.
In der Bibel wird Zauberei mit der Todesstrafe geahndet. Besonders die Stelle:
***Exodus / 2 Mos 22:18*** *„Die Zauberinnen sollst du nicht am Leben lassen!"* - diente den Verfolgern der Hexen später als Rechtfertigung. *„Die Geißel der Hexenverfolgung ist von der Theologie der christlichen Kirche geflochten worden".*[177]
Schon in der Bibel gibt es Dämonen, böse Geister und Teufel. Das Übel in der Welt musste erklärt werden. Die einfachste Erklärung war, dass es neben dem guten Gott noch den bösen Teufel gab, der alle bösen Geister lenkte. Mit ihm konnte man, laut Augustinus, einen Pakt schließen, mit dem eigenen Blut geschrieben, auf Lebenszeit oder für ein paar Jahre. Dafür, dass man sich dem Teufel verschrieb, ihn an Gottes Stelle setzte und anbetete, bekam man Macht, Reichtum, Sex oder die Erfüllung anderer Wünsche.
Zwar hatte sich die frühe Kirche von allem heidnischen Aberglauben gelöst, Autoritäten wie Augustinus und Thomas von Aquin haben den Wahnsinn aber mit ihrer Theorie vom Teufelspakt wieder in den Köpfen des Kirchenvolkes verankert.
Viele namhafte Künstler wurden zu traurigen Handlangern des Hexenwahns: **Albrecht Dürer**, 1471-1528, malte um 1497 Hexenbilder, ebenso andere berühmte Künstler wie **Hans Baldung Grien**, 1485-1545, **Michelangelo**, **Rubens** und **Goya**. Bildende Künstler konnten mit ihren bildhaften Darstellungen das Volk am ehesten vom tatsächlichen Vorhandensein der Hexen, Teufel und Geister überzeugen. Intelligente Menschen, katholische und evangelische, waren gleichermaßen von dieser Massenpsychose besessen. Tausende Bücher wurden über die Hexen geschrieben und bestätigten damit gleichsam ihr Dasein.

---

[177] *Joseph Hansen (um 1900)*

**Zu den Merkmalen einer Hexe gehörten laut der Hexenlehre der frühneuzeitlichen Hexentheoretiker:**

- der Hexenflug auf Stöcken, Tieren, bösen Geistern oder mit Hilfe von Flugsalben
- Treffen mit dem Teufel und anderen Hexen auf dem sogenannten Hexensabbat
- der Pakt mit dem Teufel;
- der Geschlechtsverkehr mit dem Teufel und
- der Schadenszauber.

Dass vor allem Frauen der Hexerei beschuldigt wurden, ist zum Teil der kirchlichen Erbsündenlehre zuzuschreiben. Sie legte nahe, dass Frauen besonders empfänglich für die Einflüsterungen des Teufels seien. Der Hexenhammer behauptet, Frauen seien von Natur aus schlecht, und die wenigen guten Frauen seien schwach und den Verführungen des Teufels leichter ausgeliefert; gerade in ihrer Funktion als Hebamme kämen sie mit schlechten Säften in Verbindung, die sie verderben und für die Verführung des Teufels anfällig machten.

Zwei Deutsche Wissenschaftler, **Gunnar Heinsohn** und **Otto Steiger**, erörtern in ihrem Werk *„Die Vernichtung der weisen Frauen"* die Ansicht: *„Das Ziel der Hexenverfolgung der frühen Neuzeit ist die Beseitigung von Geburtenkontrolle."* Die Kirche habe versucht die Trägerin des Verhütungswissens, die Hebamme, auszurotten. Das ist eine mögliche Erklärung, aber nicht die ganze Wahrheit.

In Deutschland wurde 1775 im Stift Kempten im Allgäu **Anna Schwegelin** als letzter Hexe wegen Teufelsbuhlschaft der Prozess gemacht. Das Urteil des Fürstabts Honorius von Schreckenstein, dem kraft kaiserlichen Privilegs die geistliche und weltliche Gerichtsbarkeit zustand, wurde aber aus unbekanntem Grunde nicht vollstreckt. Anna starb 1781 52-jährig im Gefängnis.

Schon im 16. und 17. Jahrhundert fehlte es nicht an Männern, welche sich den Inquisitoren widersetzten und den Glauben an Hexerei bekämpften, - vor allem der deutsche Jesuit und Dichter **Friedrich Spee** 1591-1635.[178]

---

[178] Roland Fakler Von Verfolgern und Verfolgten

# Krieg

Aus dem Auserwähltheitswahn der Völker entsteht der Gedanke, dass Gott gerade einem bestimmten Volk die Weltherrschaft versprochen hat. Da aber auch die anderen Völker meist von sich überzeugt sind und glauben, auch ihr Gott habe für sie die Weltherrschaft bestimmt, kommt es zum Krieg zwischen den Völkern!
Wenn man sich im Alten Testament, das unsere Kultur entscheidend geprägt hat, umschaut, weiß man, woher die Idee vom totalen Krieg kommt. Männer, Frauen und Kinder der Feinde, ja sogar ihr Vieh sollen auf Gottes Befehl getötet und nur noch verbrannte Erde hinterlassen werden.

**Der Sieg über die Midianiter:** *Numeri 31:1 Und der HERR redete mit Mose und sprach: Übe Rache für die Israeliten an den Midianitern...Und sie zogen aus zum Kampf gegen die Midianiter, wie der HERR es Mose geboten hatte, und töteten alles, was männlich war. Samt diesen Erschlagenen töteten sie auch die Könige der Midianiter, nämlich Ewi, Rekem, Zur, Hur und Reba, die fünf Könige der Midianiter. Auch Bileam, den Sohn Beors, töteten sie mit dem Schwert. Und die Israeliten nahmen gefangen die Frauen der Midianiter und ihre Kinder; all ihr Vieh, alle ihre Habe und alle ihre Güter raubten sie...und verbrannten mit Feuer alle ihre Städte, wo sie wohnten, und alle ihre Zeltdörfer. Und sie nahmen allen Raub und alles, was zu nehmen war, Menschen und Vieh, ...und brachten's zu Mose und zu Eleasar, dem Priester...Und Mose wurde zornig über die Hauptleute des Heeres und sprach zu ihnen: Warum habt ihr alle Frauen leben lassen? Siehe, haben nicht diese die Israeliten durch Bileams Rat abwendig gemacht, dass sie sich versündigten am HERRN durch den Baal-Peor, so dass der Gemeinde des HERRN eine Plage widerfuhr? So tötet nun alles, was männlich ist unter den Kindern, und alle Frauen, die nicht mehr Jungfrauen sind; aber alle Mädchen, die unberührt sind, die lasst für euch leben.* [179]

**Andere Beispiele aus diesem „erbaulichen" Buch.**
*„Darum spricht der Herr Zebaoth, der Gott Israels, also: Siehe: ich will mein Angesicht wider euch richten zum Unglück und ganz Juda soll ausgerottet werden."* [180]
*Man hört ein Geschrei der Flüchtigen und derer, so entronnen sind aus dem Lande Babel, auf dass sie verkündigen zu Zion die Rache des Herrn, unsers Gottes, die Ra-*

---

[179] 4 Mos Numeri 31: 1-17
[180] Jeremia 44:11

*che seines Tempels. Ruft viel wider Babel, belagert sie um und um, alle Bogenschützen, und lasst keinen davonkommen!*
*Siehe, ich will an dich, du schädlicher Berg, der du alle Welt verderbest, spricht der Herr; ich will meine Hand über dich strecken und dich von den Felsen herab wälzen und will einen verbrannten Berg aus dir machen, dass man weder Eckstein noch Grundstein aus dir nehmen könne, sondern eine ewige Wüste sollst du sein, spricht der Herr."*[181]

**Kommentar: Vielleicht war Gott noch nicht klar, dass er selbst diesen Berg geschaffen hat und dass Berge normalerweise unschuldig sind? Auch Jesus verfluchte einen Feigenbaum, weil er im Winter keine Früchte brachte. Siehe weiter oben. Herodot berichtet, dass der Perserkönig Xerxes, weil seine Brücken über den Hellespont von einem Sturm zerstört wurden, befahl, den Hellespont mit 300 Peitschenhieben zu bestrafen, Fußfesseln ins Meer zu werfen und die beiden Erbauer der Brücke zu köpfen. – Sie wussten nicht, wie die Natur funktioniert!**

*Jeremia 51:62… und sprich: Herr, du hast geredet wider diese Stätte, dass du sie willst ausrotten, dass niemand darin wohne, weder Mensch noch Vieh, sondern dass sie ewiglich wüst sei.*
*Und wenn du das Buch hast ausgelesen, so binde einen Stein daran und wirf es in den Euphrat. und sprich: also soll Babel versenkt werden und nicht wieder aufkommen von dem Unglück, das ich über sie bringen will, sondern vergehen. So weit hat Jeremia geredet.*
*Jesaia 13:16… Es sollen auch ihre Kinder vor ihren Augen zerschmettert: ihre Häuser geplündert und ihre Frauen geschändet werden. Denn siehe: ich will die Meder gegen sie erwecken: die nicht Silber suchen oder nach Gold fragen: sondern die Jünglinge mit Bogen erschießen und sich der Frucht des Leibes nicht erbarmen und die Kinder nicht schonen.*[182]
*Seht: der Tag des Herrn kommt: voll Grausamkeit: Grimm und glühendem Zorn.*[183]

**Kommentar: In welch anderem Buch könnte man so abgrundtiefen Hass, solche Rache, solche Erbarmungslosigkeit und Bosheit finden wie in diesen Bibelstellen? Man findet sie leider nicht nur im Alten Testament, sondern auch im Neuen.**

*Wer siegt und zum Ende an den Werken festhält, die ich gebiete, dem werde ich Macht über die Völker geben. Er wird über sie herrschen mit eisernem Zepter und sie zer-*

---

[181] Jeremia 51-52
[182] Jesaja 13
[183] Jesaja 13:9

*schlagen wie Tongeschirr (und ich werde ihm diese Macht geben wie auch ich sie von meinem Vater empfangen habe ....)"[184]* **Offenbarung**

Es gibt praktisch keine Zeit in der Menschheitsgeschichte die frei war von Kriegen. Krieg bedeutete meist totale Vernichtung des Gegners ohne Gnade. Im Tierreich gibt es die Demutsgebärde, das Zeichen der Unterwerfung, das den überlegenen Gegner daran hindern soll, weiterzukämpfen bis zur Vernichtung. Bei den Menschen hat dies manchmal, meist aber nicht funktioniert. Erst im 19. Jahrhundert hat der Schweizer **Henry Dunant** nach einem entsetzlichen Gemetzel bei Solferino Spielregeln für den Krieg, vor allem aber für die Versorgung der Verletzten gefordert und schließlich durchgesetzt.

Kriege beginnt man nicht, weil man Tod und Zerstörung auf sich ziehen will, sondern weil man sich davon einen Vorteil verspricht, zumindest den Vorteil, die verlorene Ehre, das verlorene Ansehen, das verlorene Land wieder gewinnen zu können oder seinem Volk, seiner Religion, seiner Gemeinschaft bessere Lebensbedingungen zu schaffen. Die Menschen haben sich vom Krieg immer mehr erhofft als sie erhalten haben. Letztlich bedeutet Krieg, selbst bei einem Landgewinn, der meist ein Landraub ist, Zerstörung und Tod. Dennoch kann ich kein Pazifist sein, denn das Böse muss bekämpft werden und wenn das Böse = IS sich nicht ohne Krieg bekämpfen lässt, dann ist der Krieg die letzte Lösung.
Den Frieden zu erhalten muss allerdings höchste Priorität sein. Dabei gilt:

**Kommentar: Der Friede wird den Menschen nicht durch das Erscheinen eines Heilandes geschenkt, wie es im Judentum und Christentum und viele Jahrtausende zuvor schon versprochen wird. Der Friede kann nur von aufgeklärten Menschen bewahrt werden, die wissen, dass Macht beschränkt und kontrolliert werden muss, und die begriffen haben, dass sie selbst berufen sind, dies zu leisten. Voraussetzung für den Frieden ist eine gerechte staatliche Ordnung, in der niemand unterdrückt und ausgebeutet wird.**

*Unsere modernen Kriege machen viele unglücklich, indessen sie dauern, und niemand glücklich, wenn sie vorbei sind.[185]* **Johann Wolfgang von Goethe**

---

[184] Offb. 2:26 - 28

[185] Johann Wolfgang von Goethe

*Der Krieg macht mehr böse Menschen, als er deren wegnimmt.*[186]
*Einen Krieg beginnen heißt nichts weiter, als einen Knoten zerhauen, statt ihn aufzulösen.*[187]

*Nicht Religionen oder Hunger sind die Ursachen für Kriege. Zu Gewalt komme es dort, wo es einen Überschuss an jungen Männern gebe, sagt der Völkermordforscher* **Gunnar Heinsohn.**[188]

**Kommentar: Oft haben völlig falsche Vorstellungen, haben Märchen, Lügen und Illusionen junge Männer in den Krieg getrieben, denn einen Krieg beginnt man leicht, wenn man glaubt, dass man dadurch Ruhm und Ehre auf Erden gewinnt und dass man beim Tod als Held in die Ewigen Jagdgründe (Indianer) eingeht oder nach Wallhall (Germanen) oder ins Paradies (Christen und Muslime). Wie viel bedächtiger wären junge Männer in den Krieg gezogen, hätten sie geahnt, dass sie am Ende verletzt an Leib und Seele mit verkrüppeltem Körper oder als zerschossene Leichen nichts durch den Krieg gewinnen konnten, aber so Vieles verlieren würden.**

## Rechtfertigungen für den Krieg

*Der Krieg ist der Vater aller Dinge und der König aller. Die einen macht er zu Göttern, die anderen zu Menschen, die einen zu Sklaven, die andern zu Freien.*[189] **Heraklit**
*Süß und angenehm ist es, für das Vaterland zu sterben. Dulce et decorum est pro patria mori.*[190] **Horaz**

*Was hat man denn gegen den Krieg? Etwa dass Menschen, die doch einmal sterben müssen, dabei umkommen? Die Kriege bestehen bis heute, nicht nur zwischen Reichen, sondern auch zwischen Glaubensbekenntnissen, zwischen Wahrheit und Irrtum.*[191] **Augustinus**

*Der Krieg ist notwendig wie der Kampf der Elemente in der Natur.*[192] **Schelling**

---

[186] Immanuel Kant
[187] Christian Morgenstern
[188] http://www.nzz.ch/articleEO5X7-1.76650
[189] Herklit von Ephesus
[190] Horaz
[191] Augustinus Heiliger
[192] Friedrich Wilhelm Joseph von Schelling

# Kreuzzüge

Vom 11. Jh. bis ins 13. Jh. brachen europäische Ritter nach einem Aufruf Papst Urban II. zu insgesamt sieben Kreuzzügen gegen die Muslime ins Heilige Land auf. „Gott will es!", verkündete Urban und versprach den Rittern reiche Beute und Ablass von ihren Sünden. Angestachelt wurden sie durch Berichte über Gräueltaten der Muslime und deren Besetzung der Grabeskirche, wodurch Wallfahrern der Zugang zu den „heiligen Stätten" der Christenheit versperrt wurde.

Seit Mohammed 570 bis 632 hatten die Muslime einen beispiellosen Eroberungszug zuerst auf der Arabischen Halbinsel, dann in Kleinasien, bis Spanien 711 und Indien geführt und sich diese Gebiete im Namen Allahs unterworfen. Dabei kam es zu vielen Massakern und Verfolgungen. Zwischen 997 und 1029 führte Mahmud von Ghazni allein gegen Indien 17 Raubzüge. Verfolgt und vertrieben wurden die Juden in Spanien und Kleinasien, die Christen in Kleinasien und Europa…, die Zoroastrier und Bahai im Iran, die Kopten in Ägypten, die Armenier in Kleinasien, die Yazidis im Irak, die Buddhisten und Hindus in Indien. Nun folgte 1099 die Reaktion mit dem ersten Kreuzzug, der so unbarmherzig geführt wurde, wie nur Glaubenskriege im Namen Gottes geführt werden können.

Fromme Ideologen lieferten die entsprechende Deutung der Bibel. Die Heiden niederzumachen und auszurotten hielt der **heilige Bernhard von Clairvaux** für die vornehmste Aufgabe all jener, die das Waffenhandwerk gewählt haben. Der Krieg für Christus und den Glauben ist nach Bernhard immer gerecht:

*„Der Kämpfer Christi kann ruhigen Gewissens töten und im Frieden sterben. Stirbt er, so arbeitet er für sich; tötet er, so arbeitet er für Christus. Der Tod der Heiden gereicht zu seinem Ruhm, denn er bedeutet den Ruhm Christi".*

**Kommentar: Wie immer ging es für beide Seiten nicht nur um Religion. Religion war das Mäntelchen, das die wahren Interessen der Eroberer, aller Eroberer, verdeckte. Letztlich ging es um Macht, Reichtum, Einfluss. Weil das allzu banale Dinge sind, schuf man sich mit der Religion einen ideologischen Überbau, der die Hab- und Raffgier, der im Menschen angelegten finsteren Gewalttätigkeit in göttlichem Dienst erscheinen ließ und als fromme Handlung verklärte.**

Als Kreuzzüge bezeichnete man oft auch die Verfolgungen der Juden, der Heiden und andersdenkender Christen, der Albigenser, der Wenden, der Litauer, der Muslime während der Rückeroberung Spaniens bis 1492.

Auch **Luther** rechtfertigte den Krieg und das Kriegshandwerk: „An sich ist das Amt des Schwertes recht und eine göttliche, nützliche Ordnung, und Gott will, dass sie nicht verachtet, sondern gefürchtet und geehrt wird und Gehorsam genießt. Anderenfalls soll es nicht ungerächt bleiben, wie der heilige Paulus Römer 13, 2 schreibt. Denn er hat eine doppelte Herrschaft unter den Menschen aufgerichtet: eine geistliche, durch das Wort und ohne Schwert, wodurch die Menschen fromm und gerecht werden sollen, so dass sie mit dieser Gerechtigkeit das ewige Leben erlangen. Solche Gerechtigkeit bewirkt er durch das Wort, das er den Predigern aufgetragen hat. Die andere Herrschaft ist weltlich durch das Schwert, damit diejenigen, die nicht durch das Wort fromm und gerecht für das ewige Leben werden wollen, dennoch durch diese weltliche Herrschaft gezwungen werden, fromm und gerecht zu sein vor der Welt. Und solche Gerechtigkeit bewirkt er durch das Schwert."[193]

## Kriegspredigten im Ersten Weltkrieg 1914 - 1918

Man muss den Pfarrern beider Konfessionen und aller Kriegsparteien leider vorwerfen, dass sie ihre Position und die christliche Religion dazu benutzt haben, Millionen junger Männer auf dem Altar von Gott, Kaiser und Vaterland geopfert zu haben. Ein Krieg, aus menschlicher Dummheit entstanden, und zum Nutzen von Militaristen, Kapitalisten und Imperialisten geführt, wurde von den Kirchen als gottgewollter, heiliger Krieg zur Prüfung eines „auserwählten Volkes" gedeutet. Ihre nationalistisch gefärbten heilsgeschichtlichen Vorstellungen sollten dem sinnlosen Geschehen, das nur wenigen skrupellosen Kriegsgewinnlern Nutzen brachte, einen höheren Sinn geben. In Wirklichkeit verhinderten sie damit aber lediglich, dass vernünftiges Denken sich gegen blinde Zerstörung durchsetzen konnte. Die meisten Pfarrer rechtfertigten das politische Handeln der Diktatur und begünstigten damit das kollektive Versagen. Kaiser Wilhelm war auch oberster „Priester" der evangelischen Kirche. Mit Religion ließ sich noch jedes Verbrechen rechtfertigen. Die Religiösen denken nicht in irdischen, sondern in jenseitigen Kategorien, was sich auf die irdischen Verhältnisse meist katastrophal auswirkt. – Siehe IS. Die Aufarbeitung der Schuld wird vor allem von deutscher Seite betrieben, so dass der falsche Eindruck entsteht, dass nur deutsche Pfarrer geistige Aufrüstung betrieben hätten. Dem ist nicht so.

---

[193] Martin Luther: Ob Kriegsleute in seligem Stande sein können, 1526

*„Die geistige Mobilmachung war auf allen Seiten der Fronten stark, in Frankreich, in England, im Deutschen Reich, in Österreich-Ungarn, in Russland und im Osmanischen Reich, später auch in den USA. [...] Die Theologen und die Philosophen hatten zu dieser Zeit ein besonderes Gewicht, sie galten als die Eliten der Gesellschaft und der Kultur. 96% der Bewohner des Deutschen Reiches gehörten einer Kirche an. Sofort mit dem Beginn des Krieges im August 1914 verfassten die bekanntesten Theologen beider Kirchen Kleinschriften für die Feldprediger und Offiziere. Diese Kriegslehren wurden in den sonntäglichen Predigten der Feldpfarrer und in den Ansprachen der Offiziere an die Soldaten weitergegeben."*[194]

Die geistigen Führer beider Kriegsparteien wollten dem Volk und den Soldaten weismachen, dass gerade das eigene Volk vom „Herr der Heerscharen" geführt wird. Hat Gott sich nun selbst bekämpft – oder auf welcher Seite stand er wirklich?
Man glaubte, durch den Krieg die Moral und die Gläubigkeit der Menschen verbessern zu können. Vor allem und das dürfte wohl der wichtigste Punkt sein: Die Schafe ordneten sich in solchen Extremsituationen ihren Hirten wieder vollständig unter. Die Herde marschierte im Gleichschritt, selbständiges Denken wurde unter diesen Umständen erschwert und die Hirten gewannen die totale Herrschaft über die Herde zurück. Man wollte die Religion wieder stärken und alle aufklärerischen Bestrebungen, die man für dekadent hielt, zurückdrängen. Gott selbst, und damit meinten die Priester natürlich seine Stellvertreter auf Erden, sollte wieder herrschen. Die Grausamkeit des Krieges wurde dadurch gesteigert, dass die Moral, jede Moral und Regel außer Kraft gesetzt wurde, mit der Begründung, dass Gott selbst dies so wolle.

*„...im deutschen Heldenglauben vereinige sich die Liebe zum Vaterland mit dem deutschen Wesen. Ein Kulturkrieg gegen die Agitation der westlichen und demokratischen Ideen der Französischen Revolution sei in Gang gekommen, in diesem Krieg falle durch das Kriegsrecht die Tyrannei der vielen Parteien und der freien Presse einfach weg. Alle müssten sich für das Ganze hingeben, die deutsche Freiheit sei auf Gehorsam aufgebaut und sie brauche keine allgemeinen Menschenrechte. In diesem Krieg geschehe die "Wiedergeburt" des deutschen Wesens, nun gelte das Evangelium des deutschen und des nationalen Geistes."*[195]

---

[194] http://hpd.de/artikel/den-tod-12956
[195] http://hpd.de/artikel/den-tod-12956

# Bischöfe für den Krieg 1939 - 1945

Während das frühe Christentum ein distanziertes Verhältnis zum Staat hatte, Paulus ausgenommen, verband sich die Kirche seit der konstantinischen Wende sehr eng mit ihm, zu beiderseitigem Nutzen. Kriegsdienst war für die ersten Christen bis ins 2. und 3. Jh. undenkbar. Seit Konstantin siegte aber die Richtung, die die Waffen segnete und jeden Krieg, der der Kirche nützte zum „gerechten Krieg" oder zum „Heiligen Krieg" erklärte. Gott wurde, wie schon im Alten Testament, zum Schlachtenhelfer.
Katholizismus und Protestantismus verbündeten sich selbst mit dem verbrecherischsten Regime, wenn es ihren Zwecken diente. Dies beweist ihr Verhältnis zu Mussolini, Franco und Hitler. Sie unterstützten diese Diktaturen, um gegen die demokratischen, freiheitlichen und aufklärerischen Bestrebungen zu kämpfen, die im 19. Jh. allmählich ihre Herrschaft in Frage zu stellen drohten. Lieber Diktatur und Krieg als Verlust der Macht!

**Kommentar: Die beiden christlichen Großkirchen haben sich immer mit allen verbündet, deren Ziel es war, das Volk in Unmündigkeit zu halten, mit Königen von Gottes Gnaden, mit dem Adel, mit Faschisten und jetzt mit dem Islam.**


Die katholische Kirche mit Papst Pius X. an der Spitze war der wichtigste Verbündete für Mussolini. Sie segnete seinen Überfall auf Abessinien als die ganze Welt ihn verdammte. Sie unterstützte Franko in seinem Kampf gegen die Republik und sie stand, nach anfänglichem Zögern der Bischöfe, von 1933 bis zum Ende des Krieges 1945 zu Hitler.
Nach dem Überfall auf Polen dankten auch die deutschen evangelischen Bischöfe Gott und dem Führer von der Kanzel zum Erntedankfest 1939: *„Und mit dem Dank gegen Gott verbinden wir den Dank gegen alle, die in wenigen Wochen eine solche gewaltige Wende heraufgeführt haben: gegen den Führer und seine Generale, gegen unsere tapferen Soldaten auf dem Lande, zu Wasser und in der Luft... Wir loben Dich droben, Du Lenker der Schlachten, und flehen, mögst stehen uns fernerhin bei."*[196]

Mit Wissen und wohl mit Zustimmung von Papst Pius XI. stimmte die Zentrumspartei unter ihrem Vorsitzenden Prälat Ludwig Kaas 1933 dem Ermächtigungsgesetz zu und gab ihm damit die erforderliche 2/3-Mehrheit. Damit begann die Diktatur in Deutsch-

---

[196] Deschner / Abermals krähte der Hahn S. 625

land. Wie schon 1848 hatte Adel und Geistlichkeit, Franz von Papen und Prälat Ludwig Kaas, die - wohl mit Zustimmung des Papstes - einen klero-faschistischen Ständestaat nach dem Beispiel Mussolinis anstrebten, die Demokratie begraben. Bis zum Kriegsende hielten die katholischen und evangelischen Bischöfe dem Führer die Treue. Wobei gesagt werden muss: Sehr viele Priester in den unteren Rängen leisteten tapferen Widerstand und bezahlten diese Tapferkeit mit ihrem Leben. Es soll hier nur der Name von Dietrich Bonhoeffer genannt werden. Hätte Bonhoeffer nicht geglaubt, dass er sich auf Gott verlassen könnte, hätte er noch 1942 problemlos Deutschland verlassen und auf bessere Zeiten warten können. Tyrannen besiegt man nicht mit Gebeten, sondern mit mündigen Bürgern, die rechtzeitig die Macht des Diktators beschränken.

**Kommentar: Dieses totale Versagen der oberen geistlichen Führer ist damit zu erklären, dass sie glaubten, ihre Herrschaft nur an der Seite der Mächtigen bewahren zu können.**

## Evangelikale Christen in Deutschland

Hier sollen auf die Ansichten evangelikaler Christen in Deutschland humanistische Antworten gegeben werden. Sie sind gekürzt. Der genaue Wortlaut steht hier: [197]

*Jesus Christus soll der Sohn Gottes sein, der für unsere Sünden am Kreuz gestorben ist.*

**Kommentar: Es gab im Laufe der Geschichte schon sehr viele Menschen, die für den Sohn Gottes und auch für Gott gehalten wurden: die Pharaonen, Alexander d. Gr., Cäsar, Herkules, Asklepios, Dionysos…**

*Jesus Christus soll das Heil für alle Menschen sein.*

**Kommentar: Das halte ich für eine ziemliche Anmaßung. Ein Mensch soll hier maßlos überhöht und damit seine Priester und seine Lehren über jede vernünftige Kritik gestellt werden. Kritik an der ganzen Bewegung wird gleichsam mit**

---

[197] http://www.ead.de/fileadmin/daten/dokumente/faltblatt-ZZA.pdf

göttlicher Autorität abgeblockt. Vernünftige Argumente sind nicht mehr möglich.

Wir wissen über Jesus so viel wie nichts Historisches. Was er gesagt haben soll, ist sehr umstritten und widersprüchlich. Letztlich gib es keine Klarheit. Nicht umsonst gibt es dutzende verschiedene christliche Sekten. Abgesehen von seinen Höllendrohungen und seinem Größenwahn muss ich ihn als Mensch aber eher positiv bewerten.

*Jesus Christus soll leiblich von den Toten auferstanden sein.*

Kommentar: In Wirklichkeit ist noch niemand von den Toten auferstanden und es wird auch niemand auferstehen. Sollte dies doch mal einem gelingen, hätte das für mein Leben keinerlei Bedeutung. Warum auch? Es wäre höchstens kurios.

*Gott soll diese Welt erschaffen haben und jeden Menschen als sein Ebenbild mit unverlierbarer Würde.*

Kommentar: Wenn Gott die Welt geschaffen hätte, dürfte es hier nicht so viel Unheil und Ungerechtigkeit geben. Das hieße ja, dass auch Hitler, Stalin und alle Tyrannen von Gott erschaffen wurden und Ebenbilder Gottes sind. Warum greift der allmächtige Gott nicht ein, um das Unheil auf der Welt zu beenden; kann er das nicht: dann ist er nicht allmächtig. Will er das nicht: dann ist er nicht allgütig. Eine Erklärung wäre, dass er nicht da ist!

*Christen stehen ein für die unverletzliche Würde des Menschen in jeder Phase seines Lebens: Auch ungeborene, schwache, kranke, alte, arme, vertriebene, entrechtete Menschen wollen wir schützen und stärken.*

Kommentar: Wenn alles Leben, das möglich wäre, auch geboren würde, würde es hier ziemlich eng und ungemütlich. Deswegen muss man vernünftige und menschenwürdige Regelungen treffen. Die Überbevölkerung ist eine wesentliche Ursache für die Zerstörung der Erde und für die Flüchtlingsströme. Vor allem die Katholische Kirche verbietet immer noch die Empfängnisverhütung und trägt damit wesentlich zur Katastrophe der Überbevölkerung in der Welt bei. Es ist selbstverständlich, dass für das geborene Leben gesorgt werden muss. Das ist eine Binsenweisheit und humanistische Pflicht, aber unter Umständen hat eine Frau auch das Recht ungeborenes Leben, das ihr z.B. aufgezwungen wurde, abzutreiben.

Weil die katholische Kirche glaubt und predigt, dass die Anwendung von Kondomen unmoralisch ist, riskiert sie, dass sich unzählige Menschen mit Aids anstecken und die Menschheit sich verhängnisvoll vermehrt.

**Kommentar: Religion vernebelt die Hirne und verhindert vernünftiges Denken.**

Letztlich geht es beim Verbot von Empfängnisverhütung um die Macht: Religionen / Weltanschauungen „sind [...] auf Gedeih und Verderb darauf angewiesen, dass es möglichst viele Menschen gibt, die idealerweise schon im Säuglingsalter mit ihren religiösen „Werten" und Ideen indoktriniert [...] werden. Es geht [...] ganz banal um Geld und Macht.

Je *mehr* Gläubige...,
desto *mehr* Einnahmen,
desto *größer* der Einfluss,
desto *sicherer* die Subventionen und Sonderprivilegierungen.
Je *weniger* Gläubige...,
desto *weniger* Einnahmen,
desto *geringer* der Einfluss,
desto *unsicherer* die Subventionen und Sonderprivilegierungen. "[198]
Jedenfalls sollte dies in einer Demokratie so sein. Ist es bei uns aber leider nicht, denn die Kirchen erhalten dieselben Gelder vom Staat, obwohl ihr Anteil an der Bevölkerung massiv schwindet.

**Kommentar: Religionen sehen durch die Zahl ihrer Anhänger ihre Glaubensinhalte bestätigt und möchten deswegen möglichst viele Anhänger gewinnen, - wenn sie es mit Missionierung oder Gewalt nicht schaffen, versuchen sie es mit hohen Geburtenzahlen, was sich global katastrophal auswirkt.**

*Christen glauben an die Gottesebenbildlichkeit des Menschen und sind gegen jede Ideologie, die ihm seine Würde und Gott die Ehre nimmt.*

**Kommentar: Gott ist eine Idee. Diese Idee mag für manchen tröstlich sein, aber mit dieser Idee wurden auch unzählige Terrorherrschaften, Hierarchien, Kriege und Besitzansprüche gerechtfertigt, z.B. die Landnahme Israels und der „christlichen" Europäer in Amerika, Asien, Australien...**

---

[198] http://www.awq.de/2016/04/hintergrund-katholische-kirche-und-sexualitaet/

Damit die Menschen vernünftig miteinander umgehen, brauchen sie vor allem gute Gesetze und einen funktionierenden Rechtsstaat.

Wie kann man jemandem die Ehre nehmen, der gar nicht erkennbar ist oder der sich zumindest nie sehen lässt und deswegen die Ehre gar nicht verdient hat?

*Christen widersprechen einer eigenmächtigen Verfügung über das Leben, die darin nicht mehr eine anvertraute Gabe Gottes sieht.*

Kommentar: Humanisten wollen über ihr Leben selbst entscheiden. Jeder Mensch hat das Recht über sein Leben selbst zu bestimmen, weil ein Gott vermutlich nicht existent ist und deswegen gar nichts bestimmen kann.

*Jesus Christus vergibt uns unsere Schuld - gerecht vor Gott werden wir allein durch seine Gnade.*

Kommentar: Ich habe keine Schuld und erst recht keine von Adam und Eva ererbte.

Es wäre viel vernünftiger, sich jederzeit über sein richtiges Handeln Gedanken zu machen als darauf zu vertrauen, dass man von einer mythologischen Gestalt wieder von Schuld befreit werden könnte. Das funktioniert doch alles gar nicht. Das sind lauter Fantastereien ohne wirklichen Inhalt.

*Wir stehen ein für das Evangelium von Gottes Liebe und Barmherzigkeit. Jeder Mensch hat ein Recht darauf, diese gute Nachricht zu hören.*

Kommentar: Er hat aber auch ein Recht darauf, diese Nachricht für eine Illusion, für einen Mythos und für ein Märchen zu halten!

*Wir stehen auf für die Verkündigung des Evangeliums in aller Welt und gegen die Behauptung, Menschen bräuchten keine Erlösung.*

Kommentar: Die Menschen müssten von vielem erlöst werden, von Krankheit, Kriegen und Aberglauben, aber nicht durch einen anderen Aberglauben, sondern durch tätige Nächstenliebe und vernünftiges Handeln.

Warum sind die Menschen nicht längst erlöst, wenn Christen schon 2000 Jahre lang predigen? Es hat sich nichts zum Besseren gewendet, außer durch Leute, die nicht glauben, sondern wissen wollten.

*Die ganze Bibel sei Gottes Wort - durch sie spricht Gott zu uns; er zeigt uns, wer er ist und was er will.*

Kommentar: Das schreckliche Alte Testament kann nicht Gottes Wort sein. Dieser grausame Gott, der Völkermorde anordnet, kann nicht mein Gott sein, sondern höchstens die Erfindung böser Menschen. Befiehlt ein barmherziger Gott, kleine Kinder an den Felsen zu schmettern, auch die Frauen nicht zu schonen und alle Altäre der Falschgläubigen zu zerstören? Das ist kein Gott, sondern ein Terrorist!
Warum spricht Gott heute nicht mehr zu uns. Ist Gott für oder gegen Atomkraftwerke, für oder gegen Empfängnisverhütung, Demokratie, Menschenrechte, Glaubenskriege, Toleranz?

Auch im neuen Testament stehen kritikwürdige Dinge, so bezeichnet Jesus die Juden als „Kinder des Teufels". Das ist eine schlimme Verunglimpfung, die vor allem in der Zeit des Dritten Reiches sehr populär war. *„Ihr seid von dem Vater, dem Teufel, und nach eures Vaters Lust wollt ihr tun. Der ist ein Mörder von Anfang und ist nicht bestanden in der Wahrheit; denn die Wahrheit ist nicht in ihm. Wenn er die Lüge redet, so redet er von seinem Eigenen; denn er ist ein Lügner und ein Vater derselben.*[199] Im Talmud werden die Christen mit demselben „Titel" beschimpft. Außerdem spricht Jesus viele Drohungen aus.

*Wir stehen ein für das Vertrauen in die Heilige Schrift.*

Kommentar: Das ist leider sehr unbegründet, weil diese Schrift ein Wirrwarr von Widersprüchen bildet und keine klaren Antworten auf die brennenden Fragen unserer Zeit gibt.

*Gottes Wort und menschliche Worte sind in ihr untrennbar verbunden. Einheit und Vielfalt ihres Zeugnisses finden ihre Mitte in Jesus Christus. Wir stehen auf für die Wahrheit des Wortes Gottes und gegen die Kritik an der Bibel als Autorität für die Lehre der Kirche und das Leben der Christen. Die Bibel ist immer aktueller als der jeweilige Zeitgeist.*

---

[199] Johannes 8:44

**Kommentar: Die hebräische Bibel ist ein Sammelsurium von Mythen, Märchen und zweifelhaften Geschichten.** Sie vermittelt den Geist von Schriftgelehrten aus der Eisenzeit und die Moral eines eingebildeten Nomadenvolkes. Sie muss deswegen nicht nur kritisiert, sondern in weiten Teilen verworfen werden. Jedenfalls kann sie für uns keine Vorbildfunktion haben.
**Das Neue Testament ist besser, enthält aber leider auch viele Widersprüche und Höllendrohungen. Noch heute drohen die Kirchen mit ewigen Höllenstrafen.**

Wenn das Christentum inzwischen Toleranz predigt, ist das ein großer Fortschritt, der aber leider nicht dem Christentum, sondern der Aufklärung zu verdanken ist. Jedes Schulkind weiß heute, dass das Christentum, sobald es seit Kaiser Konstantin 313 die nötige Macht dazu hatte, extrem intolerant war. Alles was nicht rechtgläubig katholisch war, wurde verfolgt und vernichtet, nicht nur die Juden, sondern auch andere christliche Gemeinschaften wie die Arianer, die Markioniten, die Waldenser, die Albigenser, die Widertäufer, ganz zu schweigen von den Ketzern, den Freidenkern, den Humanisten, den „Gottlosen und Heiden".

Dieses Problem begann nicht erst mit den Päpsten, auch nicht mit den Kirchenvätern, sondern schon mit dem ersten Gebot im Alten Testament:
*„Du sollst keine anderen Götter neben mir haben!"*
Und es ging weiter mit den angeblichen Worten des Jesus von Nazareth, von denen ich hier ein paar zitieren möchte: ***Luk. 19:27*** *„Doch jene meine Feinde, die nicht wollten, dass ich über sie herrschen sollte, bringet her und erwürget sie vor mir."*
***Markus. 16:16*** *„Wer glaubt und sich taufen lässt, wird gerettet; wer aber nicht glaubt, wird verdammt werden".*
***Joh. 15:6*** *Wenn jemand nicht in mir bleibt, der wird weggeworfen wie eine Rebe und verdorret, und man sammelt sie und wirft sie ins Feuer, und sie müssen brennen.*
...Und tatsächlich wurden sie von den „Rechtgläubigen" auf die Scheiterhaufen geworfen und tatsächlich mussten sie brennen, - jahrhundertelang!
Hier sind weitere Jesuszitate:
***Luk. 10:15*** *Und du, Kapernaum, die du bis an den Himmel erhoben bist, du wirst in die Hölle hinunter gestoßen werden.*
***Mat 3:12*** *Und er hat seine Wurfschaufel in der Hand: er wird seine Tenne fegen und den Weizen in seine Scheune sammeln; aber die Spreu wird er verbrennen mit ewigem Feuer.*
***Mat: 7:19*** *Ein jeglicher Baum, der nicht gute Früchte bringt, wird abgehauen und ins Feuer geworfen.*

***Joh 14:6** Jesus spricht zu ihm: Ich bin der Weg und die Wahrheit und das Leben; niemand kommt zum Vater denn durch mich.*
***Luk 14:26** So jemand zu mir kommt und hasst nicht seinen Vater, Mutter, Weib, Kinder, Brüder, Schwestern, auch dazu sein eigen Leben, der kann nicht mein Jünger sein.*
Das ist einer der Gründe, warum ich nicht sein Jünger sein kann!

**Der Mensch ist als Mann und Frau geschaffen; dieses Gegenüber ist Gottes gute Schöpfungsgabe.**

Kommentar: Warum gibt es dann Zwitter und Transsexuelle? Der Mensch wurde nicht erschaffen, sondern ist in einem langen evolutionären Prozess aus dem Tierreich hervorgegangen. Die Zweigeschlechtlichkeit war ein Fortschritt bei der Verteilung des Genmaterials.

*Wir stehen ein für die Ehe von Mann und Frau. Sie ist für jede Gesellschaft grundlegend. Wir wollen das aus dieser Gemeinschaft geschenkte Leben von Familien fördern. Wir stehen auf für die Stärkung der Ehe und gegen ihre Entwertung.*

Kommentar: Das Leben ist nicht einfältig, sondern vielfältig und deswegen müssen neben der Ehe von Mann und Frau auch andere Formen des Zusammenlebens möglich sein. Es ist nun mal erwiesen, dass es in jeder Bevölkerung einen kleinen Prozentsatz Homosexueller gibt. Sollten die nicht auch ihre gegenseitige Zuneigung in einer Partnerschaft bekunden dürfen?

*Allen Menschen auf der ganzen Welt steht das Recht zu, in Freiheit ihren Glauben zu leben und zum Glauben einzuladen.*

Kommentar: Menschen haben aber auch das Recht, kritisch zu sein gegenüber falschen Versprechungen und Einladungen auszuschlagen, weil sie sich gegen Herrschaft und Beherrschung wehren.

*Wir stehen ein für die Freiheit des Glaubens und des Religionswechsels, insbesondere in muslimischen Ländern und totalitär regierten Staaten. Wir stehen auf für Gewissens- und Religionsfreiheit und gegen jede Benachteiligung und Verfolgung von Christen und Angehörigen aller Religionen weltweit. Wir widersprechen jeder Form von Intoleranz, die Gewissen und Denken zwingen will.*

Kommentar: Ja, aber auch Humanisten und Ungläubige haben ein Recht darauf, ihre Meinung zu äußern, auf ihre Weise selig und nicht benachteiligt zu werden!

*Jesus Christus wird wiederkommen. Mit ihm hat unser Leben eine große Zukunft.*

Kommentar: Jeder Mensch hat nur ein Leben. Er ist einmal da und wird nie wieder kommen. Ich glaube auch nicht, dass es etwas ändern würde, wenn er wiederkäme. Übrigens warten die Zoroastrier, die Mormonen, die Juden und die Muslime auch schon lange auf ihren Erlöser. Man darf gespannt sein, wer zuerst eintrifft.

---

Die Christen erwarten schon seit 2000 Jahren das Ende der Welt

Dazu Edward Gibbon britischer Historiker: *„Diese gleichgültige, ja fast schon kriminelle Geringschätzung des Staatswohls setzte sie (die Christen) der Verachtung und den Vorwürfen der Heiden aus, die häufig wissen wollten, wie es wohl um das Schicksal des auf allen Seiten von Barbaren bedrängten Reiches bestellt wäre, wenn alle Welt die kleinmütige Gesinnung dieser neuen Sekte annehmen wollte. Auf diese kränkende Frage erteilten die christlichen Apologeten dunkle und zweideutige Antworten, weil sie nicht willens waren, den geheimen Grund für ihre Sorglosigkeit preiszugeben, ihre Erwartung nämlich, dass es, ehe noch die ganze Menschheit bekehrt sei, ohnehin ein Ende nehmen würde mit dem Krieg, der Regierung, dem Römischen Reich und der ganzen Welt."*[200]

---

*Wir stehen ein für die biblische Verheißung auf einen neuen Himmel und eine neue Erde. Wir glauben, dass das Reich Gottes heute schon erfahrbar ist, wo Jesus uns bewegt, anderen in Liebe zu dienen. Wir stehen auf für ein Leben in Hoffnung und gegen jede Form der Resignation, denn unser Glaube erschöpft sich nicht im Diesseits.*

Kommentar: Alles, was den Menschen hilft, ihr Leben zu meistern ist gut, wenn dabei andere nicht geschädigt werden. Wir sollten aber nicht auf Jesus warten, um einander in Liebe zu begegnen, sondern wir sollten sie uns jetzt schon schenken, weil es nach dem Tod zu spät ist. Liebe gibt es nur in dieser Welt. Sie ist die einzige Welt, in der unsere Sinne Erfahrbares erleben können.

---

[200] Edward Gibbon Verfall und Untergang der Römischen Reiches

# Ein Pastor nimmt die Bibel ernst

Im Januar 2015 erregte Pastor Olaf Latzel, evangelischer Pfarrer in der St. Martini-Gemeinde in Bremen, großes Aufsehen mit seinen Predigten. Er beschimpfte alles was nicht seinem evangelischen Glaubensverständnis entsprach: *„Er lässt keine Frauen auf seine Kanzel, hält Homosexualität für Sünde und sieht in jedem Bibel-Wort Gottes Wort"*[201] Das islamische Zuckerfest nennt er einen „Blödsinn", Buddha nennt er einen *„dicken, alten, fetten Herrn"*. Gemeinsame Schulgottesdienste von Katholiken, Evangelischen und Muslimen nennt er „Sünde". Latzel: *„ Wir können keine Gemeinsamkeit mit dem Islam haben."* Auch über Katholiken zieht der Evangelikale her: Heiligenanbetung sei Götzendienst, ebenso *„dieser ganze Reliquiendreck und -kult"*. Latzel: *„Das, was da Lehre ist in der katholischen Kirche, ist ganz großer Mist."* Zu Götzen und anderen Göttern sage Gott: *"umhauen, verbrennen, hacken, Schnitte ziehen"*.
In einer Predigt bekennt er sich zu seinem Vorbild aus der Bibel: **Gideon**, der fremde Götterbilder, wie die des Baal oder der Aschera verbrannt hat.

*Richter 6,25 – 32* **Gideons Reinigung von den fremden Göttern.**

> [25] Und in derselben Nacht sprach der HERR zu ihm: Nimm einen Farren unter den Ochsen, die deines Vaters sind, und einen andern Farren, der siebenjährig ist, und zerbrich den Altar Baals, der deines Vaters ist, und haue um das Ascherabild, das dabei steht,
> [26] und baue dem HERRN, deinem Gott, oben auf der Höhe dieses Felsens einen Altar und rüste ihn zu und nimm den andern Farren und opfere ein Brandopfer mit dem Holz des Ascherabildes, das du abgehauen hast.
> [27] Da nahm Gideon zehn Männer aus seinen Knechten und tat, wie ihm der HERR gesagt hatte. Aber er fürchtete sich, solches zu tun des Tages, vor seines Vaters Haus und den Leuten in der Stadt, und tat's bei der Nacht.
> [28] Da nun die Leute in der Stadt des Morgens früh aufstanden, siehe, da war der Altar Baals zerbrochen und das Ascherabild dabei abgehauen und der andere Farre ein Brandopfer auf dem Altar, der gebaut war.
> [29] Und einer sprach zu dem andern: Wer hat das getan? Und da sie suchten und nachfragten, ward gesagt: Gideon, der Sohn des Joas, hat das getan.
> [30] Da sprachen die Leute der Stadt zu Joas: Gib deinen Sohn heraus; er muss sterben, dass er den Altar Baals zerbrochen und das Ascherabild dabei abgehauen hat.
> [31] Joas aber sprach zu allen, die bei ihm standen: Wollt ihr um Baal hadern? Wollt ihr ihm helfen? Wer um ihn hadert, der soll dieses Morgens sterben. Ist er Gott, so rechte

---

[201] http://www.fr-online.de/politik/bremen-der-hetzprediger-von-der-weser,1472596,29696076.html

> er um sich selbst, dass sein Altar zerbrochen ist.
> ³² Von dem Tag an hieß man ihn Jerubbaal und sprach: Baal rechte mit ihm, dass er seinen Altar zerbrochen hat.
> **Aschera** (auch Ascherah, Ašerā) ist eine syrisch-kanaanäische Meeresgöttin. Sie wurde noch im 6. – 10. Jahrhundert vor unserer Zeitrechnung als Gemahlin Jahwes zusammen mit diesem verehrt.

**Kommentar: Wir sehen an diesem Beispiel, wie intelligente, gebildete Männer nicht davor gefeit sind, ihr Verhalten an alttestamentarischen Texten auszurichten. Was damals als vorbildlich galt, muss es auch heute noch sein! Er beamt sich über eine 2000-jährige Kulturgeschichte hinweg und glaubt an den göttlichen Ursprung bronzezeitlicher Texte. Ist ihm klar, dass die Verachtung anderer Religionen in der Bibel auch die Verachtung der Europäer vor den Religionen der eroberten Länder geprägt hat? – Hier liegt die Wurzel für die skrupellose Zerstörung anderer Kulturen durch „christliche" Eroberer. Junge Theologen, die in Deutschland studiert haben, glauben wieder, dass wir uns wortwörtlich an die „heiligen" Texte aus der Bronzezeit halten müssen. Sie schreiben Bücher über „die wahren Schrecken der Hölle". Sie wollen unbedingt an die Hölle glauben, weil sie sich wohler fühlen, wenn ihnen der Teufel im Nacken sitzt. Sie warnen vor dem Zorn Gottes und der drohenden Apokalypse. Sie betrachten Homosexuelle als Sünder oder Kranke. Das ist einfach nur traurig, weil es beweist, dass die Aufklärung nicht stetig vorwärts schreitet, sondern immer wieder gegen ihre Widersacher verteidigt werden muss. Genau das beabsichtige ich mit diesem Buch!**

## Ein Pastor vollbringt Wunder

Im australischen Springfield wurde 2011 von dem fundamentalistischen Pastor Bill Johnson eine Schule für übernatürliche Fähigkeiten eröffnet. In einem sechsmonatigen Kurs sollen die Teilnehmer lernen, durch Gebete Wunder zu vollbringen, etwa trotz Unfruchtbarkeit Schwangerschaft zu erzeugen, Knochenbrüche und sogar Krebs zu heilen. Die Neugründung fand regen Anklang. Johnson leitet die große Bethel-Kirche in Redding Kalifornien.

Der 1951 geborene Johnson ist Pastor in der fünften Generation. Laut einem Buch von Johnson mit dem Titel Face to Face with God ist die Bethel Church eine Gemeinde, in der es regelmäßig zu *„übernatürlichen Gottesbegegnungen kommt, in der Wunder an* *der Tagesordnung sind und in der die Gemeindeglieder eine ansteckende Leidenschaft für geistliches Wachstum haben."* Die Gemeinde zählt ca. 1500 Mitglieder.[202]

1999 berichtete Johnson, dass er jedes Jahr hunderte von Wundern beobachtet hat, einschließlich der Heilung von Krebs, Lähmungen und Knochenbrüchen. Sogar Federn von Engeln seien von der Decke der Kirche gefallen.

**Kommentar: Da muss man sich doch fragen: Warum wirkt Gott auf so geheimnisvolle Weise, warum überzeugt er die, die schon glauben und nicht die, die noch nicht glauben und die von ihm eindeutige Zeichen erwarten? Prediger hätten so viel Einfluss, Menschen aufzuklären, aber sie benutzen diese Macht, um Absurditäten in den Hirnen der Gläubigen zu verankern – im Interesse ihrer eigenen Herrschaft!**

## Falsches Denken im Hinduismus - Indien

In Indien entstand um -1700 eine der frühesten Hochkulturen mit einer Religion, in der viele Götter verehrt wurden, ähnlich wie bei den Iranern und Griechen, mit heiligen Texten, den Veden und später den Upanischaden. *Wichtigste Aufgabe der Menschen war es, die Götter durch Nahrungsopfer zu stärken, damit diese die kosmische und moralische Ordnung schützten.[..] Durch ihre Opferwissenschaft erlangten die Priester eine nie gekannte Macht.*[203]

Götter, Menschen und Tiere durchwandern nach hinduistischer Glaubensvorstellung in einem durch ewige Wiederkehr gekennzeichneten Kreislauf, die Weltzeitalter. Während des Lebens wird, je nach Verhalten, gutes oder schlechtes Karma angehäuft. Dieses Gesetz von Ursache und Wirkung der Handlungen beeinflusst nach hinduistischer Vorstellung zukünftige Reinkarnationen und schließlich die Erlösung aus diesem ewigen Kreislauf - Moksha.

**Kommentar: Ich glaube nicht, dass ich in einem anderen Lebewesen wiederkehren kann. Mein „Ich" wird geprägt durch meine Gene, meine Erziehung, meine**

---

[202] http://distomos.blogspot.de/2011/12/wer-ist-bill-johnson.html
[203] https://de.wikipedia.org/wiki/Hinduismus

Umwelt usw. Hätte ich andere Gene, eine andere Erziehung und würde in einer anderen Umwelt aufwachsen, wäre ich nicht mehr ich, sondern ein ganz anderer, der nichts mehr mit meinem „Ich" zu tun hat.
Gute Handlungen sammeln sich nicht für ein anderes, sondern für dieses Leben an. Wer gut handelt, fühlt sich gut und bewirkt, dass andere ihm gegenüber ebenso handeln. „Wie man in den Wald hinein schreit, so hallt es heraus!"

## Witwenverbrennung - Sati: Die Ehefrau folgt dem Mann in den Tod

Eine wichtige Rolle im hinduistischen Frauenbild verkörpert Sati, die Gattin Ramas aus dem großen Epos Ramayana. Von ihrem Vorbild leitet sich eine besonders ausgeprägte Form der „Treue" bis in den Tod ab, die Witwenverbrennung im hinduistischen Indien. Von der Frau wurde erwartet, dass sie ihrem verstorbenen Gatten in den Tod nachfolgte und sich mit ihm verbrennen ließ, damit die gemeinsame Ehe im Jenseits fortgesetzt werden könnte. Die Witwe starb meist bei einer von Priestern geleiteten Zeremonie auf dem Scheiterhaufen, seltener wurde sie lebendig begraben.

*„Mittel, um eine Flucht der Witwe aufgrund von Todesangst zu verhindern, waren das Verschütten mit großen Holzstücken oder das Niederhalten mit langen Bambusstäben. Eine erweiterte Form, die in Zentralindien verbreitet war, ist die Errichtung einer hüttenartigen Konstruktion auf dem Scheiterhaufen. Der Eingang wurde mit Holz verschlossen und verbarrikadiert und die mit weiterem Holz beschwerte Hütte kurz nach Entzündung des Feuers zum Einsturz gebracht. Im Süden Indiens gab es noch eine weitere Methode, bei der eine Grube ausgehoben wurde. Ein Vorhang versperrte der Witwe den Anblick des Feuers, bis sie schließlich selbst hineinsprang oder hineingeworfen wurde. Meist wurden dann schwere Holzklötze und leicht brennbares Material auf das Opfer geworfen. Sobald die Frau das Bewusstsein verlor, wurde die Verbrennung unter Gesängen und religiösen Ritualen zu Ende gebracht".*[204]

Verbrannte Witwen waren im Hinduismus hoch angesehen, manche wurden anschließend als Göttinnen verehrt. Es war zwar nicht zwingende Pflicht, sich mit dem verstorbenen Mann verbrennen zu lassen, der gesellschaftliche Druck, dem Gatten in den

---

[204] Wikipedia

Tod zu folgen, war aber enorm. Die Witwe galt als untreu, wenn sie sich nicht mit ihrem Gatten verbrennen ließ. Es gab auch positive Anreize zu dieser Tat: Der Witwe zu Ehren wurden Skulpturen und Gedenksteine errichtet, sogenannte Mastikal. Die Witwe erhoffte sich im Jenseits eine Statusverbesserung und die Zurückgebliebenen Familienangehörigen erhielten dafür Anerkennung von ihren Priestern und ihren Mitmenschen. Witwenverbrennungen kennt man schon aus dem - 1. Jahrhundert. 1830 verboten die Briten die Witwenverbrennung. Wahrscheinlich hätte sich diese Tradition noch sehr lange gehalten, hätte nicht eine kulturfremde Macht die Möglichkeit gehabt, sie zu beenden.

**Kommentar: Hier wird durch den gesellschaftlichen Druck, durch Lob und Tadel, eine Frau zu einer Handlung gedrängt, der sie scheinbar nicht entfliehen kann... und alles wird mit dem Irrglauben an ein ewiges Weiterleben im Jenseits begründet.**

## Menstruation

Bis 2006 war in Nepal die hinduistische Tradition des *Chhaupadi* gebräuchlich. Menstruierende Frauen und Mädchen mussten während ein paar Tagen das Haus verlassen und in einer benachbarten Hütte verbringen. Dabei kam es immer wieder zu Unfällen, Vergewaltigungen, Schlangenbissen, Angriffen durch Tiere. 2016 starb ein Mädchen an einer Kohlenmonoxid - Vergiftung weil es sich in der kleinen Hütte ohne Rauchabzug ein Feuer machen wollte.

## Heiraten

Erst durch den Einfluss der Europäer wurden in Indien einige Heiratsregeln an westliche Standards angepasst.
1829 wurde die Witwenverbrennung abgeschafft. Bis dahin galt es als gute Sitte oder gar als Pflicht, dass Witwen sich mit ihren Gatten nach deren Tod verbrennen ließen. Die Wiederverheiratung von Witwen war lange verpönt. Eine Witwe, die einen anderen Mann heiratete galt als treulos. Sie konnte mit ihrem Gatten im Himmel nicht mehr vereinigt werden. Eine Witwe gilt als Unglücksbringerin und fristet ein unglückliches Dasein. Eine tugendhafte Frau, die nach dem Tod ihres Gatten keusch bleibt, erreicht den Himmel, auch wenn sie keinen Sohn hat.

Eine Frau, die aus Sehnsucht nach Nachkommen, ihre Pflichten gegenüber ihrem (verstorbenen) Gatten verletzt, bringt über sich selbst Ungnade in diese Welt und verliert ihren Platz neben ihrem Gatten (im Himmel).
1860 wurde die Polygamie verboten.
1866 wurde die Scheidung erleichtert.
1872 wurde die Zivilehe eingeführt. Auch das Mindestalter für Mädchen wurde auf 14 Jahre erhöht. Bis dahin war es oft üblich 8-jährige Mädchen zu verheiraten.
Ab 1923 durften Ehegatten verschiedener religiöser Herkunft heiraten.
1929 wurde das Heiratsalter von Mädchen auf 18 und das von Jungen auf 21 Jahre heraufgesetzt.
1937 wurde die Heirat zwischen verschiedenen Kasten anerkannt.
Ab 1949 hatten Frauen ein Recht auf einen eigenen Wohnsitz.

**Kommentar: Hätte es die indische Gesellschaft geschafft, ohne den Einfluss der Briten alle diese Änderungen durchzuführen? Wohl kaum!**

Indische Frauen, vor allem der niederen Kasten, gelten heute noch bei den dort lebenden Muslimen oft als Freiwild. Immer wieder kommt es zu Vergewaltigungen.

## Tempelprostitution

Die Historiker des Altertums z.B. Herodot, Strabon oder Ovid haben des Öfteren von Tempelprostitution, dem kultischen Geschlechtsverkehr von Priesterinnen oder Tempeldienerinnen meist einer Gottheit der sexuellen Liebe berichtet, z.B. in Babylon (Istar-Kult), Ägypten, in Griechenland, bei den Juden und ihren Nachbarn, wirklich nachgewiesen ist sie aber nur in Indien, wo sie zum Teil heute noch von den sogenannten Devadasis praktiziert wird. Devadasis waren ursprünglich Tempeltänzerinnen, die als „Gottes-Dienerinnen" bei Gottesdiensten oder auch bei weltlichen Veranstaltungen auftraten. Sie gehörten einer eigenen Kaste an. Letztlich geht es der herrschenden Priester- und Brahmanenkaste darum diese Mädchen im göttlichen Auftrag für ihre sexuellen Zwecke nutzbar zu machen. Die glauben, dass sie dadurch in den Himmel kommen und die Priester haben ihre sexuelle Befriedigung. Für Arme ist es oft die einzige Möglichkeit zu überleben, wenn sie ihre Töchter an Tempel verkaufen.
*„Das Ritual findet vorwiegend im Süden Indiens statt und die Hindus glauben, durch das Opfer zu Glück und Reichtum zu kommen, ihre Familien vor Unglück zu bewahren und einen Platz im Himmel zu finden. Sie mussten in den Tempeln tanzen und singen, religiöse Rituale ausführen oder andere Arbeiten erledigen. Fast immer wur-*

*den die Mädchen von den Priestern missbraucht. Eine Devadasi darf nicht heiraten, kann jedoch ihre sexuellen Dienste Männern anbieten. Einige Soziologen vertreten die Meinung, dass dieses System von der Elitekaste eingeführt wurde, um einen religiös abgesegneten Zugang zu den Frauen der unteren Kasten, zu denen die Devadasis fast immer gehören, zu bekommen. Den Mädchen versichert man, dass sie durch ihre Dienste an der Göttin Yellamma und an den Priestern im nächsten Leben als "Brahmin", als ein Mitglied der höheren Kaste wiedergeboren werden.*"[205]

**Kommentar: So wird Religion, wie eh und je, zur Verdummung der Menschheit und zum Segen der Priesterschaft genutzt.**

## Kastenunwesen

Das Kastenwesen, die Einteilung der Menschen in verschieden wertige Klassen in Indien, wird dadurch gerechtfertigt, dass man sagt: Jeder ist durch sein Verhalten im vorigen Leben dazu „verurteilt", in eine bestimmte Kaste geboren zu werden. Das gilt dann als Gerechtigkeit. Alle werden angehalten, sich diesem Schicksal zu fügen. Grundsatz der Kastenordnung ist, dass die Lebewesen von Geburt an nach Aufgaben, Rechten, Pflichten und Fähigkeiten streng voneinander getrennt sind.

**Kommentar: Dadurch wird eine Weiterentwicklung der Gesellschaft und das Aufbrechen der Kasten, der Aufstieg der Menschen entsprechend ihrer Eignung und ihren Fähigkeiten, unmöglich gemacht. Natürlich sind vor allem die höheren Kasten am Status Quo interessiert.**

Die klassische Ständeordnung gliedert sich in vier „Hauptkasten", (wörtlich „Farben"), von denen jede mit einer Farbe assoziiert wird:

**Brahmanen**: *Farbe Weiß; oberste Kaste; Priester und Gelehrte*
**Kshatriyas**: *Farbe Rot; die Kriegerkaste; Krieger, Aristokraten, Landbesitzer*
**Vaishyas**: *Farbe Gelb; Händler, Geschäftsleute, Handwerker*
**Shudras**: *Farbe Schwarz; Diener, Knechte, Tagelöhner*[206]
In der Reinkarnationslehre wurde man, wenn man sich besonders schlecht benommen hatte, als niedrigste Stufe der Wiedergeburtshierarchie, als „Frau" wiedergeboren.[207]

---

[205] http://www.stern.de/fotografie/sexuelle-ausbeutung-in-indien-vom-tempel-ins-bordell-3083812.html
[206] https://de.wikipedia.org/wiki/Hinduismus

Noch weiter unten waren die Ungläubigen = **Nichthindus**.

**Kommentar: Wie in den abrahamitischen Religionen werden die Ungläubigen auf die unterste Stufe gestellt.**

## Heilige Kühe

Prinzipiell lehnen fast alle Hindus den Genuss von Rindfleisch ab. Die Gründe dafür muss man in ihren heiligen Texten, den Veden, suchen, dort wird die Heilige Kuh als göttliches Wesen beschrieben. Sie verkörpert die mütterlich nährenden Kräfte der Erde. Stier oder Bulle wurden als Sinnbild der männlichen Zeugungskraft verehrt. Sie dienten als Nahrungslieferanten und Opfergabe. Ihre Produkte (Milch und Butter, aber auch Dung und Urin) sind noch im heutigen Indien von lebenswichtiger ökonomischer sowie von ritueller Bedeutung. [208]Schon vor viertausend Jahren hatten Kühe besonderen Wert. In der Jungsteinzeit wurden sie uneingeschränkt geopfert und verspeist. Heute verteidigen selbsternannte, gläubige Hinduwachmannschaften Kühe mit Waffengewalt gegen muslimische und christliche Rinderschmuggler.
Auch andere Tiere, wie Ratten, Affen, Schildkröten und Schlangen gelten den Hindus als heilig.

**Kommentar: Religion speist sich eben aus unbegreiflichen Neigungen und Abneigungen. Sollte man das alles ewig so unkritisch hinnehmen?**

## Moksha - Erleuchtung - Wiedergeburt

Der Mensch ist selbst für seine Erlösung verantwortlich, - glauben die Hindus. Indem er gute Taten „sammelt" und böse meidet, kann er sein Karma verbessern und letztlich, nach vielen Reinkarnationen, zur Erlösung gelangen. Der Vater wird im Sohn wiedergeboren. Deswegen spielt auch der Ahnenkult eine wichtige Rolle. Die Ahnen wirken aus dem Jenseits auf dieses Leben. Wichtig ist, dass es ihnen gut geht, indem man sie verehrt und ihnen regelmäßig opfert.
Ähnlich wie der Gottesbegriff ist Moksha nicht rational fassbar.

---

[207] https://de.wikibooks.org/wiki/Religionskritik:_Hinduismus
[208] Encarta 2009

**Kommentar: Hier liegt eine viertausendjährige Tradition einfach falsch – vermute ich mal.** Uralte Vermutungen wurden nie in Frage gestellt, im Gegenteil sie wurden vor allem deswegen für wahr gehalten, weil sie eine so lange Tradition haben. **Siehe Reinkarnation**

Ein Problem mit dem Begriff Moksha ist, dass es sich seiner Natur nach um ein Phänomen jenseits des menschlichen Verstandes handelt, also gerade dadurch definiert ist, dass es über ihn hinausgeht. Deshalb sind Beschreibungen der Erleuchtung oft paradox und sind ähnlich wie der Gottesbegriff jenseits rationaler Erklärungen. Ein Großteil der hinduistischen Schriften über Moksha beschäftigt sich mit der Verneinung oder Auflösung mentaler religiöser Konzepte oder Vorstellungen...

**Kommentar: Man könnte auch sagen: Die Priester erzählen von Dingen, die sie nicht wissen können. Das ist alles reine Fantasie und Spekulation ohne Boden.**

## Hexenjagd in Indien

**„Hexe" getötet!** Im indischen Staat Assam wurde 2015 eine 63-jährige Frau geköpft, nachdem sie angeklagt wurde, eine Hexe zu sein. Sie soll in ihrem Dorf für Krankheiten verantwortlich sein. Sieben Personen einschließlich zweier Frauen wurden wegen des Mordes verhaftet. Die Polizei in Assam berichtet, dass in den letzten[209] sechs Jahren beinahe 90 Frauen nach solchen Anschuldigungen geköpft, verbrannt oder erstochen wurden. Im Oktober soll die indische Athletin Debjani Bora schwer geschlagen worden sein, nachdem sie der Hexerei beschuldigt worden war. Experten sagen, dass hinter manchen dieser Angriffe abergläubische Ansichten stecken, aber es gibt auch Fälle, wo Leute, speziell bei Witwen, es auf ihr Land und ihr Gut abgesehen haben.

Mehr als 2000 Menschen wurden in den letzten zwei Jahren in Indien getötet, weil sie angeblich in Hexerei verwickelt waren. Sie waren meist unverheiratet und verwitwet.

**Kommentar: Aberglaube führt zu verrückten Handlungen. Wenn die Menschen wissen, wie die Welt funktioniert handeln sie auch vernünftiger.**

---

[209] BBC frei aus dem Englischen übersetzt

# Morde im Namen der Göttin Kali

Nach hinduistischer Tradition werden der Göttin Kali, die für Tod und Erneuerung des Lebens zuständig ist, zu gewissen Anlässen Tiere geopfert. In vergangenen Jahrhunderten waren auch Menschenopfer an der Tagesordnung. Die gibt es auch heute noch vereinzelt: *So war im April in der Nähe eines Kali-Tempels in Ostindien die enthauptete Leiche eines Mannes gefunden worden. 2006 hatte im Norden des Landes ein Vater gestanden, seinen Sohn für die Göttin getötet zu haben.*"[210]
Meist von Hexern und Wunderheilern aufgestachelt, erhoffen sich die Täter ewiges Leben, Reichtum oder magische Fähigkeiten.
**2014 opferte ein indischer Priester einen Jungen.** Ein Tempelpriester in Indien wurde von der Polizei verhaftet, nachdem der Körper eines 8-jährigen Buben nahe des Tempels gefunden wurde, in dem der Priester arbeitete. Angeblich hatte der Priester den Buben geopfert, indem er ihm den Kopf abgetrennt hat. Nach seiner Verhaftung gab der Priester sein Verbrechen zu.

2010 kam es zu einem Ritualmord an zwei Kindern, einem zweijährigen Mädchen und einem sechsjährigen Jungen. Ein Ehepaar glaubte durch dieses Opfer zu magischen Kräften und Reichtum zu kommen.

**Kommentar: Bleibt die Frage, ob es sich hier wirklich um religiös fundierte Verbrechen handelt oder ob die Religion nur vorgeschoben wurde, um Lustmorde zu rechtfertigen.**

# Gandhi

**Mahatma Ghandi:** Ich bezeichne mich selbst als Sanatani Hindu, weil ich an die hinduistischen Schriften der Vedas, der Upanischaden, der Puranas und deswegen auch an Avatare und Wiedergeburt glaube.
Weil ich an die Regeln des Varnashram Dharma in einem strengen Vedischen Sinne glaube, weil ich an den weitestgehenden Schutz der Kühe glaube, weil ich nicht die Gottes- und Idolverehrung ablehne.

---

[210] http://www.n-tv.de/panorama/Inder-opfern-Kinder-fuer-Kali-article2009141.html

# Japan

In **Japan** rechnet man Menschen mit einer bestimmten Blutgruppe auch bestimmte Eigenschaften zu. A (40%) gilt als sozial engagiert, B (30%) als unsozial, egoistisch. Scheinbar gibt es einer Mehrheit ein Überlegenheitsgefühl, wenn sie eine Minderheit mit Vorurteilen herabsetzen kann.

# Afrika

## Hexenglaube in Afrika

*Fürchterlich ist es, wenn die Finsternis des Aberglaubens einen Menschen befällt, und seine Vernunft eben bei solchen Dingen verwirrt und verblendet, wo dieselbe am wenigsten zu entbehren ist.*[211] ***Plutarch***
In Nigeria werden jährlich tausende Kinder wegen Hexerei getötet. Man wirft ihnen vor, Aids oder andere Krankheiten zu verbreiten. *Priester bezichtigen oft Kinder der „Hexerei", weil sie mit Teufelsaustreibungen viel Geld verdienen. Die Kleinen können sich am wenigsten wehren. Sie werden von der eigenen Familie geschlagen, gequält, bis sie zugeben, verhext zu sein. Viele sterben bei der Folter. Ermordet, von den eigenen Eltern. Die Dorf-Gemeinschaft schaut zu - und dann schnell weg.*"[212]
In Uganda werden Kinder entführt, ihr Blut abgezapft, ihre Schädel geöffnet usw. weil manche Hexenmeister glauben, dass das Glück bringt.

**Kommentar: Dort wo der Glaube herrscht, wo die Menschen nicht gelernt haben, vernünftig zu denken und die Geschehnisse um sie herum auf natürliche Weise zu erklären, herrscht auch gefährlicher, d.h. tödlicher Aberglaube.**

**Kommentar: Der Kolonialismus der europäischen Mächte zwischen dem 15. und 19. Jh. war meist ein großes Verbrechen an der einheimischen Bevölkerung Afrikas, Asiens, Amerikas und Australiens. Grundlage für diese Verbrechen waren entsprechende Denkweisen. 1. Das Christentum, das mit seinem Missionsbefehl gebot, alle Völker zu missionieren. In einem Auserwähltheitswahn hielten die**

---

[211] Plutarch
[212] http://www.bild.de/news/ausland/nigeria/nigeria-junge-verhext-44578488.bild.html

Christen sich für die einzig „Rechtgläubigen". 2. Der Sozialdarwinismus lehrte die Überlegenheit und den Führungsanspruch des „Stärkeren". Tatsächlich waren die Europäer den anderen Völkern durch die voraus gegangene Aufklärung und die folgende industrielle Revolution waffentechnisch weit überlegen. Gelehrte gaben dieser Überlegenheit der weißen „Rasse" eine wissenschaftliche Begründung im 3. Rassismus. Die industriell weit fortgeschrittenen Nationen benötigten Rohstoffe, die sie selber nicht in ihren Ländern vorfanden. Das überhöhte Nationalbewusstsein führte mit seinem Wettkampf und Prestigedenken zum Imperialismus der europäischen Nationen.

## Maji-Maji-Aufstand

Maji-Maji nennt man einen Aufstand in Deutsch-Ostafrika zwischen 1905 bis 1907 gegen die deutsche Kolonialherrschaft. Ursachen waren ausbeuterische Maßnahmen, mit denen man die Kolonie zu einem gewinnbringenden Unternehmen machen wollte. Dabei wurde die schwarze Bevölkerung zur Arbeit für die Kolonialherren verpflichtet und die Interessen der einheimischen Wirtschaft missachtet.
Durch die Versprechungen eines erfolgreichen Schamanen namens **Kinjikitile** wurde die afrikanische Bevölkerung zu einem Aufstand gegen die militärisch weit überlegenen Kolonialherren verführt. Dieser Maji-Maji-Krieg endete schließlich für die afrikanische Bevölkerung mit einer verheerenden Niederlage.
Wie bei christlichen Führern begann auch die Karriere Kinjikitiles als Prophet mit einem Erweckungserlebnis: Er verbrachte, der Überlieferung nach, eine Nacht in einem Teich, unter Wasser natürlich, aus dem er am folgenden Morgen unversehrt und trocken wieder auftauchte

**Kommentar: Wer solche Geschichten glaubt, glaubt alles.**

Kinjikitele versprach seinen Anhängern eine Umkehrung der bestehenden Verhältnisse voraus: Die Rückkehr der Ahnen und ihre Unterstützung bei der Vertreibung der deutschen Kolonialmacht, die Wandlung von Raubkatzen in harmlose Schafe und schließlich das Verschwinden ethnischer Grenzen – alle Clans und Gesellschaften würden nur einem einzigen angehören, dem Clan des sansibarischen Sultans Said.[213]

---

[213] https://de.wikipedia.org/wiki/Maji-Maji-Aufstand

**Kommentar: Unwissende und abergläubische Menschen können, vor allem in Notsituationen, von Heilspropheten jeder Sorte verführt werden. Machthungrige Demagogen brauchen hoffnungsvolle Gläubige. Eine Diktatur löst keine Probleme, sondern führt immer zur Verfolgung der Falschgläubigen und bringt damit viele neue Probleme.**

Bei der Vertreibung der Kolonialmacht werde, so Kinjikitele, das heilige Wasser eine zentrale Rolle spielen. Mit Hirse gekocht, verleihe es – getrunken, über dem Körper versprengt oder bei sich getragen – magische Kräfte, mache unverwundbar und lasse die Kugeln aus den Gewehren der kolonialen Unterdrücker wie Regentropfen am Körper abperlen. Verbunden mit dieser Prophezeiung waren moralische Vorschriften und Normen, die von den Kriegern eingehalten werden mussten, damit sich die Wirkung des maji entfalten könne. Dazu gehörten sexuelle Enthaltsamkeit, das Verbot von Hexerei und Plünderung oder Tabus für eine Reihe von Speisen.

**Kommentar: Falls der Zauber also nicht wirkt, kann man die Schuld auf die Nichteinhaltung dieser Vorschriften schieben. Wie könnten auch alle Stammesmitglieder alle Vorschriften einhalten!**

Die Ausbreitung der Prophezeiung, die vom Geist Hongo befohlen wurde, geschah nicht immer ohne Zwang und Gewalt. Nach Ausbruch des Krieges mussten die Maji-Maji-Kämpfer erfahren, dass sie trotz anfänglicher Erfolge nicht unverwundbar waren. Als der Krieg sich in alle Richtungen ausbreitete, gab es bald viele Tote unter ihnen. In Mahenge hatten sich 4 Europäer, 60 Askari und einige Hundert „Hilfskrieger" der deutschen Schutztruppe verschanzt. Die deutschen Verteidiger standen unter dem Kommando Theodor von Hassels (Vater des späteren bundesdeutschen Verteidigungsministers Kai-Uwe von Hassel). Aufgrund eines präparierten Schussfeldes mit Drahtverhauen und Entfernungsmarkierungen, auf das zwei Maschinengewehre in Hochständen gerichtet waren, wurde der Angriff für die Aufständischen zum Desaster. Die Zahl der in diesem Gefecht getöteten Angreifer wird auf mindestens 600 geschätzt. Auf deutscher Seite fielen nicht mehr als 20 „Hilfskrieger".
Allerdings starb die Mehrzahl der Opfer des Aufstandes nicht durch Gewehrkugeln, sondern durch Hunger, weil die deutsche Schutztruppe 1907 damit begonnen hatte, Dörfer, Felder und Busch niederzubrennen (Verbrannte Erde). Am Ende lagen ganze Gebiete brach und ausgestorben. Man schätzt die Zahl der Toten auf zwischen 75.000

und 300.000, davon 15 Europäer, 73 schwarze Askaris und 316 Angehörige der Hilfstruppen auf deutscher Seite.[214]
Nach der verheerenden Niederlage erinnerte man sich an Kinjikitele als einen unlauteren Medizinmann, dessen Betrug die Menschen in eine Katastrophe geführt habe.[215]
In Tansania wird der Maji-Maji-Aufstand als wichtiges Ereignis der nationalen Geschichte gesehen. Julius Nyerere, der erste Präsident des vereinigten Tansanias, nannte ihn einen Wegbereiter der nationalen Vereinigung, die 1964 in die Staatsgründung Tansanias mündete.

**Kommentar:** In verzweifelten Situationen klammern sich Menschen oft an irrationale Heilsversprechen, die sie in den Abgrund reißen.

## Joshua Blahy – Unmensch mit Ideologie

Joshua Milton Blahyi, geb. 1971, schlachtete im liberianischen Bürgerkrieg 20 000 Menschen auf grausamste Weise ab. Heute ist er Christ und Priester.
*„Als Elfjähriger erlebte Blahyi erstmals während einer geheimen Zeremonie die Opferung und rituelle Verspeisung eines Menschen. Er wurde als Angehöriger eines Geheimbundes von seinen Mentoren für die Laufbahn eines Schamanen und Zauberers für das Volk der Krahn auserkoren und vorbereitet. Die Eigenart, nur mit Turnschuhen bekleidet in den Kampf zu ziehen, brachte ihm den Spitznamen „General Butt Naked" ein, Blahyi selbst behauptete, für diese Nacktheit würden seine Kämpfer von den Göttern unbesiegbar gemacht werden. Zu den Ritualen, die ihm nachgesagt werden, gehörte auch die morgendliche rituelle Verspeisung von Menschenfleisch".*[216]
Bevorzugt opferte er Babys, weil ihr Tod großen Schutz versprach. Tatsächlich traf ihn selbst nie eine Kugel. [...] Er rekrutierte unzählige Kinder zwischen neun und zehn Jahren zu Kindersoldaten.[217]
Im April 1996 bekam Blahyi Besuch von Bischof John Kun Kun. In den folgenden Wochen konvertierte Blahyi zum christlichen Glauben und wurde von Kun Kun getauft. Er behauptet, nun sei Jesus sein Anführer. Seine Unmenschlichkeiten seien darauf zurückzuführen, dass er von Kindheit an vom Satan beherrscht worden sei.

---

[214] https://de.wikipedia.org/wiki/Maji-Maji-Aufstand
[215] https://de.wikipedia.org/wiki/Maji-Maji-Aufstand
[216] https://de.wikipedia.org/wiki/Joshua_Milton_Blahyi
[217] http://www.spiegel.de/spiegel/print/d-118184397.html

Er will Vergebung. Seit mehreren Jahren sucht er seine Opfer und deren Angehörige auf.

Kommentar: Das Problem steckt tief in der menschlichen Natur. Hier scheinen frühkindliche Umstände und lauter irre Vorstellungen von der Welt ein Monster kreiert zu haben. Das Christentum, mit weniger falschen Vorstellungen von der Welt, war sicher segensreich.
Es taucht allerdings der Verdacht auf, dass er als Entschuldigung für seine Untaten einen ideologischen Rahmen suchte (Satan, schlechte Mentoren, Krieg), und dann einen weiteren ideologischen Rahmen, (Bekehrung zum Christentum) um ungestraft davon zu kommen. Zweifellos hat er es genossen zu ermorden, wen und was er wollte. Es verschaffte ihm ein Machtgefühl und Genugtuung. Die Kultur und die Umstände um ihn herum haben dies zugelassen. Nach dem Ende des Krieges, zurück in der Zivilisation, brauchte er eine Erklärung dafür, dass er ein Monster war. Monster werden geschaffen, wenn Mächtige keine Schranken mehr finden für ihr Handeln. Das Monster ist im Menschen angelegt.

*„Willst du den Charakter eines Menschen erkennen, so gib ihm Macht."* **Abraham Lincoln**

## Voodoo

Voodoo (= Schutzgeist) ist eine synkretistische Religion und eine spirituelle Praxis aus vielfältigen afrikanischen, islamischen, katholischen und indianischen Elementen, die sich ursprünglich in Westafrika entwickelte und heute vor allem dort und in Haiti beheimatet ist. In Haiti gehören schätzungsweise etwa Dreiviertel der Menschen dem Voodoo an, obwohl sie sich auch als Christen bezeichnen.
Durch die Sklaverei kam die Praxis aus den traditionellen Religionen Westafrikas in die Karibik, wobei Elemente anderer Religionen – vorwiegend der christlichen – synkretistisch eingemischt wurden. Weltweit hat Voodoo etwa 60 Millionen Anhänger.
Voodoo kennt nur einen Gott, dieser wird französisch Bondieu („Guter Gott") genannt. Da Bondieu allerdings so gewaltig ist, dass der Gläubige sich nicht direkt an ihn wenden kann, gibt es die Loa als Vermittler. Außerdem existiert im Voodoo ein ausgeprägter Ahnen- und Totenkult.

Legendär berüchtigt für den Voodoo-Kult sind angebliche Zombies. Es soll sich dabei um geraubte, dauerhaft schwer narkotisierte Menschen handeln, die, in körperlicher Verwahrlosung lebend, Schwerstarbeit verrichten müssen.[218]
Besessenheit gehört in diesen Religionen zur rituell vollzogenen Vereinigung mit einem Loa. Es gilt als eine Ehre, von den Loa „geritten" zu werden. Menschen, die von den Geistern während Tranceremonien kurzzeitig eingenommen wurden, werden im Voodoo hoch geehrt und von Kranken und Hilfesuchenden während der Trance befragt. Ein derart „Besessener" ist von da an sein Leben lang spirituell mit dem betreffenden Geistwesen verbunden.

**Kommentar: Auch in anderen Regionen, wie den griechischen Mysterienkulten und im Christentum, hielt man Menschen in „entrücktem Zustand" für besonders befähigt, engen Kontakt zur jenseitigen Welt aufzunehmen.**

Immer wieder wird Voodoo mit schwarzer Magie assoziiert. Genährt wurden diese Vorstellungen durch die Praktiken des Totenkults und den Glauben an die Wiederbelebung längst Verstorbener (Nekromantie). Menschenopfer waren und sind kein Bestandteil des Voodooglaubens. Es werden aber Rituale praktiziert, bei denen Tiere geopfert werden.
Wie in anderen Kulturen und Religionen kann es vorkommen, dass Priester und Gläubige des Voodoo ihre vermeintlichen Kräfte für Schadzauber einzusetzen versuchen. Priester und Anhänger des Voodooglaubens, die solche Praktiken ausüben, werden Bocore genannt.
Die Voodoo-Religion wurde in der Vergangenheit vorsätzlich für religionsfremde Zwecke missbraucht, insbesondere als Mittel zur Einschüchterung und Bedrohung. Zwischen 1957 und 1971 gab sich Haitis Diktator François Duvalier als Baron Samedi, ein Todesgeist im Voodoo, aus, um seine Gegner einzuschüchtern und seine politische Macht abzusichern.
Ein bekannter Brauch ist das Herstellen von Voodoo-Puppen, die oft einem bestimmten Menschen nachgebildet sind. Manchmal wird auch ein Foto auf den Kopf der Puppe aufgeklebt. Durch das Stechen in die Puppe oder durch das Durchbohren mit Nadeln sollen dem Betroffenen Schmerzen zugefügt werden. Seltener als zum Schadenszauber werden Voodoo-Puppen aber zum Heilen von Kranken benutzt.
In anderer Weise wurde Voodoo im Milieu der Zwangsprostitution missbraucht. Hier diente der Glaube an Schwüre, die in Westafrika von Voodoo-Priestern abgenommen

---

[218] https://de.wikipedia.org/wiki/Voodoo

wurden, dazu, nach Deutschland verschleppte junge Westafrikanerinnen gegenüber ihren ebenfalls aus Westafrika gebürtigen Zuhälterinnen gefügig zu machen.

**Kommentar:** Scheinbar haben die Menschen ein starkes Bedürfnis nach Hilfe, Trost, Jenseits. Würde die Religion kein Unheil anrichten, hätte ich nichts an ihr zu kritisieren. Aber hier zeigen sich doch wieder Auswüchse und Missbrauch. Religion ist nicht zu trennen von Drohungen und Einschüchterungen. Die Gefahr ist, dass falsches, unvernünftiges, nicht auf der Realität basierendes Denken die Probleme nicht löst, sondern verschlimmert.

## Albinos

In Afrika werden noch heute menschliche Albinos verfolgt. Ihre Haare, Nägel, aber auch Knochen und andere Körperteile sollen angeblich wunderbare Wirkung haben. Sie sollen Gesundheit und Glück bringen. Haare und Nägel von Albinos sollen wie Liebeszauber wirken. Deswegen kommt es oft vor, dass Albinos, wegen dieser Körperteile getötet werden. Schamanen zahlen für eine komplette Albino-Leiche bis zu 75 000$. Andererseits werden sie gehänselt und ausgegrenzt, deswegen gibt es inzwischen schon ganze Schulen, an denen Albinos, abgetrennt von den anderen, unterrichtet werden. Mütter schämen sich für ihre Albino - Kinder. In Kamerun, berichtet ein Albino- Journalist, brach ein Vulkan aus und er befürchtete, dass man ihn „opfern" werde, um den Vulkan zu beruhigen. Er floh nach Italien.
2015 wurden in Tansania 200 Schamanen verhaftet, weil man ihnen vorwarf Albinos getötet zu haben. Seit dem Jahr 2000 wurden dort über 80 Albinos getötet. In Tansania kommt auf 1400 Einwohner ein Albino, während es in westlichen Ländern nur einen auf 20000 Bewohner gibt.[219]

**Kommentar:** Wir sehen daran, wie wichtig es ist, die Natur zu erforschen, um wirksame Heilmittel von Hokuspokus zu unterscheiden, um Vorurteilen zu begegnen und sie aus der Welt zu schaffen. Wo man an die heilsame Wirkung von Albino-Haaren, Eidechsenhaut, Warzenschweinzähnen, Straußeneier, Affenschwänzen, Vogelkrallen, Elfenbeinzähnen, Nashornpulver, Maultierschwänzen und Löwenhaut glaubt, triumphieren die Schamanen mit ihren absurden und eben falschen Vorstellungen von der Welt.

---

[219] http://www.bbc.com/news/world-africa-31849531

# Archaische Rituale

*Malawi 2016: „Bei Initiationsriten soll ein Mann in Malawi trotz einer ihm bekannten HIV-Infektion rund hundert Mädchen entjungfert haben. Zudem soll er für sogenannte rituelle Reinigungen mit zahlreichen frisch verwitweten Frauen geschlafen haben. [...] Wenn ein Mädchen in die Pubertät kommt, bezahlt dessen Familie eine "Hyäne", um das Mädchen mit der Entjungferung in die Welt der Erwachsenen einzuführen. Kritiker bezeichnen die archaische Tradition als organisierte Vergewaltigung. Zudem besteht das Risiko der Ansteckung mit sexuell übertragbaren Krankheiten und ungewollter Schwangerschaften.*
*Bei frisch verwitweten Frauen dient die "rituelle Reinigung" - also der Geschlechtsverkehr mit einer "Hyäne" - dem traditionellem Glauben nach dazu, dem Geist des verstorbenen Mannes Frieden zu geben."*[220]

**Kommentar: An diesem Beispiel zeigt sich wieder, dass langlebige Traditionen auf der Unvernunft der Vorfahren, auf ihren völlig falschen Vorstellungen von der Welt gründen und dass diese Traditionen es keineswegs verdienen, fortgesetzt zu werden.**

# Endzeiterwartungen

Seit tausenden von Jahren erwarten die Menschen das Ende der Welt oder erhoffen sich einen entscheidenden Umschwung von einem kommenden „Messias, Erlöser, Heilbringer". Sowohl die Anhänger Zarathustras, als auch die Juden, die Christen, die Muslime und die Buddhisten erwarten die Endzeit und den Erlöser, der daraufhin kommen soll. Bei den Zoroastriern sind es sogar drei. Dabei hat oft eine absurde Zahlenmystik eine Rolle gespielt. Vor dem Jahr 1000 herrschte Hysterie. Auch 2012 glaubten viele an eine Endzeit, weil im Mayakalender ein neues Zeitalter prophezeit wurde.

**Kommentar: Geschichte wird nicht von Gott gemacht, auch nicht von ihm gelenkt, sondern Geschichte wird von fehlerhaften Menschen gemacht und interpretiert.**

---

[220] http://www.spiegel.de/panorama/justiz/malawi-hiv-infizierter-soll-100-maedchen-entjungfert-haben-a-1121892.html

# Jüdische Endzeiterwartung

Seit hunderten von Jahren vor der Zeitenwende erwarteten die Juden den Heiland oder Messias, der sie aus aller Bedrängnis erretten sollte. Als solcher erschien ihnen zuerst der Perserkönig **Kyros II.**, der sie aus der Babylonischen Gefangenschaft entließ. Dann erhofften sie von ihren gesalbten Königen Heil und schließlich warten sie nun schon seit der Zeit um 100 vor Christus auf ihren Erlöser, für den sich, nicht zufällig, Jesus ausgab. Er wurde in diese Zeit der Erwartung hineingeboren und fühlte sich berufen. Allerdings sollte der Messias aus dem Hause Davids und von königlichem Geblüt sein und er sollte die Juden von jeder Fremdherrschaft befreien. Sie glaubten, dass man durch Buße sein Kommen beschleunigen könne oder dass er spätestens dann komme, wenn das Leid des Volkes Israel alles Maß übersteige.

Da er nach jüdischem Glauben bis heute nicht kam, warten sie immer noch auf ihn. Es gibt orthodoxe, jüdische Sekten, die glauben, dass die Endzeit, das Armageddon, der Endkampf zwischen Gut und Böse und der Untergang der Welt unmittelbar bevorstehen. Sie erwarten diesen Endkampf nicht nur, sondern sie wollen ihn durch ihre Handlungen herbeiführen. Da, laut einer Prophezeiung, zuvor der dritte Tempel gebaut werden muss und zwar an dem Ort, wo sich heute auf dem Tempelberg die Al-Aqsa-Moschee befindet, fördern diese ultra-messianischen Gruppen Provokationen auf dem Tempelberg. Damit wollen sie Armageddon selbst beschleunigen. Sie glauben, dass der richtige Zeitpunkt gekommen ist.[221]

> Der erste Tempel wurde angeblich von König David geplant und von seinem Sohn König Salomon -957 auf dem Tempelberg erbaut. Von den Babyloniern wurde er - 587 zerstört und nach Rückkehr der Juden aus der babylonischen Gefangenschaft -515 neu errichtet. Dieser zweite Tempel wurde 70 von den Römern zerstört und nie wieder aufgebaut. Die Römer bauten an seiner Stelle einen Jupitertempel. Vom jüdischen Tempel existiert nur noch die Klagemauer. Schließlich bauten die islamischen Eroberer 692 an der Stelle des Tempels die Al-Aksa-Moschee.

Gegen den israelischen Ministerpräsidenten Rabin, der den Orthodoxen durch seine versöhnliche Politik entgegen arbeitete, sprachen Rabbiner einen Todesfluch aus, der dann von dem Attentäter Jigal Amir ausgeführt wurde. Während der Untersuchungshaft erklärte Amir dem Richter: *„Nach rabbinischem Recht muss jeder Jude getötet werden, wenn er Volk und Land dem Feind aushändigt."* Der Befehl zu töten sei *„von*

---

[221] http://quer-denken.tv/index.php/beitraege/11-archiv/1635-erst-manhattan-dann-berlin

*Gott gekommen". "Wo eine religiöse Pflicht ist, gibt es kein Problem mit der Moral. Hätte ich an der Einnahme von Eretz Israel* = Verheißenes Land, *in biblischen Zeiten teilgenommen, hätte ich auch Säuglinge und Kinder, wie im Buch Josua beschrieben, getötet."* [222] **Psalm 137:9,** auf den er sich wohl bezieht: *"Wohl dem, der deine jungen Kinder nimmt und zerschmettert sie an dem Stein!"*
Messianische Gruppierungen haben Zugang zum Weißen Haus und beeinflussen die Regierungen in Moskau, Israel und der Welt, was z.b. Auswirkungen auf den Beginn des zweiten Irakkrieges hatte. *Der 2. Irakkrieg begann nach einem amerikanischen Ultimatum am 19. März 2003; das Purimfest 2003 war am 18. u. 19. März.* Rabbi Waldmann[223] glaubt, der Messias kann nicht kommen ohne einen vernichtenden Krieg: *"Auf der einen Seite"*, so Waldmann, *"wird der Krieg durch Vernichtung und Tod begleitet, auf der anderen stärkt er die Macht des Messias ... Leider ist es nach wie vor unmöglich, den Abschluss der Erfüllung durch irgendein anderes Mittel als Krieg zu erreichen."*[224]

**Kommentar: Da der Messias, laut einer Prophezeiung, erst kommen kann, wenn der dritte Tempel gebaut ist oder, nach einem anderem Glauben, der Messias wird den dritten Tempel selber bauen, der dritte Tempel aber nicht gebaut werden kann, weil an seiner Stelle die Al-Aksa-Moschee steht, haben Orthodoxe ein Problem mit dieser Moschee.**

Nachfolgend sollen typische Passagen aus dem Grundlagenwerk der **Chabad-Lubawitsch-Sekte,** einer angeblich mächtigen, weltweit operierenden Organisation zitiert werden. Chabad Lubawitsch ist eine jüdisch - messianische Sekte, die glaubt, dass biblische Prophezeiungen erfüllt werden müssen, bevor der Messias kommen kann. Anhänger der Sekte werden als Lubawitscher- oder Chabad- Chassidim bezeichnet. Ihr Einfluss hat bis heute die Medien eingeschüchtert, die - aus Angst als Antisemiten gebrandmarkt zu werden - sich scheuen, den nachweislichen Rassismus der Sekte an die Öffentlichkeit zu bringen.
Das ist einer der bevorzugten Texte, welche die Gruppe für ihre Schulungen verwendet: *"Die Seelen der Völker dieser Welt* (also alle Christen, Muslime, Buddhisten usw.) *stammen jedoch von den anderen, unreinen 'kelipot' (bösen Kräften), die absolut nichts Gutes beinhalten."* Des Weiteren lesen wir: *"Indessen sind die 'kelipot' (bösen Kräfte) in zwei Stufen unterteilt, eine tiefere und eine höhere. Die tiefere Stufe besteht*

---

[222] Wolfgang Eggert Erst Manhattan – dann Berlin
[223] https://de.wikipedia.org/wiki/Eliezer_Waldman
[224] Wolfgang Eggert Messianisten-Netzwerke treiben zum Weltende

*aus drei 'kelipot', die allesamt unrein sind und böse, absolut nichts Gutes enthalten. Aus ihnen rühren und stammen die Seelen von allen Völkern dieser Welt* (also alle Christen, Muslime, usw.)*, so auch ihre Körper, und auch die Seelen aller lebenden Kreaturen, die unrein und zum Konsum ungeeignet sind."*[225]
Natürlich sind sie auch der Ansicht, dass alles Land in Palästina den Juden von Gott versprochen wurde und sonst niemandem.
*Eure Kinder führe ich in dieses Land, nach Kanaan, das auf ewig das Los eures Erbteils ist.*[226]
*Und ich will dir und deinem Geschlecht nach dir das Land geben, darin du ein Fremdling bist, das ganze Land Kanaan, zu ewigem Besitz, und ich will ihr Gott sein.*[227]

**Kommentar: Die Bibel wurde von den Juden im Interesse der Juden geschrieben, genauso wie der Koran von Arabern im Interesse der Araber geschrieben wurde. Beide Völker bemühen Gott, um ihre ureigenen Interessen zu legitimieren. Solange sie an diesen Gott glauben, sind „vernünftige" Lösungen praktisch ausgeschlossen.**

## Christlich Evangelikale Endzeiterwartungen

Nach christlicher Auffassung geht der Wiederkunft Christi eine „schlimme Endzeit" voraus, deren Kennzeichen in einigen Bibelstellen genannt werden:

- die Zerstörung des Jerusalemer Tempels (Matth. 24, 2)
- Auftreten falscher Messiasse und Propheten (Matth. 24, 5, 11 und 23–28)
- Kriege, Hungersnöte und Erdbeben (Matth. 24, 6 f.)
- Christenverfolgung und Missachtung des mosaischen Gesetzes (Matth. 24, 9–12)
- die Entweihung des Tempels, Daniel 9,27, 11,31 und 12,11 (Matth. 24, 15)
- die Flucht der Bewohner von Judäa in die Berge (Matth. 24, 16)
- Verdunkelung von Sonne, Mond und Sternen (Matth. 24, 16)
- allgemein eine große Trübsal oder „große Not" (Matth. 24, 21)
- Auftreten eines Widersachers, der von sich sagt, er wäre Gott (2. Thess. 2,3)
- Entstehung eines großen mächtigen Reiches (Offbg. 13)

---

[225] Wolfgang Eggert Erst Manhattan – dann Berlin
[226] Psalm 105
[227] 1.Mose 17,1-8

- das Aufkommen des Antichristen und des falschen Propheten (Offbg. 13 und 16)
- die Flucht der Christen vor dem Antichristen für 1.260 Tage (Offbg. 12)
- die Sieben Plagen der Endzeit (Offbg. 16)
- die Entmachtung der Hure Babylon (Offbg. 17)
- die Tötung des dritten Teils der Menschen (Offbg. 9,15)
- in Israel Auftritt von zwei Zeugen für 1.260 Tage[228]

Die Kirche soll eine letzte Prüfung bestehen müssen. Ein falscher Messias wird die Menschen täuschen und verführen. Er wird ihnen scheinbare irdische Lösungen zeigen. Ein Drittel der Menschheit soll vorher umkommen.

Wer das glaubt, wird wohl kaum daran interessiert sein, Kriege oder Seuchen zu verhindern, sondern er wird sie als notwendige Ereignisse vor dem Auftreten des Messias eher gutheißen.

Danach soll eine tausendjährige Friedenszeit anbrechen. Nach einer letzten Erschütterung wird Christus auf der Welt Gericht halten, bevor die Welt endgültig vergehen wird.

Bibelcodeleute beraten amerikanische Präsidenten und sagen ihnen wie und wann Armageddon, das letzte Gefecht, zu erwarten ist. Wenn diese Präsidenten sehr religiös sind, wie Vater und Sohn Busch, betrachten sie sich selbst als Werkzeuge Gottes und richten ihre Politik an diesen Prophezeiungen aus. *„Es wäre gut, ein zweites Pearl Harbour zu haben"*, stellte ein Papier amerikanischer Politiker ein Jahr vor 9/11 fest. Die Endzeitlobby glaubte: *Es werden in der großen Stadt (New York) 3 Mauern (World-Trade-Center) fallen und der große König (George Bush) wird Krieg führen mit der Welt. Daraufhin führte die USA Krieg gegen Afghanistan und Irak.* Wie der biblische Abraham beriefen sich auch die Terroristen des 11.9.2001 auf einen göttlichen Auftrag. Sie glaubten, um „höherer Ziele" willen und im Auftrag Gottes töten zu dürfen.[229]

44% der Amerikaner glauben an die baldige Wiederkunft Jesu und an das Ende der Welt. Dort glauben Millionen Menschen an folgende Prophezeiung, die im 19. Jahrhundert von zwei immigrierten Predigern aus einer Reihe unverbundener Bibelpassagen zusammengeflickt wurde: *Jesus wird auf die Erde zurückkehren, wenn bestimmte Bedingungen erfüllt worden sind. Die erste Voraussetzung war die Errichtung des Staates Israel. Die nächste besagt, dass Israel den Rest seines 'biblischen Landes'*

---

[228] https://de.wikipedia.org/wiki/Endzeit
[229] http://www.academia.edu/15659747/Erst_Manhattan_und_dann_Berlin

besetzen muss und dass der Dritte Tempel auf jener Stelle wiedererrichtet werden soll, die heute vom Felsendom und der Al-Aksa-Moschee eingenommen sind. Dann werden die Legionen des Antichristen aufmarschieren, und ihr Krieg wird im Tal von Armageddon zum Schluss-Showdown führen. Die Juden des Heiligen Landes werden entweder zu Asche verbrannt oder zum Christentum konvertieren - und der Messias wird auf die Erde zurückkehren.[230]

**Kommentar: Wenn diese Geschichte nicht so gefährlich wäre, könnte man sie einfach nur verrückt finden, und sich zur weiteren Erregung des Gemüts den „Wolf und die sieben Geißlein" reinziehen.**

## Islamische Endzeiterwartungen

Die **Sunniten**, die islamische Glaubensrichtung mit den meisten Anhängern, glauben, am Ende aller Zeiten wird der „Mahdi = der Rechtgeleitete Nachkomme des Propheten Mohammed", auftreten, das Unrecht der Welt beseitigen und den „wahren" Islam herstellen. Schon 685 wurde ein Mahdi, ausgerufen und nach dessen Tod bildete sich eine Sekte, die glaubte, dass er nicht wirklich gestorben sei, sondern sich nur verborgen halte, um einst die Erde in Besitz zu nehmen.

Auch die **Schiiten** warten noch immer auf ihren „Mahdi", allerdings auf einen anderen, den Sohn Alis, der in einer Schlacht gegen die Sunniten als Märtyrer gefallen war. Auch er soll die Welt in Ordnung bringen. Bis dahin gibt es keine legitime Herrschaft. Sie glauben an die aristokratische Geburtslinie. Nicht Abstimmung, sondern Abstammung zählt für sie. Siehe Märtyrer.

**Kommentar: Das Warten auf einen Mahdi oder Messias, der alles in Ordnung bringen soll, zeigt, dass man sich selbst dazu nicht in der Lage sieht. Man wartet vergeblich auf Rettung, während es mit dem Gemeinwesen bergab geht.**

## IS _ Endzeit

Der sogenannte IS glaubt, dass er durch den Kampf gegen die Schiiten und die Feinde des Islam die Islamisierung der ganzen Welt erreichen kann und damit schließlich den Frieden für die ganze Menschheit.

---

[230] Wolfgang Eggert Erst Manhattan – dann Berlin

Kommentar: Endzeitgläubige glühen bei jeder Katastrophe auf in heiligem Eifer, weil sie nun endlich das geweissagte Ende, die Vernichtung aller unheiligen Frevler und ihre Erwählung zu ewigem Leben kommen sehen. Wer, außer ein paar abgedrehten Mördern, möchte schon in einem IS-Staat leben?

# Sektenwahn

## Verweigerung medizinischer Behandlung

In vielen Glaubensgemeinschaften werden medizinische Behandlungen abgelehnt, weil sie mit den Geboten ihrer Religion nicht vereinbart werden können. Juden dürfen z.B. keine Organe spenden, sehr wohl aber empfangen, weil sie glauben, dass ihnen bei der Auferstehung diese Organe fehlen.

**Aids**: Obwohl erwiesen ist, dass Kondome gegen Aids schützen, verbietet die Katholische Kirche, selbst im aidsverseuchten Afrika, ihren Gläubigen Kondome.

**Diabetes**: Ein elfjähriges Mädchen im US-Bundesstaat Wisconsin stirbt 2008 an einer nicht behandelten Diabetes. Seine streng gläubigen Eltern hatten für das schwerkranke Kind gebetet statt mit ihm zum Arzt zu gehen. Ein Gericht verurteilt sie, sechs Jahre lang jeweils 30 Tage jährlich im Gefängnis zu verbringen.

**Herzfehler**: Eine 38-jährige Deutsche und ihr französischer Ehemann werden 2001 im französischen Rau zu jeweils sechs Jahren Haft verurteilt. Die Mitglieder der Sekte Thabitas's Place ließen laut Gericht 1997 ihren 18 Monate alten Sohn sterben. Entgegen der Empfehlung der Ärzte konnte das Kind mit einem angeborenen Herzfehler nicht operiert werden.

**Lungenentzündung**: Der Leiter einer Sekte, deren Anhänger medizinische Hilfe ablehnen und auf Wunderheilung hoffen, stirbt 1984 im US-Staat Indiana an den Folgen einer Herzkrankheit und Lungenentzündung, ohne sich vom Arzt behandeln zu lassen. Er war wenige Wochen zuvor unter anderem wegen Beihilfe zur fahrlässigen Tötung angeklagt worden, nachdem eine 15-Jährige gestorben war, deren Eltern der Sekte angehörten. Sie hatten eine medizinische Behandlung ihrer Tochter abgelehnt.

**Vitaminmangel**: In London stirbt 2012 ein fünf Monate alter Junge an einer Knochenerweichung als Folge von Vitaminmangel. Die Eltern als Angehörige der Kirche der Siebten-Tags-Adventisten hatten aus religiösen Gründen eine Behandlung abgelehnt. Sie werden 2014 wegen Totschlags zu zwei, beziehungsweise drei Jahren Haft verurteilt.[231]

**Todkrank:** „Eine junge Frau 20J. aus Idaho ist heute todkrank, weil ihre Eltern ihr in der Kindheit medizinische Hilfe versagten. Aus religiösen Gründen. Die junge Frau fordert nun eine strafrechtliche Verfolgung ihrer Eltern. Mariah Walton ist schwer krank. Die meiste Zeit verbringt sie im Bett. Sobald sie sich bewegt, muss sie künstlich mit Sauerstoff versorgt werden. Walton leidet an Lungenhochdruck, der ihr Herz und ihre Lunge irreparabel geschädigt hat. Allein eine gefährliche Transplantation von Herz und Lunge könnte ihr heute helfen. Dabei hätte es nie so weit kommen müssen. Denn Waltons Lungenhochdruck wird verursacht durch ein kleines Loch in ihrem Herzen, mit dem sie zur Welt kam. Durch einen chirurgischen Eingriff in ihrer Kindheit hätte das Loch geschlossen werden können und Walton hätte ein normales Leben führen können."[232]

Nachdem die **Kinderlähmung** schon fast besiegt war, tauchen nun wieder häufig Fälle auf, wo die Menschen sich aus religiösen Gründen der Impfung verweigert haben. Das betrifft vor allem Afghanistan und Pakistan. Hier haben die Taliban die Impfungen oft mit Gewalt verhindert, weil sie glauben, dass sie die Fruchtbarkeit der Bevölkerung vermindern soll.

**Kommentar: Gerade bei schweren, tödlich verlaufenden Krankheiten erkennt man, dass Beten allein wenig nützt. Da gelten einfach die irdischen Gesetze erbarmungslos für Gläubige und Ungläubige gleichermaßen.**

.

# Jesiden

Die Jesiden sind eine uralte kurdische Religionsgemeinschaft, die sich aus den verschiedensten Traditionen zusammensetzt: dem Zoroastrismus, dem Manichäismus, dem Judentum, dem Christentum, selbst die Seelenwanderung spielt eine Rolle. Sie verehren Melek einen gefallenen und dann wieder zu Ehren gekommenen Engel, der von Gott nach einer 7 000 - jährigen Buße den angestammten Platz an seiner Seite zurückerhielt

---

[231] DPA
[232] http://hpd.de/artikel/todkrank-durch-gesundbeten-13088

Im Jesidentum existiert die Gestalt des Bösen nicht. Die jesidische Vorstellung ist, dass Gott allmächtig ist und neben Gott keine zweite Kraft existieren kann. [...] Nach jesidischer Vorstellung wäre Gott schwach, wenn er noch eine zweite Kraft neben sich existieren ließe. Diese Vorstellung wäre mit der Allmacht Gottes nicht vereinbar.

Während Melek für die Jesiden ein Engel ist, der anbetungswürdig ist, ist er für die Muslime ein Teufel. Deswegen bezeichnen die Muslime die Jesiden als Teufelsanbeter, die verfolgt werden dürfen / müssen.
Die Jesiden glauben an die Seelenwanderung. Ihre heiligen Schriften sind das „Buch der Offenbarung" und die „Schwarze Schrift", deren Lehren geheim sind.
Die Tempelanlage mit dem Grabmal von Scheich Adi in Lalesh, nordöstlich von Mosul, bildet das religiöse Zentrum der Jesiden, zu dem die Gläubigen vor allem im Oktober pilgern, wenn das sieben Tage dauernde höchste Fest der Jesiden gefeiert wird. Die täglichen Gebete können hingegen überall verrichtet werden und richten sich nach dem Sonnenstand. Die Jesiden sind in 7 Kasten aufgeteilt, ähnlich wie im Hinduismus. An der Spitze der Gemeinschaft stehen als oberste religiöse Autoritäten die Scheichs, als politische die Emire, das Amt der höchsten Würdenträger wird vom Vater auf den Sohn vererbt.

Den jesidischen Glauben erwirbt man allein durch die Geburt, Bekehrungen und Übertritte sind nicht möglich. Sie grenzen sich stark gegen andere Religionen ab: Ehen dürfen nur unter Jesiden geschlossen werden. Wenn eine Jesidin mit einem Nichtjesiden Geschlechtsverkehr hat, gilt sie als unrein. Sie unterliegen verschiedenen Tabus; strenge Regeln für z. B. Körperhygiene oder Kleidung bestimmen das alltägliche Leben.

Bis zu ihrer Zwangsislamisierung im 9. bis 11. Jahrhundert waren die meisten Kurden vermutlich Anhänger der jesidischen Religion. Durch die Reformen von Scheich Adi ibn Musafir traten ab dem 12. Jahrhundert islamische Einflüsse in den Vordergrund. Im Lauf der Geschichte fanden immer wieder Pogrome gegen die Jesiden statt, so dass im 19. Jahrhundert schließlich viele Jesiden nach Armenien und in den Kaukasus auswanderten. Infolge der Diskriminierung und Verfolgung der Kurden, also auch der ausschließlich kurdischen Jesiden in der Türkei, lebt dort nur noch eine verschwindend kleine Minderheit, die überwiegende Mehrheit emigrierte in europäische Länder; allein in Deutschland leben schätzungsweise 35 000 bis 40 000 Jesiden.[233] [234]

Durch den Vormarsch des IS gerieten die Jesiden erneut unter Druck. Tausende von Jesidinnen wurden Sexsklaven für die IS – Kämpfer. Man kann durchaus von einem Völkermord sprechen.

**Kommentar: Geistliche und weltliche Herrschaft arbeiten zusammen, um mit Hilfe der Religion und der Tradition die Hierarchie aufrecht und das Volk in Unmündigkeit zu halten. So soll den privilegierten Familien die Herrschaft auf Dauer gesichert werden.**

## Amische

Die Amische sind eine Gruppe der Mennoniten, die heute überwiegend in den amerikanischen Bundesstaaten Pennsylvania und Ohio lebt. Sie stammen ursprünglich aus Südwestdeutschland oder der Schweiz. Der Name leitet sich von dem Schweizer Jakob Ammann ab, der 1694 aufgrund seiner radikalen Ansichten eine Spaltung unter den Täufern herbeigeführt hatte.
Sie schätzen Gemeinschaft und Familie, lehnen aber allen Fortschritt ab. Sie dürfen nicht außerhalb ihrer Gemeinschaft heiraten. Sie praktizieren ausschließlich die Bekenntnistaufe, die nach ihrer religiösen Erziehung allerdings selten verweigert wird und sie lehnen entsprechend der Bergpredigt Gewalt und das Schwören von Eiden ab.
*In ihren Schulen werden Lesen, Schreiben und Rechnen gelehrt, nicht aber Biologie (besonders nicht Sexualkunde), keine wissenschaftlichen oder erdgeschichtlichen Lehren oder gar die Evolutionstheorie.*
Fehlverhalten wird mit einer Ächtung der Gemeinschaft geahndet, was natürlich besonders schwer wiegt, weil niemand mehr außerhalb dieser Gemeinschaft lebensfähig ist. Küssen in der Öffentlichkeit gilt als unschicklich. Die typische Amischfamilie umfasst neben den Eltern sechs bis zehn Kinder. Sie kleiden sich sehr einfach und verwenden anstelle von Knöpfen ausschließlich Haken und Ösen. Sie besitzen keine Autos, sondern benutzen Pferdegespanne. Alle erwachsenen Männer tragen Bärte. [235]

---

[233] Encarta 2009
[234] https://de.wikipedia.org/wiki/Jesiden
[235] Encarta 2008 Amische

Jakob Ammann stritt sich mit dem mennonitischen Ältesten Hans Reist über die Frage, wer gerettet werden könne, wer also in den Himmel käme. Die eigene Gemeinde wurde als die einzige richtige Gemeinde verstanden. [...]Ammann verlangte einen vollständigen Übertritt zum Mennonitentum, mitsamt dem Ertragen aller Konsequenzen. Es genüge nicht nur, mit dieser Gemeinschaft zu sympathisieren. Die wahren Gläubigen sollten „das Kreuz auf sich nehmen wie das Vorbild (Jesus)" und hätten dann eine „lebendige Hoffnung auf Rettung", während Zweifler und Unentschlossene, also diejenigen, die sich nicht klar für ihre Gruppe entschieden, weil sie „diese Welt eben doch noch mehr lieb haben als den Herrn", keine Gnade erwarten können.

Daneben hatte Ammann spezifische Ansichten über das Aussehen des Gläubigen wie über die Handhabung der Gemeindezucht und betonte sehr strenge Kleidungsregeln und den Bart. Es solle zum Beispiel kein Oberlippenbart erlaubt sein, weil er an Militärpersonen erinnere. Wer mit Ammann nicht übereinstimmte, den bannte er und forderte von der Gemeinde, den Kontakt mit ihm abzubrechen (Meidung). Dies galt auch innerhalb der Familie: Mann und Ehefrau hatten sich fortan ihres ehelichen Geschlechtslebens zu enthalten und dürfen nicht am selben Tisch essen.

Alles hatte seine Begründung in der Bibel: *Math. 10:36 Und des Menschen Feinde werden seine Hausgenossen sein.*

**Kommentar: Die Religion ist ein hervorragendes Betätigungsfeld für herrschsüchtige Personen. Sie wissen Gott immer auf ihrer Seite - selbst wenn es nur um den Bart geht.**

# Mormonen

Dem Mormonentum werden alle christlichen Glaubensgemeinschaften zugerechnet, die sich neben der Bibel auf das Buch „Mormon" berufen. Nach mormonischer Überlieferung hat der „Prophet" Joseph Smith, jr. das Buch Mormon 1827 von goldenen Platten, die er in den Hügeln Cumorah fand, mit Hilfe von Sehersteinen ins Englische übersetzt. Inhalt sind die Lehren Jesu, die dieser vor seiner Himmelfahrt an Moroni weitergegeben haben soll. Damit hätten die Mormonen das unmittelbarste Evangelium direkt aus dem Munde Jesu. Alle anderen Christen hätten ein durch die Evangelisten, durch Übersetzungen und andere Fehler verfälschtes Christentum. Leider musste Smith damals die Tafeln an den Engel Moroni wieder zurückgeben, sonst hätte die Archäologie heute einen unschätzbaren unmittelbaren, unverfälschten Zugang zu den Worten Jesu. Das ist vor allem deswegen sehr bedauerlich, weil es die Wahrheit dieser Überlieferung bestätigt hätte.

Schon mit 14 Jahren hatte Smith seine ersten Visionen und sammelte seine Angehörigen als Anhänger um sich.

Im 18. Jahrhundert waren europäische Siedler weit in den Westen Amerikas, ins Ohiogebiet vorgedrungen, wo sie die sogenannten „Mounds" vorfanden. Das sind Hügel deren Erbauung sie nicht den ansässigen Indianern mit ihrer primitiven Kultur zutrauten. Sie schlossen deswegen, dass sie von den verlorenen Stämmen Israels, von Ägyptern oder antiken Griechen stammen müssten, wie dies damals von Amateurarchäologen vorgeschlagen wurde. Darauf gründet die abenteuerliche Geschichte von den 10 verlorenen Stämmen Israels, die sich in Amerika in Gute und Böse, d.h. in Rechtgläubige und Falschgläubige aufgeteilt und bekriegt haben sollen. Wie so oft auf dieser Welt besiegten die Bösen die Guten. Von den Guten blieb nur der Prophet Moroni übrig, der dann später, 1827, als auferstandener Engel auf goldenen Platten Josef Smith das Buch Mormon übermittelt hat. Die bösen Sieger bestrafte Gott mit einer dunklen Haut. Von ihnen stammen die Schwarzen und die Indianer ab.

Smith erzählte seinen Gläubigen, was sie hören wollten und was für sie gut war. Als er sich 1830 in eine andere Frau verliebte, obwohl er verheiratet war, empfing er eine göttliche Offenbarung, ähnlich wie Mohammed, dass er für seine Gemeinschaft die „himmlische Ehe = Polygamie" einführen solle. Als sich ihr Staat 1890 der Union anschließen wollte, sandte Gott den Führern der Mormonen eine *neue Offenbarung in denen er ihnen befahl, dass mehrere Frauen keine himmlische Segnung mehr wären, und statt dessen Monogamie jetzt der eine, richtige Weg wäre.*[236]

Beweisen konnte ohnehin niemand mehr was. Und die Gläubigen glaubten gern, was er ihnen erzählte. Dass sie auserwählt seien; dass sie sich von Schuld befreien könnten; wie sie Güter - Gemeinschaft bilden konnten mit Ritualen in Tempeln; wie die Männer sich mit Gottes Erlaubnis mehrere Frauen gönnen konnten; wie sie ohne Schuldgefühle den bösen, vom wahren Glauben abgefallenen Indianern, die Gott mit einer dunkleren Haut bestraft hatte, ihr Land wegnehmen konnten; wie sie erlöst werden konnten von irdischen Beschwernissen. Und er erklärte alles mit einem Mythos, den niemand mehr durchschauen und noch weniger kritisieren konnte.

Durch Verbote von Alkohol und Tabak wird eine gesunde Lebensführung gefördert, die allerdings durch weitere Verbote wie Kaffee, Tee, vorehelichen Sex zum irrationalen Diktat wird. Die Ehen werden auf ewig geschlossen. Scheidungen sind nicht möglich. Außerdem werden natürlich alle Mormonen, wie das für Sekten üblich ist, von frühester Kindheit an mit dieser eigenartigen Lehre indoktriniert und in geistiger Unmündigkeit gehalten.

---

[236] http://hpd.de/artikel/11197

Inzwischen gibt es über 15 Millionen Mormonen, die sich, wie nicht anders zu denken ist, wenn jeder vernünftige, nachweisbare Boden fehlt, in über 70 Glaubensgemeinschaften aufteilen. Die größte davon ist die „Kirche Jesu Christi der Heiligen der Letzten Tage".

Das Endowment ist das wichtigste Ritual für jeden Mormonen. „Nur wer das Endowment durchlaufen hat, kann im Jenseits zu Gott werden. Man empfängt dabei unter anderem symbolische Schlüssel in Form von Zeichen. Sie sollen im Jenseits die Türen in die höchste himmlische Stufe öffnen. Mormonen, die das Endowment erhalten haben, dürfen keine übliche Unterwäsche mehr anziehen, sondern tragen sogenannte Garments, lange weiße Unterwäsche aus Baumwolle oder Synthetik, bestickt mit Symbolen der Freimaurer – als Erinnerung an die Zeremonie und die geschlossenen Bündnisse. Bis 1990 wurde noch symbolisch mit dem Tod gedroht, wenn man die geheimen Zeichen verraten würde."[237]

**Kommentar:** Man muss den Menschen nur erzählen, was sie hören wollen, dann glauben sie gern. Eigentlich wäre ja auch gar nichts an Märchen zu kritisieren, wenn die Menschen dadurch glücklich werden. Mit diesen Märchen werden aber totalitäre Herrschaftsstrukturen errichtet und Verhaltensweisen göttlich begründet, die nicht in Ordnung sind, z.B. Rassismus: Schwarze dürfen erst seit 1978 Priester werden; das Land wurde ja nur den bösen Indianern geraubt, die Gott ohnehin missfallen, gerecht ist die Minderwertigkeit der Frau, die Sündhaftigkeit der Homosexuellen; die Ehe wird auf ewig geschlossen und kann nicht geschieden werden. Verheiratete haben im Himmel einen höheren Status als Ledige. Das wirkt sich natürlich auch auf Erden aus. Sogar Tote können missioniert werden und natürlich halten sich die Mormonen für die einzig wahre christliche Kirche, wodurch wieder Auserwähltheit der eigenen Gemeinschaft und Abwertung der anderen entstehen.

## Zeugen Jehovas

Wie andere evangelikale Glaubensgemeinschaften warten die Zeugen Jehovas seit ihrer Gründung im 19. Jahrhundert in den USA durch Charles Taze Russell auf das Kommen des Messias und sein damit verbundenes tausendjähriges Friedensreich.

---

[237] http://www.spiegel.de/panorama/gesellschaft/ex-mormone-holger-rudolph-berichtet-ueber-den-glauben-und-zeremonien-a-863605.html

Über den Zeitpunkt, an dem die „letzten Tage" enden und damit die tausendjährige Herrschaft Jesu beginnen soll, machen die Zeugen Jehovas heute keine genauen Angaben mehr. Sie sagten x-mal den Weltuntergang voraus und wurden doch immer wieder eines Besseren belehrt. Im 19. und 20. Jahrhundert hatten sie das Ende schon 1878; 1881; 1914; 1918; 1925; und für 1975 vorhergesagt. Diese Weissagungen über den baldigen Weltuntergang glaubten sie aus der Bibel entnehmen zu können.
*Mat. 16:28 Wahrlich ich sage euch: Es stehen etliche hier, die nicht schmecken werden den Tod, bis dass sie des Menschen Sohn kommen sehen in seinem Reich.*[238]

**Kommentar: Allmählich müsste, nach so vielen falschen Aussagen, das Vertrauen in die Bibel oder seine Interpreten gegen Null tendieren. Aber glauben heißt eben alle Zweifel in den Wind schlagen. Deswegen wird den Zeugen Jehovas in den Veröffentlichungen der Wachtturmgesellschaft:** *„…abgeraten, die Glaubenslehren in Frage zu stellen, da der Gesellschaft als „Gottes Organisation" vertraut werden müsse. Es wird empfohlen, „unabhängiges Denken zu vermeiden", da es angeblich von Satan beeinflusst sei und Uneinigkeit verursache."* [239]

**Kommentar: Wenn der Heilige Geist die Gläubigen lenkt, was alle Bibelausleger glauben, warum werden sie sich dann nicht einmal darüber einig, ob es einen dreifachen oder nur einen einfachen Gott gibt, ob Jesus Gott, Mensch, Prophet oder irgendwas anderes war. Natürlich kann es über die eigenwillige Auslegung eines so widersprüchlichen Buches nur Uneinigkeit geben. Es fehlt jeder Boden, auf den man verlässliche Wahrheit gründen könnte.**

Mir ist die Geschichte eines 60- jährigen Ehepaares bekannt, das zeitlebens Mitglied der Zeugen Jehovas war und dann mit ihnen gebrochen hat. Sie haben in ihrer Jugend als Mitglieder nur deswegen darauf verzichtet, eine Familie zu gründen, weil sie mit dem Baldigen Weltuntergang gerechnet haben. Als sie gemerkt haben, dass sie Betrogene waren, war es zu spät zum Kinderkriegen.

**Kommentar: Wer an den baldigen Weltuntergang glaubt, wird anders handeln als einer, der vom Fortbestand der Welt überzeugt ist. Das Denken oder in diesem Fall wohl das Glauben hat das Handeln wesentlich beeinflusst.**

---

[238] *Mat. 16:28*
[239] https://de.wikipedia.org/wiki/Zeugen_Jehovas

Nach Harmagedon, dem Endkampf zwischen Gut und Böse, sollen die Menschen unter einer tausendjährigen Herrschaft des Königreiches Gottes, welches durch Jesus als König und seine 144.000 Mitregierenden repräsentiert wird, zur Vollkommenheit geführt werden. Wer sich dann immer noch gegen Jehova wendet, wird endgültig zusammen mit dem Satan und seinen Dämonen vernichtet. Sie glauben, dass die Bibel die von Gott inspirierte Wahrheit enthalte und dass sie ihr Leben an dieser Wahrheit ausrichten müssen, um zu den Auserwählten Gottes zu gehören.

**Kein Kreuz:** Zeugen Jehovas glauben, dass Jesus an einem Pfahl und nicht an einem Kreuz hingerichtet wurde. Die Verwendung dieses oder ähnlicher Gegenstände für religiöse Handlungen oder als Symbol lehnen sie als „Götzendienst" ab.

Sie sind bekannt, durch ihre Missionstätigkeit, an der sich alle Mitglieder beteiligen müssen.

**Keine Feste:** Sie feiern keine Feste oder Geburtstage. Weihnachten und Ostern lehnen sie wegen ihrer heidnischen Wurzeln ab. Für sie sind diese Feste Götzendienst. Ihre einzige religiöse Feier ist das Abendmahl.

Jehovas Zeugen lehnen jede Art des „Gebrauchs von Blut" als Nahrungsmittel- oder als Medikamentenzusatz und seit 1944 auch als Bluttransfusion ab. Bei Organ- und Knochenmarktransplantationen überlassen sie die Entscheidung dem Einzelnen. Sie begründen das mit Stellen aus der Bibel, die sie wortwörtlich verstanden wissen wollen. *So kann es vorkommen, dass Eltern sich gegen die nötige Bluttransfusion für ihre Kinder sträuben, was schon öfter zu deren Tod geführt hat.*

**Evolution:** Jehova ist für die Zeugen Jehovas der Schöpfer der Welt. Daher lehnen sie alle wissenschaftlichen Lehrmeinungen, wie z. B. die Evolutionslehre ab, die diese Schöpferrolle bestreiten. Sie zählen zu den Langzeitkreationisten, da sie die Schöpfungstage aus der Genesis als beliebig lange Zeitspannen auffassen.

Sie versprechen bei der Taufe, die in jedem Alter stattfinden kann, den Willen Gottes zu tun. Aber: Was ist der Wille Gottes?

Zu ihren eschatologischen = endzeitlichen Lehren gehört der Glaube an die buchstäbliche Wiederherstellung des **Paradieses auf der Erde**.

Menschen besitzen nach Auffassung der Zeugen Jehovas keine „unsterbliche Seele". Sie vertreten einen annihilationistischen Standpunkt und verneinen daher ein ewiges Leben aller Menschen und die Existenz einer Hölle.

*__Männer haben mehr Rechte als Frauen.__ Der Mann ist das Oberhaupt der Familie. Die Gottesdienste werden nur von Männern geleitet. Die Frauen haben sich in der Ehe unterzuordnen. Von Ehen mit Partnern anderen Glaubens wird abgeraten.*

*__Kein Staat__ Joh 17,16 „Sie sind nicht von der Welt, gleichwie ich auch nicht von der Welt bin." sehen sie als Aufforderung, sich politisch neutral zu verhalten, daher betei-*

*ligen sie sich nicht an politischen Aktivitäten wie zum Beispiel Demonstrationen, Wahlen oder Revolutionen und nehmen keine politischen Ämter ein. Darüber hinaus lehnen sie alle Handlungen ab, die ihrer Meinung nach einer Verehrung des Staates oder seiner Repräsentanten gleichkommen (Fahnengruß, Singen der Nationalhymne etc.).* **Züchtigung von Kindern:** Gemäß biblischer Lehre ist die körperliche Züchtigung der Kinder bei den Zeugen Jehovas weit verbreitet. *„Wer seine Rute schont, der hasst seinen Sohn; wer ihn aber liebhat, der züchtigt ihn bald."*[240]
**Keine Religionsfreiheit:** Austrittswillige werden mit dem Entzug der Gemeinschaft bedroht und oft als psychisch krank dargestellt.

Gefragt sind keine mündigen Bürger, sondern Gläubige, die sich der Hierarchie unterordnen und Gehorsam leisten. Bei Heiraten brauchen sie auch die Zustimmung der Ältesten. Heiraten außerhalb der Gemeinschaft sind verpönt und werden mit dem Ausschluss aus der Gemeinschaft bestraft. Bei den Zeugen Jehovas wird die Exkommunikation als „Gemeinschaftsentzug" bezeichnet und soll als Meidung praktiziert werden. Nach ihrer Ansicht belegen dies unter anderem die Bibelstellen:
*„Nun aber habe ich euch geschrieben, ihr sollt nichts mit ihnen zu schaffen haben, so jemand sich lässt einen Bruder nennen, und ist ein Hurer oder ein Geiziger oder ein Abgöttischer oder ein Lästerer oder ein Trunkenbold oder ein Räuber; mit dem sollt ihr auch nicht essen."*[241]
*„Wer übertritt und bleibt nicht in der Lehre Christi, der hat keinen Gott; wer in der Lehre Christi bleibt, der hat beide, den Vater und den Sohn. So jemand zu euch kommt und bringt diese Lehre nicht, den nehmet nicht ins Haus und grüßet ihn auch nicht. Denn wer ihn grüßt, der macht sich teilhaftig seiner bösen Werke."*[242]

**Kommentar: Das klingt ganz ähnlich wie die Empfehlung im Koran Sure 5:51: „Und macht euch keinen von ihnen (den Ungläubigen) zu Freunden."**

*Russell, der Gründer der Zeugen Jehovas, war davon überzeugt, dass die „unsichtbare Wiederkunft Christi" bereits 1874 stattgefunden habe."*[243]

**Kommentar: Wo der feste Boden fehlt, kann man beliebig viele schiefe Glaubenswahrheiten in den Sand setzen!**

---

[240] Bibel Sprüche 13:24
[241] 1 Kor 5:11
[242] 2 Joh 1: 9-11
[243] https://de.wikipedia.org/wiki/Zeugen_Jehovas#cite_ref-WT59_142-0

# Church of Scientology

Die *„Church of Scientology"*, gegründet 1954 in Kalifornien, ist ein undemokratisch, hierarchisch organisierter Finanzkonzern, der mit zweifelhaften Methoden seine Mitglieder finanziell und seelisch ausbeutet. Schon der Firmenname ist irreführend. Es geht nicht um Religion, sondern wie immer geht es um Geld und Macht. Das gibt der Gründer **Ron Hubbard** auch ganz offen zu.

Wieder war ein ehrgeiziger, (halb)-starker Mann, Ron Hubbard 1911- 1986, Schöpfer einer Weltanschauung mit Absolutheitsanspruch. Er war eine schillernde Persönlichkeit, bei der sich die tatsächliche Lebensgeschichte unentwirrbar mit seinen fantastisch überhöhten Vorstellungen davon vermischte. So entstanden zwei verschiedene Versionen seiner Lebensgeschichte. 1. Die Version, die er selbst erzählt und die von seinen Jüngern noch weiter überhöht wird. 2. Die Version, die auf Grund der vorhandenen Dokumente nicht mit der ersten übereinstimmen kann. Wären diese Dokumente nicht vorhanden, würden die Legenden sehr schnell zur *„wahren"* Geschichte, wie das bei anderen Heroen der Weltgeschichte, (z.B. Buddha, Jesus, Mohammed) aus weniger gut dokumentierten Zeiten geschehen ist. Der Held wird so weit überhöht, dass er jenseits aller Kritik steht. Kritik ist dann *„Gotteslästerung"*.

Kritik wird auch deswegen nicht mehr geduldet, weil die Scientologen sich nicht für Gläubige, sondern für Wissende halten. Hubbard steckt in der Kampf-Krieg-Tod-Phase, wie seine Schriften offenbaren. Er stößt auf Widerstand und führt *„Krieg"*, um seine Ziele durchzusetzen. Er hat ganz klare, irdische Ziele: nämlich Geld und die Herrschaft über die ganze Welt. Dabei baut er auf das stets vorhandene religiöse Bedürfnis der Menschen und verschleiert seine wahren Ziele mit Lügenpropaganda. *„Der einzige Weg, um Leute zu kontrollieren, ist sie anzulügen."* **Ron Hubbard.**

Für seine Jünger, die ihn mythologisch verklären, gelten seine Schriften, wie könnte es anders sein, als absolut wahre *„dauerhaft-gültige"* und heilige Schriften. Sie sollen in allen Lebenslagen der Orientierung dienen und nicht mehr verändert werden dürfen. *„Ungläubige"*, d.h. Nicht-Scientologen sind keine gleichwertigen Menschen. Kritiker sind Feinde, die mit allen Mitteln, vom eigenen Geheimdienst bekämpft und vernichtet werden müssen; Abtrünnige sind *„Freiwild"*, das verfolgt wird, - zum Wohle der Scientologen, die sich mit der Menschheit gleichsetzen und die eigentlich ja nur das Wohl der Menschheit im Sinn haben.

Geködert werden vor allem psychisch labile oder auch ehrgeizige Menschen, denen versprochen wird, mit Hilfe teurer Kurse einen höheren geistigen Zustand oder besondere Fähigkeiten zu erreichen. Das ganze läuft unter Gedächtnistraining oder Kommunikationstraining. Versprochen wird die Erlösung des Menschen oder die Fähigkeit, Krebskranke zu heilen. Sie nennen das „Clear" sein, ein „Thetan", ein unsterbliches Geistwesen werden. Dabei erreichen Prominente dieses Ziel leichter und billiger, weil sie als Aushängeschild dienen können.

Ein richtiger Scientologe muss der Organisation nützlich sein, entweder indem er sein ganzes Geld für Kurse ausgibt oder indem er seine ganze Zeit für die Scientologen arbeitet. Die Mitglieder werden andauernd überwacht, denn die Organisation will die absolute Kontrolle über sie. Sie werden ständig angehalten, ihr Gewissen zu erforschen und die intimsten Geheimnisse preiszugeben. Jeder soll jeden anschwärzen. Die Mitglieder geraten dadurch immer mehr in die Fänge der Organisation, die dieses Wissen im Falle unbotmäßigen Verhaltens gegen sie einsetzt. Der gläserne Mensch soll vollständig abhängig gemacht werden. Jeder kontrolliert jeden. Böse Gedanken, das sind vor allem kritische Gedanken, gegen Scientology, sind das größte Verbrechen. Kritiker werden öffentlich bloßgestellt. Kritik ist in keiner Weise erlaubt. Sie soll, wie in jeder totalitären Weltanschauung, im Entstehen mit Schuldgefühlen belastet werden. Eine kritische Haltung wird als kriminell betrachtet und mit einem Aufenthalt in einem Umerziehungslager geahndet. Dort werden die Betroffenen „entleert", erniedrigt und mit Drohungen eingeschüchtert. Sie müssen 10-15 Stunden am Tag arbeiten, damit sie nicht zum Denken kommen. Sie erhalten nur minderwertiges Essen und dürfen nur mit Scientologen zusammenkommen, um wieder in die „richtige" Denkweise eingeübt zu werden.
Die Scientologen glauben, dass sie die einzigen sind, die Recht haben und richten dürfen. Andersdenkende unterliegen nicht demselben Moralkodex, sie dürfen belogen und betrogen werden. Ihre Methoden sind menschenverachtend. Z.B. verweigern sie Mitgliedern, vor allem bei seelischen Erkrankungen, medizinische Versorgung. Krankheit, insbesondere seelische Erkrankung, wird als persönlicher Makel gewertet. Sie treten ein, für die Abschaffung der Psychiatrie.
**Kommentar:** Daten sammeln, kontrollieren, beherrschen, bei unbotmäßigem Verhalten verfolgen: Das ist die Arbeitsweise des modernen Inquisitors, der dem alten doch so ähnlich ist.[244]

---

[244] Roland Fakler / Von Verfolgern und Verfolgten

# Heaven's Gate

37 Mitglieder der Sekte Heaven`s Gate verübten 1997 einen kollektiven Selbstmord während des Erscheinens des Kometen Hale-Bopp, um ihre Seelen auf die Reise mit einem Raumschiff zu schicken. Es handelte sich um sehr intelligente und „gebildete" Leute. Das Raumschiff sollte sich angeblich hinter dem Kometen befinden.
Der Gründer der Sekte, Marshall Herff Applewhite, war Sohn eines presbyterianischen Pastors aus Texas. Er brach sein Theologiestudium ab und hat sich viel mit Astrologie, mit Sciencefiction, mit Computern und der Programmierung von Webseiten beschäftigt. Er war sehr musikalisch, hatte aber auch psychische Probleme, vielleicht wegen seiner Homosexualität, die seine religiöse Erziehung nicht zuließ. Er gründete schließlich eine Sekte mit den üblichen Merkmalen: alle sind dem Meister hörig und geben das selbständige Denken auf. Der Meister bestimmt, wo es hingeht – selbst wenn er den Tod anordnet. Die Mitglieder werden geistig isoliert und streng überwacht. Die Erde sah er dem Untergang geweiht. Als der Komet ihr am nächsten war, befahl er den Massenselbstmord und alle waren bestens präpariert, in blindem Gehorsam zu folgen. Im Tod sah er die einzige Chance, dass ihre Seelen auf das Raumschiff hinter dem Planeten kommen. Nur durch den Tod konnten die Seelen vom Körper befreit auf Seelenfahrzeugen zum Raumschiff hinter dem Kometen gelangen. (Siehe: Astralleib weiter unten)

**Kommentar: Ist man als religiös erzogener Mensch prädestiniert für irrationales Verhalten, weil man nicht weiß, wie die Welt wirklich funktioniert? Ist man bereit, dem geistigen Führer blinden Gehorsam zu leisten? Ich glaube schon. Auch Kinder sollten schon unterscheiden können, was Märchen und was Wirklichkeit ist und sie sollten lernen, selbständig und kritisch zu denken.**

Noch 1910 - als die Wissenschaft schon längst erkannt hatte, dass sich hinter den vermeintlichen Gotteszeichen „Geröllhaufen" sehr geringer Masse verbargen - verbreitete der mächtige Schweif des „Halleyschen Kometen" Angst in Europa und Amerika. In Berlin und New York griffen Großstädter aus Furcht vor „Kometen-Gas" zur Atemschutzmaske. Im US-Staat Oklahoma wollten verschreckte Hinterwäldler dem Kometen eine Jungfrau opfern.

# Verschwörungstheorien

Seit Jahrhunderten kursieren in bestimmten Kreisen Verschwörungstheorien zur Erklärung von unerklärlichen oder seltsamen Vorgängen oder zur Erklärung dafür, dass die Geschichte so verlaufen ist, wie sie verlaufen ist. Aber ist alles nur Verschwörung? Oder ist tatsächlich etwas Wahres dran? Das ist nicht immer einfach zu entscheiden. Schon öfter hat sich die eine oder andere Verschwörungstheorie als tatsächliche Verschwörung entpuppt. Bei allem, was die Mächtigen sich im Laufe der vergangenen Jahrhunderte erlaubt haben, ist ihnen auch alles zuzutrauen.

**Hier ist eine Liste von Verschwörungstheorien, allein aus diesem und dem letzten Jahrhundert.**

| | |
|---|---|
| Agententheorie | Adolf Hitlers Handeln sei durch die Wirtschaft gelenkt worden. |
| **Kommentar: Sicher gab es Rüstungsfirmen, die, wie schon im Ersten Weltkrieg, von einem Krieg profitieren wollten, wie Krupp und Thyssen.** | |
| AIDS aus dem US-Labor | HIV soll von den USA entwickelt worden und ausgesetzt oder entkommen sein. |
| Attentat auf Martin Luther King | Das Attentat auf Martin Luther King sei von der US-amerikanischen Regierung ausgeführt oder geplant worden. |
| Barschel-Affäre | Der ehemalige Ministerpräsident Uwe Barschel wurde tot aufgefunden, nachdem er im Vorfeld einen ungewöhnlich harten Wahlkampf gegenüber seinem Konkurrenten ausübte. |
| Bilderberg-Konferenz | Die Teilnehmer der Bilderberg-Konferenz planen angeblich eine Weltdiktatur oder sind Drahtzieher geschichtsträchtiger Ereignisse, etwa des Irakkriegs. |
| **Kommentar: Geheimniskrämerei führt zwangsläufig zu Verschwörungstheorien, denn es muss ja einen Grund geben, warum sie nicht öffentlich tagen. Vielleicht wollen sie einfach nicht Ziel von Attacken bestimmter Leute werden, über die sie sprechen...und über die man sprechen sollte, im Interesse der Weltgemeinschaft.** | |
| Chemtrails | Kondensstreifen enthalten angeblich Chemikalien, die sich auf die Bevölkerung auswirken und militärische Zwecke erfüllen. |
| **Kommentar: Wie könnte man eine weltweite Verschwörung, an der angeblich** | |

viele Verkehrspiloten beteiligt sind, geheim halten - und wem sollte das Ganze nützen?

| | |
|---|---|
| Dolchstoßlegende | Die Niederlage des deutschen Militärs im Ersten Weltkrieg sei durch oppositionelle Zivilisten verursacht worden. |
| **Kommentar: Damit sollte vor allem das Versagen der militärischen Führung unter Hindenburg und Ludendorf verschleiert werden.** | |
| Großisrael-Verschwörung | Israel plane laut Doktrin eine Erweiterung der jüdischen Souveränität auf das gesamte Gebiet zwischen Mittelmeer und dem Fluss Jordan. |
| **Kommentar: Je mehr Land Israel kontrolliert, desto sicherer kann es sich vor arabischen Angriffen fühlen, die es zerstören wollen. Was ist daran ein Geheimnis. Das ist sehr verständlich.** | |
| HAARP-Verschwörung | Das US-amerikanische Forschungsprogramm HAARP soll für Gedankenmanipulation oder zur künstlichen Herbeiführung von Naturkatastrophen eingesetzt worden sein. |
| **Kommentar: Der Mensch wird alles erforschen, was möglich ist. Ob die Ergebnisse im Guten oder im Bösen eingesetzt werden, entscheidet die Politik.** | |
| Holocaustleugnung | Den Holocaust der Nationalsozialisten habe es nie gegeben. |
| **Kommentar: Wohin sollten denn die 600000 Juden verschwunden sein, die im ehemaligen Deutschen Reich lebten? Viele sind natürlich ausgewandert, aber diejenigen, die mit Zügen abtransportiert wurden, sind nie mehr aufgetaucht.** | |
| Attentat auf John F. Kennedy | Das Attentat sei nicht das Werk eines Einzeltäters, sondern einer Verschwörung, als deren Drahtzieher je nachdem die Mafia, die CIA oder Fidel Castro postuliert werden. |
| Erfundenes Mittelalter | Größere Zeiträume der mittelalterlichen Geschichte seien erfunden. So soll auf das Jahr 614 das Jahr 911 gefolgt sein. |
| **Kommentar: Es gibt sehr wohl Dokumente aus der Zeit, die angeblich erfunden wurde. Auch die Dendrochronologie und Bodenschichten aus dieser Zeit sprechen gegen diese Theorie.** | |
| Tod von Johannes Paul I. | Johannes Paul I. sei vergiftet worden, da er vermutlich interne Machenschaften des Vatikans aufdecken wollte. |
| **Kommentar: Gründe dafür hätte es sicher gegeben. Innerhalb des Vatikans gab es mafiose Schiebereien.** | |

| | |
|---|---|
| Verschwörungstheorien zur Mondlandung | Die Mondlandungen zwischen 1969 und 1972 durch die NASA haben angeblich niemals stattgefunden und wurden lediglich vorgetäuscht. |
| **Kommentar: Wenn die Amerikaner nicht auf dem Mond gelandet wären, hätten wir das sicher sofort von ihren russischen Rivalen, die das durchaus mit ihren Instrumenten beobachten konnten, erfahren!** ||
| Tod von Marilyn Monroe | Marilyn Monroe soll durch einen US-amerikanischen Geheimdienst getötet worden sein, da sie eine Affäre mit John F. Kennedy hatte. |
| **Kommentar: Kennedy war sehr leichtsinnig bei seinen vielfältigen Affären.** ||
| Neue Weltordnung | Geheime Gesellschaften versuchen angeblich, die Weltherrschaft an sich zu reißen. |
| **Kommentar: Es gibt und gab immer Leute, die die Welt in ihrem Sinne gestalten wollten und die möglichst viel Macht haben wollen. Die Frage ist: Wer leidet darunter und wer gewinnt. Eine gerechte Weltordnung für alle Menschen zu schaffen, wäre ja gar nicht so schlecht. Das hieße für mich, dass niemand darunter leidet und alle in Wohlstand leben können.** ||
| Angriff auf Pearl Harbor | Die US-Regierung oder das US-Militär wussten angeblich von dem bevorstehenden Angriff auf Pearl Harbor, unternahmen jedoch nichts, um in der Öffentlichkeit einen Kriegsgrund anführen zu können. |
| Protokolle der Weisen von Zion | Die Protokolle geben vor, geheime Dokumente jüdischer Weltverschwörer zu sein. |
| **Kommentar: Sie sind inzwischen als Fälschung erkannt und haben viel Unheil angerichtet!** ||
| Putsch gegen die Regierung Mossadegh | Der Putsch gegen die iranische Regierung Mossadegh galt lange Zeit als Verschwörungstheorie, bis sie im Jahr 2013 von der US-Regierung eingestanden wurde (Operation Ajax). |
| **Kommentar: Da sieht man, dass es durchaus wahrhafte Verschwörungen gibt. Der CIA kann man wirklich alles zutrauen.** ||
| Reichsbürgerbewegung | Das Deutsche Reich bestehe juristisch bis heute fort, die Bundesrepublik Deutschland sei dagegen illegal. Eine kommissarische Reichsregierung übt Jurisdiktion über das Deutsche Reich in den Grenzen von 1937 aus. |

**Kommentar:** Welche Legitimität hätten Leute, eine kommissarische Reichsregierung zu bilden? Das ist einfach nur eine Anmaßung! (Siehe Reichsbürger weiter unten.)

| | |
|---|---|
| Reptiloide | Reptiloide seien menschenähnliche intelligente Wesen, die von Reptilien oder reptilienartigen Außerirdischen abstammen. Sie hätten die Erde unterwandert und seien Teil einer geheimen pyramidenartigen Organisationsstruktur. |

**Kommentar:** Das kann ich höchstens als Sciencefiction oder Satire auffassen.

| | |
|---|---|
| Kontroverse um das Siegel der Vereinigten Staaten | Das Siegel nehme Bezug auf den Illuminatenorden. |

**Kommentar:** Illuminaten kämpften in Europa für Freiheit und Menschenrechte gegen die absolutistische Herrschaft der Könige. Sie waren in Wirklichkeit Aufklärer, die die Herrschaft von Menschen über Menschen bekämpften. Die ersten Präsidenten der USA, George Washington und Thomas Jefferson waren Aufklärer, die sich vom englischen Königreich lossagen wollten. Sie hatten ähnliche Ziele wie die Illuminaten und Freimaurer.

| | |
|---|---|
| Unterstützung der Bolschewiki durch die Wirtschaft des Deutschen Kaiserreiches | Die Sisson-Dokumente belegen angeblich, dass das deutsche Kaiserreich russische Revolutionäre finanziell unterstützte. |

**Kommentar:** Das Deutsche - Kaiserreich hat Lenin 1917 aus der Schweiz nach Russland fahren lassen. Es war daran interessiert, das Zarenreich zu destabilisieren...und es hat dazu auch viel Geld aufgewendet.

| | |
|---|---|
| Tod von Lady Di | Der Unfall, der zum Tod Dianas führte, sei durch den Secret Intelligence Service (MI6) herbeigeführt worden. |
| 9/11-Verschwörungstheorien | Die Terroranschläge am 11. September 2001 sollen von US-amerikanischen Geheimdiensten entweder wissentlich zugelassen oder selbst ausgeführt worden sein. |

**Kommentar:** Es gibt viele Hinweise darauf, dass tatsächlich arabische Terroristen sich lange auf diesen Anschlag vorbereitet haben, aber es gibt auch einige Ungereimtheiten und Rätsel.

| | |
|---|---|
| Tod von Jörg Haider | Der österreichische Politiker soll ermordet worden sein. |
| Tod von Jürgen Möllemann | War es Selbstmord oder Mord? |

[245] https://de.wikipedia.org/wiki/Liste_von_Verschw%C3%B6rungstheorien

Der denkende Mensch möchte sich die Welt erklären und Sinn hinter dem Chaos erkennen. Er begnügt sich nicht gerne damit, dass alles nur Zufall oder verhängnisvolle Verstrickung verschiedener Umstände sein soll. Er denkt, dass da gezielt eine mächtige Gruppe von Verschwörern die Welt in ihrem Sinne lenkt. Moderne Verschwörungstheorien verbinden (Zahlen-) Mystik, biblische Prophezeiungen, Höllen, Teufels- und Gottglaube mit Reinkarnation, Kreationismus, Scientology und Computerwissenschaft.

**Ein Beispiel im Internet:** Unser Bewusstsein ist gespiegelt, behauptet da einer, der sich seiner Sache ganz sicher ist – was immer das heißen soll – deswegen ist das gar nicht Realität, was wir für Realität halten, wir glauben nur, dass dies so sei, weil wir „von denen da oben" so programmiert sind. „Die da oben", das sind die ehemaligen Freimaurer, die mit dem Teufel zusammenarbeiten und um jeden Preis verhindern wollen, dass wir die ganze „Matrix" und diese ungeheure „Verblödung durch die moderne Wissenschaft" erkennen. Die Welt ist in Wirklichkeit eine Scheibe und der Elefant kann niemals vom Affen abstammen, was niemand behauptet außer ihm, womit für ihn aber die Evolutionslehre widerlegt ist.

Der Mensch sucht seit er denken kann, immer Personen hinter den Schicksalsmächten. Welche Personengruppe ist anfällig für Verschwörungstheorien? Der Psychologe Sebastian Bartoschek nennt folgende: 1. Politischer Extremismus 2. Religiosität 3. Jüngeres Alter 4. Formal geringere Bildung 5. Weibliches Geschlecht. [246]

**Kommentar: Religiöse Menschen weiblichen Geschlechts mit geringer Bildung und geringen Möglichkeiten, die Welt selbst mitzugestalten, neigen bei der Suche nach sinnvoller Erklärung des Weltgeschehens zu Verschwörungstheorien, vorzüglich, wenn sie politisch extreme Positionen einnehmen. Sie sind selbst unzufrieden mit ihrer Kompetenz und ihrer Macht. Dabei hilft ihnen der Glaube, dass sie durchschauen, was anderen verborgen bleibt, zu mehr Selbstwertgefühl. Die Verweltlichung verstärkt dieses Phänomen. Es ist jetzt nicht mehr Gott, der die Welt lenkt und dem alles angelastet werden kann, sondern die Verschwörer. Es ist eigentlich ein Ersatz für die Welterklärungsversuche der alten Religionen. Dazu kommt, dass das Internet Gleichgesinnte leicht zusammenführt, die sich wiederum in ihren „abgedrehten" Ansichten bestärken.**

---

[246] http://www.scilogs.de/natur-des-glaubens/sebastian-bartoschek-verschwoerungstheorien-grundlagenarbeit-rezension/

# Die jüdische Weltverschwörung

Als größte Weltverschwörer galten immer die Juden. Von Anfang an war dies ihr Schicksal, das aber sicher auch mit ihrem Auserwähltheitswahn zusammenhängt. Wie wird man wohl einen Menschen in einer Gesellschaft behandeln, der von sich glaubt, dass er „auserwählt" sei vor anderen, dass er den einzig wahren Gott und alle anderen die falschen Götter haben, der mit diesen „anderen" weder eine Ehe noch sonst eine Gemeinschaft haben möchte? Alle würden ihm zeigen, dass er genau das nicht ist. Sie werden ihm seine Minderwertigkeit, seine Schlechtigkeit und Nichtigkeit beweisen wollen. Das ist primitivste Psychologie.

Der christliche Hass auf die Juden, die in Jesus nicht den lange erwarteten „Messias" erkennen wollten (konnten) und sich angeblich als „Gottesmörder" schuldig gemacht haben sollen, beginnt nicht erst mit den Kirchenvätern und mit Luther, wie die Kirchen das gerne darstellen möchten, um ihre Apostel und Evangelisten zu entlasten, sondern schon mit den ersten christlichen Autoren. Der Jude Paulus bezeichnete den ganzen geistigen Besitz der Juden als „Kot" (Phil 3; 8), bei Matthäus (Mat. 23:33) werden die Juden als „Schlangen- und Otterngezücht" bezeichnet und der Ausdruck, dass die Juden „Kinder des Teufels" sind, stammt nicht etwa von Goebbels, sondern vom Evangelisten Johannes (Joh. 8:44), der ihn Jesus in den Mund legt.

Der Ursprung des Judenhasses geht aber viel weiter zurück in die Antike. Die Juden wurden von den Ägyptern, Babyloniern, Griechen, Römern…als „Fremdkörper" empfunden, weil die Juden sich für das einzig von Gott auserwählte Volk hielten, weil sie selbst jede Gemeinschaft und Ehe mit den „Götzendienern" ablehnten. Das erzeugte natürlich eine Gegenreaktion. Der römische Geschichtsschreiber Tacitus schreibt über die Juden: Die Juden seien *„den Göttern verhasst und den übrigen Religionen entgegengesetzt"*. Er wirft ihnen Verachtung der Götter und des Vaterlandes vor. *„Sie halten zusammen und betrachten den Rest der Welt mit Feindschaft"*.

Als Außenseiter der christlichen Gesellschaft waren sie geheimnisumwittert. Man traute oder schob ihnen alle Gemeinheiten zu. Vor allem, dass sie sich nicht mit dem Schicksal ihres Landes, sondern mit ihrem Judentum identifizierten und dass sie dieses „Gastland", wie Blutsauger, nur zur Ausbeutung nutzen würden. Natürlich waren die Juden den „allerchristlichsten" Königen nicht gut gesonnen, die sie zwar manchmal beschützten, meist stark besteuerten und oft vertrieben. Auf dem 17. Konzil von Toledo, 694, wurden alle Juden wegen staatsfeindlicher Umtriebe und Beleidigung des Kreuzes Christi zu Sklaven erklärt. Im Herrschaftsbereich der Muslime waren sie zwar auch Menschen zweiter Klasse, aber immerhin durften sie als „Buchbesitzer" dort ihre Religion frei ausüben und konnten es unter Umständen weit bringen. So ist es nur verständlich, dass sie eher die Herrschaft der Muslime als die der Christen erdulden wollten und von diesen als „Verräter" beschimpft wurden. Im ganzen christlichen Mittelalter wurden sie schikaniert und immer wieder vertrieben. Die meisten abendländischen Denker waren Judenhasser von den Kirchenvätern, über Voltaire, Luther bis Richard Wagner.

Nur ein Umsturz der Verhältnisse konnte ihre Situation verbessern. Deswegen waren sie immer an Revolutionen interessiert und beteiligt, ob nun an der Französischen von 1789 oder an der Russischen von 1917. Diese Revolutionen brachten ihnen Freiheit und Gleichberechtigung. Da der Antisemitismus im 19. Jahrhundert dennoch immer wieder auflebte, sehnten sie sich schließlich nach einem eigenen Staat. Natürlich waren sie besonders gut in Bankgeschäften. Weil die Christen keine Zinsen nehmen durften, bot sich ihnen dieser Geschäftszweig an und ihre internationalen Beziehungen - sie waren ja in alle Welt zerstreut - halfen ihnen dabei. Das brachte ihnen den Vorwurf der Wucherer und Kapitalisten ein. Im Tanach (gesammelte heilige Schriften) wird Juden das Nehmen von Zinsen untereinander verboten, Nichtjuden gegenüber hingegen erlaubt.[247] Wenn sie an den Kriegen, die ihre christlichen Feinde untereinander führten, als Nachschublieferanten aller Parteien verdienen konnten, war das eine willkommene „göttliche" Vorsehung. Es ist also kein Wunder, dass Verschwörungstheoretiker sie zu den Illuminaten und Freimaurern zählen. Gemeinsam ist ihnen ihre säkular - humanistische Weltsicht, der Wunsch in einer Demokratie und nicht mehr unter Königen und Päpsten, unter Adel und Geistlichkeit leiden zu müssen. Dabei muss angemerkt werden, dass Freimaurerlogen die Juden oft ausschlossen.

Viele Vorwürfe, die man ihnen machte, sind einfach böse und absurd: Ritualmorde an christlichen Kindern warf man ihnen vor. Sie sollten sie entführen und ihr Blut trinken. Die Brunnen der Christen würden sie vergiften, Hostien schänden und vor allem die Weltherrschaft anstreben.

Dass man ihnen Weltherrschaftspläne unterschob, hat erstens mit ihrer globalen Vernetzung zu tun und zweitens steht es so in ihren heiligen Büchern, der Bibel und dem Talmud:

Sanhedrin, 104a: „Raba sagte im Namen R. Jochanans: Überall, wohin sie (die Juden) kommen, sollen sie sich zu Fürsten ihrer Herren machen."

Choschen hamischpath (?) 156: „Die Güter der Nichtjuden gleichen der Wüste, sie sind ein herrenloses Gut und jeder, der zuerst von ihnen Besitz nimmt, erwirbt sie."

Tosephot, Fol. 61 a: „Die Beraubung eines Bruders (Jisraeliten) ist nicht erlaubt, die Beraubung eines Nichtjuden ist erlaubt, denn es steht geschrieben (3. Mos. 19, 13):

---

[247] https://de.wikipedia.org/wiki/Zins#Zinskritik

'Du sollst deinem Bruder kein Unrecht tun' - aber diese Worte -sagt Jehuda - haben auf den Goj keinen Bezug, indem er nicht dein Bruder ist."[248]

**Kommentar: Stellt sich die Frage, inwiefern solche Texte noch ernst genommen werden? Warum beziehen Rabbiner nicht entschiedener Stellung gegen sie? Für die Orthodoxen bedeuten sie sicher noch etwas. Für Liberale sind sie Dummheiten aus längst vergangenen Zeiten.**

**Die Bibel als priesterliches Drehbuch der jüdischen Weltverschwörung:**

Der deutsche Historiker **Wolfgang Eggert** *1962 hat alle diese Verschwörungstheorien gegen die Juden zusammengefasst: Er behauptet, dass eine jüdisch-messianistische Endzeit-Sekte, damit meint er vor allem die **Chabad-Lubawitsch-Sekte,** Kabbalisten und die orthodoxen Juden im Allgemeinen, das Kommen des Messias vorbereiten, indem sie versuchen alle Prophezeiungen, die für sein Kommen nötig sind, zu verwirklichen. Siehe oben: Jüdische Endzeiterwartungen.

*„Zur Verwirklichung der Prophetie hätte die jüdische Sekte Ereignisse wie das Attentat von Sarajevo, den ersten Weltkrieg, die Niederlage Deutschlands (Dolchstoßlegende), die nationalsozialistische Machtergreifung, den zweiten Weltkrieg, den Holocaust, die Gründung Israels und die islamische Revolution provoziert. In Zukunft würde diese Sekte einen großen Krieg im Nahen Osten anstreben, dem Israel zum Opfer fallen soll."*[249]

*In einem Buch behauptet er, dass diese jüdische Endzeit-Sekte die Entwicklung und Freisetzung einer ethnischen Biowaffe plane, welche alle Nicht-Juden ausrotten soll.*

**Kommentar: Das wäre ungeheuerlich! Ich glaube aber nicht, dass diese Sekte so viel Macht gehabt hat. Für den Ersten Weltkrieg gibt es viele Gründe. Der wichtigste wäre, dass ihn keiner ernsthaft verhindern wollte. Tatsächlich ist unter religiösem Wahn schon viel Ungeheuerliches geschehen, weil verwirrte, religiöse Menschen nicht das Leben in dieser Welt wünschen, sondern in einer jenseitigen Welt. Es ist Gläubigen also durchaus zuzutrauen, dass sie das Diesseits opfern für das ewige Leben im Jenseits. Nichts anderes taten die Mönche, die Kreuzritter, die Helden, die nach Wallhall wollten, die muslimischen Dschihadisten, die Witwen, die Sati begehen…**

---

[248] http://www.sgipt.org/medppp/auserw/mat02.htm#Einf%C3%BChrung
[249] http://de.verschwoerungstheorien.wikia.com/wiki/Wolfgang_Eggert

Das Diesseits für einen besseren Platz im Jenseits zu opfern, ist eine Grundeinstellung vieler Religionen. Das ist sehr gefährlich für diese Welt. Gläubige neigen dann dazu, das Diesseits zu missachten und im schlimmsten Fall, den Untergang dieser Welt herbeizuführen. Auch alle Christen haben seit Jesus mit dem baldigen Ende dieser Welt gerechnet und viele tun es immer noch.

## Chemtrails

Diese (Verschwörungs-) Theorie besagt, dass angeblich mit Verkehrsmaschinen weltweit chemische (Gift-) Stoffe versprüht werden, um die Umwelt, insbesondere das Saatgut zu schädigen. Großkonzerne hätten davon einen Vorteil, weil sie resistentes Saatgut auf den Markt bringen könnten. Oder: die Bevölkerung soll unfruchtbar gemacht werden. Oder: die Treibhausgase sollen reduziert werden, oder es sollen damit militärische Zwecke verfolgt werden. Im Gegensatz zu normalen Kondensstreifen sollen sich diese Streifen flächiger ausbreiten und länger am Himmel halten.
Messungen von staatlicher Seite haben bisher keinerlei Beleg für die Verschwörung erbracht. Auch 98% der Wetterexperten halten die Streifen für ganz normal erklärbar. Da wäre es wohl Zeit, dass die Vertreter der Verschwörungstheorie selbst Messungen anstellen und Beweise für ihre Theorie liefern.

**Kommentar: Wie könnte man eine weltweite Verschwörung, an der angeblich viele Verkehrspiloten beteiligt sind, geheim halten – und wem sollte das nützen, wenn die ganze Welt dadurch in Mitleidenschaft gezogen wird? Für mich besteht allerdings kein Zweifel, dass durch die ganz normalen Abgase der Flugzeuge unsere Umwelt geschädigt wird. Seit 1980 hat sich der Flugverkehr verfünffacht.**

# Kritik an Geschichtstheorien

## Kommunismus – Historischer Materialismus

„Einige Philosophen des 19. Jahrhunderts waren sich sicher, dass die Geschichte nach wissenschaftlich erkennbaren, ewig wiederkehrenden zyklischen Regeln abläuft. Damit bereiteten sie Karl Marx den Weg. Wir wissen inzwischen, dass Marx sich getäuscht hat. Der Gang der Weltgeschichte ist nicht vorhersehbar. Er wurde entscheidend vom Auftreten charismatischer Führer bestimmt. Deren Charakter und Fähigkeiten wiederum hängen stark von der Vererbung und von den Verhältnissen ab, in denen

sie aufwuchsen und damit größtenteils vom Zufall. Andererseits wird niemand seine Zeit prägen können, der nicht verstanden hat, was die Zeit bewegt.
Die Tyrannei wird von Menschen vorbereitet, die sich im Besitz unwiderlegbarer, um jeden Preis durchzusetzender Wahrheiten glauben. Für Karl Marx war der Kommunismus keine Illusion, sondern eine wissenschaftliche Erklärung der Weltgeschichte. Marx betonte das immer wieder und erregte damit den Anschein, als ob der Weg der Geschichte notwendigerweise so vorgezeichnet wäre, wie er es erkannt haben wollte.
Nach Marx ist die Geschichte eine Geschichte der Klassenkämpfe. Nach der Abschaffung des Kapitalismus soll, über die Diktatur des Proletariats, am Ende der Geschichte die klassenlose Gesellschaft und damit das Ende aller Klassenkämpfe und das Ende des Staates erreicht werden.*"250*
Aus dieser Erkenntnis von Marx machten die Diktatoren der kommunistischen Welt Lenin, Stalin, Mao... ein unantastbares Dogma, dem zu widersprechen mit Gefängnis und Hinrichtung geahndet wurde.

**Kommentar: Genau das ist das Problem, das Dogmen erzeugen. Es entsteht der Eindruck, als ob es nur eine absolute Wahrheit gäbe. Dabei erscheint diese „Wahrheit" nur deswegen als die einzig wahre, weil keine andere zugelassen wird. Natürlich war die Ideologie des Kommunismus für die Diktatoren nur das Mäntelchen, mit dem sie ihr skrupelloses Machtstreben bedeckten und beschönigten. Freiheit kann nur durch unveräußerliche Menschenrechte, Rechtstaatlichkeit, Demokratie, Gewaltenteilung und Machtkontrolle gesichert werden.**

## Sozialdarwinismus

Der Sozialdarwinismus versucht am Ende des 19. Jahrhunderts das Auswahlprinzip der Evolutionstheorie Darwins, nach dem die *„Lebens-Tüchtigsten die besten Überlebenschancen haben"*, auf die menschliche Gesellschaft zu übertragen. Das Leben wird als Kampf aufgefasst, bei dem die Tüchtigeren nicht nur bessere Überlebenschancen haben, sondern auch über die weniger Tüchtigen herrschen sollen. Dadurch werde dem besseren Erbmaterial zum Sieg verholfen und die Höherentwicklung der Menschheit vorangetrieben. Menschliche Geschichte wird als „Kampf ums Dasein" interpretiert, bei dem der Stärkere „mit Recht" gewinnt. Man geht davon aus, dass es höherwertigere und minderwertigere Rassen gebe, wobei die höherwertigen sich durch

---

[250] Roland Fakler / Von Verfolgern und Verfolgten

ihre Kulturfähigkeit auszeichnen. Das wurde als ideologische Grundlage für den Imperialismus und Faschismus und als Rechtfertigung für den Kapitalismus benutzt. Aus der Tierzucht schließt **Houston Stewart Chamberlain** auf die Überlegenheit einer „reinen Rasse". Vor allem **Arthur de Gobineau** fürchtet bei einer Vermischung der Rassen deren Degeneration und wird damit zum Ideologen der Rassentrennung. Der Rassismus der Nationalsozialisten wurde wesentlich von Arthur de Gobineau und Houston Stewart Chamberlain geprägt. Der englische Soziologe Herbert Spencer gilt als einer der Begründer des Sozialdarwinismus. Er hat auch vor Darwin den Begriff: „Kampf ums Dasein" verwendet.

Darwin selbst hat in seinem Buch von der „Abstammung des Menschen und die geschlechtliche Zuchtwahl" geschrieben: *„Bei Wilden werden die an Geist und Körper Schwachen bald beseitigt und die, welche leben bleiben, zeigen gewöhnlich einen Zustand kräftiger Gesundheit. Auf der andern Seite tun wir zivilisierte Menschen alles nur Mögliche, um den Prozess dieser Beseitigung aufzuhalten. Wir bauen Zufluchtsstätten für die Schwachsinnigen, für die Krüppel und die Kranken; wir erlassen Armengesetze und unsere Ärzte strengen die größte Geschicklichkeit an, das Leben eines Jeden bis zum letzten Moment noch zu erhalten. (...) Hierdurch geschieht es, dass auch die schwächeren Glieder der zivilisierten Gesellschaft ihre Art fortpflanzen. Niemand, welcher der Zucht domestizierter Tiere seine Aufmerksamkeit gewidmet hat, wird daran zweifeln, dass dies für die Rasse des Menschen im höchsten Grade schädlich sein muss. Es ist überraschend, wie bald ein Mangel an Sorgfalt oder eine unrecht geleitete Sorgfalt zur Degeneration einer domestizierten Rasse führt; aber mit Ausnahme des den Menschen selbst betreffenden Falls ist wohl kaum ein Züchter so unwissend, dass er seine schlechtesten Tiere zur Nachzucht zuließe."*

Darwin selbst war kein Sozialdarwinist, der die Erkenntnisse auf die Gesellschaft angewandt wissen wollte, sehr wohl sah er aber die Gefahren solcher Anwendung auf der einen und der Degeneration der Menschheit auf der anderen Seite.

Die Thesen des Sozialdarwinismus führten in der Zeit des Nationalsozialismus dazu, psychisch Kranken, geistig Behinderten oder schwer Erbkranken zur Vermeidung der genetischen „Degeneration" oder „Entartung" das Lebensrecht abzusprechen. Viele wurden unfruchtbar gemacht, viele vergast.

**Kommentar: Die heutige Evolutionstheorie glaubt nicht an eine Höherentwicklung durch Zuchtwahl. Menschen die körperliche Nachteile haben, können ganz große geistige Leistungen vollbringen. Z.B. Stephen Hawking**

Kann man biologische Gesetzmäßigkeiten auch auf die menschliche Gesellschaft übertragen? Der Mensch ist kein rein instinkt-, sondern ein gehirngesteuertes Lebewesen, dessen Verhalten stark durch Erziehung beeinflusst werden kann. Wer möchte darüber urteilen, welches Leben lebenswert ist und welches nicht. Außerdem wäre ein nicht lebenswertes Leben auch kein Grund, jemandem das Lebensrecht zu verweigern.

## Faschismus

**Faschismus** ist die Bezeichnung für extrem nationalistische, nach dem Führerprinzip organisierte Bewegungen und Herrschaftssysteme, die in verschiedenen Ländern Europas nach dem 1. Weltkrieg auftauchten. Wenn sie einmal an der Macht waren, gaben die Faschisten diese nie mehr her. Andersdenkende wurden gnadenlos verfolgt. Argumentative Auseinandersetzungen waren im Faschismus, wie in jedem totalitären System, nicht vorgesehen. Die „Wahrheit" von Gott oder vom Führer gegeben, darf nicht angezweifelt oder diskutiert werden.

Der Faschismus richtete sich gegen Demokratie, gegen Kommunismus, gegen Pazifismus, gegen Individualismus, gegen Kapitalismus und gegen Intellektuelle. Schon an dieser Begriffsbestimmung zeigt sich der Charakter des Faschismus sehr deutlich: Er war vor allem eine Anti-Bewegung.

In nahezu allen Staaten Europas und in Japan gab es in den 1920er- und 1930er-Jahren faschistische Bewegungen von Mussolini (Italien) über Hitler (Deutschland) bis Franko (Spanien). Sogar in den USA, Großbritannien (Oswald Mosley), den Niederlanden, Norwegen, Kroatien (Ustascha-Regime), Griechenland, Bulgarien, Rumänien, Ungarn, der Slowakei (Tiso)…dreifünftel der europäischen Staaten wurden von einem Diktator regiert. **Glauben, gehorchen, kämpfen** waren die Schlagworte der italienischen Faschisten, **ein Reich, ein Volk, ein Führer** war der Slogan der Deutschen Faschisten bzw. Nationalsozialisten. Die einen hatten schwarze, die anderen braune Hemden, beide Bewegungen grüßten, wie im antiken Rom, mit ausgestrecktem Arm. Beide versprachen die Demokratie abzuschaffen und bekamen dafür genügend Stimmen. Die deutschen Faschisten unterschieden sich von ihren italienischen Gesinnungsgenossen vor allem durch ihren ausgeprägten Rassenwahn und Judenhass.

**Kommentar: Kann ein Herrschaftssystem, dass auf der Unterdrückung anderer aufbaut, von Dauer sein? Es darf nicht von Dauer sein, es darf nie entstehen, weil es ungerecht, unvernünftig und für viele unerträglich ist. Gerechte Regierung**

kann nur auf freiwilliger Zustimmung der „Regierten" aufbauen. Wenn in einem Land Menschen erniedrigt werden, ist etwas im System fehlerhaft.

## Kapitalismus

Mit der Industriealisierung im 19. Jh. breitete sich eine Wirtschaftsordnung aus, die auf Privateigentum an Produktionsmitteln, freiem Markt, Ansammlung von Kapital, abhängiger Lohnarbeit und individuellem Gewinnstreben beruhte. *Geldvermehrung ist nicht nur ein Ziel, sondern zugleich ein unerbittlicher Zwang, der die Ökonomie beherrscht.*[251]
Kritisiert wurde von Karl Marx an dieser Wirtschaftsform, dass der Besitzer der Produktionsmittel durch Profitmaximierung die Arbeiterschaft ausbeuten kann, dass der Arbeitgeber mehr verdient als er an Löhnen zahlen muss, dass er diesen Mehrwert wieder in Produktionsmittel anlegen oder aus ihm Zinsen erwirtschaften kann, dass er dabei immer reicher wird, dass sich dieser Reichtum in den Händen weniger ansammelt und die Arbeiter zu Lohnsklaven werden. Es drohe eine Ausbeutung durch den Arbeitgeber und Arbeitslosigkeit, weil der Arbeitgeber die Löhne diktieren könne und immer weniger Arbeiter dieselbe Arbeit erledigen könnten.
Kritisiert wurde weiter, dass der Arbeiter sich durch die Massenproduktion am Fließband nicht mehr mit seinem hergestellten Produkt identifizieren kann. Es komme zu einer Entfremdung zwischen ihm und seinem Werk. Marx und Engels forderten die Ablösung des Kapitalismus durch den Sozialismus, um diesen Fehlentwicklungen entgegen zu wirken. Das Privateigentum an Produktionsmitteln solle aufgehoben werden. *Arbeit sei im Kapitalismus nicht eine Möglichkeit der Selbstverwirklichung, sondern ihrem Wesen nach Zwangsarbeit.*[252]
Dem ist aber im 19. Jh. durch die Bildung von Gewerkschaften und dem Recht der Arbeiter auf Streiks entgegengewirkt worden. In Deutschland wurden die Arbeiter durch Arbeitslosen-, Kranken- und Rentenversicherung gegen das gröbste Elend abgesichert, der reine Kapitalismus wurde nach dem 2. Weltkrieg in eine soziale Marktwirtschaft umgewandelt.

**Kommentar: Tatsache ist, dass es den Arbeitern im sogenannten realexistierenden Sozialismus viel schlechter ging als in kapitalistischen Ländern. Das liegt**

---

[251] Encarta 2009 Kapitalismus
[252] https://de.wikipedia.org/wiki/Kapitalismuskritik

einerseits daran, dass der Kapitalismus in Westdeutschland sich zur sozialen Marktwirtschaft entwickelt hat und dass im Kommunismus die Planwirtschaft ineffektiv war. Die Arbeiterschaft konnte im Westen durch unabhängige Gewerkschaften ihre Rechte und Löhne einfordern. Im Kommunismus war letztlich niemand für irgendetwas verantwortlich. Fleiß, Tüchtigkeit und Eigeninitiative wurden nicht belohnt.

Am heutigen Kapitalismus wäre zu kritisieren, dass er nicht nachhaltig ist, sondern durch ständiges Wachstum die Umwelt zerstört und ärmere Länder ausbeutet, um massenhaft Waren zu produzieren, die niemand braucht. Geld-Wert wird zum einzigen und höchsten aller Werte, zum Maß aller Dinge erklärt. Der Kapitalismus kann nicht das letzte Wort der Geschichte sein. Gerechtes Wirtschaften muss soziale Gerechtigkeit mit ökologischer Nachhaltigkeit verbinden. Niemand darf leiden, niemand darf ausgebeutet, niemand darf zerstört werden, weder Mensch, noch Tier, noch Umwelt.

## Dialektik der Aufklärung: Adorno und Horkheimer

**Dialektik der Aufklärung** ist eine Sammlung von Essays von Max Horkheimer und Theodor W. Adorno. Sie gilt als eines der grundlegenden Werke zur Kritischen Theorie der Frankfurter Schule. Es geht um Glanz und Elend der Aufklärung, um die Kritik an der Rationalität.

1939 - 1944, in einer dunklen Zeit, nach dem Sieg des Faschismus und des Kapitalismus kritisierten die Autoren die Unfähigkeit der Vernunft und der Aufklärung, diese totalitären „Strömungen" verhindert zu haben. Obwohl die Vernunft und die Aufklärung die Mythologie überwinden wollten, seien sie in eine neue Mythologie zurückgeschlagen.

Horkheimer und Adorno reagierten mit ihrer Schrift auf die „rätselhafte Bereitschaft der technologisch erzogenen Massen", sich dem Despotismus der totalitären Ideologien und Herrschaftsformen auszuliefern, und werteten dieses Verhalten als „Zusammenbruch der bürgerlichen Zivilisation" und ein Versinken in eine „neue Art der Barbarei".[253]

**Kommentar:** Es fehlte die ethische Erziehung mit diesseitigen Werten, die Erziehung zum mündigen Staatsbürger. Mein Vater, Jahrgang 1922, erzählte mir,

---

[253] https://de.wikipedia.org/wiki/Dialektik_der_Aufkl%C3%A4rung

seine Erziehung sei eine Erziehung zu blindem Gehorsam gewesen. Sowohl die Kirchen als auch der Staat forderten blinden Gehorsam. So konnten keine mündigen Staatsbürger entstehen.

*Es [...] wird behauptet, dass die Steigerung der wirtschaftlichen Produktivität in eine Ökonomisierung aller Lebensbereiche fortschreite und damit letztlich in einem „Ausverkauf der Kultur" ende, wo Sinn durch die kalkulierten Dummheiten des Amüsements ersetzt werde und das Wirtschaftsgeschehen als Ausfluss der objektivierten Macht logischer Rationalisierungsprozesse unreflektiert verherrlicht werde. Statt Befreiung von den Zwängen der überwältigenden Natur wird Anpassung an die Technik und das Marktgeschehen gefordert, an die Stelle der befreienden Aufklärung aus der Unmündigkeit tritt das wirtschaftliche und politische Interesse, das Bewusstsein der Menschen zu manipulieren. Aufklärung wird zum Massenbetrug.* [254]

**Kommentar: Hohe Kultur sollte dem Menschen Sinn und Werte vermitteln, aber Kultur ist eben auch sehr oft Zerstreuung und Ablenkung. Ein Volk besteht vor allem aus einfachen Menschen und nicht aus Philosophen. Das müssten die Philosophen eigentlich am besten wissen. Kulturschaffende müssen von etwas leben…und am besten lebt der Kulturschaffende, der die Massen unterhalten und beglücken kann.**

*Seit je hat Aufklärung im umfassendsten Sinn fortschreitenden Denkens das Ziel verfolgt, von den Menschen die Furcht zu nehmen und sie als Herren einzusetzen. Aber die vollends aufgeklärte Erde strahlt im Zeichen triumphalen Unheils. Das Programm der Aufklärung war die Entzauberung der Welt. Sie wollte die Mythen auflösen und Einbildung durch Wissen stürzen.* [255]

**Kommentar: Sollten wir etwa zurückkehren in jene Zeiten als es die Priester noch für gut befanden, Kinder zu opfern, um die Götter gnädig zu stimmen, als Krankheit, Unwetter und Krieg noch für Strafen Gottes gehalten wurden. Oder als die Menschen, statt die Natur zu erforschen, endlos lange Gebete zum Himmel schickten und vor Blitzen in Angst erstarrten.**

---

[254] https://de.wikipedia.org/wiki/Dialektik_der_Aufkl%C3%A4rung
[255] https://de.wikipedia.org/wiki/Dialektik_der_Aufkl%C3%A4rung

*Es scheine nur so, als ob das aufgeklärte Weltbild dem mythischen überlegen sei. In Wahrheit seien diese beiden Ansätze sehr eng miteinander verwandt. Das Ideal der Aufklärung ist die rationale Erklärung der Welt, um die Natur zu beherrschen."* [256]

**Kommentar: Die Menschen in Deutschland waren nie aufgeklärt und sind nie zu selbständig denkenden Bürgern oder gar zu Demokraten erzogen worden, weil Kirchen, Adel und Diktatur dies verhindert haben. Sie waren nicht daran interessiert mündige Bürger zu erziehen, die ihre ungerechte und ungerechtfertigte Macht in Frage gestellt hätten. Bis 1918 waren sie Untertanen eines Kaiserreiches. Die kurze Zeit der Demokratie von 1918 – 1933 genügte nicht, um aus Untertanen selbständig denkende Menschen zu machen. Und dann begann die Erziehung zum Hitler - Gläubigen. Ein unmündiges, blindgläubiges und gehorsames Volk kann von einem Diktator zu allem missbraucht werden.**

**Nicht alle Leute in einem Staat müssen immer aufgeklärt sein, aber mindestens diejenigen, die den Staat lenken und die seine Grundlagen schaffen. Außerdem geht von massenhaft unmündigen Wählern in einer Demokratie eine große Gefahr aus.**

**Die Aufklärung hat uns: Humanismus, Säkularität, Rationalität, Rechtsstaatlichkeit, Demokratie und Menschenrechte gebracht. Warum man diese Werte erst nach zwei Weltkriegen in Deutschland verwirklichen konnte, liegt an den drei Diktaturen: Katholizismus, Kaiserreich und Faschismus, die dies verhindert haben. Man könnte natürlich für den Osten Deutschlands noch den Kommunismus hinzufügen und als zukünftige Gefahr, die diese Werte wieder in Frage stellt, den Islam.**

# Abwegige Theorien

## Reichsbürger

Ihre Anhänger behaupten, das Deutsche Reich bestehe fort, aber - entgegen ständiger Rechtsprechung und herrschender Lehre - nicht in Form der Bundesrepublik Deutschland. Vielmehr werde das Deutsche Reich in den Grenzen von 1937 (oder den Gren-

---

[256] https://de.wikipedia.org/wiki/Dialektik_der_Aufkl%C3%A4rung

zen von 1914, je nach Gruppe) durch eine „kommissarische Reichsregierung" (KRR) oder Ähnliches vertreten, welche verschiedene Gruppen für sich beanspruchen.

**Kommentar: Welche Legitimität hätten Leute, eine kommissarische Reichsregierung zu bilden? Das ist einfach nur eine Anmaßung!**

Da ich sowohl das Kaiserreich bis 1914, als auch die Diktatur von 1937 ablehne, haben diese Staaten für mich auch keinerlei Souveränität. Seit 1933 war Deutschland eine Diktatur. Das Volk konnte die Regierung nach 1933 nicht mehr wählen und nicht mehr abwählen. Schon die Wahl von 1933 war verfassungswidrig, weil die Opposition ausgeschaltet war. SPD und KPD wurden verfolgt. Damit waren alle Gesetze und alle Handlungen dieser Regierung unrechtmäßig, undemokratisch, verfassungswidrig. – Wieso sollte ein solches Reich weiterbestehen? Es fehlt ihm jede Legitimität, denn alle Staatsgewalt geht vom Volke aus. Natürlich wäre es gut, wenn das Grundgesetz durch eine Volksabstimmung legitimiert würde, - wie sollte aber über ein so kompliziertes Gesetz abgestimmt werden? Man darf doch darüber diskutieren, darf es kritisieren, darf Abgeordnete wählen und dadurch Einfluss auf die Gesetzgebung ausüben. Das Grundgesetz ist bei der überwiegenden Mehrheit der Bevölkerung als die beste deutsche Verfassung anerkannt, die es je gab. Allein dadurch erhielte es seine Legitimität. Wie wenig Zustimmung erhielte dagegen das Kaiserreich oder gar das Dritte Reich? Die Bundesrepublik ist insofern durch eine überwiegende Mehrheit der Deutschen Staatsbürger als der rechtmäßige deutsche Staat legitimiert. Das heißt nicht, dass das Grundgesetz nicht auch zu kritisieren und zu verbessern wäre. Es ist nicht von Gott gegeben, sondern von Menschen entworfen worden und das ist gut so, weil man an der Existenz eines Gottes zweifeln kann.

Spätestens mit dem Beitritt der DDR zur Bundesrepublik Deutschland und dem „Zwei plus vier Vertrag", = Zwei deutsche Staaten BRD u. DDR und vier ehemalige Besatzungsmächte: USA, Großbritannien, die Sowjetunion und Frankreich, hat Deutschland 1990 seine volle Souveränität wiedererlangt. Der Besatzungsstatus wurde offiziell aufgehoben, ein Friedensvertrag mit den Alliierten hat sich erübrigt. Der Friede war schon längst beschlossen, gelebt und in verschiedenen Verträgen, z.B. in den EU-Verträgen besiegelt. Auf dem Staatsgebiet des Deutschen Reiches ist ein neuer Staat, das vereinte Deutschland, entstanden, das völkerrechtlich identisch mit dem Deutschen Reich ist. Bei jeder Wahl mit einer Wahlbeteiligung von über 50 % bekennen sich die Deutschen zu diesem Staatswesen und verleihen ihm dadurch seine Legitimation.

Kommentar: Wie immer gibt es auch finanzielle Interessen. Das Geschäft mit dem Verkauf von Ausweispapieren und anderen Dokumenten spielt eine wichtige Rolle bei dieser Bewegung. Wer daran verdient, ist daran interessiert, dass es möglichst viele Menschen gibt, die solchen Quatsch glauben und bereit sind, dafür bare Münze zu zahlen.

## Flat Earth Theorie

Die absurdesten Theorien werden zur Diskussion gestellt, wie abgedreht sie auch sein mögen, Dank Internet und der vielen Leute die sich dort versammeln und sich gegenseitig bestätigen können.
Mitte des 19. Jahrhunderts publizierte ein gewisser Samuel Rowbotham eine Schrift, in der er erklärt, die Erde sei im Großen Ganzen eine Scheibe und die Gestirne bewegten sich nur wenige hundert Kilometer über ihr. Genau das behaupten die Flat Earther im Internet und stellen dazu erstaunliche Erklärungen bereit. Wenn die Erde eine Kugel wäre, würde alles Wasser davonlaufen, genauso, wie wenn man Wasser auf einen Ball schüttet. Wir selbst könnten uns nicht auf der Erde halten. Das ist einleuchtend! Gäb es da nicht noch die Schwerkraft = Gravitation.
Aber gibt es nicht Fotos aus dem Weltall, die die Erde ganz klar als Kugel zeigen? Schon griechische Philosophen haben die Kugelgestalt der Erde dadurch erkannt, dass bei Mondfinsternissen der Erdschatten sichelartig über den Mond zog.
Das seien Verschwörungen der Mächtigen, ein Ränkespiel der Regierungen um das Geheimnis der flachen Erde zu hüten und die Massen zu blindem Glauben und Gehorsam zu erziehen.
Für Anhänger der Flat Earth-Ideologie sind die aus dem Weltall geschossenen Fotos unseres Heimatplaneten pure Gehirnwäsche. Animationen sollen sie sein, künstlerische Darstellungen, um die Kinder bereits von klein auf an die angeblich falsche Vorstellung eines Globus zu gewöhnen. Die NASA, eine Gruppe zionistischer Drahtzieher? Das behaupten zumindest die Flat Earth-Anhänger.[257]

Kommentar: So viel Verschwörung kann es gar nicht geben, denn es gibt inzwischen viele Staaten, die Raketen ins Weltall schicken und Fotos von der Erde machen können. Und wenn man den Großmächten nicht glauben möchte, dann stelle man sich einfach ans Meeresufer und warte, bis ein Schiff am Horizont auftaucht - es taucht wirklich auf, weil die Erde rund ist!

---

[257] http://blog.dergoldenealuhut.de/2015/07/25/die-flat-earth-theorie/

# Hohle Erde

Die Theorie der hohlen Erde scheint uns heute ziemlich abwegig, weil sie inzwischen widerlegt ist. Es handelt sich dabei um eine Theorie auf wissenschaftlicher Grundlage von Edmond Halley 1692.
Ausgehend von der allgemeinen Ansicht, alle Materie der Planeten und Monde hätte die gleiche Dichte, folgerte Halley, dass ein Teil der Erde hohl sein müsse. Des Weiteren hatte er beobachtet, dass sich das Magnetfeld der Erde zeitlich ändert. Er nahm an, dass die Erde aus einer zentralen Kugel und sie konzentrisch umgebenden drei Hohlkugeln bestehe, etwa der Größe des Mondes sowie der Planeten Merkur und Venus. Das Erdinnere soll demnach durch verschiedene Öffnungen, zum Beispiel im Bereich der Pole, zugänglich sein. **Da man früher davon ausging, dass alle Himmelskörper bewohnt seien, besiedelte er auch die inneren Planeten.** Polarlichter erklärte er damit, dass die Erde an den Polen dünner sei und dass das Innere der Erde dort durchscheine.
Diese Theorie weckte viele Spekulationen über Sonnen und Lebewesen im Erdkern. Es gab sogar um 1826 eine amerikanische Expedition an den Südpol, mit dem Ziel den Eingang der Erde zu finden. Sie scheiterte wegen einer Meuterei.
Dichter sorgten dafür, dass die Hohle Erde bis heute ein wichtiges Thema für Esoteriker und Weltverschwörer blieb.

# David Icke

Zu den erfolgreichsten und skurrilsten Verschwörungstheoretikern gehört der 1952 in England geborene und dort beheimatete **David Icke**. Erfolgreich und skurril gehören offenbar zusammen.
Icke verbindet viele Verschwörungstheorien zu einer unfassbaren, aber jedermann erfassenden „Superverschwörungstheorie". Er verbindet Esoterik, Ufologie, Rechtsextremismus, Antisemitismus, Sciencefiction, Fantasie und Geschichte mit einer ungeheuerlichen Weltverschwörung, hinter die nur Leute schauen können, die seine Bücher lesen. Das sind dann die wahrhaft Erleuchteten. Er schreibt Satire, aber weiß, dass es Leute gibt, die alles für bare Münze nehmen, so wie Heiligenlegenden von vielen als wahre Geschichten geglaubt werden.
Er vertritt die Ansicht, dass ein großer Teil der Zivilisation von einer geheimen und pyramidenartigen Organisationsstruktur namens „The Brotherhood" kontrolliert wird, die er mit den Illuminaten identifiziert. Icke glaubt, der Orden bestehe bis heute, sein

Ziel sei die Errichtung einer „neuen Weltordnung", in der die ganze Welt versklavt würde.[258]

**Kommentar: Illuminaten kämpften für Freiheit und Menschenrechte. Sie waren in Wirklichkeit Aufklärer, die die Herrschaft von Menschen über Menschen bekämpften. Sie mussten im Geheimen arbeiten, um nicht, von den Königen und Fürsten verfolgt zu werden. 1785 stellten sie ihre Tätigkeit offiziell ein. Ihre Ideen: Gleichheit, Freiheit, Brüderlichkeit, Toleranz und Humanität wirkten sicher in der Amerikanischen und der Französischen Revolution fort und sind prägend für unsere Werte. Durch ihre Geheimniskrämerei und die rigiden Ordensstrukturen haben sie selber zum Teil Schuld daran, dass ihnen, die es schon lange nicht mehr gibt, bis heute von Verschwörungstheoretikern angehängt wird, die Weltherrschaft anzustreben.**

*Dazu zitiert er zustimmend die Protokolle der Weisen von Zion.*

**Kommentar: Diese Hetzschrift gegen die Juden entstand zu Beginn des 20. Jahrhunderts in Russland und gilt heute als Fälschung.**

*Illuminaten seien Wesen mit besonderen genetischen Merkmalen, die durch Kreuzung von Menschen mit außerirdischen reptiloiden Rassen entstanden seien.*

**Kommentar: Sie haben also auf jeden Fall nichts mehr mit denen zu tun, die man früher so nannte. Wenn dies so wäre, könnte man das heute mit einem genetischen Abdruck problemlos nachweisen. Spuren von Außerirdischen sind bisher noch nicht nachgewiesen, nicht einmal Bakterien und dass sie sich mit Menschen gepaart haben sollen…Man muss ja nicht allen Blödsinn widerlegen wollen.**

*Anknüpfend an Thesen der Prä-Astronautik nimmt er an, dass die Menschen nicht auf dem Wege der Evolution entstanden, sondern von den außerirdischen Anunnaki gentechnisch erschaffen worden seien, um für sie als Sklaven zu arbeiten.*
*Die Anunnaki benötigten nämlich „monoatomisches" Gold für ihre transdimensionalen Reisen. Mischlinge zwischen ihnen und den Menschen identifiziert Icke als Arier.*

---

[258] https://de.wikipedia.org/wiki/David_Icke

**Kommentar: Jetzt wissen wir endlich, warum die Arier so überragende Eigenschaften haben. Das wusste natürlich schon Hitler. Er hat nur noch nicht gewusst warum!**

*Sie seien ursprünglich die Aufseher über die Menschheit gewesen. Da ihre Gene instabil seien, würden ihre Körper auch eine reptiloide Form annehmen können.*

**Kommentar: Da fragt man sich, warum sich noch nie einer hat sehen lassen. Man könnte sie wenigstens mal im Fernsehen bringen, wenn sie einem schon nicht über den Weg laufen.**

*Um die menschliche Gestalt bewahren zu können, seien sie auf den Konsum von menschlichem Blut und Fleisch angewiesen, sie seien also Vampire. Dies sei das wahre Motiv des in diesen Kreisen angeblich praktizierten Satanismus.*

**Kommentar: Das erklärt natürlich so Manches!**

*Der Großteil der europäischen Aristokratie stamme von Blutlinien ab, die sich bis ins Frühaltertum und insbesondere in den sumerischen Kulturkreis zurückverfolgen lasse.*

**Kommentar: Keine europäische Aristokratie kann ihre Blutlinie bis ins Frühaltertum zurückverfolgen. Die heutige Verwandtschaft der englischen Könige lässt sich vielleicht bis Eduard IV., Edward of York zurückführen, der sich 1470 an die Macht brachte und nicht mit den Vorgängern verwandt war. Davor gab es immer wieder Brüche in der Dynastie, wie in anderen Dynastien auch. Irgendwann hat sich eben ein tüchtiger oder skrupelloser Eroberer an die Macht gebracht und eine neue Dynastie gegründet. In England waren es Dänen und Normannen, Sven Gabelbart 1014 oder Wilhelm der Eroberer 1066. Die jetzige Dynastie Windsor beginnt mit George V. erst 1910.**

*Die katholische Kirche sei nur eine Tarnorganisation für einen Jahrtausende alten babylonischen Kult, der Menschenopfer und Inzest umfasse.*

**Kommentar: Menschenopfer hat es in allen Kulturen gegeben und die Katholische Kirche hat auch viel von anderen Kulturen übernommen, aber als sie um 330 durch Konstantin I. den sogenannten Großen im Römischen Reich an die Macht kam, waren Menschenopfer bereits außer Mode gekommen. Man könnte natürlich all die Verfolgten dieser Kirche, die Juden, die Heiden, die Ketzer, die auf dem Scheiterhaufen gelandet sind als „Menschenopfer" bezeichnen, dann**

könnten sie mit dem Islam wetteifern, wer mehr Menschen geopfert hat. Sicher waren es mehr als bei den babylonischen Kulten in ihrem beschränkten Herrschaftsbereich.

*Zu den Reptiloiden zählt Icke führende Politiker und Hochadlige wie das britische Königshaus und nahezu alle Präsidenten der Vereinigten Staaten.*

**Kommentar: Es wäre wohl sinnvoller die Fehler, z.B. den Militarismus, dieser Politiker zu kritisieren als ihre Abkunft von Reptiloiden, weil das einfach lächerlich ist und von echter Kritik ablenkt.**

*Die Außerirdischen würden sich in Hohlräumen im Innern der Erde verborgen halten und die Menschheit durch absichtlich ausgelöste Furcht zu kontrollieren versuchen: Dies sei der Hintergrund der Mordanschläge auf John F. Kennedy und auf Prinzessin Diana.*

**Kommentar: Seltsam nur, dass man bei Tiefbohrungen noch nie auf sie gestoßen ist. Es gibt schon bessere Dichtung und Satiren über die Wesen im Inneren der Erde. Wie die Idee von der hohlen Erde entstanden ist, steht weiter oben.**

*Auch würden sie den Menschen einen RFID-Chip = radio-frequency identification, implantieren, um sie so in einem globalen allumfassenden Überwachungsstaat besser kontrollieren und durch eine zentralistische Weltregierung beherrschen zu können; außerdem wollten sie das Bargeld abschaffen, sodass jeder mit seinem implantierten Chip zahlen müsse.*

**Kommentar: Er verbindet die absurdesten Ideen mit realen Möglichkeiten, Ängsten und Bedrohungen.**

*Das Bankhaus Rothschild (das nach Icke gar nicht jüdisch sei, sondern außerirdischreptiloid: „eine der berüchtigtsten schwarz-okkulten Blutlinien des mittelalterlichen Deutschland") habe Adolf Hitler an die Macht gebracht und sei somit für den Holocaust verantwortlich.*

**Kommentar: Hitler, wir haben es schon immer gewusst, ist also ein unschuldiges Opfer des Nationalsozialismus und der jüdischen Weltverschwörung.**

*Die Terroranschläge am 11. September 2001 erklärte Icke als Versuch der Illuminaten, die „neue Weltordnung" zu erzwingen: Ein interdimensionales Wesen habe ihm gechannelt, = (Empfang und Weitergabe der Botschaften übernatürlicher Wesen), dass Präsident George W. Bush und Premierminister Tony Blair schon vor den Anschlägen Bescheid gewusst hätten; er sagte voraus, dass sich in nächster Zeit zahlreiche Prominente Schönheitsoperationen unterziehen würden, die in Wirklichkeit der Gedankenkontrolle dienen würden; Ziel sei es, diese „genetisch manipulierten Zombies" zu benutzen, um die Akzeptanz der neuen Herrschaft bei den Massen zu erhöhen.*[259]

**Kommentar: Mit seinen fantastischen Spekulationen versperrt David Icke den Blick für reale Gefahren. Er ist ein typischer Antiaufklärer, der die Religionen zwar kritisiert, aber selbst einen neuen Beitrag zur Verdummung und Verwirrung des Volkes leistet.**

Übrigens hat David Icke sich auch schon als „Sohn Gottes" bezeichnet.

# Neue Erkenntnisse über Jesus

Es ist nicht verwunderlich, dass Wissenschaftler über einen der bedeutendsten Männer der Weltgeschichte immer wieder zu neuen Erkenntnissen kommen:
Wussten Sie schon, dass Jesus ursprünglich beabsichtigt hat, auf einer Maico, einem Motorrad aus ehemals Pfäffinger Produktion, zum Passahfest in Jerusalem einzufahren? Nur weil der Hohepriester damals wegen erhöhter Abgaswerte ein Motorradverbot für die Stadt erlassen hatte und militante Umweltschützer jeden Motoradfahrer, der dieses Verbot missachten sollte, mit Palmwedeln vom Sattel zu fegen drohten, empfahlen ihm seine Apostel die umweltfreundlichere Variante auf dem Esel.
Wie konnten damals die Abgaswerte überhaupt gemessen werden? Die Methode war verblüffend einfach. Man stellte einen Sklaven an eine belebte Kreuzung; wenn er nach kurzer Zeit umfiel, waren die Abgaswerte zu hoch. So ritt Jesus, wie wir alle wissen, auf einem Esel in Jerusalem ein und die Umweltschützer benutzten die Palmwedel, nicht um ihn vom Motorrad zu holen, wie sie es ursprünglich vorhatten, sondern um ihm zuzuwinken. Weil die Motorradfirma Maico aber später Konkurs anmelden musste, war es den Bibelschreibern peinlich, der Nachwelt darüber berichten zu

---

[259] https://de.wikipedia.org/wiki/David_Icke

müssen, dass der Messias jahrelang auf so einem Klump zwischen See Genezareth und Jerusalem herumgekurvt ist. Deswegen ist uns nur die Geschichte mit dem Esel überliefert worden und die mit der Maico wurde bis heute verschwiegen!

# Pseudowissenschaften

Pseudowissenschaft (pseudo: „ich täusche vor") ist ein Begriff für Behauptungen, Lehren, Theorien, Praktiken und Institutionen, die beanspruchen, Wissenschaft zu sein, aber Ansprüche an Wissenschaften nicht erfüllen. Sie stehen im Widerspruch zu den anerkannten wissenschaftlichen Methoden und Erkenntnissen. [260]

Die meisten Religionen, esoterischen oder „spirituellen" Lehren erheben keinen wissenschaftlichen Anspruch. Sehr wohl aber die katholische und evangelische **Theologie**, die Lehrstühle an Universitäten fordert und behauptet wissenschaftliche Forschung zu betreiben. Wissenschaftlich erforscht werden können natürlich die Entstehung der Texte. Sie können verglichen und untersucht werden. Dabei widersprechen sich die Theologen nicht nur der verschiedenen Religionen, sondern oft innerhalb einer einzigen Religion. Wenn der Papst sagt, zu welchem Ergebnis die Theologen bei ihren Forschungen kommen müssen, ist das keine Wissenschaft.

**Kommentar:** „Heilige Bücher", die über Jahrhunderte von verschiedenen Autoren geschaffen wurden, die unzählige Male fehlerhaft abgeschrieben, deren Texte unabsichtlich oder mutwillig verfälscht wurden, die oft nur als Übersetzung vorliegen, können natürlich von verschiedenen Menschen auf sehr unterschiedliche Weise für ihre Interessen genutzt und ausgelegt werden. Mit moderner Wissenschaft hat das alles nichts zu tun, vielmehr mit Glauben und Herrschaftsinteressen.

Nach dem Philosophen Karl Popper sollte jemand, der eine wissenschaftliche Theorie vorschlägt, eine Antwort auf die Frage geben, unter welchen Bedingungen er bereit sei, ihre Unhaltbarkeit zuzugeben.

**Kommentar: Die Wahrheit einer wissenschaftlichen Theorie beweist sich für mich am ehesten in ihrer praktischen Anwendung. Wenn es Menschen z.B. schaf-**

---

[260] https://de.wikipedia.org/wiki/Pseudowissenschaft

fen eine Rakete auf den Mond zu setzen und sie wieder herunterzuholen, wissen sie, wie die Natur funktioniert.

Manche Theorien widerlegen sich selbst. Allein durch den Lauf der Geschichte ist der **Marxismus** widerlegt worden. Es ist vieles nicht so eingetreten wie Marx es für angeblich wissenschaftlich erwiesen vorhergesagt hat.

**Astrologie, Hellsehen** und **Wahrsagen** sind keine Wissenschaften, weil sie oft Falsches und Widersprüchliches vorhersagen. **Theosophie** und **Anthroposophie** bauen auf Weissagungen und Mythen. (Siehe Atlantis weiter unten) Das **Fantastische** ist einfach faszinierend. Die **Homöopathie** liefert keine wissenschaftlichen Beweise für ihre Wirksamkeit. **Alternativmedizin** hilft vor allem durch den Placebo-Effekt und ist oft sehr teuer. Sie hilft genauso gut oder so schlecht wie **Magische Heilkunst**. **Beten und Segenssprüche** helfen meist besser und sind nicht ganz so teuer. Auch sie helfen nur durch den Placebo – Effekt. Sie wirken tröstend, geben Hoffnung, machen Mut. Darin liegt ihre Wirkung – wenn sie denn eine haben. **Wünschelrutengänger** schaffen nicht mehr als Zufallstreffer. **Reinkarnation** und **Seelenwanderung** lassen sich nicht mit dem heutigen Wissen über die Einheit von Körper und Seelen in Einklang bringen. **Außersinnliche Wahrnehmungen** und **Wunder** beruhen meist auf Sinnestäuschungen und versagen unter wissenschaftlichen Bedingungen. Menschen haben eine Neigung, das Wunderbare, das Außergewöhnliche für wahr zu halten und lassen sich da gerne täuschen. Warum Menschen anfällig sind für **Verschwörungstheorien** und **Ufo-Glauben** kann meist ein Psychologe erklären. (Siehe oben) Skrupellose Regierungen haben allen Anlass gegeben, manche Verschwörung für real zu halten. Mit pseudowissenschaftlicher Sprache, die niemand durchschaut, kann heute sehr Vieles sehr teuer verkauft werden. Die Menschen suchen nach einfachen Antworten in einer verwirrenden und komplizierten Welt.
Dagegen konnten mit Einsteins **Relativitätstheorie** schon viele Naturerscheinungen vorhergesagt werden.
Aber dürfen Menschen denn nicht mehr fantasieren? Schließlich erzeugen Träume reale, oft schöne Wirkungen. Wenn wir verliebt sind, dann doch meist, weil wir uns täuschen können, weil wir idealisieren, verschönern, träumen, schwärmen können – und das verschafft uns „echte" Glücksmomente.

**Kommentar: Wer falsch denkt ist leider in Gefahr, falsch zu handeln! Richtig denken kann nur, wer die Wirklichkeit richtig einschätzt, dazu kann ihm die Wissenschaft eine wichtige Hilfe sein. Pseudowissenschaften können uns in die**

Irre führen, weil sie uns ein falsches Bild von der Realität liefern. Interessengruppen könnten an einer solchen Täuschung interessiert sein, um daraus Kapital zu schlagen und gleichzeitig unsere Gesundheit zu gefährden. (Z.B. bei Gutachten über die Schädlichkeit oder Unschädlichkeit von Stoffen, Medikamenten, Umweltverhalten, Apparaturen, Anwendungen, Sicherheitsrisiken...)

## Kreationismus

Kreationismus ist eine religiös motivierte, fundamentalistische Weltanschauung, der zufolge die enorme Vielfalt des Lebens das Ergebnis der geplanten Schöpfung eines allmächtigen Gottes ist, und zwar im Wesentlichen so, wie sie im Buch Genesis der Bibel bzw. im Koran beschrieben ist. Die Schöpfung erfolgte in sechs Tagen. Alle Tiergattungen sind gleichzeitig erschaffen worden. Dass ganze Gattungen aussterben und neue hinzukommen, war nicht geplant.

**Kommentar: War es also geplant, dass die Saurier durch einen Kometeneinschlag fast vollständig ausgelöscht wurden? Nur so konnten sich nämlich die Säugetiere frei entwickeln, aus denen dann verschiedene Hominiden entstanden sind, die auch wiederum ausstarben, bis auf den heutigen Menschen. Das ist Stümperei, aber keine göttliche Planung.**

Der angelsächsische Mönch Beda Verabilis, gestorben 735, berechnete aus der Bibel den Anfang der Welt auf exakt den 18. März - 3952. Der irische Theologe James Usher hatte 1650 den Beginn der Welt auf das Jahr 4004 v. Chr. errechnet.

So behaupten sie also, die Erde sei etwa 6000 Jahre alt.

Die Fossilien seien Folge der Sintflut, behaupten sie. Manche wollen die sechs Schöpfungstage nicht als Tage, sondern als Zeitalter aufgefasst wissen. So kommen sie weniger in Konflikt mit den langen Zeiträumen, die die Evolutionslehre voraussetzt. Eine gemeinsame Abstammungslinie der Lebewesen verwerfen sie. Ein zielgerichtetes Eingreifen Gottes in den Evolutionsprozess halten sie für unerlässlich, da Mutationen und die natürliche Selektion die Höherentwicklung und Vielfalt der Lebewesen nicht ausreichend erklärten.

Eine moderne Variante des Kreationismus ist das **Intelligent Design**. Ihrer Theorie zufolge sind das Universum mit seinen Naturgesetzen und das Leben mit seinen hochkomplexen Vorgängen nur durch eine planende Intelligenz zu erklären. Sie berufen sich nicht auf heilige Schriften. Naturwissenschaftliche Methoden gelten ihnen aber als nicht objektiv, da diese ein Eingreifen einer wie auch immer gearteten Gottheit ausschließen

Die Schöpfungsgeschichte hatte im Kulturkreis von Christentum, Judentum und Islam bis ins 18. Jahrhundert absolute Gültigkeit. Dann bezweifelten Wissenschaftler, vor allem Charles Darwin, die „Schöpfung" und das angeblich junge Alter der Erde von nur 6000 Jahren.

**Kommentar: Die Religion möchte an ihrem mystischen, aber leider falschen Weltbild, solange wie möglich festhalten, solange sie kann! Was wäre eine Religion ohne Mysterium?**

# Esoterik

Esoterik ist die „Bezeichnung für heiliges Wissen und Kultpraktiken, die einem exklusiven Kreis Eingeweihter vorbehalten sind. Diese Bedeutung von „Esoterik" wurde vom griechischen Wort eso, eiso: drinnen, innerhalb abgeleitet."[261]
Esoterik umfasst sehr unterschiedliche Formen von Spiritualität in der Moderne. Einerseits soll das „Urwissen der Menschheit" neu belebt werden, andererseits sucht man auch in Astrologie, Magie, außer- und übersinnlichen Wahrnehmungen, ost-westlicher Spiritualität, Mystik, Meditation, östliche Religionen, Theosophie, indianischer Religiosität Erleuchtung und Heil.
Es geht um eine innerliche Spiritualität im Gegensatz zu der nach außen gerichteten wie sie meist von den Kirchen betrieben werden. Esoteriker fühlen sich, wie das schon seit Urzeiten in den verschiedensten Religionen geübt wurde, als Eingeweihte einer Geheimlehre und damit als Auserwählte.

*„Kritik an der als übermächtig erfahrenen technischen Rationalität, Unzufriedenheit mit den liturgisch-seelsorgerischen Angeboten der Großkirchen, Wünsche nach ganzheitlicher Gesundheits- und Lebenshilfe, Sehnsucht nach erweiterter Wahrnehmungsfähigkeit, nach dem Aufgehen ins kosmische All-Eins: Aus solchen Motiven speist sich der neuere Boom jener – unter dem Oberbegriff „Esoterik" zusammengefassten –*

---

[261] Microsoft ® Encarta ® 2009 © 1993-2008 Microsoft Corporation

*Richtungen, die auf das Übersinnliche ausgerichtet sind und an unterschiedliche Traditionen und Praktiken anknüpfen."*[262]

Esoteriker zweifeln den Hirntod an und glauben, dass durch Organverpflanzungen Eigenschaften des Spenders übertragen werden. Dazu sagt der Mediziner Benedikt Maternaer: Es sei *„in der Tat ein Dilemma, denn Hirntote tragen Merkmale von Lebenden und Toten: Einerseits beginnt das Gehirn sich aufzulösen ... andererseits ist die Haut warm..., Verdauung findet statt (und) Wunden können heilen."* Das jedoch ist aber nur möglich, weil der Körper durch künstliche Beatmung am (Halb)Leben erhalten werde."[263]

**Kommentar: Sollte man deswegen auf Organverpflanzungen verzichten?**

Der griechische Philosoph **Alkmaion** erkannte -550, dass das Herz nicht die ihm in der Antike noch zugesprochene Rolle als Zentralorgan der Wahrnehmung und der Erkenntnis hat, sondern das Gehirn. Die moderne Neurowissenschaft betrachtet das Gehirn als den zentralen Sitz unserer Persönlichkeit. Weil **Aristoteles** -384 bis 322 das Herz als den Sitz der Empfindungen und der geistig-psychischen Fähigkeiten betrachtete, setzte sich diese falsche Ansicht lange im Abendland durch...bis zu den modernen Esoterikern.

# New Age

Als **New Age** bezeichnet man eine im letzten Drittel des 20. Jahrhunderts populäre spirituell - esoterisch - religiöse Bewegung, die das Ziel hatte, Individuum und Gesellschaft durch ein spirituelles Bewusstsein zu verändern. In einer utopischen Wunschvorstellung erstrebte man Harmonie und geistigen Fortschritt. Persönliche und Menschheitsprobleme sollten durch „ganzheitliches Denken" sowie durch eine Änderung des Bewusstseins gelöst werden. *„Man muss bei sich selber anfangen, um die Welt zu verändern!"* Zeitschriften und Bücher zum Thema fanden reißenden Absatz, Workshops und Seminare, die Yoga und Meditation anboten, erlebten einen Boom.

---

[262] Microsoft ® Encarta ® 2009 © 1993-2008 Microsoft Corporation
[217] http://hpd.de/artikel/freidenker-kalender-2017-erschienen-13557

Die Bewegung richtete sich gegen den organisierten kirchlichen Glauben. Es war eine Art Heidentum, das an die Gnostik der Zeitenwende anknüpfte oder an den Spiritualismus des 19. Jahrhunderts. Verwandt fühlte sie sich mit der östlichen Mystik, abgelehnt wurden Materialismus und Rationalismus.
Es ging um Selbstvervollkommnung, um die Idee, dass jeder etwas für sein Glück und seine Selbstheilung tun kann.

**Kommentar: Alles ist gut, was zum Glück der Menschen beiträgt, ohne anderen zu schaden. Die Gefahr, die ich in dieser Bewegung sehe, ist die, dass sie sich nicht weit genug abgrenzt vom Rausch des Irrationalen, vom Schamanismus und Okkultismus, von Alchemie und Astrologie, von Pseudowissenschaften und Hokuspokus. Diese Gefahren werden weiter oben beschrieben.**

## Theosophie

Die Theosophie erhebt den Anspruch durch mystische Schau zu einem tieferen Verständnis Gottes und des Göttlichen zu kommen. Ansätze dazu gibt es schon in den indischen Upanischaden um – 800, im Neuplatonismus, der Gnostik und der jüdischen Kabala, der mystischen Auslegung der heiligen Schriften. Herausragende Vertreter im Mittelalter waren der Alchemist Paracelsus und der Mystiker Jakob Böhme.
Wichtig im 19. Jh. war Helena Petrowna Blavatsky. Sie lehrte eine Art okkulter Philosophie. *„Sie behauptete, ihre Lehren von Eingeweihten empfangen zu haben, die eine höhere Daseinsebene als andere Sterbliche erreicht hätten."*[264]

**Kommentar: Da kommt wieder die dunkle Quelle ins Spiel, die Autorität aus geheimnisvollen, höheren Regionen beziehen will. Wie die Schreiber der Heiligen Bücher behaupteten, ihre Inspiration von Gott, vom Heiligen Geist, vom Erzengel Gabriel, vom Engel Moroni, von der Mutter Gottes empfangen zu haben, will sie ihre Lehren von *„Eingeweihten empfangen haben, die eine höhere Daseinsebene als andere Sterbliche erreicht hätten."* Was will man gegen eine solche, leider nur schwer zu überprüfende Behauptung einwenden? Geheimlehren und totalitäre Weltanschauungen schützen sich durch solch unüberprüfbare Quellen vor jeglicher Kritik.**

---

[264] Microsoft Encarta 2009 - Theosophie

Ihren Lehren zufolge ist Gott unendlich, absolut und nicht erkennbar.

**Kommentar: Dass er unerkennbar ist, glaub ich gern, aber woher weiß sie dann, dass er unendlich ist, wenn er unerkennbar ist? Über die Eigenschaften und die Denkweise eines Fantasiewesens lassen sich eben endlose Spekulationen anstellen.**

*„Die Gottheit ist sowohl Ursprung des Geistes als auch der Materie. Durch das Wirken eines unveränderlichen Gesetzes soll der Geist in einer Art Kreislauf in die Materie herabsinken und die Materie zum Geist emporsteigen."*

**Kommentar: Vermutlich ist es eben so, dass Materie gewisse Eigenschaften hat und dass aus komplexer Materie (Gehirn) Bewusstsein oder Geist entsteht.**

## Anthroposophie

*„Unter Anthroposophie verstehe ich eine wissenschaftliche Erforschung der geistigen Welt, welche die Einseitigkeiten einer bloßen Naturerkenntnis ebenso wie diejenigen der gewöhnlichen Mystik durchschaut und die, bevor sie den Versuch macht, in die übersinnliche Welt einzudringen, in der erkennenden Seele erst die im gewöhnlichen Bewusstsein und in der gewöhnlichen Wissenschaft noch nicht tätigen Kräfte entwickelt, welche ein solches Eindringen ermöglichen."* **Rudolf Steiner**

**Kommentar: Von Wissenschaft im heutigen Sinne kann hier aber nicht die Rede sein. Steiner hatte ein Problem mit den modernen Naturwissenschaften. Er hat sich in eine geistige Welt geflüchtet, in der er alles behaupten, aber nichts beweisen konnte und wenn jemand seinen Ausführungen - von Argumenten kann keine Rede sein - nicht folgen konnte, dann hatte der eben noch nicht die geistige Höhe des Meisters erreicht.**

*„Erkenntnisse, die Anspruch auf Wissenschaftlichkeit erheben, müssen begründet sein, d. h., sie müssen durch allgemein nachvollziehbare Argumente, Experimente, Belege, Quellen etc. ihre Gültigkeit nachweisen. Im strengeren Sinne müssen sie belegbar (Verifikation) oder widerlegbar (Falsifikation) sein. Die Wissenschaft grenzt*

*sich damit als rationales System des Erkenntnisgewinns von bloßer Meinung, von Glauben, Erfahrung, Weisheit, Sinnlichkeit, Fühlen etc. ab".*[265]

Anthroposophie ist eine von Rudolf Steiner 1861-1925, österreichischer Philosoph, Pädagoge und Naturwissenschaftler, begründete Lehre um die Erkenntnisfähigkeit im Menschen und in der Welt zu entwickeln. Die Anthroposophie nahm Einfluss auf Pädagogik, Landwirtschaft Wirtschaft und Medizin.[266]

*„Alles im Kosmos und unserer Welt ist Materie und Geist! Wo Materie ist, ist immer auch Geist. Geist ist das Primäre, der Ursprung, aus dem alles Materielle entstanden ist."* **Steiner**

**Kommentar:** Aus Geist kann keine Materie entstehen, sehr wohl aber aus Materie Geist, wenn sie komplex genug ist. Das materielle Gehirn ist die Basis für unseren Geist, unsere Intellienz. Geist ist an Materie gebunden. Freischwebende Geister sind reine Fantasie. Wie viel Geist ist in der Materie? Atome haben vor allem Eigenschaften, z.B. die Eigenschaft, sich mit anderen Atomen oder Molekülen zu verbinden oder sie abzustoßen. Sollte man das schon Geist nennen? Kann in einem Wasserstoffatom der Bauplan für den Menschen enthalten sein? Wohl kaum!

*„Der Mensch ist im Kleinen ein Kosmos, der Kosmos im Großen ein Mensch".*

**Kommentar:** Dass der Kosmos im Großen ein Mensch sein soll? Wie ist das gemeint?

*Welt, Natur, und Geschichte sind ein genaues Pendant des Menschen,..."* **Steiner**

**Kommentar:** Nein, kein genaues Pendant, aber durchaus verwandt, weil aus gleichen Stoffen geschaffen und den gleichen Gesetzen unterworfen.

*„Der Mensch ist keine physikalische, biologische und chemische ‚Maschine', in der alles materiell abläuft, sondern ein Wesen, das nur vorübergehend, - also im Leben -, einen menschlichen Körper trägt. In diesen sind eingeschlossen eine unsterbliche*

---

[265] Microsoft ® Encarta ® 2009 © 1993-2008
[266] Encarta 2009

*Seele und ein ewiger Geist, so dass der Mensch, Körper, Seele und Geist ist. Der Körper zerfällt mit dem Tode, Seele und Geist bleiben erhalten und leben in der geistigen Welt des Kosmos weiter, nicht anonym, sondern konkret als eine Individualität, als persönliches ICH. Unser ICH ist ein Geistwesen."* **Rudolf Steiner**

**Kommentar: Das sind unbeweisbare Glaubenssätze, entstanden aus platonischem und christlichem Gedankengut. Wo sollte der Ort sein, an dem diese Individuen leben? Wie kommt er auf diese Idee. Er übernimmt sie einfach von Platon, ohne sie überprüfen zu können. Unser ICH ist fest mit unserem Körper verbunden, es wächst und vergeht mit ihm, es kann nicht von ihm getrennt werden, Seele und Geist sind nicht unsterblich. Die materielle Ausstattung unseres Gehirns prägt wesentlich unser ICH. Die Individualität des Ichs entsteht durch unsere Gene, unsere Umwelt, unser Lernen und unsere Entwicklung. Sie ist einmalig und fest mit unserem Körper verbunden.**

*„Durch diese, im menschlichen Leib eingeschlossene Geistseele kann der Mensch auf Höheres zurückgreifen, wenn er sie schult. Rudolf Steiner war ein Mensch, der diese neuen Geistorgane ausgebildet hatte, und sie waren ihm dadurch Träger für seine umfangreichen geistigen Fähigkeiten. Menschen mit derartigen Fähigkeiten nennt man Universalgelehrte oder ‚Eingeweihte'".*
***Anthroposophische Gesellschaft Frankfurt***

**Kommentar: Mit „Geheimlehren" und Wissen, das nur Priestern, Sehern und Eingeweihten zugänglich war, wurden stets Rangordnungen geschaffen, zwischen den Wissenden und den Unwissenden.**

Der Lehrplan der Waldorfschulen ist stark geprägt von Steiners Theorie der Kulturstufen. Der Mensch vollzieht angeblich in seiner Entwicklung die Entwicklungsgeschichte der Menschheit nach. Bei Grosse liest sich das so: *„Im zehnten Jahre ist das Kind ‚Germane', dann ‚Grieche'; dann absolviert es die Wanderung vom Osten bis ans Mittelmeer und wird als Zwölfjähriges ein Römer, im dreizehnten Jahr ein Ritter und Klosterbruder, ein Columbus, der Amerika entdeckt, und zieht als Vierzehnjähriger mit Napoleon nach Russland und ist mit der Geschlechtsreife in seiner Gegenwart angekommen"*[267]

---

[267] http://www.ruhrbarone.de/waldorfschule-versteinerte-erziehung/50441

**Kommentar:** Hier wird Menschheitsgeschichte analog mit der Entwicklung des Menschen gedacht, sowie man Astrologie, d.h. die Bewegung der Sterne mit einem persönlichen Schicksal in Verbindung bringen wollte. Das halte ich für weit hergeholte und rein spekulative Mystik. Vermutlich hat ihn die Entwicklungsgeschichte des Embryos von Ernst Haeckel auf diese Idee gebracht, wonach das einzelne Lebewesen in seiner embryonalen Entwicklung die ganze Stammesgeschichte durchmacht.

Steiner geht davon aus, dass die Menschheit ihren Ursprung in Atlantis, einer sagenhaften Insel im Atlantik, hat. Die Atlantier waren demnach eine hochentwickelte Rasse, mit unvorstellbaren geistigen und technischen Fähigkeiten. Er berichtet von schwebenden Fahrzeugen, in denen die Atlantier schwebten und davon, dass man die Lebensenergie der Pflanzen in technisch verwertbare Energie umsetzen konnte.

## Atlantis eine Fiktion?

Platon, der diese Geschichte um -360 erzählte, hat diese überlegene Inselkultur, die in der Nähe der Azoren gelegen sein sollte, erfunden, wie später Thomas Morus sein Utopia. Die Seemacht Atlantis soll sich große Teile Europas unterworfen haben, ist aber schließlich -9600 infolge einer Naturkatastrophe innerhalb *„eines einzigen Tages und einer unglückseligen Nacht"* untergegangen. Mit der Geschichte über Atlantis wollte Platon womöglich die Abwehr der Atlantier durch Athen als große Heldentat herausstellen und die Athener zu alten Tugenden und zu einer Landmacht zurückführen. Ernsthafte Historiker sind davon überzeugt, dass Atlantis reine Fiktion ist.

**Kommentar:** Hier übernimmt Steiner einen Mythos von Platon, um die Hochkulturen zu erklären. Zukünftige Forschungen werden hoffentlich Licht in dieses Dunkel bringen.

Er ordnet die Rassen in eine Fortschrittsgeschichte, nach der die schwarzen Afrikaner eine „degenerierte", „zurückgebliebene" Rasse darstellten. Auch Indianer seien eine „degenerierte Menschenrasse" im „Hinsterben".

**Kommentar:** Damit liegt er voll im Trend seiner Zeit.

Steiner integriert in sein pädagogisches Konzept die 1903 entwickelte Lehre der vier Temperamente: Choleriker, Melancholiker, Phlegmatiker und Sanguiniker. Jeder

Mensch, so glaubt er, hat ein dominantes Temperament und nachgeordnete Anteile der anderen Temperamente. Die Temperamentenlehre hat bis heute Einfluss auf die Zusammensetzung von Waldorfklassen. Klassenlehrer sind dazu angehalten, bei der Auswahl der Kinder ihrer Klasse auf die Temperamente zu achten, so dass sich die „Schicksalsgemeinschaft", wie Steiner sie nennt, entwickeln kann. (s. Klassenlehrer) Auch eine festgelegte Sitzordnung, die die Temperamente der Kinder berücksichtigt, ist vorgesehen. Die Temperamentenlehre geht auf die Viersäftelehre (Humoralpathologie) nach Hippokrates zurück und ist rund 2500 Jahre alt.

**Kommentar: Völlig veraltete und falsche Lehren werden zur Grundlage von realem Handeln. Die Kinder werden in Schubladen gedrückt und nach einem Schema beurteilt, das längst überholt ist.**

In der Anthroposophie wird meist die siebenteilige „Hüllenanthropologie" angewendet, d.h. das Leben des Menschen wird in Stufen zu je sieben Jahren eingeteilt.
1. Physischer Leib 1-7 Jahr
2. Lebensleib [gleich Ätherleib] 8-14 Jahr
3. Astralleib 15- 21
4. Ich als Seelenkern 22- 28
5. Geistselbst als verwandelter Astralleib 29 - 35
6. Lebensgeist als verwandelter Lebensleib 36 - 49
7. Geistesmensch als verwandelter physischer Leib" 50 -

Nach der Geburt sei erst der physische Leib geboren, die höheren Wesensglieder seien noch von Hüllen umgeben, die nach und nach abgestreift würden. Diese Abstreifung geschehe in Jahrsiebten. Bis zum siebten Lebensjahr ist der Mensch bloß „Physischer Leib", ab dem siebten Lebensjahr, genauer: nach dem Zahnwechsel, der „Ätherleib" geboren wird. Mit vierzehn Jahren kommt der „Astralleib" zur Welt und mit einundzwanzig das „Ich". Die drei höchsten Stufen entwickeln sich (auch in Siebenjahresschritten) durch die Vergeistigung des Menschen. Jedenfalls sofern er sich denn den geistigen Welten zuwendet, andernfalls verkümmern sie.

**Kommentar: Die Zahl „Sieben" war schon immer eine mystische Zahl, weshalb sie hier wohl Eingang in diese Lehre gefunden hat. Sieben Weltwunder, sieben Zwerge hinter den sieben Bergen; sieben Tage; sieben Planeten; siebenarmiger Leuchter; sieben gegen Theben; Rom wurde auf sieben Hügeln erbaut; an germanischen Gerichtsplätzen gab es sieben Zeugen; sieben Tugenden und sieben Laster...Die Sieben ist die Summe von drei und vier, von Geist und Seele? Hier**

wird dem menschlichen Leben ein Gerüst aufgezwängt, das bei der Vielfalt des Lebens einfach nicht stimmen kann und willkürlich wirkt.

Der Klassenlehrer hat an Waldorfschulen eine ungemein mächtige Rolle. Es ist seine Aufgabe, jeden einzelnen Schüler, sein Karma und sein kosmisches Schicksal zu erkennen, um dann aus den Einzelindividuen eine Schicksalsgemeinschaft zu formen.

**Kommentar: Das Karma gibt es nur, wenn man an Reinkarnation glaubt. Das ist aber ein völlig unbewiesener, für mich ein abwegiger Glaube. Waldorfschulen kann man deshalb als Weltanschauungsschulen bezeichnen. Eltern haben wohl weniger Einfluss als in staatlichen Schulen, weil die „Lehre" einfach schon festgelegt ist.**

Die Klassengemeinschaft mit dem Klassenlehrer ist an Waldorfschulen auf acht Jahre angelegt. In diesen acht Jahren sind die Schüler stark vom Klassenlehrer abhängig, seiner Autorität müssen sie sich unterordnen. Der Klassenlehrer unterrichtet während dieser acht Jahre fast alle Fächer. Lehrer und Klasse bilden eine Schicksalsgemeinschaft. Das Schicksal hat dem Lehrer seine Klasse zugespielt und er ist der Erfüllungsgehilfe des kosmischen Schicksals seiner Schüler.

**Kommentar: Ein Lehrer mit so starker Position könnte für die Schüler tatsächlich Schicksal sein, im Guten, aber auch im schlechten Sinne. Es ist an Waldorfschulen sicher schwieriger diesem Schicksal zu entkommen, d.h. den Lehrer zu wechseln als an staatlichen Schulen.**

Für Steiner ist der Lehrer sogar eine Art Hohepriester: *„Der Erzieherberuf [werde sich] umwandeln lassen ... zum ganz wahrhaften Priesterberuf". „Dem irdischen Leben haben wir zu übergeben, was aus den göttlich-geistigen Welten uns zugekommen ist in dem Kinde. ... Wenn wir diese Verhältnisse bedenken, dann erwacht in uns so etwas wie das priesterliche Erziehergefühl."* Die Lehrer haben *„die göttlichen Pläne mit der Welt zu verwirklichen", „die Intentionen der Götter auszuführen."* **Steiner, zitiert nach Zander 2007**

**Kommentar: Auf welche Götter und welche Heiligen Texte soll da vertraut werden, wo es doch so viele Götter und so widersprüchliche Texte gibt? Natürlich meinen es auch diese Lehrer / Priester gut mit ihren Kindern, die Frage ist nur, ob sie ihnen auch erlauben, erwachsen zu werden, d.h. selbständig zu denken und anderer Meinung zu sein.**

Steiner setzte dem modernen rationalistischen Weltbild seiner Zeit die Betonung der Gefühlswelt entgegen und lehrte die Dreigliedrigkeit von Geist, Seele und Leib, wobei er die Seele ihrerseits wiederum in Vorstellen, Fühlen und Wollen unterteilte. Dabei vereinigt er Elemente des deutschen Idealismus mit dem Goethe'schen Weltbild.

**Kommentar: Man könnte das rationalisierte oder spekulative Mystik nennen.**

Im Gegensatz zu den Lehren des Buddhismus, nach denen es Ziel des Menschen sei, eines Tages aus dem endlosen Kreislauf der Wiedergeburten durch gutes „Karma" auszusteigen und nie wieder geboren zu werden, glaubte Steiner, dass der Mensch im Kreislauf der Wiedergeburten bleiben solle, um sich so zu perfektionieren.[268]
Steiner verknüpft mystische Vorstellungen zur einer eigenartigen Heilslehre für Eingeweihte, die absolut wahr sein soll. Dabei bedient er sich eines Zoos längst entschwundener Fabelwesen. Man muss ein Gläubiger, Seher und Priester sein, um ihm folgen zu können. Er glaubt, weil es eine Vorstellung von einer Sache gibt, gibt es sie auch in Wirklichkeit. Also gibt es z.B. Kobolde, Engel, ...Nein, es ist genau umgekehrt: Aus der realen Welt entnehmen wir unsere Vorstellungen und können auch viel dazu erfinden, wie das Einhorn und fliegende Elefanten.

**Kommentar: Steiner benutzt hier den Gottesbeweis des Anselm von Canterbury, der behauptet hat, weil wir einen vollkommenen Gott denken können, muss es ihn geben.**

Nicht, weil ich mir einen Baum vorstellen kann, gibt es Bäume; sondern meine Vorstellung hält der Überprüfung an der Wirklichkeit stand. [...] Steiner sieht Dämonen, Geister, Riesen, Elfen, Engel – die Liste ließe sich endlos verlängern – also tatsächlich als real existierende Wesen an.[269] Für Steinergläubige sind „Elementarwesen" real. Die „Naturgeister in der ätherischen Welt" gibt es für sie tatsächlich. Steiner hält es für einen Kulturverlust, wenn wir die Naturgeister, die die Menschen früherer Kulturepochen, bei uns bis ins 15., 16. Jahrhundert, wahrnehmen konnten, mit beginnender Neuzeit und rationalistischer Denkweise verschwanden.

---

[268] Microsoft ® Encarta ® 2009 © 1993-2008 Microsoft Corporation. Alle Rechte vorbehalten.
[269] http://www.ruhrbarone.de/waldorfschule-versteinerte-erziehung/50441

**Kommentar:** Hat es also die Teufel, Hexen, Engel…die alle Leute im Mittelalter wahrnehmen konnten, wirklich gegeben und können wir sie heute nur nicht mehr wahrnehmen, weil unsere Wahrnehmungsfähigkeiten abgenommen haben?

In einigen Schriften offenbart sich Steiner deutlich: *„Wie sollte er den Drachen der modernen Naturwissenschaften zähmen und ihn vor das Gefährt der Geist-Erkenntnis spannen? Und vor allem, wie sollte er den Stier der öffentlichen Meinung besiegen? Auf die Fragen seines Schülers antwortete der ‚Meister' dem Sinne nach: Wenn du den Feind besiegen willst, so beginne damit, dass Du ihn zuerst begreifst. Du wirst nur dann Sieger über den Drachen werden, wenn Du in seine Haut schlüpfst."* (Hemleben, zitiert nach Prange 2000, S. 51)

Zur Anthroposophie gehört die Vorstellung von Reinkarnation und Karma. Das Karma eines jeden Menschen soll angeblich durch vorhergegangene Inkarnationen positiv oder negativ geprägt sein. Psychische oder physische Störungen lassen sich aus der Perspektive der anthroposophischen Menschenerkenntnis karmisch erklären.

**Kommentar:** Die ganze Anthroposophie ist spekulativ und hat nichts mit einer überprüfbaren Wissenschaft zu tun. Es steht weder in unserer Macht, aus einem ewigen Kreislauf auszusteigen, noch weiterzumachen, weil es den Kreislauf in dieser Form gar nicht gibt. Wir können uns unsere Eltern nicht aussuchen, weil wir erst im Bauch unserer Mutter zu einem Lebewesen heranwachsen. Das Individuum ist einmalig und leider sterblich, so traurig das sein mag. Es hat einen Anfang und ein Ende. Woher sollten die vielen neuen Seelen kommen, die seit Beginn der Menschheit immer mehr werden müssten. Die ganze Idee ist falsch und hat nichts mit der Wirklichkeit zu tun. Nur weil ein Gedanke uralte Tradition hat, ist er noch lange nicht wahr, im Gegenteil: Es gibt viele Denkfehler in der Antike, die sich durch Tradition verfestigt haben.

# Astralleib

oder **Astralkörper** (von lateinisch astralis „sternartig") ist ein Begriff zur Bezeichnung einer unsichtbaren, wolkenartigen „Hülle", die nach manchen religiösen und okkulten Lehren den Menschen bzw. dessen Seele umgeben und den Tod des materiellen Körpers überdauern soll.

Die Existenz eines Astralleibs wird vor allem in der modernen Theosophie, der Anthroposophie und der neueren Esoterik angenommen.

Das Konzept des Astralleibs findet sich aber schon im antiken Platonismus, wo von einem „Seelenfahrzeug" wie auch von einem „Gewand" oder einer „Hülle" der Seele die Rede ist.

Der Schöpfer habe jeder Seele einen Stern zugeteilt und den Seelen, nachdem er sie gleichsam auf Fahrzeuge gesetzt habe, die Natur des Kosmos gezeigt. **Timaios** (ein Dialog Platons) -Kommentatoren verstanden unter den „Fahrzeugen" nicht die jeweiligen Sterne der Seelen, sondern den Seelen zugeteilte Vehikel, auf denen diese aus dem Himmelsbereich in die irdische Welt hinabsteigen.

**Kommentar: Das ist doch alles sehr märchenhaft und unwissenschaftlich. Platon war eben ein Märchenonkel. Wer die Wahrheit sucht, sollte sich andere Onkels suchen.**

Im Phaidon besteigen bestimmte Seelen Verstorbener ihre Fahrzeuge – gemeint sind offenbar Boote – und fahren damit zu einem See im Totenreich.
Aus Platons Verbindung der Seelen mit den Sternen zogen antike Platoniker Konsequenzen, wobei sie auch aristotelisches Gedankengut berücksichtigten. Schon im 4. Jahrhundert v. Chr. lehrte der stark aristotelisch beeinflusste Platoniker Herakleides Pontikos, die Substanz der Seelen sei mit derjenigen der Gestirne identisch. Demgemäß bezeichnete er die Seelen als lichtartig und ging davon aus, dass sie im Bereich des Fixsternhimmels beheimatet sind.

**Kommentar: Solche Annahmen sind völlig aus der Luft gegriffen. Was gibt es für Hinweise, dass das so sein könnte?**

Auf solche Überlegungen geht in der römischen Kaiserzeit der Arzt Galenos ein. Nach einer der von ihm angeführten Hypothesen ist die Seele selbst ein lichtartiger und ätherischer Körper, nach einer anderen ist sie unkörperlich, besitzt aber einen derartigen Körper als „erstes Fahrzeug" und tritt durch ihn mit dem sichtbaren, physischen Körper in Verbindung.

**Kommentar: Über ein „Etwas", das nicht mit den Sinnen zu fassen ist, lassen sich endlose Spekulationen anstellen. Am ehesten könnte ich noch glauben, dass wir „Sternenstaub" sind. Wir sind wohl aus denselben Stoffen wie die Sterne: Vor allem aus Kohlenstoff.**

Im Neuplatonismus werden die einschlägigen Aussagen Platons kombiniert und zu einer Lehre verarbeitet, der zufolge die Seelen sowohl im Himmel als auch bei ihrem

Abstieg zur Erde mit ihren Fahrzeugen verbunden sind. **Plotin**, der Begründer dieser philosophischen Richtung, verwendet den Begriff „Fahrzeug" nicht, akzeptiert aber die Vorstellung. Er meint, dass die Seelen bei ihrem Abstieg aus der geistigen Welt in den Bereich des Werdens und Vergehens schon im Himmel einen „ersten Körper" annehmen. Wenn sie dann in immer dichtere Sphären gelangen, hüllen sie sich in weitere Körper von zunehmend physischer, materieller Beschaffenheit ein. Er bleibt mit der Seele nach deren Trennung vom Leib verbunden; seine Verunreinigung oder „Beschwerung" während des irdischen Lebens verursacht die Seelenwanderung (Reinkarnation). Im Himmel dient der Pneuma-Leib der Seele als Wahrnehmungsorgan.

**Kommentar: Jeder Philosoph glaubte auf festem Grund zu stehen, wenn er an seine Vorgänger anknüpfte, aber auch die standen nicht auf festem Grund und so hängt das ganze Gedankensystem in der Luft.**

**Porphyrios, griech. Philosoph,** hält den Seelenwagen für eine feinstoffliche Substanz, die beim Abstieg durch die Gestirnsphären erworben wird und sich dabei zunehmend verdunkelt und materialisiert; ihre Beschaffenheit ist bei den einzelnen Individuen sehr unterschiedlich. Nach dem Tod des physischen Körpers bleibt der Seelenwagen zunächst erhalten; wenn die Seele dann durch die Gestirnsphären zum Himmel emporsteigt, löst er sich allmählich auf.

**Kommentar: Wen wundert es, dass es über etwas Unfassbares viele Meinungen gibt.**

*Augustinus nimmt einen Seelenwagen nur für Engel und Dämonen an, die ihn nutzen, wenn sie den Menschen erscheinen.*

**Kommentar: Da bleiben doch noch viele Fragen offen: Welchen Motor hat der Seelenwagen? Wie viel PS? Zwei Zylinder oder vier Zylinder. Brennstoffmotor oder Hybridmoter, am ehesten wohl Solarantrieb oder verfügt er gar schon über den neuesten, völlig abgasfreien, Spiritualantrieb! Wie werden die Fahrzeuge gelenkt? Lenken die Seelen selbst oder werden sie ferngesteuert? Haben sie ein Lenkrad oder eine Lenkstange, ähnlich dem Fahrrad? Wie steht es mit der Aerodynamik? Gleiten sie auf Flügeln und welche Form haben diese? – Lauter Fragen, die noch erforscht werden müssen und denen sich hoffentlich viele Wissenschaftler in den nächsten Jahrzehnten widmen werden, denn was gäbe es Wichtigeres als die Erforschung von Seelenfahrzeugen, die uns das ewige Leben sichern!**

*In der Renaissance greift der Humanist Marsilio Ficino die spätantike Konzeption zweier Seelenwagen auf. Bei ihm verbindet der höhere, unsterbliche, aus der Substanz der Sterne bestehende Seelenwagen (vehiculum aethereum) die rationale Seele mit ihrem Körper. Dieser Seelenwagen ist der Sitz des Vorstellungsvermögens (phantasia).*

**Kommentar: Wir wissen heute, dass der Sitz aller geistigen Leistungen, auch der Sitz des Vorstellungsvermögens, in unserm Gehirn liegt.**

*Er ist von Natur aus rund, nimmt aber für die Dauer des irdischen Lebens menschliche Gestalt an. Der höhere Seelenwagen ist mit der Seele untrennbar verbunden und wird von ihr permanent belebt. Daneben weist die Seele, während sie sich im Körper befindet, einen zweiten, luftartigen Seelenwagen auf, den spiritus, der für den Empfang der Sinneseindrücke sorgt. Der materielle, aus den vier Elementen zusammengesetzte Körper ist ein drittes Fahrzeug der Seele.*

**Kommentar: Man muss sich fragen, woher wissen die das? Haben sie gesehen, gemessen? Hatten sie Visionen? Letztlich ist alles nur Spekulation und Hypothese, die tradierte, ungeprüfte Übernahme dieser Ideen von älteren Philosophen. Wir wissen heute, dass die Sinneseindrücke über unsere Sinne aufgenommen werden. Daraus können wir schließen, dass die Hypothese eines Astralleibes überflüssig oder gar falsch ist.**

*Im deutschen Idealismus nimmt Johann Heinrich Jung-Stilling wiederum ein Seelenvehikel an, einen feinstofflichen Ätherleib, der zwischen dem physischen Leib und dem absolut immateriellen Geist vermittle.*

**Kommentar: Es ist noch nicht ganz erforscht, wie ein Gehirn Geist erzeugt, aber dass ein Gehirn, d.h. eine materielle Grundlage vorhanden sein muss, um Bewusstsein zu erzeugen, steht fest.**

*Auch Goethe, Hugo von Hofmannsthal und Friedrich Groos sind von der Vorstellung des Seelenfahrzeugs beeinflusst. Die Idee einer zwischen der geistigen Welt und der physischen Natur vermittelnden Instanz findet sich auch bei Immanuel Hermann Fichte. Schelling meint, der Körper weise eine während des Lebens verborgene geistige, unsterbliche Seite auf, seine „geistige Gestalt", die im Tod von der Grobstofflichkeit befreit werde und dann als „feinerer Leib" fortbestehe.*

**Kommentar: Auf so abwegige Ideen kann man nur kommen, wenn man von vornherein davon ausgeht, dass der Geist das Primäre ist und dass die Philosophie als Magd der Theologie zur Unsterblichkeit der Seele finden muss.**

Einen solchen geistigen Aspekt spricht er nicht nur dem Menschen, sondern der gesamten Natur zu; so durchdringen sich bei ihm Ideales und Reales wechselseitig.
Bei der sogenannten Astralwanderung handelt es sich um die Theorie, die bei außerkörperlichen Erfahrungen eine zeitweilige Trennung des Astralleibs vom Körper annimmt.

**Kommentar: Die Möglichkeit, den Körper von der Seele zu trennen ist reine Fiktion!**

Die **Theosophin Helena Petrovna Blavatsky** verwendete 1888 in ihrer Geheimlehre (The Secret Doctrine) den Begriff „Astralleib". In Anknüpfung an die theosophische Terminologie und an Paracelsus benutzte auch Rudolf Steiner schon 1904, als er noch der Theosophischen Gesellschaft angehörte, diesen Ausdruck. Später baute er im Rahmen der von ihm begründeten Anthroposophie seine Lehre vom Astralleib aus.
Siehe oben: Anthroposophie

Steiner bezeichnet den Astralleib auch als Trieb- und Empfindungsleib und sieht in ihm eines von vier grundlegenden Wesensgliedern des Menschen.

**Kommentar: Man braucht für Empfindungen keinen Astralleib, es genügt der reale Leib mit seinen unzähligen Nerven.**

*Der Astralleib sei der eigentliche Seelenleib des Menschen, die Substanz, aus der die menschliche Seele gewoben sei. Er soll der Träger des Bewusstseins, der Triebe und Empfindungen und des Egoismus sein.*

**Kommentar: Falsch! Das Bewusstsein liegt im Gehirn! Dort laufen alle Nervenströme zusammen.**

*Während alle Lebewesen mit materiellen Körpern, also auch Pflanzen, einen Ätherleib aufweisen, besitzen nur Menschen und Tiere einen Astralleib und damit ein Gefühlsleben.*

**Kommentar: Braucht man einen Astralleib, um ein Gefühlsleben zu haben? Gefühle sind komplexe Reaktionen unseres Nervensystems auf unterschiedliche**

Situationen der Außen- oder auch Innenwelt. Pflanzen haben vermutlich kein Gefühlsleben, sie können nur auf Reize reagieren, aber nicht empfinden. Sie spüren wahrscheinlich keinen Schmerz?

Als eigenständige Wesenheit werde der Astralleib erst mit der Geschlechtsreife um das 14. Lebensjahr geboren; bis dahin sei er noch in eine viel weitere Astralsphäre eingebettet. Ebenso wie der Mensch durch seinen physischen Leib in der physischen Umwelt lebt, so lebe er durch seinen Seelenleib in einer seelischen Umgebung. Allerdings habe der moderne Mensch davon kein klares Bewusstsein, da ihm die dafür erforderlichen seelischen Wahrnehmungsorgane fehlten. Diese könnten aber durch entsprechende Seelenübungen entwickelt werden. Damit werde der Mensch zu einem bewussten Mitbewohner der Seelenwelt.

**Kommentar: Sicher gibt es sensiblere und weniger sensible Menschen, aber was außerhalb unserer Sinne liegt, kann niemand wahrnehmen. Wir können die hochfrequenten Signale von Fledermäusen nicht wahrnehmen, weil wir dafür keine Sinne haben, auch wenn wir uns dafür noch so sehr sensibilisieren.**

## Im Hinduismus

Die Vorstellung eines feinstofflichen, also quasi materiellen, aber unsichtbaren Körpers als Träger der individuellen Identität über den Tod hinaus taucht schon im Rigveda (heilige Schrift der Hindus) auf.

Der Verstorbene „vereint" sich im Jenseits mit seinem feinstofflichen Körper, der durch seine Opferhandlungen während seines irdischen Daseins erzeugt oder zumindest gestärkt wurde.

**Kommentar: Wie in vielen Religionen soll hier geopfert werden, ohne dass man dafür einen erkennbaren Gegenwert im Leben erhält. Nützen tut das nur den Priestern. Außerdem werden durch diese Opfer wieder die Reichen bevorzugt, die ja wesentlich üppiger opfern können. Das ist eine Art Ablasshandel.**

## Im Jainismus

Im Jainismus, einer indischen Religion, werden ebenfalls fünf Körper oder Hüllen angenommen. Ihre Namen und Funktionen sind jedoch anders als im Hinduismus. ... Der Besitzer eines solchen Leibes kann dessen Größe und Gestalt nach seinem Willen verändern. Daran schließt sich der „Versetzungsleib"...an, den Asketen vorübergehend erschaffen, um in ihm den physischen Körper zeitweilig zu verlassen.

Kommentar: Tatsächlich muss man über die Fähigkeiten indischer Asketen staunen, die sich spitze Gegenstände durch den Körper stecken können, ohne zu bluten. Eine Erklärung dafür habe ich noch nicht. „Der Mensch" hat viele Fähigkeiten, die durch Übung und Training vervollkommnet werden können.

*Die Feinheit der Leiber, aber auch ihre Dichte (Anzahl der Materieteilchen) nimmt von außen nach innen zu. Jedes Wesen, das sich im Kreislauf der Reinkarnationen befindet, hat zu jedem Zeitpunkt die beiden innersten dieser Leiber, den feurigen und den Karma-Leib. Diese beiden Körper weisen keine Lust- oder Schmerzwahrnehmungen auf; sie können durch alles hindurchgehen, ohne auf Widerstand zu stoßen. Über die anderen feinstofflichen Leiber verfügen nur bestimmte asketische Individuen, die sie erwerben.*[270]

Kommentar: Das sind lauter Behauptungen, ohne Beweise!

# Wünschelruten

Das Institut für Parawissenschaften hatte einen Preis von 10 000€ ausgesetzt für den, der überzeugend beweisen kann, dass es ihm mit Hilfe einer Wünschelrute gelingt, Wasser aufzuspüren. Leider ist dies unter überwachten Versuchsbedingungen noch keinem der dreißig Kandidaten, trotz dieses Preisgeldes gelungen. Sie schafften selten Ergebnisse, die über denen von Zufallstreffern lagen. Dabei verunsichern sie ihre Kunden mit unsinnigen Ängsten über schädliche Wasserstrahlung und machen ihre Geschäfte mit diesen Ängsten und mit der Unwissenheit der Menschen.[271]

Kommentar: Wieder eine Illusion oder auch einige Ängste weniger…und vielleicht hat man auch noch viel Geld gespart, wenn man solchen Unsinn nicht glaubt.

---

[270] https://de.wikipedia.org/wiki/Astralleib
[271] http://www.zeit.de/online/2009/34/parawissenschaft-wasser-erspueren/komplettansicht

# Telepathie

Telepathie bezeichnet die angebliche Fähigkeit, Gedanken, Empfindungen oder Gefühle in einer Art Fernwirkung von sich auf eine andere Person zu übertragen. Seit etwa 1884 wurden wissenschaftliche Untersuchungen angestellt, um der Sache auf den Grund zu gehen: Ohne überzeugende Beweise, die diese Fähigkeit bestätigt hätten. Inzwischen gibt es keine deutsche Universität mehr, die weiter über dieses Phänomen forscht.

*Angeblich telepathische Phänomene werden vielfach auf Fehleinschätzungen von Wahrnehmungen zurückgeführt.*[272] Man hat festgestellt,… dass der Glaube an paranormale Phänomene einhergeht mit einer erhöhten Fähigkeit zum Phantasieren, einem geringeren Maß an kritischem Denkvermögen und einer verringerten Fähigkeit zur Abschätzung von Wahrscheinlichkeiten.

Seit 1922 werden von verschiedenen Organisationen Preisgelder für den Nachweis von parapsychologischen Fähigkeiten ausgeschrieben. Aktuell existieren weltweit mehr als 20 verschiedene Organisationen, 15 die eine Gesamtsumme von über 2,4 Millionen US-Dollar ausgeschrieben haben. Das höchste Preisgeld für den Nachweis von übersinnlichen Fähigkeiten, wie Telepathie, wird aktuell mit einer Million US-Dollar von der **James Randi Educational Foundation** ausgeschrieben. Seit 1922 war kein einziger durch diese Organisationen durchgeführter Test auf paranormale Fähigkeiten erfolgreich.[273]

# Alternativmedizin

Wenn jemand krank ist, klammert er sich buchstäblich an jeden Strohhalm. Tatsächlich gibt es jenseits der Schulmedizin Heilerfolge, die Staunen machen. Aber auch unser Körper hat Selbstheilungskräfte. Nicht Krankheit ist der Normalfall, sondern Gesundheit, deswegen entwickelt der Körper „von sich aus" Strategien, um wieder gesund zu werden. Es sieht dann nur so aus, als ob all das, was wir in der Zeit der Selbstheilung getan haben, zur Genesung beigetragen hätte, selbst wenn wir nur auf Holz geklopft haben.

---

[272] https://de.wikipedia.org/wiki/Telepathie
[273] https://de.wikipedia.org/wiki/Telepathie

**Kommentar: Die Gefahr alternativer Medizin sehe ich darin, dass der Glaube an unerprobte und zweifelhafte Heilmethoden den Menschen sehr viel Geld aus der Tasche zieht und verhindert, sich rechtzeitig moderner Schulmedizin anzuvertrauen, obwohl die natürlich auch nicht blindes Vertrauen verdient. Früherkennung und rechtzeitige Behandlung sind oft ausschlaggebend für den Heilerfolg, - vor allem bei schweren Krankheiten wie Krebs.**

Vor allem bei der Krebstherapie versuchen mehr oder weniger vertrauenswürdige Heilpraktiker neue Wege zu gehen. Wenn die Schulmedizin versagt hat oder das Vertrauen in sie tief gesunken ist, klammern sich Patienten oft an Strohhalme, die sie in den schnellen Untergang reißen. So geschehen am „Biologischen Krebszentrum Bracht in Brüggen im Kreis Viersen". Ein bekannter Heilpraktiker hatte mehrere Patienten mit dem Stoff „3-Bromopyruvat" behandelt. Kurz darauf starben sie. Das Mittel ist durchaus erlaubt und zugelassen. In Ausnahmefällen, in denen Patienten als unheilbar gelten, können Mediziner nicht zugelassene Mittel anwenden. In Deutschland dürfen Heilpraktiker alternative Mittel verabreichen. Allein die Abgabe von verschreibungspflichtigen Arzneien ist für Heilpraktiker verboten. Weshalb das Mittel die verheerende Wirkung hatte, wird noch untersucht. War es verunreinigt oder zu hoch dosiert? Unklar ist auch, ob die nach der Heilpraktiker-Behandlung verstorbenen Patienten weitere Substanzen einnahmen. Den Patienten wurde kurz nach Einnahme des Mittels übel, statt den Notarzt zu rufen, verabreichte der Heilpraktiker Vitamine.
Die Einrichtung in Brüggen-Bracht hat der Kreis Viersen nun, 2016, geschlossen und untersagte dem Heilpraktiker weiter zu praktizieren.[274]

Alternativmedizin ist angebliche Medizin, die durch keine wissenschaftliche Untersuchung geprüft wurde und auf reinem Glauben aufbaut.

---

[274]http://www.zeit.de/wissen/gesundheit/2016-08/alternative-krebstherapie-heilpraktiker-brueggen-tote-bromopyruvat

## Lebendiges Wasser

Was man Gutgläubigen alles verkaufen kann: Wasser. Aber nicht etwa nur Trinkwasser, sondern vitalisiertes, energetisiertes, rechtsdrehend verwirbeltes Wasser mit Tachyonen behandelt…Das ist natürlich alles Unfug. Jeder Physiker unterscheidet zwar zwischen sauberem oder schmutzigem Wasser, zwischen Wasser, das mit Schadstoffen belastet ist oder nicht, aber der Rest ist Unsinn. Wasser hat kein Gedächtnis, es kann keine Information aufnehmen, es ist weder links- noch rechtsdrehend.[275] Wasservitalisierer für 495€ dienen keinem anderen Zweck, als die Taschen der Verkäufer zu füllen.

## Homöopathie

„Der 300-seitige Report einer Studie aus Australien zum Thema Homöopathie ist zu einem vernichtenden Urteil gekommen. Zusammengefasst besagt er: Es gibt keine verifizierten Beweise, dass Homöopathie effektiv wirksam ist gegen Krankheiten. Wenn überhaupt, dann hätten solche homöopathische Verfahren und Mittel die Wirkung von Placebos."[276]

Immer mehr Wissenschaftler kommen zu der Ansicht, dass Homöopathie nicht das ist, was sie vorgibt zu sein: eine alternative Heilmethode mit wirksamen Medikamenten. Die oft verabreichten Globuli bestehen meist aus nichts anderem als Rohrzucker oder die Wirkstoffe sind so hoch verdünnt, dass eine Wirkung, vom wissenschaftlichen Standpunkt her gesehen, nicht wahrscheinlich ist. Die Befürworter sagen dagegen: *„Wer heilt hat Recht, auch wenn wir nicht wissen warum."* Es könnte aber folgende Gründe haben: Der Köper hat Selbstheilungskräfte. Können Mittel die eigentlich nichts beinhalten, etwas anregen? Wunden und Verletzungen heilen ohne das Zutun irgendwelcher Medikamente oder schamanischer Praktiken.

**Kommentar: Ich hatte mal eine Knieverletzung, einen Riss im Meniskus, klar diagnostiziert und im Computerbild erkennbar. Die Ärzte behaupteten, dass dieser Riss nicht selbst heilen könne und rieten mir zu einer Operation. Ich wei-**

---

[275] http://hpd.de/artikel/truebes-wasser-und-helle-klang-des-geldes-12839
[276] http://www.n24.de/n24/Wissen/Gesundheit/d/4590518/ist-homoeopathie-ein-einziger-schwindel-.html

gerte mich. Wenn mir in diesem Augenblick jemand Weihwasser aufs Knie geträufelt hätte oder ein Schamane ein Hasenfell aufgelegt hätte, hätte ich wohl glauben müssen, dies hätte geholfen, denn nach einem halben Jahr waren die Schmerzen vollständig weg und kamen nie wieder. Das war vor sieben Jahren. An Wunder glaube ich nicht, aber an diese Selbstheilungskräfte des Lebens, ohne irgendwelches Zutun von außen. Mein Zutun bestand lediglich darin, viel mit dem Fahrrad gefahren zu sein. Mit weniger Bewegung hätte es vielleicht anders ausgesehen.

Ein weiterer Grund, warum Heilungen mit Homöopathie tatsächlich möglich sind, dürfte die Tatsache sein, dass Heilpraktiker sich Zeit nehmen und sich um ihre Patienten kümmern. Die sind dann auch gerne bereit, 120 € oder 200 € für die Stunde zu zahlen, wenn die Krankenkasse das nicht übernimmt. Wenn jemand das Gefühl hat, dass sein Arzt ihn ernst nimmt und Zeit für ihn opfert, wird das sicher zur Heilung beitragen.

Erfinder der Homöopathie war der deutsche Arzt und Apotheker Samuel Hahnemann, 1796.

Ihre namensgebende und wichtigste Grundannahme ist das von Hahnemann formulierte Ähnlichkeitsprinzip: „Ähnliches möge durch Ähnliches geheilt werden" = similia similibus curentur. **Hahnemann**

**Kommentar: Warum soll nur Ähnliches mit Ähnlichem geheilt werden können? Warum sollte nicht Gegensätzliches eine Umkehr der Krankheit zur Gesundheit bewirken?**

Danach solle ein homöopathisches Arzneimittel so ausgewählt werden, dass die Inhaltsstoffe der Grundsubstanz unverdünnt an Gesunden ähnliche Krankheitserscheinungen (Symptome) hervorrufen könnten wie die, an denen der Kranke leidet, wobei auch der „gemüthliche und geistige Charakter" des Patienten berücksichtigt werden solle.

*Zur Herstellung der homöopathischen Arzneimittel werden die Grundsubstanzen einer Potenzierung (Verdünnung) unterzogen, das heißt, sie werden wiederholt (meist im Verhältnis 1:10 oder 1:100) mit Wasser oder Ethanol verschüttelt oder mit Milchzucker verrieben. Die Verdünnung wurde zunächst wegen der Giftigkeit vieler der ver-*

wendeten Stoffe durchgeführt. Erst in einer späteren Phase verordnete Hahnemann Hochpotenzen.

Kommentar: „Hochpotenzen" heißt hier nicht etwa, dass sie besonders wirksam sind, sondern, dass sie besonders stark verdünnt sind. Dabei wird angenommen, dass das Wasser ein Gedächtnis habe und sich schon durch winzig kleine Mengen zum „Heilwasser" umformen ließe. Was wohl ziemlicher Humbug ist.

Hahnemann nahm an, dass durch das besondere Verfahren der Potenzierung oder „Dynamisierung" eine „im inneren Wesen der Arzneien verborgene, geistartige Kraft" wirksam werde. Zur Begründung der Hochpotenzen ging er davon aus, dass sich hier „die Materie [...] roher Arznei-Substanzen [...] zuletzt gänzlich in ihr individuelles geistartiges Wesen auflöse". [277]

Kommentar: Diese „rituelle" Behandlung der Medizin ist Schamanismus und keine Wissenschaft, sondern Pseudowissenschaft.
Da allein mit homöopathischen Arzneimitteln jährlich weltweit 2 Milliarden €uro umgesetzt werden, wird die Branche sicher nicht kampflos aufgeben und sich noch einiges einfallen lassen, um den Glauben an die homöopathische Heilmethode aufrecht zu erhalten.

„Eine Heilmethode, die eine geistartige Energie postuliert, kann nicht Teil der Medizin sein. [...] Die Homöopathie ist selbst ein Patient. Es fehlt ihr an Daten und Fakten, sie halluziniert und will ihre Krankheit nicht wahrhaben. Aber Krankheitseinsicht kann ein erster Schritt zur Genesung sein."[278]

# Magnetfeldtherapie

Die Magnetfeldtherapie gehört zur Alternativmedizin. Bei der Anwendung wird der Körper einem Magnetfeld ausgesetzt. Eine heilende Wirkung ist umstritten.

Kommentar: Indem man den Patienten durch beeindruckende Apparate und wissenschaftliches Kauderwelsch, vor allem auch durch viel Zuwendung davon überzeugt, dass man etwas für ihn tut, wird der Placebo- Effekt wirksam.

---

[277] https://de.wikipedia.org/wiki/Hom%C3%B6opathie
[278] http://www.welt.de/vermischtes/article147000535/Als-waere-ich-aus-einer-Sekte-ausgestiegen.html

# Quantenhealing

Die Quantenheilung ist eine alternativmedizinische, esoterische Methode, deren Grundlage und Wirksamkeit wissenschaftlich nicht belegt sind. Sie wurde Ende der 1980er Jahre von dem US-amerikanischen Chiropraktiker Frank Kinslow erfunden und wird in Büchern und im Internet mit dem Werbeslogan „Wirkt sofort – und jeder kann es lernen!" propagiert.[279]
Von den Befürwortern dieser Heilmethode wird behauptet, dass es sie schon seit über 3000 Jahren gibt und dass sie der Methode des Handauflegens entspricht und grundsätzlich könne jeder diese Methode anwenden.
Kritiker wenden ein, dass man nun versuche, eine neue Legitimation dieses Verfahrens zu erreichen, indem man lediglich wissenschaftliches Vokabular verwende. Mit der Quantenphysik hat die Quantenheilung (wortwörtlich) keinerlei Berührungspunkte.[…] Es würden lediglich Begriffe aus der Physik verwendet und umgelegt, um eine Erklärung zu liefern. Sämtliche positiven Effekte gehen jedoch auf Placebo-Effekte und Autosuggestion zurück. Insgesamt sei unter der Quantenheilung nicht mehr als eine Entspannungsübung zu verstehen.

# Lichtfasten

Eine esoterische Methode behauptet, dass Menschen sich ohne feste und flüssige Nahrung aus der rein „feinstofflichen" Energie des Lichtes ernähren könnten. Behauptet haben dies schon viele, nachgewiesen wurde dies noch nie in einem überwachten Versuch.
*„So soll der Schweizer Einsiedler **Niklaus von Flüe**, 1417–1487, angeblich in den letzten 19 Jahren seines Lebens außer Wasser und der Eucharistie nichts zu sich genommen haben. Im 19. Jahrhundert waren in Europa Hungerkünstler populär, die längere Nahrungslosigkeit öffentlich zur Schau stellten."*[280]

Dem Lichtfasten werden einige Todesfälle durch Verhungern angelastet. 2012 berichtete eine Zeitung, dass eine Schweizerin nach Ausstrahlung eines Filmes das Lichtfasten nachmachen wollte und dabei verhungert ist.[281]

---

[279] https://de.wikipedia.org/wiki/Quantenheilung
[280] https://de.wikipedia.org/wiki/Lichtnahrung
[281] http://www.sueddeutsche.de/wissen/lichtnahrung-toedliche-esoterik-1.1347782

1997 starb in München ein 31-Jähriger an den mittelbaren Folgen des Versuchs, seinen Körper auf "Lichtnahrung" umzuprogrammieren. Zwei Jahre später fand man eine 48-jährige Australierin in Schottland, die sich bei einem ähnlichen Versuch offenbar zu Tode gehungert hatte.[282]

**Kommentar: Vom wissenschaftlichen Standpunkt ist das Lichtfasten nicht möglich, weil unser Körper Lichtenergie nicht in köpereigene Energie umwandeln kann. Zumindest kann uns das Licht nicht so viel Energie geben, dass wir davon leben könnten. Der Mensch kann nur wenige Tage ohne Wasser auskommen und höchstens 60 Tage ohne Nahrung. Natürlich kann sich ein Mensch endlos mit flüssiger Nahrung am Leben halten. An diesem Beispiel erkennt man, wie lebenswichtig es ist, zu wissen, wo unsere Grenzen sind.**

## Miracle Mineral Supplement (MMS)

MMS ist ein Mittel, dem nachgesagt wird, es könne so gut wie jede Krankheit heilen, weil es zwischen guten und schlechten Zellen unterscheiden kann und die schlechten abtöte. Das Stoffgemisch aus Natriumchlorit und einer schwachen Säure soll schädliche Mikroorganismen abtöten, ohne dabei menschliche Zellen zu schädigen. Zudem soll es durch Oxidation Schwermetalle aus dem Körper entfernen und Gifte neutralisieren. Es wird als Wundermittel gegen Krebs, HIV, Malaria und Autismus gepriesen. MMS wirkt bei einer oralen Einnahme ätzend und kann zu Übelkeit, Erbrechen, Durchfällen, Atemstörungen und Hautverätzungen führen. Es ist für sensible Personen ungeeignet. MMS wird von mehreren Gesundheitsbehörden als gesundheitsschädigend eingestuft.
- Der Vertrieb von MMS als Arzneimittel ist in Deutschland verboten.
- Die Einnahme von MMS kann Gesundheitsschäden mit sich bringen.
- Die Schwarze Salbe ist ebenso wie MMS als gefährliche Pseudomedizin einzustufen.[283]

Trotzdem boomt das Geschäft mit diesem Mittel.

---

[282] https://de.wikipedia.org/wiki/Lichtnahrung
[283] http://blog.dergoldenealuhut.de/2016/08/17/miracle-mineral-supplement-mms-aetzendes-geschaeft/

**Kommentar: Manche hegen eher ein Misstrauen gegen unser schulmedizinisches Gesundheitswesen, als gegen Geschäftemacher der schlimmsten Sorte. Das kann tödlich sein!**

## Heilsteine

Mit dem Aufkommen der New Age Bewegung und der Esoterik wurden auch Heilsteine populär. Das sind meist farbschöne Steine, die angeblich eine heilende Wirkung haben oder zumindest das Befinden verbessern sollen. Manche müssen zuerst gereinigt oder aufgeladen werden. Sie können auf bestimmte Körperteile aufgelegt, am Körper getragen oder einfach im Raum richtig platziert werden. Wissenschaftliche Hinweise auf eine Heilwirkung existieren nicht.

**Kommentar: Alles, was das Wohlbefinden hebt, und dazu gehören sicher auch schöne Steine, eignet sich, heilend zu wirken. Nur sollte das niemanden davon abhalten, bei schwerer Krankheit einen Arzt aufzusuchen.**

## Edelsteintherapie - Lithotherapie

Heilsteine oder Gesundheitssteine sind zwar nicht schädlich, aber auch völlig nutzlos, wenn man einmal vom Placebo- Effekt absieht, der nachweislich eine positive Wirkung haben kann.
So sollen Steine aus anorganischen oder fossilen Substanzen angeblich eine heilende Wirkung haben oder das Befinden verbessern (Edelsteintherapie; Lithotherapie). Dazu reinigt man den Stein oder legt ihn zum Aufladen in die Sonne und anschließend auf die betroffenen Körperteile.
Nach Meinung von Esoterikern wirken Heilsteine über ihre Farben, ihre Form und die in ihnen enthaltenen Mineralien auf den Menschen ein.
Die erste schriftliche Erwähnung über die Verwendung von Heilsteinen stammt aus dem Mittelalter (De Lapidibus des Pseudo-Aristoteles). "Heilsteine" waren im Mittelalter allerdings eher bestimmte, auffällige Dolmen oder Steindenkmäler, zu denen man heilungssuchend pilgerte. Erst im Zusammenhang mit der New-Age-Welle hat sich der Glaube an heilende Edel- und Schmucksteine im 20. Jahrhundert in der Bevölkerung verbreitet. Die Steinanwendung kann zu den "energetischen" Methoden der Alternativmedizin gezählt werden. Die Ratgeberliteratur listet zahlreiche Mineralien und deren zugeschriebene Wirkungen auf, meist Quarzvarietäten wie Amethyst oder Onyx, aber auch Opal, Malachit, Hämatit und viele andere.

Es gibt keine nachweisbare ursächliche oder tatsächliche Wirkung, sondern lediglich die Vorstellung einer Wirkung. Wissenschaftliche Hinweise für eine über den Placebo-Effekt hinausgehende Wirksamkeit von Heilsteinen existieren nicht.[284]

Das Landgericht Hamburg befand in einem Urteil im August 2008, dass das Bewerben von Heilwirkungen von Steinen und die Bezeichnung derselben als „Heilsteine" unlauterer Wettbewerb ist, selbst wenn auf den fehlenden wissenschaftlichen Nachweis der heilenden Wirkung hingewiesen wird. Begründet wurde das Urteil damit, dass es keine Hinweise auf eine krankheitsvorbeugende oder heilende Wirkung der Steine gebe und eine solche Bezeichnung den potentiellen Kunden irreführe.

**Kommentar: Dubiose Geschäftemacher haben immer wieder neue Ideen, um unwissende Menschen für sinnlose Therapien zu begeistern.**

## Amulett - Talisman - Glücksbringer

Amulette sind kleine Gegenstände mit „Zauberbildern". Ein Bild oder Text auf Metall, Stein oder Papier, das allgemein Glück bringen und das Böse abwehren soll, wird als ständiger Begleiter am Körper getragen. Man traut ihnen magische Kräfte zu. Der Talisman wird an der Kleidung getragen oder an Häusern und in Wohnungen angebracht. Nachweisbar ist er schon in Babylon, wo er wie später im Christentum als Bild vor den Hauseingang gestellt wurde.

**Kommentar: Menschen haben immer versucht, gegen unbilliges Schicksal vorzubeugen. Dabei sind sie oft seltsame Wege gegangen. Die moderne Wissenschaft hat all diesen Aberglauben, d.h. die Unwirksamkeit solcher Amulette, Talismane, Hasenpfoten, vierblättriger Kleeblätter, Hufeisen und Glückspfennige weitgehend bestätigt. Ich kann mir allerdings vorstellen, dass der Glaube, geschützt zu werden, ob nun von einem Amulett oder Schutzengel, einem ein gutes Gefühl gibt. Tatsächlich sollte man sich wirksamere Mittel suchen, denn im Ernstfall schützt es nicht!**

---

[284] https://de.wikipedia.org/wiki/Heilstein

# Modetorheiten

Als Modetorheiten würde ich Modetrends bezeichnen, die mit irgendwelchen, meist gesundheitlichen Nachteilen verbunden sind. Im 15. Jahrhundert trug man in England 76 Zentimeter hohe Schuhe, die auch in den 1930er und 1970 Jahren bei uns, nicht ganz so hoch, wieder Mode wurden. Man konnte sich mit diesen „**Stolperschuhen**" leicht die Knöchel brechen, umknicken, Verstauchungen, Bänderrisse verursachen, die Knochen oder sogar den Hals brechen.

Das enggeschnürte **Mieder** gab es schon vor 2000 Jahren. Das beweist eine Skulptur, die „Schlangengöttin aus Knossos" mit knallengem Miederjäckchen, das den nackten Busen fest umschließt (zu sehen im Museum auf Kreta). Modischer Höhepunkt war die enggeschnürte Taillie um 1900. Die Folgen: Ohnmachtsanfälle und Körperdeformierungen.

Die Tyrannei der Schönheit kann seltsame Blüten treiben: Chinesinnen verstümmelten und bandagierten sich im Kaiserreich bis ins 20. Jahrhundert die **Füße**, weil die so putzig klein sein mussten, um zu gefallen.

„Den meisten Mädchen wurden die Füße im Alter von fünf bis acht Jahren von der Mutter oder der Großmutter abgebunden. Zunächst wurde der Fuß in einer Flüssigkeit aus Kräutern und Alaun eingeweicht, die Zehennägel so kurz wie möglich geschnitten, um ein Einwachsen und damit einhergehende Infektionen zu vermeiden und der Fuß dann massiert. Der Fuß wurde anschließend so eng mit Bandagen umschlungen, dass er im Wachstum gehemmt und zum Klumpfuß verformt wurde. Dann wurden die Mädchen gezwungen, mit kleinen Schnabelschuhen zu laufen, um die Durchblutung der Füße zu fördern. Mit Ausnahme der großen Zehe wurden alle Zehen gebrochen und unter die Fußsohle gebogen. Den jungen Mädchen wurden die Zehen dabei alle zwei Tage erneut mit nassen und immer engeren Bandagen, die beim Trocknen noch enger wurden, unter die Fußsohle geschnürt, damit sie schmale, spitze Füße bekamen. Wenn es gelungen war, die Füße auf diese Weise zu deformieren, konnten die Frauen keine weiten Strecken mehr gehen. Die gebrochenen, eingeschnürten Klumpfüße führten oft zu Komplikationen – eingewachsene und entzündete Fußnägel, eitrig infizierte Knochensplitter, verfaulte Haut und abgestorbene Zehen".[285]

Lippenkonturen, Augenbrauen, Lidstrich werden schmerzvoll eintätowiert. Der Nebeneffekt: schwere Infektionen bis hin zur Blutvergiftung.

---

[285] https://de.wikipedia.org/wiki/Lotosfu%C3%9F

Intensives **Sonnenbaden** im Sonnenstudio oder in der Natur soll gesunde Haut vortäuschen. Ergebnis: Schäden von Allergien, Pigmentstörungen, vorzeitigem Altern der Haut mit Faltenbildung bis hin zu Hautkrebs.

**Schönheits - OPs**: Ergebnis: Starre Gesichtszüge, verrutschte Silikonpolster. Horrorbeispiel: Michael Jackson.

**Schlankheitswahn.** In den 1960er Jahren gab es das berühmt berüchtigte Model Twiggy. Markenzeichen: flachbrüstig mit Storchenbeinchen aus Haut und Knochen. Nachahmerinnen bekamen meist Magersucht.

**Kommentar: Gesundheit ist wertvoller als die große Show!**

# Piercing

Piercing von englisch to pierce = durchstechen, meint jegliches Anbringen von Gegenständen am menschlichen Körper als Schmuck, vor allem im Gesicht, an den Ohren, der Brust, der Zunge oder im Genitalbereich. Das Piercing kann wie die Tätowierungen auf eine lange Kulturgeschichte zurückblicken und ist heute weit verbreitet in der westlichen Welt. Es ist vor allem seit den 1990er Jahren bei der jungen Generation in Mode gekommen.

Es kann Schönheitsnormen oder rituelle Zwecke erfüllen oder dient zur Übermittlung einer sozialen Botschaft. So können Piercings etwa die erfolgreiche Initiation in den Status eines Erwachsenen bezeugen oder die Zugehörigkeit zu einer sozialen Gruppe bekunden. Weithin bekannt sind etwa das Durchstechen von Ohren, Nasenflügel, Nasenscheidewand oder Lippen mit verschiedensten Gegenständen aus diversen Gründen und zu unterschiedlichsten Zwecken bei zahlreichen Ethnien in Neuguinea, Afrika, Indien, Indonesien, Australien sowie Nord- und Südamerika. Das Durchstechen der Zunge im rituellen Kontext ist beispielsweise von australischen Aborigines bekannt. Religiös-rituelle Zwecke erfüllt auch das von indischen saddhus bisweilen im dramatischen Ausmaß ausgeführte Durch- oder Anstechen verschiedener Körperteile mit spitzen Gegenständen, die häufig noch beschwert werden.[286]

Auch im antiken Europa durchbohrten sich römische Soldaten ihre Brustwarzen mit Ringen. Bei Punks galt das Piercing als Protest gegen die Gesellschaft; Hippies expe-

---

[286] Encarta 2009 Piercing

rimentierten damit; Zimmerleute durchbohren sich auf der Walz ein Ohrloch; in der Schwulenszene galt es als Erkennungszeichen, das rechte Ohrläppchen zu durchlöchern; heute dient es eher der Selbstdarstellung.

**Kommentar: Wären mit dieser Mode nicht gesundheitliche Schäden verbunden, hätte ich mir das Thema hier sparen können. Gefahren entstehen durch Entzündungen, Reizungen, Ausreißen, Verschmutzungen, Übertragung von Infektionskrankheiten bei nichtsterilem Werkzeug des Piercers.**

Da Piercing als Köperverletzung gilt, muss vorher eine Einverständniserklärung des Behandlungswilligen abgegeben werden. Der Piercer hat eine Beratungspflicht und muss auf eventuelle Gefahren hinweisen. Bei Minderjährigen unter 18 Jahren ist das schriftliche Einverständnis eines Erziehungsberechtigten notwendig.

## Tatoos

Als Tätowierung bezeichnet man das absichtliche Einritzen von Zeichen und Farbstoffen in die Haut. Die Haut wird dazu mit einem scharfen Instrument, einem Dorn oder zugespitzten Knochen, in den Industriegesellschaften meist mit einer elektrischen Nadel, punktiert.
Schmucknarben bei verschiedenen Völkern haben allerdings in den seltensten Fällen rein dekorativen Charakter. Sie sollen die soziale Stellung oder Zugehörigkeit des Trägers anzeigen. Oder sie dienen der Kennzeichnung der Clanzugehörigkeit oder werden als Auszeichnungen für besondere Verdienste angebracht. Oft sind sie Teil von Initiationsriten und haben magische Funktion. Schon seit der Bronzezeit müssen magische Tätowierungen als Heilmittel eingesetzt worden sein. Darauf lassen Untersuchungen an Ötzi, der Leiche aus der Bronzezeit, schließen.
In Europa kennzeichneten sich damit früher besondere Randgruppen, wie Seeleute oder Rocker, bis es ab den 1990er Jahren immer weitere Verbreitung, vor allem bei der jungen Generation fand. Jeder vierte Deutsche zwischen 15 und 29 Jahren trägt inzwischen ein Tattoo.

**Kommentar: Auch hier soll wieder auf die Gefahren aufmerksam gemacht werden. Die Farben sind oft giftig. Eine Institution, die Tattofarben auf Reinheit und Verträglichkeit testet, existiert nicht. Über Online - Händler kann jeder unge-**

prüfte Farbstoff gekauft werden – hergestellt für die Textilindustrie oder Autolacke.[287] Auch hinsichtlich der Hygiene gibt es hierzulande gar keine Vorgaben. [288] **Das Tattoo ist eine Entscheidung fürs Leben und lässt sich nur schwer wieder entfernen. Deswegen sollte das Motto gelten: Think before you ink!**

## Magische Tätowierungen

Unter einem Yantra Tattoo oder einer magischen Tätowierung versteht man eine, von Hand gestochene, sakrale Form der Tätowierung, die in Südostasien von buddhistischen Mönchen, Heilern oder anderen religiösen, magischen Spezialisten gestochen wird.

Jedes Tattoo ist individuell und soll magische und psychische Kräfte auslösen und bei dem Tätowierten freisetzen. Natürlich soll es vor allem helfen, die urmenschlichen Wünsche zu befriedigen: **Stärke, Reichtum, Glück, Gesundheit oder Liebe.**

Das Tattoo wird traditionell in den großen Tempeln, vorwiegend in Kambodscha, Laos oder Thailand, mithilfe eines Bambusrohres oder eines Metallstabs per Hand gestochen.

Wichtig für die Wirkung sei, dass der **Mönch** das Motiv und die Körperstelle des Trägers wählt. Nur so werden angeblich die magischen Kräfte eine Auswirkung auf die jeweilige Person haben. Gegebenenfalls wird **Asche eines Verstorbenen Mönchs** in die dicke chinesische Tinte gemischt, um die Wirkungsweise und Funktion anzupassen.

Nach dem Stechen, des vom Mönch gewählten Motivs, muss das Tattoo **konsekriert und gesegnet** werden. Dies wird durch Schläge oder Besprenkeln mit einer Flüssigkeit, auf die frische, wunde Stelle, beziehungsweise durch Anhauchen und Gebete, erlangt. Als Dank werden Spenden in Form von **Blumen, Zigaretten, Räucherstäbchen oder Kerzen** gebracht und übergeben.[289]

**Kommentar: Ähnlich wie bei Reliquien werden verstorbenen Mönchen und undurchschaubaren Ritualen besondere Kräfte zugeschrieben. Simsalabim! Das Unglaubliche zu glauben ist wichtig für die unglaubliche Wirkung, die wahrscheinlich nie eintreten wird! Wie üblich bei allen Religionen wird auch hier für eine schamanische Dienstleistung, deren Wirkung sehr fraglich ist, realer Lohn kassiert!**

---

[287] Dermatologie Heft Dezember 2016
[288] Sternartikel
[289] http://xn--ag-vhb.net/yantra-tattoo-magische-taetowierungen/

# Sunburnart

Was in sozialen Netzwerken in ist, wird oft nachgeahmt. Neuester Schrei: Sich eine Schablone auf die Haut kleben und sich dann in die pralle Sonne legen. So entsteht ein mehr oder weniger kunstvolles Muster auf sonnenverbrannter Haut.

Hautärzte können bei so viel kunstbegeisterter Torheit nur den Kopf schütteln, denn es ist bekannt, dass jeder Sonnenbrand das Hautkrebsrisiko erhöht. Jeder Sonnenbrand ist eine Entzündung der Haut, die möglichst vermieden werden sollte.
„Allein in Deutschland erkranken etwa 15 000 Menschen pro Jahr an einem Melanom, dem gefürchteten Schwarzen Hautkrebs."[290]

# Augapfeltätowierung.

Der neueste Schrei auf dem Gebiet der Tatoos ist die Augapfeltätowierung. Mit der Nadel wird Tinte in die Sklera gespritzt, die das Weiß der Augen umgibt. Dadurch erscheint das Weiß z.B. wie grünblauer Meeresschaum. Der Eingriff dauert nur wenige Minuten.
Der riskante Eingriff ist die Erfindung eines amerikanischen Künstlers. *„Ärzte und Experten warnen vor Augapfel-Tattoos. Der Eingriff gefährde das Sehvermögen, [...und sei] ‚extrem gefährlich'. Wer das Weiß seiner Augen tätowieren lasse, riskiere schwere Infektionen, eine Netzhautablösung, chronische Kopfschmerzen sowie Geschwüre und extreme Lichtempfindlichkeit. [...] Außerdem, gibt es keine Garantie, dass nicht im späteren Leben noch Komplikationen auftreten können, ...* [291]

---

[290] http://www.sueddeutsche.de/panorama/gefaehrliche-koerperkunst-instagram-nutzer-prahlen-mit-sonnenbrand-tattoos-1.2550862
[291] http://www.swp.de/ulm/nachrichten/vermischtes/Gefaehrliche-Koerperkunst;art4304,3777461

# Neuzeit

## Umweltzerstörung

**Kommentar: Wenn ich dieses Kapitel so kurz abhandle, soll dies nicht bedeuten, dass es weniger gewichtig wäre. Ich glaube nur, dass andere kompetenter sind, es in der Breite darzulegen, wie dies angemessen wäre.**

Die ständige Zunahme der Weltbevölkerung, der damit verbundene Verbrauch an Ressourcen und die Belastung der Umwelt, muss früher oder später zum Zusammenbruch des Ökosystems führen. Es kann nicht darum gehen, die Wirtschaft ständig wachsen zu lassen und Profite zu machen, sondern darum, mit weniger auszukommen, bescheidener und nachhaltig zu wirtschaften und zu leben.

**Kommentar: Die Welt erträgt nicht beliebig viele Menschen. Das ist der Schlüssel, den man drehen muss, um etwas zu ändern!**

Schon die Römer haben durch ihren exzessiven Raubbau in Italien, Spanien und Nordafrika nicht wieder gut zu machende ökologische Schäden angerichtet. Im Mittelalter hat man verlernt, Abwässer zu beseitigen und hat damit Epidemien wie Pest und Cholera gefördert.
Schwere Schäden sind durch die Atomversuche der USA, Frankreichs und der UDSSR in den 50er Jahren entstanden. Heute sind es Ölteppiche, Chemikalien, Giftstoffe, Plastikmüll, die irreparable Schäden in der Umwelt anrichten. Die Vielfalt des Lebens ist durch Aussterben bedroht, die Umwelt ist durch Gifte so belastet, dass gesundes Leben kaum mehr möglich ist.
In den letzten 40 Jahren hat sich die Population der wichtigsten 3000 wild lebenden Tierarten halbiert.[292]

Aberglaube und Gewinnsucht führen in zunehmendem Maße zur Wilderei wertvoller Tiere in Afrika. Das Geld wird oft zur Finanzierung von (Bürger-) Kriegen eingesetzt *„Mit dem **Elfenbein** von Elefanten und dem **Nashorn-Horn*** erzielen Schmugglerbanden auf dem Schwarzmarkt in der Regel bis zu fünfstellige Dollarbeträge. So kostet ein Kilogramm Nashorn-Horn in Asien bis zu 50.000 Dollar und ist damit etwa so

---

[292] http://www.bbc.com/news/science-environment-29418983

*teuer wie die Droge Heroin".*²⁹³ Zermahlenes Nashorn-Horn gilt als Wundermittel, das angeblich eine fiebersenkende, entgiftende und krampflösende Wirkung hat. Es soll Kater und Kopfschmerzen lindern, bei Schlaganfällen und Epilepsie helfen und sogar Krebs heilen können. In Vietnam hat sich Nashornpulver zu einem Statussymbol entwickelt. Es gilt als Zeichen des Wohlstands und eines modernen Lebensstils. **Elfenbein** ist besonders in China gefragt. Die Chinesen glauben, dass Stoßzähne einfach ausfallen wie Milchzähne und wissen oft nicht, dass Elefanten getötet werden müssen, um an ihre Stoßzähne zu kommen. *Aus Elfenbein werden unter anderem Schmuckstücke wie Ringe, Armreifen oder Amulette gefertigt. Zum Teil werden ganze Stoßzähne zu kunstvollen Schnitzereien verarbeitet.*
Eine Delikatesse in China ist **Haifischflossensuppe**. Die Fischer schneiden den lebenden Tieren die Rückenflosse ab und werfen sie dann zurück ins Meer, wo sie qualvoll verenden. Durch eine Aufklärungskampagne ist der Konsum von Haifischflossensuppe in China in kurzer Zeit deutlich zurückgegangen.

**Kommentar: Wir müssen lernen, im Einklang mit der Natur zu leben und uns als Teil der Natur zu begreifen. Nicht der Profit der Wenigen darf die Politik bestimmen, sondern die Gesundheit und der Fortbestand des Lebens auf Erden.**

# Tierquälerei

Nach biblischer Auffassung war der Mensch Krone der Schöpfung, mit dem Auftrag, über die Natur zu herrschen.

*Und Gott sprach: Lasst uns Menschen machen, ein Bild, das uns gleich sei, die da herrschen über die Fische im Meer und über die Vögel unter dem Himmel und über das Vieh und über die ganze Erde und über alles Gewürm, das auf Erden kriecht.*²⁹⁴

Tiere galten im christlichen Abendland bis ins 17. Jahrhundert als Lebewesen ohne Seele. Ausnahmen, wie den hl. Franziskus von Assisi ~ 1200 gab es. Der Philosoph René Descartes 1596-1650 sprach ihnen sogar jegliches Gefühlsleben und Bewusstsein ab, so dass mit ihnen Experimente bei lebendigem Leib angestellt werden durften und „Tierquälereien" nicht als solche erkannt wurden. Bei öffentlichen Vorführungen wurde auf einer Bühne eine Schlinge um eine Katze gebunden und sie wurde langsam in ein Feuer hinab gelassen. Laut dem Historiker Norman Davies *„brüllten die Zu-*

---

²⁹³http://www.welt.de/politik/deutschland/article141733769/Der-Glaube-an-die-Heilkraft-von-Nashornpulver.html
²⁹⁴ Lutherbibel 1Mos 1:26

*schauer vor Lachen, darunter Könige und Königinnen, als die Tiere, während sie vor Schmerzen schrien, erst angesengt, dann geröstet und schließlich zu Asche verbrannt wurden."[295]* Dank der englischen Philosophin Mary Wollstonecraft 1759-1797 wurde bereits im 18. Jahrhundert die Auffassung von den „Tiermaschinen" kritisiert. Tiere wurden als leidensfähige Wesen eingestuft, die über Gefühle verfügen. Der australische Philosoph Peter Singer, geb. 1946, geht sogar noch einen Schritt weiter. Er fordert als einen dritten Aspekt der Tierethik, dass die Menschen die Würde der Tiere achten sollten. Zoos und Zirkusse werden ebenso wie Tierversuche abgelehnt.

Während die Kuh in Indien heilig ist, kommt es vor allem in den Ländern, die von abrahamitischen Religionen beherrscht werden, immer noch zu schlimmen Tierquälereien. Das beginnt mit dem rituellen Schächten der Tiere für religiöse Zwecke im Judentum und Islam bis zu Tierquälereien in Spanien: Stierkämpfe, Stierhetze mit brennenden Hörnern, Truthahn- und Ziegenwerfen von spanischen Kirchtürmen, Vogelschießen in Italien und Malta, Hahnenkämpfen und Hunderennen in Australien.

*Die Einwohner der andalusischen Gemeinde Cazalilla dürfen auch in diesem Jahr [2016] einen lebenden Truthahn vom Kirchturm werfen: Ein Gericht hat dem religiösen Brauch, der bis ins 19. Jahrhundert zurückreicht, [...] seinen Segen gegeben.*[296]
*Für das Hundefleisch-Festival im chinesischen Yulin werden Hunde zu Tode geprügelt oder ausgeblutet. Dann werden sie kopfüber an Haken aufgehängt, aufgeschlitzt, gehäutet und zum Verzehr verkauft. Einige Hunde werden ihren Besitzern dafür sogar gestohlen[...] Das Leid der Vierbeiner muss unerträglich sein - neue Studien zeigen nämlich, dass sich die Gehirne von Hunden und Menschen aus emotionaler Sicht sehr ähnlich sind. Viele Hundeliebhaber verstehen das nur zu gut. Bedenkt man also, dass Hunde Lebewesen mit Gedanken und Gefühlen sind, dann ist die Folter, die sie auf diesem "Festival" erleben, schlichtweg unvorstellbar.*[297]

**Kommentar: Kommt diese Kritik aus dem Westen nur deswegen, weil bei uns das Essen von Hunde- und Katzenfleisch ein Tabu ist? Die Kritik richtet sich vor allem gegen die Art der Tötung mit Knüppeln und Messern...**

**Stierhatz in Pamplona** Seit 1591 wird in der spanischen Stadt Pamplona jedes Jahr das Sanfermines - Fest gefeiert. Höhepunkt ist eine Stierhatz. Sechs schwere

---

[295] http://hpd.de/node/2498
[296] http://www.swp.de/ulm/nachrichten/vermischtes/spanier-duerfen-truthahn-vom-kirchturm-werfen-12188740.html
[297] https://secure.avaaz.org/de/stop_the_puppy_slaughter_loc/?pv=528&rc=fb

Stiere werden täglich, von Leuten, die damit ihren Mut beweisen wollen, durch die engen Gassen der Stadt gehetzt. Sie schreien: „Viva San Fermin!" Seit 1924 gab es 15 Todesopfer unter den Treibern.

Auch der **Stierkampf** ist in Spanien weiterhin Tradition, obwohl es gegen dieses blutrünstige Ritual inzwischen sehr viel Kritik gibt. Wieder wird einfach eine Tradition nur deswegen weitergeführt, weil sie Tradition ist – und Geld bringt! Jährlich werden in Spanien etwa 2000 Stierkämpfe in 400 Arenen durchgeführt. Es ist ein Milliardengeschäft, an dem 200000 Menschen verdienen. Es werden vier Argumente gegen den Stierkampf ins Feld geführt: Tierquälerei an den Stieren, an den Picador-Pferden und Risiken für die Zuschauer und die Toreros.

In Australien ist das „Greyhoundracing" = **Windhundrennen** sehr populär, wird von Tierschützern aber vor allem deswegen heftig kritisiert, weil zum Training der Hunde lebende Beutetiere, wie Kaninchen, verwendet werden. Sie werden auf Wagen gebunden, die beim Training vor den Hunden herfahren.

## Steigende Waffenverkäufe und Militärausgaben.

Obwohl klar ist, wohin Waffenverkäufe in Spannungsgebiete führen, sind die Umsätze durch Waffenverkäufe nicht gesunken, sondern gestiegen. Deutschland gehört neben Russland und der Türkei zu den Ländern, die ihre Rüstungsexporte gesteigert haben: 9,4 Prozent mehr Waffenverkäufe gab es für Deutschland im Jahr 2014, berichtet das Stockholmer Friedensforschungsinstituts „Sipri". Unter den zehn Top-Abnehmern für deutsche Rüstungsgüter finden sich Algerien, Saudi-Arabien und die Vereinigten Arabischen Emirate und Südkorea. Waffenexporte in diktatorische arabische Staaten sind wegen der Menschenrechtslage umstritten bis kriminell.

## Waffenwahn in den USA

Nach Angaben der Anti- Waffen-Vereinigung sterben in den USA täglich durchschnittlich 7 Jugendliche in Folge von Waffengewalt. Zwei davon erschießen sich selbst.[298] Jährlich sterben in den USA 30000 Menschen durch Schusswaffen. Kein Amoklauf kann die Waffennarretei in den USA einschränken. Dafür sorgt die starke Waffenlobby.

---

[298] Tagblatt Tübingen 13.05.2016

*„Das Gewehr gehört seit jeher zum amerikanischen Selbstverständnis. Das war auch gut so, als Kolonialmächte, Pionierkämpfe und die Mär des bösen Zentralstaats die Leute noch bedrohten. Seither ist es im zivilen Leben jedoch tödlich kontraproduktiv geworden, trotz des zweiten Verfassungszusatzes, der jedem garantiert, ‚Waffen zu besitzen und zu tragen.'"*[299]
Selbstbehauptung durch Waffengewalt: Das ist eine immer lautere Phantasie auf beiden Seiten, bei Tätern wie - vermeintlichen - Opfern. So werden nach jedem Amoklauf automatisch Stimmen laut, dass dies vermeidbar gewesen wäre, hätte doch nur jeder Waffen getragen.
Nicht strengere, nein, laxere Gesetze hätten das Newtown-Massaker verhindert, finden die Republikaner. Wenn alle Waffen hätten, behauptet die Waffenlobby, könnten Lehrer die Kinder bei Schulmassakern verteidigen usw. In Wirklichkeit ist es aber so, dass Zivilisten mit ihren Waffen jetzt schon täglich unschuldige Leute erschießen. Gefordert wird nicht mehr "gun control" - Waffenkontrolle, sondern "gun rights" - Waffenrechte.

# Die „Halb-Starken" sind das größte Problem

Die Welt, in der wir leben, ist ein Chaos, weil wir den über uns herrschenden Naturgewalten und einem unbegreiflichen Schicksal ausgeliefert sind. Daran können wir nur bedingt etwas ändern, durch ganz konkrete, vernünftige Maßnahmen: Häuser, Dämme, Blitzableiter, Feuerwehren, Krankenhäuser…Das Leben ist, vom menschlichen Standpunkt gesehen, eine Fehlkonstruktion, weil viele Lebewesen nur leben können, indem sie anderes Leben vernichten. Das Lebewesen, das sich für die Krone der Schöpfung hält, ist selbst ein Mangelwesen, das dies durch einen Auserwähltheits- und Größenwahn zu kompensieren versucht, dabei aber durch sein unüberlegtes Verhalten ständig Katastrophen, Kriege, Verfolgung und die Zerstörung seiner Lebensgrundlagen betreibt. Hier eine Diagnose zu stellen und den Ursachen auf den Grund zu gehen, ist der erste Schritt, um die Welt zu verbessern. *Wegen dem Größenwahn einiger weniger Menschen, dazu gehören auch Jesus und Mohammed, sind unzählige andere Menschen verfolgt und vernichtet worden.*
Das größte Unheil in der Weltgeschichte wurde von sogenannten „Starken Männern" verursacht, die für sich, ihren Gott, ihre Botschaft, bedingungslosen Glauben und

---

[299] http://www.spiegel.de/politik/ausland/massaker-von-newtown-der-waffenwahn-der-amerikaner-a-873179.html

Gefolgschaft einforderten, deswegen müsste dieses Kapitel eigentlich an herausragender Stelle stehen. Da ich es aber in meinem Buch: „**Von Verfolgern und Verfolgten**" ausführlich behandelt habe, soll hier eine kurze Zusammenfassung genügen. Kernaussage ist:

**Die ganze Misere der Weltgeschichte liegt eigentlich darin begründet, dass diejenigen, die diese Geschichte entscheidend geprägt haben, die Herrscher, Diktatoren, Ideologen und auch die Religionsstifter, nicht groß genug waren, um etwas Gutes machen zu können, d.h. sie waren nicht so groß, dass man hätte zu ihnen kommen können, dass man sie hätte haben wollen. Sie wirkten nicht befreiend, sondern bedrückend und bedrohlich. Man musste sie haben.** [300]

So kommt es, dass selbst einer, wie Jesus, der es gewiss gut gemeint hat, aber nicht groß genug war, nichts Gutes machen konnte, sondern selbst Anlass zu jahrtausendelanger Verfolgung war. Das Problem liegt in der Struktur des menschlichen Gehirns begründet. Wenn einer stark ist, löst er mit zunehmender Verselbstung bei anderen ein Tauziehen aus. Er neigt dann dazu, diese anderen zu verfolgen, wenn er die Macht hat oder zu verfluchen, wenn er sie nicht hat. Schuldig ist da aber niemand, wenn man die Natur nicht für schuldig erklären will. Wichtig ist, dass beide Parteien dies wissen und maßvoll reagieren. Wenn der „Starke" in der Gesellschaft bleibt und ein normales Leben führt, dauern dieses Tauziehen und diese Streiche ein Leben lang an, denn die Reaktionen der anderen ändern sich nur, wenn sich sein Gehirn verändert, wenn er größer wird, in sich hinein sinkt und das wiederum kann er nur oder am schnellsten bei einer einsamen auf-sich-konzentrierten Lebensweise schaffen. Das sollten beide Parteien wissen, der Starke und seine Widersacher und richtig handeln:

**Der „Starke" muss in die Einsamkeit gehen und die anderen müssen ihn dort leben lassen! Anders kann es niemand schaffen, so groß zu werden, dass der Streit beendet ist. Aber wer schafft das? Vorgemacht hat es noch niemand!**

Der Mensch muss sein Schicksal selbst in die Hand nehmen. Wenn er keine gerechte Welt schafft, wird es keine geben. Dabei sollte klar sein, dass der Mensch ein Mangelwesen ist, in dem große Gefahren lauern. Vor allem seine Überheblichkeit, sein Größenwahn, sein Geltungsbedürfnis, sein Machtstreben, seine Raffgier müssen als Gefahren erkannt und verbannt werden.

---

[300] Roland Fakler / Von Verfolgern und Verfolgten / Lehren aus der Weltgeschichte

# Denken statt glauben
# Ethikunterricht verbindet - Religionsunterricht spaltet!

In dem Bewusstsein, eine gemeinsame Lebensgrundlage für zukünftige Generationen schaffen zu wollen, sollte von den verantwortlichen Politikern ein konfessionsübergreifender Werte-Unterricht für alle ab Klasse 1 eingerichtet werden.

Im Interesse unserer Gesellschaft muss es liegen, die Schule zu einem Ort zu machen, an dem weltanschauliche Unterschiede überwunden und die Schüler auf ein gemeinsames Leben in unserem Staat vorbereitet werden.

Die Spaltung der Bürger in Rechtgläubige und Falschgläubige, die um Macht und Einfluss ringen, muss vermieden werden. Der Staat darf sich nicht zum Handlanger der religiösen Unterweisung unmündiger Kinder machen. Kinder haben ein Recht auf umfassende Bildung! Das ist die Fähigkeit, sich seines eigenen Verstandes bedienen zu können und das nötige Rückgrat, die Konsequenzen aus diesen Schlüssen zu ziehen! Voraussetzung um überhaupt kritikfähig zu werden, ist ein breites Wissen in Philosophie, Geschichte, Religionskunde und Wissenschaft!

**Die Kosten des konfessionellen Unterrichts sind zu hoch!** Da alle Religionsgemeinschaften das gleiche Recht auf Religionsunterricht haben, würde es für den Staat sehr kostspielig werden, allen gerecht zu werden, denn nicht nur Katholiken, Evangelische, Juden, Sunnitische Muslime, Aleviten, auch Humanisten, Shiiten, Hindus, Buddhisten, Zeugen Jehovas und Pastafaris haben dieses Recht. Es müssten also vom Staat Lehrstühle für die Ausbildung all dieser Religionen eingerichtet werden.

**Kein moralischer Gewinn durch konfessionellen Unterricht!** Konfessioneller Unterricht ist Indoktrination mit Vorurteilen und Glaubensdogmen aus unwissenden Zeiten. Neben selbstverständlichen Normen, die für jede Gesellschaft gelten müssen, wie: Du sollst nicht lügen, stehlen, töten, werden mit den biblischen und koranischen Geschichten auch Intoleranz und Auserwähltheitsdünkel gefördert.

In angeblich „Heiligen Büchern" werden Moralvorschriften gelehrt und schlechte Vorbilder vermittelt, die keine Gültigkeit mehr haben dürfen, wie das Steinigen von Ehebrechern, Verprügeln von Kindern, Verfolgen von Homosexuellen und Ungläubigen. Die Beschneidung und das Schächten von Tieren sind archaische Traditionen. Auch Drohungen mit ewigen Höllenstrafen sind unzeitgemäß. Kinder sollen angstfrei aufwachsen!

**Ethikunterricht fördert die Integration und bildet alle Bürger dieses Staates!**
Anstatt Schüler zu blindem Glauben und blindem Gehorsam zu erziehen, würde sie ein gemeinsames Pflichtfach „Ethik" verbinden und die Werte vermitteln, die hier und

jetzt für alle mündigen Bürger Gültigkeit haben sollten, nämlich die Menschenrechte und die Werte der freiheitlichen Demokratie.

Durch konfessionsübergreifenden Ethikunterricht könnten die Integrations- und Bildungsprobleme der muslimischen Schüler am besten behoben, das selbständige Denken gefördert und der weltanschauliche Horizont erweitert werden. Gemeinsam mit Christen, Orthodoxen und Evangelikalen, mit Agnostikern und Atheisten, mit Buddhisten, Hindus usw. sollten sie die Fragen diskutieren, die sie tatsächlich bewegen, Fragen zu Gewalt und Gewaltlosigkeit, den gerechten und den ungerechten Staat, die legitime Regierung, Freundschaft und Liebe, Weltanschauungs- und Meinungsfreiheit, Gerechtigkeit und Toleranz, Alkohol und Drogen, Fragen zu Religionen, ihren Gemeinsamkeiten, ihre Unterschiede, ihre positiven und negativen Seiten. Sie sollten lernen, Kritik zu äußern und Kritik zu ertragen, Andersgläubige als gleichwertige Gesprächspartner zu akzeptieren - und all dies frei von der Furcht, eventuelle Dogmen zu verletzen, auf der Grundlage von Vernunft und Mitgefühl.

Einigkeit und Recht und Freiheit für alle in Deutschland lebenden Menschen, auf der Basis unseres Grundgesetzes!

Im Religionsunterricht kann man dann so wichtige Themen besprechen wie: Ist Gott ein einfacher (Islam), ein dreifacher (Christentum) oder ein vielfacher (Hinduismus)? Hat er einen Sohn oder nicht? War Jesus Mensch oder Prophet oder Gott? Sind Jesus und Mohammed tatsächlich in den Himmel aufgefahren? Gibt es einen oder sieben Himmel oder doch nur das Nirwana? Sind wir mit einer Erbsünde belastet und kann sie durch die Taufe bereinigt werden? Wurde Jesus an einem Kreuz oder an einem Pfahl (Zeugen Jehovas) zu Tode gemartert. War Maria nach Jesu Geburt immer noch Jungfrau? Entstehen bei der Wandlung tatsächlich der Leib und das Blut Christi? Sind genau 144000 auserwählt oder dürfen es auch zwei mehr sein? (Zeugen Jehovas)... Wurde die Welt vor 6000 Jahren an 6 Tagen erschaffen? (Evangelikale) Haben dreimal wiederholte Gebete auch dreifache Wirkung? ...Ist es in der christlichen oder in der islamischen Hölle heißer?

Judentum, Christentum und Islam sind Hirten- und Stammesreligionen des Orients. Die Weltdeutung der Priesterkaste mit diesen Religionen ist nicht mehr zeitgemäß. Sie sind unglaubwürdig und unpassend. Sie geben uns keine ausreichenden Antworten zu Sterbehilfe, Familienplanung, Umweltproblemen, Klonen von Lebewesen... Sie hat heute nicht mehr die Monopolstellung wie noch vor Jahrzehnten. Im Gegenteil: Diese Weltdeutung wird heute von mehr und mehr Menschen als falsch, unwissenschaftlich und verhängnisvoll erkannt. Sollten wir uns weiterhin schuldig fühlen, weil wir angeblich eine Erbsünde haben und deswegen eventuell, wenn es nicht gelingt uns rechtzeitig zu taufen, ewige Höllenstrafen erleiden müssen. Sind nicht die unzähligen Religionskriege, die Überbevölkerung und die Flüchtlingsströme Beweis genug für die Unfähigkeit der herrschenden Religionen, Frieden zu stiften und Wohlstand für alle Menschen zu schaffen? Sollten wir uns wieder von Königen von Gottes Gnaden regieren lassen, Sklaven halten, Menschen mit dem Tode bestrafen, die am Sabbat Holzsammeln, Ehebrecherinnen steinigen, *„Zauberinnen nicht am Leben lassen"*, Dieben die Hand abhaken, Verbrecher foltern, Homosexuelle, Behinderte und uneheliche Kinder aus der Gesellschaft ausschließen, Frauen benachteiligen, Andersgläubige verfolgen, Kinder züchtigen und schlagen, Tiere schächten und Buben beschneiden. Sollten wir Krankheit, Naturkatastrophen und Kriege für Strafen Gottes halten und diese Probleme mit Beten und Frömmigkeit zu lösen versuchen?

Wir Humanisten kämpfen für eine friedliche, gerechte und lebenswürdige Welt, in der alle Menschen ihr Glück suchen und finden können, - und alle, die es hier nicht finden, sollten auch die Freiheit haben, es in einem Jenseits zu suchen, denn wir sind tolerant gegenüber allen Toleranten und wehren uns gegen Ungerechtigkeit und Unterdrückung in aller Welt.

Wir glauben an das Diesseits! Wir glauben an die Erde und an die Menschen! Nur Menschen können Liebe, Wärme und Gerechtigkeit in diese chaotische Welt bringen! Wir begreifen uns als lebendigen Teil der Natur, die wir erhalten und schützen wollen. Auch wir haben Hoffnungen und Träume: Wir hoffen, dass die Erde einst lebenswerte Heimat für alle Menschen wird. Daran arbeiten wir! Humanisten selbst sind vielfältig, so vielfältig wie es selbständig denkende Menschen nur sein können. Wir haben keine „heiligen" Bücher und keinen, der uns die absolute Wahrheit verkündet. Wir haben nur unseren bescheidenen Verstand, auf den wir vertrauen. Wissenschaftliche Erkenntnisse geben uns Orientierung bei der Erklärung der Welt. Es ist uns klar, dass wir vieles nicht wissen, sondern nur vermuten können. Gerne lassen wir uns auch von Philosophen und weisen Menschen beraten, bei der Suche nach einem sinnerfüllten Leben auf der Basis humaner Werte. Wir setzen bei der Selbsterkenntnis und bei der Erweiterung unseres Horizonts auf den kritischen Dialog mit Andersdenkenden.

**Schlusskommentar: Dass unsere Kultur überhaupt funktionieren kann, bei so vielen Denkfehlern, liegt wohl daran, dass diese Denkfehler, d.h. die Glaubenssätze, gar nicht mehr ernst genommen werden und nicht mehr konsequent gelebt werden. Bei allen Rückschlägen für die Aufklärung, bleibt die Hoffnung, dass sich im Großen Ganzen vernünftige Werte gegen verhängnisvolle Traditionen durchsetzen werden.**

# Index

Abendmahlsprobe 86
Aberglaube 10, 153, 159, 187

Amulet 264
Astrologie 140
Hexen 185
Madagaskar 27
Schächten 37
Teufel 113
Wissenschaft 127

Abhärtung 38
Ablass 24, 111
Ad Abolendam 153
Adorno 226
Afrika 187
Ahriman 112
Ahura Mazda 112
Al-Aqsa 195
Albinos 193
Alkmaion 40, 240
Alternativmedizin 256
Amische 203
Ammann, Jakob 203
Amulett 264
Anaxagoras 127
Anthroposophie 242
Antimodernisteneid 90
Applewhite 212
Archaische Rituale 194
Arendt, Hannah 148
Aristarchos 40
Aristoteles 58
Armageddon 195
Aschera 177
Astralleib 249
Astrologie 139
Atheist 65
Atlantis 245

Auferstehung 53
auserwählt 60, 61
Auserwähltheitswahn

Christentum 64
Islam 64
Judentum 60
verschiedener Völker 58

Ausrottung 158
Azteken 16
Bahrprobe 85
Barbaren 147
Basilius 97
Beda Verabilis 238
befreiend 275
Begräbnissitten 22

Christentum 24
Islam 25
Judentum 22
Parsen 26

Bernhard v. Clairvaux 165
Beschneidung

bei Frauen 35
bei Männern 31

Bibel 62
Blutrache 78
Boudicca 18
Bußgürtel 97, 103
Chabad Lubawitsch 196
Chamberlain, Houston Stewart 223
charismatisch 221
Chemtrails 221
Chinesen 59
Christen

Evangelikale **169**

**Demokrit** 12
**Descartes** 271
**Diktatur** 222, 224
**Diktatus Papae** 82
**Dogmen** 87
**Drohung** 158
**Dunant, Henry** 163
**Dürer, Albrecht** 159
**Edelsteintherapie** 263
**Ehrenmorde** 77
**Elia** 156
**Empedokles** 43
**Endzeiterwartung** 194
**Endzeiterwartungen**

Christliche 197
Islamische 199
Jüdische 195

**Engel** 114
**Erbsünde** 81
**Erleuchtung**

Indien 184

**Eroberer** 60, 61
**Eroberung**

Islam 165

**Erweckungserlebnis** 103
**Esoterik** 239
**Ethikunterricht** 276
**Evolutionslehre** 75
**Falsches Denken** 55

antiker Philosophen 40
Christentum **81**
Hinduismus 179
Judentum 62

**Falschgläubige** 153
**Familienplanung** 115
**Faschismus** 224
**Fatima** 135
**Feuerbach** 46
**Feuerbestattung** 24
**Feuerprobe** 85
**Flat Earth** 230
**Folter** 153
**Frankfurter Schule** 226
**Franklin, Benjamin** 14
**Franziskus von Assisi** 271
**Freitod** 29
**Gallier** 17
**Gandhi** 186
**Gebote und Verbote**

Islam **70**
Judentum **63**

**Geheimdienst** 210
**Genitalverstümmelung** 31
**Germanen** 17
**Geschichtstheorien** 221
**Gewidmet** 2
**Gibbon, Edward** 97
**Gideon** 177
**Glocke** 73
**Glücksbringer** 264
**Gnosis** 44
**Gobineau, Arthur de** 223
**Gott und die Götter** 45
**Gottessöhne** 53
**Gottesurteil** 85
**Goya** 159
**Grabbeigaben** 21
**Gregor IX.** 157
**Griechen** 17, 58
**groß, nicht genug** 275
**Größenwahn** 153
**Gutenberg** 158
**Hades** 106

Häretiker 155, 157
Heaven's Gate 212
Heilige Kühe 184
Heilsteine 263
Heinsohn, Gunnar 160
Heiraten

Indien 181

Held 210
Hellsehen 142
Herrschaft 60, 210
Hexenbulle 158
Hexenhammer 158
Hexenjagd

in Afrika 187
in Europa 157
in Indien **185**

Hieronymus 123
Himmelfahrten 53
Himmelsscheibe 139
Hofstaat

mit ins Grab 20

Hohle Erde 231
Hölle 106
Homöopathie 258
Homosexualität 149
Horkheimer 226
Hubbard, Ron 210
Humanae Vitae 116
*Hypathia* 128
Icke David 231
Illuminaten 232
Innozenz VIII. 158
Inquisition 152
Intelligent Design 238
IS

Endzeit 199

Islam

orthodox **65**

Jainismus 254
Janitscharen 147
Japan 187
Jeftah 15
Jesiden 201
Jesuiten 101
Joshua Blahy 190
Judenhass 224
Jungfrauengeburt 53
Justin 123
Kampf-Krieg-Tod 210
Kant, Immanuel 100
Kapitalismus 225
Karma 184
Kastenunwesen 183
Katharer 153
Katholizismus 152
Kelten 17
Ketzer 152, 155
Kinderehen 79
Kommunismus 221
Könige von Gottes Gnaden 91
Konzil 218
Kopfjäger 38
Körper und Seele 41
Kramer, Heinrich 158
Kreationismus 238
Kreuzordal 86
Kreuzzüge 165
Krieg 161
Kriegspredigten

1914 - 1918 166
1939 - 1945 168

**Kyros II 195**

Lamaniter 144
Latzel, Olaf 177
Lebendiges Wasser 258
Lefebvre 104
Legende 210
Leichenverbrennung 24
Leiden mit Jesus 95
Leukippos 12
Lichtfasten 261
Limbus 110
Limbus Patrum 64
Lourdes 135
Madagaskar 27
Magnetfeldtherapie 260
Mahmud von Ghazni 165
Maico 235
Maji-Maji 188
Märtyrer 93
Melek 201, 202
Menschenopfer 15
Menschenrechte 54
Menstruation 119, 181
Michelangelo 159
Minderwertigkeit der Frau 118
Miracle Mineral Supplement 262
Misere 275
Missionsbefehl 82
Modetorheiten 265
Mohammed

und die Juden 65

Moksha 184
Mönchtum und Askese 96
Monita Secreta 101
Montezuma 138
Mormon, Buch 144
Mormonen 204
Moroni 144
Mythen 12, 23, 44, 50, 127

Bibel 174

Erbschuld 57
griechisch 57
heilige Lanze 92
Mormonen 205

Naturkatastrophen 130
Nethiter 144
New Age 240
Niklaus von Flüe 261
Nikolaus V. 146
Noah 143
Nostradamus 142
Obrigkeit 92
Opus Dei 102
Orakel 138
Orientierung 210
Pelagius 152
Persönlichkeit 210
Piercing 266
Piusbruderschaft 104
Platon 43
Plinius 18
Politeia 109
Prädestination 83
Priesterehe 124
Prophezeiungen 138
Pseudowissenschaften 236
Ptolemaios 40
Punier 18
Pythagoras 41
Quantenhealing 261
Quetzalcoatl 138
Randi, James 256
Rassismus 147
Reichsbürger 228
Reinkarnation 42
Religionsstifter 275
Reliquien 86
Ritualmord 219
Rubens 159
Schächten 36

Schicksal **84**
Schiiten und Sunniten **68**
Scholastik **84**
Schwegelin, Anna **160**
Scientology, church **210**
Seele **154, 155**
Sektenwahn **200**
Selbstmordattentäter **69**
Sexualfeindlichkeit **118**

Christentum **122**

Sklaverei **143**
Skopzen **125**
Sozialdarwinismus **222**
Spee, Friedrich **160**
Sprenger, Jakob **158**
Staatsreligion **152**
Starke Männer **210, 274**
Steiger, Otto **160**
Steiner, Rudolf **243**
Stierhatz **272**
Sunburnart **269**
Talisman **264**
Talmud **173**
Tanach **219**
Tatoos **267**
Tätowierungen

Magische **268**

Telepathie **256**
Tempelprostitution **182**
Terror **55, 153**
Tertullian **119**
Teufel **112**
Teufelsaustreibungen **112**
Teufelspakt **159**
Theosophie **241**
Thomas von Aquin **154**
Thomasio de Torquemada **156**
Tierquälerei **271**

Todesstrafe **159**
Todeszeichen **28**
Totonaken **17**
Tutenchamun **21**
Überzeugung **153**
Umweltzerstörung **270**
Uneheliche Kinder **126**
Unheil von Sünde **93**
Unwissenschaftliches Denken

Christentum **127**
Islam **74**

Upanischaden **241**
Ursprung

der Gesetze **54**

USA **224**
Usher, James **238**
Varusschlacht **18**
Verfolgung **65, 157**
Vernunft **65, 157**
Verschwörungstheorien **213**
Voodoo **191**
Waffenverkäufe **273**
Waffenwahn

USA **273**

Wahrsagen **138**
Wasserprobe **85**
Weltgeschichte **59, 221, 275**
Weltverschwörung

jüdische **218**

Wiedertäufer **155**
Witwenverbrennung **180**
Wollstonecraft, Mary **272**
Wunder **53**
Wunderglaube **134**

Wünschelruten 255
Xenophanes 45
Zarathustra 12, 26
Zeugen Jehovas 206
Ziel, des Buches 2
*Zitat*

Plutarch 187
*Tacitus* 218
*Voltaire* 148

*Zitat 1 Kön. 18,40* 156
*Zitat 2 Mos. 22,18* 159
Zitat 2 Mos. 34,07 155
Zitat Augustinus 164
Zitat Bernhard v. Clairvaux 165

Zitat Cicero 140
Zitat Deschner 154, 157
*Zitat Gregor IX* 155
*Zitat Hartung John* 62
Zitat Hexenhammer 159
Zitat Holbach 134, 153
*Zitat Hubbard* 210
Zitat Luther 166
*Zitat Mat. 10,36* 154
Zitat Mat. 16,28 **207**
*Zitat Meyers Lexikon* 152
Zitat Off. 02,26 163
*Zitat Röm. 13,01* 91
*Zitat Sure 04,56* 65
*Zitat Thomas v. Aquin* 154
Zweikampf 86